JN265472

パーソンズの
シンボリック・メディア

経済学者A.センとの関連

江川直子 著

恒星社厚生閣

PARSONS' SYMBOLIC MEDIA
Relationship with the Economist A.Sen
Naoko EGAWA
KOUSEISHA KOUSEIKAKU Co.,Ltd.   2012
ISBN 978-4-7699-1288-0

目　次

序　章　本書の目的と構成
第1節　はじめに……………………………………………………………… 1
第2節　パーソンズの略歴，業績の足跡……………………………………… 3
　（1）略歴
　（2）業績の足跡
第3節　パーソンズ理論に対する捉え方の動向……………………………… 5
第4節　本書の目的…………………………………………………………… 11
第5節　本書の構成…………………………………………………………… 11

第1部　社会システムにおけるシンボリック・メディア

第1章　シンボリック・メディアの性質―バウムのメディア論への発展―
第1節　はじめに……………………………………………………………… 17
第2節　パーソンズのシンボリック・メディア論………………………… 19
　（1）シンボリック・メディアの性質
　（2）メディアのインフレーション，デフレーション
第3節　バウムのメディア論………………………………………………… 26
　（1）メディアの特徴
　（2）メディアのコンフレーション
　（3）「理想的な社会」について
第4節　結び―残された課題………………………………………………… 34

第2章　貨幣メディア・権力メディアのマクロ的分析
第1節　はじめに……………………………………………………………… 37
第2節　貨幣メディア，権力メディアの概念……………………………… 38
第3節　グールドによるシステムのインプット…………………………… 40

(1) 生産物インプット──経済の場合
　(2) 要素インプット──経済の場合
　(3) 生産物インプット──政治の場合
　(4) 要素インプット──政治の場合
　第4節　シンボリック・メディアのインフレ・ギャップ，デフレ・ギャップ
　　　　　　…………………………………………………………………………52
　第5節　結び……………………………………………………………………55

第3章　権力メディアの特徴
　第1節　はじめに………………………………………………………………57
　第2節　権力メディアの特徴…………………………………………………57
　(1) 権力の概念
　(2) 権力は強制か，合意かの問題
　(3) 権力のゼロ−サム問題
　第3節　結び……………………………………………………………………65

第4章　影響力メディアの概念とマクロ的分析
　第1節　はじめに………………………………………………………………67
　第2節　影響力メディアの概念………………………………………………69
　(1) 影響力の概念
　(2) 影響力の型
　第3節　影響力メディアのマクロ的分析……………………………………79
　(1) 影響力メディアのインフレーション，デフレーション
　(2) 影響力メディアのインフレ・ギャップ，デフレ・ギャップ
　第4節　結び……………………………………………………………………84

第5章　価値コミットメント・メディアの性質と動態分析
　第1節　はじめに………………………………………………………………87
　第2節　四機能図式と価値コミットメント・メディア……………………88
　第3節　価値コミットメント・メディアの性質……………………………89

第4節　価値コミットメント・メディアのインフレーション，デフレーション………………………………………………………93
　　第5節　結び……………………………………………………………96

第2部　パーソンズ理論をめぐる諸相

第6章　ルーマンとパーソンズのメディア論
　　第1節　はじめに………………………………………………………99
　　第2節　ルーマンのメディア論……………………………………… 100
　　第3節　パーソンズのメディア論…………………………………… 105
　　第4節　ルーマンとパーソンズのメディア論の相違……………… 108
　　第5節　結び…………………………………………………………… 112

第7章　パーソンズの社会の概念
　　第1節　はじめに……………………………………………………… 115
　　第2節　パターン変数から四機能パラダイムへ…………………… 115
　　第3節　システムとしての社会の概念……………………………… 118
　　第4節　ニュートン・モデルよりメンデル・モデルの提唱……… 126
　　第5節　結び…………………………………………………………… 128

第8章　パーソンズ理論におけるデュルケームの宗教論
　　第1節　はじめに……………………………………………………… 131
　　第2節　パーソンズの機能分析と人間的条件のシステム………… 132
　　第3節　デュルケームの宗教論……………………………………… 134
　　第4節　パーソンズがデュルケーム宗教論から受けた影響……… 144
　　第5節　結び…………………………………………………………… 149

第9章　パーソンズ理論のなかの宗教
　　第1節　はじめに……………………………………………………… 153
　　第2節　デュルケームのいう宗教，パーソンズのいう宗教……… 153

第3節　パーソンズの宗教論の特徴……………………………………… 156
　第4節　結び……………………………………………………………… 160

第3部　一般行為システム，人間的条件システムにおける　　　　　シンボリック・メディア

第10章　一般行為システムにおけるシンボリック・メディア
　第1節　はじめに………………………………………………………… 163
　第2節　一般行為システムの構造……………………………………… 163
　第3節　一般行為システムにおけるメディアの導出………………… 168
　第4節　一般行為システムにおけるメディアの性質………………… 171
　第5節　結び—L機能における提案 …………………………………… 177

第11章　人間的条件システムのシンボリック・メディア
　第1節　はじめに………………………………………………………… 181
　第2節　人間的条件システムでメディアが生み出された背景……… 181
　第3節　人間的条件システムにおけるメディアの相互交換過程…… 183
　第4節　人間的条件システムにおけるメディアの性質……………… 187
　　(1)　各メディアの性質
　　(2)　シンボリックな意味メディアのインフレ，デフレ
　第5節　結び……………………………………………………………… 196
　　(1)　パーソンズ理論全体のなかで，シンボリック・メディアのもつ意味
　　(2)　シンボリックな意味メディアについて

第12章　人間的条件のパラダイムについての検討—その1—
　第1節　はじめに………………………………………………………… 199
　第2節　人間的条件のパラダイムへの導入…………………………… 199
　第3節　人間的条件のパラダイムの概略……………………………… 204
　第4節　結び……………………………………………………………… 211

第13章　人間的条件のパラダイムについての検討―その２―

第1節　はじめに………………………………………………………… 215
第2節　メタ理論の枠組み［Ⅰ］……………………………………… 215
（1）行為システムと他の3つのシステムとの関連
（2）言語についての考察
（3）認識的志向様式とフロイト
第3節　メタ理論の枠組み［Ⅱ］……………………………………… 225
（1）テリック・システムに関する考察
（2）物理的-化学的システム，有機体システム，テリック・システムの3つの相互関係
第4節　結び……………………………………………………………… 232
（1）メタ理論の枠組み［Ⅰ］について
（2）メタ理論の枠組み［Ⅱ］について

第14章　人間的条件のパラダイムについての検討―その３―

第1節　はじめに………………………………………………………… 237
第2節　ウィーナーとヘンダーソンの学説の物理的-化学的システムへの適用…………………………………………………………… 237
第3節　フロイトとパーソナリティ・システム……………………… 241
第4節　ウィーナー・カテゴリーの行為レベルへの適用…………… 243
第5節　結び……………………………………………………………… 248

第4部　パーソンズ理論におけるパレート，キャノン，ヘンダーソン

第15章　パーソンズとパレートにおけるシンボル論

第1節　はじめに………………………………………………………… 253
第2節　パーソンズとセンの関連……………………………………… 253
第3節　パレート社会学の主な諸概念………………………………… 256
（1）社会システム

(2) 社会均衡
   (3) 論理-実証的方法
   (4) 論理的行為と非論理的行為
   (5) 残基と派生
   (6) 社会的異質性とエリートの周流
   (7) 社会的効用
  第4節　パーソンズによるパレート理論の把握……………………………265
   (1) 方法論
   (2) 儀礼的行為
   (3) 残基と派生について
   (4) 非論理的行為の2つの構造的側面について
  第5節　結び—結論……………………………………………………………277

第16章　「生命システム」と四機能パラダイム

  第1節　はじめに………………………………………………………………281
  第2節　「生命システム」概念の誕生…………………………………………281
  第3節　「生命システム」と四機能パラダイム………………………………284
  第4節　クロード・ベルナールからの影響…………………………………292
  第5節　結び……………………………………………………………………296

第17章　「生命システム」におけるW. B. キャノンの影響

  第1節　はじめに………………………………………………………………299
  第2節　生物学的恒常性について……………………………………………299
  第3節　社会的恒常性について………………………………………………305
  第4節　結び……………………………………………………………………311

第18章　パーソンズ理論におけるヘンダーソンの影響—その1—

  第1節　はじめに………………………………………………………………313
  第2節　ヘンダーソンによるパレートの『一般社会学概論』の解釈……313
   (1) 社会システムについて

(2) 残基と派生への導入
　　(3) 残基と派生について
　　(4) 残基と派生の分類
　第3節　結び……………………………………………………………… 331

第19章　パーソンズ理論におけるヘンダーソンの影響―その2―
　第1節　はじめに………………………………………………………… 335
　第2節　社会均衡について……………………………………………… 335
　第3節　効用について…………………………………………………… 336
　第4節　デュルケームについて………………………………………… 342
　第5節　クローチェのパレート観……………………………………… 348
　第6節　結び……………………………………………………………… 349

第20章　「生命システム」におけるヘンダーソンの影響
　第1節　はじめに………………………………………………………… 353
　第2節　『環境の適合性』について …………………………………… 353
　　(1) 水について
　　(2) 海洋について
　　(3) 物質とエネルギーと生命の関係
　第3節　パーソンズとヘンダーソンの接点…………………………… 357
　第4節　パーソンズの「生命システム」の構想とヘンダーソンの影響… 359
　　(1) パーソンズの「生命システム」の構想
　　(2) 物理的-化学的システムから見た「生命システム」の特質
　第5節　結び……………………………………………………………… 362

第5部　パーソンズ理論とセン理論とシンボル

第21章　アマルティア・センのケイパビリティ・アプローチと
　　　　　シンボリック・メディア理論
　第1節　はじめに………………………………………………………… 367

第2節　センによるケイパビリティ・アプローチの展開……………………367
　第3節　ケイパビリティ・アプローチとシンボリック・メディア理論の
　　　　　共通と相違………………………………………………………………371
　第4節　結び……………………………………………………………………372

第22章　「生命システム」の機能と「ケイパビリティ」

　第1節　はじめに………………………………………………………………375
　第2節　パーソンズの機能の概念……………………………………………375
　第3節　「生命システム」の機能………………………………………………377
　　(1)　「生命システム」の機能
　　(2)　「生命システム」の性質
　第4節　「生命システム」の機能分析…………………………………………378
　　(1)　「種」と人間「社会」の対応
　　(2)　「生命システム」の機能分析
　　(3)　遺伝と情報
　第5節　パーソンズの記したケイパビリティ………………………………384
　第6節　結び……………………………………………………………………387

第23章　センとパーソンズの「ケイパビリティ」と「コミットメント」の概念

　第1節　はじめに………………………………………………………………389
　第2節　センのケイパビリティ概念…………………………………………390
　　(1)　人間の機能，ケイパビリティ概念が生み出された経緯
　　(2)　センのケイパビリティ概念
　第3節　センのいうコミットメント…………………………………………395
　　(1)　コミットメントの定義と特性
　　(2)　コミットメントに基づく行動について
　　(3)　人間と社会
　第4節　パーソンズのいう価値コミットメント……………………………402
　第5節　結び……………………………………………………………………404

第24章　ウィーナーの「サイバネティックス」とシンボル
- 第1節　はじめに……………………………………………………………407
- 第2節　サイバネティックスの用語の成り立ち…………………………407
- 第3節　フィードバック（帰還）について………………………………413
- 第4節　サイバネティックスと社会科学の関係…………………………415
- 第5節　社会の恒常性と情報の重要性……………………………………417
- 第6節　ウィーナーの目指す社会…………………………………………419
- 第7節　結び…………………………………………………………………420

第25章　シンボルの根源
- 第1節　はじめに……………………………………………………………423
- 第2節　美学からみたシンボル……………………………………………424
- 第3節　物理学・数学からみたシンボル…………………………………432
- 第4節　哲学からみたシンボル……………………………………………436
- 第5節　結び…………………………………………………………………441

終　章　結論と今後の課題
- 第1節　本書から明らかになったこと……………………………………449
- 第2節　パーソンズ理論における本書の貢献……………………………456
- 第3節　今後の課題…………………………………………………………459

引用・参考文献………………………………………………………………463

あとがき………………………………………………………………………475

事項索引………………………………………………………………………479

人名索引………………………………………………………………………484

＊本書各章の初出などは，次の通りである．

序章：未公刊
第1部
　第1章：[江川 1985] を修正した．
　第2章：[江川 1987] を修正した．
　第3章：[江川 1988a] を修正した．
　第4章：[江川 1988b] を修正した．
　第5章：[江川 1989a] を修正した．
第2部
　第6章：[江川 1991] を修正した．
　第7章：[江川 2004b] を修正した．
　第8章：未公刊
　第9章：[江川 1992] を修正した．
第3部
　第10章：[江川 1989b] を修正した．
　第11章：[江川 1990] を修正した．
　第12章：未公刊
　第13章：未公刊
　第14章：未公刊
第4部
　第15章：[江川 2004a] を修正した．
　第16章：[江川 2007] を修正した．
　第17章：未公刊
　第18章：[江川 2008] を修正した．
　第19章：未公刊
　第20章：未公刊
第5部
　第21章：[江川 2003] を修正した．
　第22章：未公刊

第 23 章：［江川 2005a］と［江川 2006］を修正して結合した.
第 24 章：［江川 2009］を修正した.
第 25 章：未公刊
終章：未公刊

序　章
本書の目的と構成

第1節　はじめに

　タルコット・パーソンズは，人間の行為を主に分析の対象にしている行為理論家である．彼はアマースト大学に入学してしばらくは，主に生物学と哲学を学んでいたが，次第に経済学に関心をもつようになった．大学を卒業してイギリスとドイツに留学した後には，経済学理論と社会学理論の関係により関心が高まり，後に社会学を専門に研究するようになっている．彼は留学から戻ってハーバード大学に勤め始めた頃，シュンペーターにも教えを受けている．パーソンズは社会システムを分析するにあたり，四機能図式を考え出した．適応 (A)，目標達成 (G)，統合 (I)，潜在的パターンの維持 (L) というのがそれであり，経済を適応の機能を受け持つ下位システムに置いた．目標達成には政治，統合には社会的共同体，潜在的パターンの維持には信託システムを置いている．彼は経済を孤立した状態にあるのではなく，各領域と相互依存の状態にあるとして社会システムの中の一つとして捉えている．

　シンボリック・メディアとは，パーソンズによると四機能図式の相互交換過程から生じてくるもので，行為者間の相互行為を促進・規制をするメカニズムに作用するものとされている．そしてシンボリック・メディアの働きに，情報を伝達し，相互行為における「生産物」や「要素」の配分や結合を制御する点をあげている．パーソンズは，正式には「一般化されたシンボリック・メディア」とよんでいる．

　以上のように，シンボリック・メディアとは，人間を対象としたメディア（媒体）のことである．メディアというと一般に社会情報関係のマス・メディアを想像するが，情報技術も人間によって作られるメディアであり，シンボリ

ック・メディアとマス・メディアには深い関連があるといえる．

　各領域の相互交換から生じるシンボリック・メディアは，経済領域にある貨幣の析出から始まっている．ここでパーソンズは，貨幣の機能に交換価値をもつが使用価値をもたないという，古典派経済学者たちの説を受け入れている．

　パーソンズのシステム論は社会システム，一般行為システム，人間的条件システム，生命システムと，システムが社会現象から人間の内面へ，さらに人間が存在するための条件，自然界の中の人間へと進んでいる．システムのレベルが，経済・社会的段階から人間の行為，人間の存在，自然との関わりを問う方向へ向かっているのである．パーソンズは社会システム，一般行為システム，人間的条件システムから合計12の「一般化されたシンボリック・メディア」を考え出している．

　2000年代に入り，アマルティア・センの「ケイパビリティ」の概念がパーソンズのいう一般化されたシンボリック・メディアに関連があるということが判明してきた．本書では，パレートを媒介としてパーソンズ理論とセン理論の関係について論じている．パーソンズの機能分析は，経済から始まり哲学へと進んでいる．

　パーソンズが1979年に亡くなって，今年で33年になる．その間，時代は変わりパーソンズ理論はもはや古典となりつつある．パーソンズについて行為理論家，社会システム論者，構造－機能主義者，相互作用論者とよばれる一方，解釈の妥当性，システムの整合性，一貫性が問われる等，様々な議論をひき起こしてきた．パーソンズは自分のあみ出したAGIL図式に基づいて理論を発展させる一方，専門職，高等教育，人種，性，親族，医療，宗教，経済，法律，政治，社会心理といった経験的（実証的）な領域の問題も扱っていった．アメリカの価値システムについても分析し，近代の行く末を見つめている．

　しかし，パーソンズの理論は初期，中期，後期までは研究されているが，晩期になると未解明の部分も多く，人間的条件，一般化されたシンボリック・メディアの部分は，いわゆるブラック・ボックスのままになっている．本書は，この「一般化されたシンボリック・メディア」の解明に光をあてたものである．

第2節 パーソンズの略歴, 業績の足跡

(1) 略歴

　タルコット・パーソンズは1902年12月13日にアメリカ合衆国の西部コロラド州のコロラドスプリングス市で生まれた. 父エドワードは英語の学者でミルトン研究者であり, 社会福音派プロテスタントの牧師でもあった. 母メアリーは婦人参政権論者であり, タルコットは5人きょうだいの5番目であった. 彼はニューヨーク市にあるホレースマン高校を卒業後, 1920年にアマースト大学に入学している. アマースト大学では生物学や哲学を勉強していたが, 次第に経済学と社会学に彼の関心は移っていった.

　パーソンズは1924年に経済学部を卒業後, ロンドン・スクール・オブ・エコノミクス (LSE) に1年間留学した. LSEではホブハウス, モーリスギンスバーグ, マリノフスキーの教えを受けるが, 特に人類学者マリノフスキーの機能主義の考え方がパーソンズに大きな影響を与えたといわれている. 続いて1925年に, パーソンズはドイツのハイデルベルク大学で特別奨学金給費生として1年間学んでいる. ハイデルベルク大学には, マックス・ウェーバーの4歳違いの弟であるアルフレッド・ウェーバーが教授としており, 他にヤスパース, マンハイムなどがいて, パーソンズは彼らに学んでいる. マックス・ウェーバーは1920年に逝去しているが, パーソンズは, この地でウェーバーの著作物に出会い強く影響を受けている. ドイツにおいてパーソンズの研究関心は, 経済学と社会学の関係にますます強まっていった. イギリス, ドイツと2年間の留学を終え, パーソンズは1926年に母校アマースト大学の経済学講師となり, 翌年 (1927年) にハーバード大学の経済学講師になっている.

　1927年に彼は「最近のドイツの文献における資本主義―ゾンバルトとウェーバー」の論文でハイデルベルク大学より博士の学位を授与されている. そして1930年にパーソンズは, ウェーバーの論文「プロテスタンティズムの倫理と資本主義の精神」を英訳している. また1931年に彼はハーバード大学社会学科の講師になり, 1944年に教授になっている. 彼は1927年から1972年まで45年間ハーバード大学で研究と教育にあたった. その間1949年には, アメ

リカ社会学会長に就いている．彼は退職後も研究にいそしみ，晩年には行為を人間的条件の立場にたって考察している．1978年10月末から12月まで，関西学院大学に客員教授として招かれ，大学院で集中講義を行なっている．

1979年5月に，パーソンズは学位取得50周年記念でハイデルベルク大学より招待されて式典に出席し講演を行なった．その後，彼はウェーバーが1917年と1919年に招聘されて講演を行なったミュンヘン大学に向かった．5月8日ミュンヘン大学で講演の後，パーソンズは夜半に心臓発作のため急逝した．

(2) 業績の足跡

パーソンズ理論の時代区分は研究者によって色々に行なわれているが，本書では次のように区分する[1]．

[1] 初期（1928～1937）：主意主義的行為理論の発見・提示期

パーソンズの研究の出発点は，博士論文である「最近のドイツの文献における資本主義—ゾンバルドとウェーバー」に始まるが，その後「マーシャルにおける欲求と活動」(1931)「社会学理論における究極的価値の位置」(1935)「パレートの中心的な分析図式」(1936)などを経て，主著の1つである『社会的行為の構造』(1937)を出版している．この著書のなかで，パーソンズはマーシャル，パレート，デュルケーム，ウェーバーの学説研究を通して主意主義的行為理論（voluntaristic theory of action）を提示している．

[2] 中期（1938～1953）：パターン変数，AGIL図式の創出期

この時期にパーソンズは「社会学における体系的理論の現状と将来」(1945)を記し，『行為の一般理論をめざして』（パーソンズ，シルズ，1951）のなかで，パターン変数を初めて提示している．『社会システム』(1951)においてもパターン変数を示し，行為というミクロ的なことに加えて，システム概念を取り入れて「社会システム」というマクロ的な概念を創りだした．また『行為理論の作業論集』（パーソンズ，ベイルズ，シルズ，1953）のなかで四機能パラダイム，いわゆるAGIL図式を創出している．

[3] 後期（1955～1967）：AGIL図式の確立，応用期

この時期には『家族，社会化，相互行為過程』（パーソンズ，ベイルズ，1955）『経済と社会』（パーソンズ，スメルサー，1956）が著されている．さら

に『近代社会の構造と過程』(1960)『社会構造とパーソナリティ』(1964)『諸社会―進化的および比較的観点』(1966)『社会学理論と近代社会』(1967) などが出版されている．

[4] **晩期（1969〜1978）：社会進化論，シンボリック・メディア論，人間的条件**

この時期には『政治と社会構造』(1969)『近代諸社会のシステム』(1971)『アメリカの大学』(パーソンズ，プラット，1973)『社会システムと行為理論の進化』(1977)『行為理論と人間的条件』(1978) などが刊行されている．

本書は晩期のパーソンズ理論を明らかにしようとしている．今までパーソンズ理論の研究については，初期と中期，後期までの研究がほとんどで，晩期についてはほとんど未解明のままである．近年，人間的条件に関する論文が発表されているが[2]，一般化されたシンボリック・メディアについての論文は見あたらない．本書は，パーソンズ理論の晩期に主に展開されているシンボリック・メディアについて考察しようとするものである．

第3節　パーソンズ理論に対する捉え方の動向

パーソンズは『社会的行為の構造』(1937) を発表して以降，1960年代まで構造機能分析を標榜した人として，世界中にその影響力は大きかった．このようなときに，パーソンズ理論に対する痛烈な批判を展開した人に，チャールズ・ライト・ミルズ（Charls Wright Mills, 1916〜1962）がいる．ミルズは『社会学的想像力』(1959) を著し，そのなかの第2章でパーソンズの『社会システム』(1951) を例にとってパーソンズ社会学に対する激しい批判を行なった．ミルズはパーソンズの理論を誇大理論（grand theory）とよび，「誇大理論は単に混乱した冗語にすぎないのか，それともやはり何ものかを含んでいるのか」と問いかけて，「確かに，深く埋もれてはいるが何ものかは存在する．何かが語られていることは確かだ」と述べている（Mills 1959, 鈴木訳［初版 1965］1995：36）．そして『社会システム』のなかから文章を取り出してミルズ流に解釈し訳したように書き直して，その訳文について考察している．

ミルズは「『社会システム』におけるパーソンズは，彼が構成した社会秩序

の1つのモデルが普遍的に妥当するものだという観念に捉われており，事実上，概念の物神化におちいっていたために，社会科学の実質的な作業に手をつけることができなかった」(Mills1959，鈴木訳1995：63)とみている．そして「『社会システム』について，約50％が言葉の羅列，40％は誰でも知っている教養課程の社会学である．残る10％は──あいまいながらも──イデオロギー的に利用される可能性をもつ」(Mills1959，鈴木訳1995：66)として，パーソンズ理論に非常にからい評価を行なっている．

ミルズがパーソンズの中期の書物『社会システム』を取りあげて『社会学的想像力』を書いたのは，1959年である．ミルズのいうパーソンズ理論に存在する深く埋もれている何ものかというのは，パーソンズが晩期に繰り広げていく人間的条件や生命システムの概念につながっているものと筆者は考えている．

次にパーソンズ理論に対して強烈な批判を行なった人に，アルヴィン・グールドナー（Alvin W. Gouldner）がいる．グールドナーは，ミルズの系譜をくみ社会学のラディカルな変革と再生を目指して『迫りくる西洋社会学の危機』(1970)を著している．グールドナーは，そのなかで「パーソンズに着目するのは，それがもつ強い影響力のためだけではなくて，パーソンズ理論の理論としての内在的な重要性があったればこそである．というのは，今日の講談社会学者によって行なわれた仕事のうちで，パーソンズの仕事だけが，どんな重要な理論的問題点にも関連性をもっているからである」(Gouldner 1970，矢沢・矢沢訳1975：5)と記し，パーソンズの重要性を認めてはいる．この点について，パーソンズの晩期に展開される人間的条件，生命システムにつながる考え方をグールドナーは嗅ぎとっていたと感じられる．しかし，それとパーソンズが正しいということとは，まったく別の事柄であるとして彼はパーソンズに対して批判を展開している．そしてグールドナーは，「パーソンズの理論は時代に合わなくなってしまった」(Gouldner 1970，岡田他訳1974：218)と述べている．

彼はⅡ部「タルコット・パーソンズの世界」において，初期のパーソンズ，世界の全体化／体系分析家としてのパーソンズ，パーソンズの道徳学／宗教，富と権力について考察している．グールドナーにとって社会学とは日常的な実

践活動であり，彼は抽象性の高いパーソンズ理論を厳しく批判している．『迫りくる西洋社会学の危機』の本が出版されたのは1970年であり，グールドナーは晩期のパーソンズ理論には触れていない．

1979年にパーソンズがミュンヘンで客死した後，パーソンズを批判的に継承して，あるいは批判的に摂取して自らの理論を展開した人たちが現れた．代表としてルーマンとハーバーマスを挙げることができる．ニクラス・ルーマン（Niklas Luhmann, 1927～1998）は1960年から1961年にかけてハーバード大学に留学し，パーソンズのもとで学んでいる．ルーマンは「パーソンズの全著作は，1つの命題に対するいわば終わりのない注釈である」と見なしており，「その命題とは，"行為はシステムである（Action is system）"というものである」（Luhmann 2002, 土方他訳 2007：20）と強調している．パーソンズは行為をシステム的に機能分析している．ルーマンはパーソンズのもとで学んでいたときに，パーソンズが口頭で述べた前記の言葉を鮮烈に覚えており，それがパーソンズの奥深い重要な事柄であるとしている．ルーマンはパーソンズのシステム論を批判的に継承しながら，パーソンズの行為システム論にはない生活世界の概念とコミュニケーションの概念を取り入れて，独自のシステム論を打ち立てている．

ユルゲン・ハーバーマス（Jürgen Habermas, 1929～）はルーマンと1971年にシステムと生活世界の関係について論争を起こしたことでも知られているが，現在においても活躍中である．ハーバーマスは『コミュニケーション的行為の理論』（1981）を著し，そのなかの第7章「タルコット・パーソンズ―社会理論の構成問題―」で，パーソンズを取りあげている．ハーバーマスは，パーソンズについて「同時代人のなかで，パーソンズの理論に匹敵する複合性をもった社会理論を展開した人は誰もいなかった」としている．そして「抽象性と分節性，個別的な研究分野の文献に同時に目配りすることと結びついた社会理論のもつ視野の広さと体系性，この点に関して，パーソンズの残した業績に匹敵するものはない．確かに，60年代の中頃からこの理論への関心は衰え，その上，パーソンズの晩年の業績は解釈学的，また批判的研究傾向によって一時的に圧倒された．しかし今日，パーソンズの理論となんらかの関係をもたない社会理論をまじめにとることはできない」（Harbermas 1981, 丸山他訳

1987：130-131）と記して，ハーバーマスはパーソンズ理論のもつ広さと深さを認めてはいる．しかし，パーソンズの概念を共有する必要はないとして，ハーバーマスは固有の理論を展開している．

　ハーバーマスは，この第7章においてパーソンズの理論を第1節 規範主義的行為論から社会のシステム論へ，第2節 システム論の展開，第3節 近代論と3つの視点から考察している．このなかのシステム論の展開において，パーソンズの晩年の人間学的後期哲学の特徴を，システム論と行為論の妥協から成るもろさをもっていると主張している．

　ハーバーマスによれば，パーソンズの後期哲学について行為論がシステム論へとあいまいに同化させられているがゆえに，パーソンズの社会理論は成り立っているという．そして，この争いの源に『社会的行為の構造』において展開された行為理論の枠組みを物象化するところにあるとしている（Harbermas 1981, 丸山他訳1987：214）．ハーバーマスはパーソンズの「人間的条件」を人間の基本構成システムと捉えている．パーソンズがその究極目的構造に超越的な位置値を与えたことは，人間の基本構成システムのなかに行為論的意味が紛れこむとハーバーマスは言う．

　行為システムについて，パーソンズが念頭にうかべていたモデルは，カントを手本とする認識する主体という認識論的モデルである．これに対してハーバーマスは，行為システムについて認識論的主体よりも言語能力と行為能力をもつコミュニケーション的モデルの方が，より適していると主張する（Harbermas 1981, 丸山他訳1987：215）．そして，人間的条件の目的システムについて，認識における主体−客体モデルの超越的観点を，言語能力と行為能力をもつ主体同士の相互了解へと読みかえる方法のみが，理論的に擁護可能で経験的に認証可能な意味を与えることができる，とハーバーマスは主張している（Harbermas 1981, 丸山他訳1987：217）．

　「人間的条件」について，パーソンズは人間の存在を根源から問い，宇宙のなかの人間としてシステム的に分析している．これに対して，ハーバーマスは人間的条件を人間の基本構成に関するシステムと解釈して，地上の人間だけを問題にしていると思われる．ハーバーマスは機能主義を理性的に批判して，パーソンズからウェーバーを超えてマルクスへと批判的に摂取して，生活世界の

概念を背景に独自のコミュニケーション的行為の理論を創っている．

次に出てくるのがパーソンズを肯定的に評価し，新機能主義（neo-functionalism）を唱えたジェフリー・アレグザンダー（Jeffrey C. Alexander）である．アレグザンダーは『社会学の理論的論理』(1982–1983) を出版し，その第4巻でパーソンズを取り上げている．アレグザンダーは1950～60年代の機能主義的立場を基本としながら，それに対立する1960～70年代の闘争理論，現象学的社会学等の諸理論を多次元的アプローチによって総合することを目指して新機能主義を展開している．特に彼はミクロとマクロの連結，新しい変動論，文化や意味等を扱っている．アレグザンダーは，パーソンズ理論の初期を行為理論，中期を社会システム理論，後期をAGIL図式以降と区分している．そして，彼はパーソンズ中期のパターン変数図式を取り入れて，アメリカ市民社会論に応用している．

しかし，アレグザンダーはパーソンズ晩期の「人間的条件」については評価しておらず，まったく触れていない．このことはルーマン，ハーバーマスがパーソンズの晩期の理論に少しでも向き合ったこととは対照的である．ここに，アレグザンダーのパーソンズ理論に対する理解には限界があると思われる．

1990年代に入り，パーソンズ再評価の機運が高まりだした．ローランド・ロバートソンと（Roland Robertson）とブライアン・ターナー（Bryan S. Turner）編による『タルコット・パーソンズ—近代の理論家—』(1991) が刊行された．パーソンズは彼の世代の最も影響力のある社会学者であるばかりでなく，20世紀の鍵を握る一人でもあるとされ，逆に彼は社会科学において最も批判され，拒絶された人物の一人でもあったとされている．しかし1979年のパーソンズの死後以来，世界中にパーソンズ学派社会学に対して関心が高まり，ルネサンス（復興）が生じつつあるとしてこの本は出版されている．ロバートソン，ターナーの他，ヴィクター・リッズ（Victor M. Lidz），ハロルド・バーシャディ（Harold J. Bershady），マーク・グールド（Mark Gould）らの著者たちは近代，近代以後，グローバリゼーションについて議論の中心にパーソンズの著書をおいている．パーソンズの論文「アメリカの価値についての試験的な概略」も収められており，近代化に関する彼の分析の理解にとって，アメリカの価値は中心となるものであるとされている．この本には，グローバルな規

模で近代化に至る社会過程の初期の理論家としてパーソンズに独創性があるとして，パーソンズ社会理論に対する評価を組み入れながら各論文が書かれている．

2000年代に入り，ドイツの女性社会学者であるウタ・ゲルハルト（Uta Gerhardt, 1938～）が『タルコット・パーソンズ—知識人の伝記—』（2002）を出版した．ゲルハルトによれば，パーソンズは尊敬しているマックス・ウェーバーを少なくとも2つの点で見ならっていたという．すなわち，一学者としてパーソンズは価値自由（科学的専門主義）を実践し，政治的活動家として民主主義の維持と拡大のために働いたという．ゲルハルトはこの二重の委託を跡づけ，パーソンズの著作から政治的側面を明らかにしている．

この本の第4章「市民権についての新しい課題：パーソンズの理論と1960年代のアメリカ社会」のなかで，ゲルハルトは"一般化されたシンボリック・メディアと社会の理論"と題して，シンボリック・メディアについて記している．ゲルハルトは，民主主義を説明する理論的なモデルという視点から，権力をはじめとするシンボリック・メディアをみている．彼女は，シンボリック・メディアが1960年代における同時代の機会を分析するために概念的な枠組みを提供しているのは明らかであるとして，その分析の1つの焦点に社会階層をあげている．

ゲルハルトは要点として4つの一般化されたシンボリック・メディアの領域のすべてにおいて，機会の平等について前提としている制度化だけが—貨幣（雇用部門における平等な機会），政治的権力（投票を通して等），影響力（市民権を通して等），価値コミットメント（文化的な仕事）—不平等論を展開していくであろうと主張している（Gerhardt 2002：218）．ここでは社会システムにおけるシンボリック・メディアについて，政治的な側面から取り上げているが，一般行為システム，人間的条件システムのシンボリック・メディアについては取り上げておらず，言及してはいない．

また近年刊行された書物にラナイ・フォックス，ヴィクター・リッズ，ハロルド・バーシャディ編（Renee C. Fox, Victor M. Lidz, Harold J. Bershady, eds.）『パーソンズ以後—21世紀にとっての社会的行為の理論』（2005）がある．この本は，パーソンズの生誕100年記念行事として，2002年12月6，7

日にニューヨークで開催された会議における報告をもとに15人の著者によって書かれている．内容は経済社会学，社会秩序，社会的共同体，文化，近代と多方面からパーソンズ理論について考察されているが，晩期の理論について載っているのはフォックス「アメリカの生命倫理，医療，最先端とパーソンズ理論との関連について」，ティラキアン（A. Tiryakian）「パーソンズと人間的条件」，リッズ「人間的-条件の観点からみた"社会進化"」の3つである．シンボリック・メディアに関する論文は掲載されていない．

第4節　本書の目的

前記でパーソンズ理論の捉え方に対する主だった流れを見てきた．初期，中期，後期についてのパーソンズ理論に関する論文は多いが，晩期について言及している論文は極端に少ない．日本においても，晩期についての論文はあまりみられない．特に「一般化されたシンボリック・メディア」については，明らかになっていない．

本書では一般化されたシンボリック・メディアについての解明，シンボリック・メディアが実証につながっているのではないかという観点からアマルティア・センの理論との関連，シンボル自体の性質等について言及することを目的としている．

パーソンズは生物学，経済学，生理学，心理学，精神分析学，物理学，化学，哲学，数学等，あらゆる分野から知識を吸収して独自の理論を創り，その理論は晩期になるほど哲学的になっていく．その姿勢は，パーソンズがアマースト大学に入った当初に生物学や哲学を主に学んでいたことと関係しており，パーソンズの研究生活の生涯にわたって通底しているものと思われる[3]．

第5節　本書の構成

以上のような問題意識から，本書は次の5部からなっている．まず第1部（第1章～第5章）においては，社会システムのシンボリック・メディアの特質や動態分析を検討する．第2部（第6章～第9章）においては，晩期のパー

ソンズ理論の理解を深めるために，多面的なパーソンズをみようとする．ルーマンとパーソンズのメディア論の違い，パーソンズの行為システム論に深く結びついている宗教について論じる．第3部（第10章〜第14章）においては，一般行為システム，人間的条件システムのシンボリック・メディアについて言及し，さらに人間的条件システムのパラダイムについて検討する．第4部（第15章〜第20章）においては，晩期パーソンズ理論の構築に大きく作用を及ぼしているパレート，ヘンダーソン，キャノンとのかかわりを論じる．第5部（第21章〜第25章）においては，アマルティア・センのケイパビリティ概念とパーソンズ理論の関係，ウィーナーのサイバネティックスの概念について，そしてシンボルの根源について主に論じる．

第1部においては，社会システムの貨幣，権力，影響力，価値コミットメントの各シンボリック・メディアについて言及している．パーソンズは，社会をシステムとして捉えるようになってから経済の領域から貨幣を，政治の領域から権力を，社会的共同体の領域から影響力を，信託システムから価値コミットメントのシンボリック・メディアを生み出している．第1部では社会システムにおける各メディアの性質および特徴を明らかにする．

第2部においては，パーソンズ理論をめぐる諸相として各方面からパーソンズを理解することに努めている．ここでは，社会システムと一般行為システムから生み出されたパーソンズのシンボリック・メディアをふまえて独自のメディア論を展開しているルーマンを取り上げている．また，システムとしての社会の概念を取り上げる．さらに，パーソンズの社会理論全体を通して宗教の重要性は見落とせない．宗教についてはデュルケームの影響も大きい．第2部を通して，ルーマンとパーソンズのメディア論の違い，パーソンズの社会の概念，宗教についての考え方が顕示されるであろう．

第3部においては，一般行為，人間的条件のそれぞれ各段階のメディアを言及している．パーソンズは，一般行為システムを行動有機体[4]，パーソナリティ・システム，社会システム，文化システムに四分割し，人間的条件システムを物理的-化学的システム，人間有機体システム，行為システム，目的システムに四分割してそれぞれの相互交換過程からシンボリック・メディアを生み出している．第3部では，それぞれのメディアが生み出された背景，メディアの

特徴を記している．また後半では，人間の存在する条件をより広くパラダイム（理論的枠組み）として捉えていく過程を跡づけ，人間的条件が自然界と結びついていることを検証している．

第4部においては，パーソンズ理論におけるパレート，キャノン，ヘンダーソンの影響を論じている．パーソンズは経済学者，社会学者であるパレートの社会に関する分析概念を土台にして，生理学者キャノン，生理学者ヘンダーソンの考えを取り入れて，さらに生命システムへと議論を発展させていく．第4部において，人間的条件システムから生命システムへと概念が広がっていく過程を理解することができる．

第5部においては，パーソンズ理論とアマルティア・セン理論の関連を取り上げ，そしてシンボルそのものについて究明している．筆者は，パーソンズのシンボリック・メディアの理論と経済学者センの不平等に関する研究がよく似ていることに気がつき，追求した．センのケイパビリティ・アプローチとパーソンズのシンボリック・メディアの考え方が非常によく類似していること，また，パーソンズの晩期の理論で重要な位置を占めている「サイバネティックス」について理解を深めて，さらにシンボルの根源を検討している．またセンの使用しているケイパビリティの用語について，パーソンズが『社会的行為の構造』(1937) のなかですでに言及していることを説明する．第5部において，ケイパビリティとサイバネティックスの考えについて理解を深め，そしてシンボル本来のもつ特質が明らかになるであろう．

終章においては，これまでの議論をまとめ明らかになったことと今後の課題を整理する．

注
1) 大黒正伸 (2009：15-16) を参考にした．
2) エドワード・A・ティラキアン「パーソンズと人間的条件」，ヴィクター・M・リッズ「人間的-条件パラダイムの観点からの"社会進化"」：Renee C. Fox, Victor M. Lidz, Harold J. Bershady, editors. (2005) 所収．
3) パーソンズは『行為理論の作業論文集』(1953) のなかで，相互行為過程の分析を扱っている．第2章「行為に関係するシンボリズムの理論」において，シンボリズム (Symbolism, シンボルと社会的行為の結びつき) がパターン変数を導く際に深い関連のあることを明らかにしている．パーソンズによれば，シンボルは常に"認識的"(cognitive) な意味と，"表現的"(expressive) な意味

をもつという．第2章において，パーソンズは認識的シンボルよりも，表現的シンボルに焦点をあてている．そして，表現的シンボルが動機づけ的志向に関するカセクティック（cathectic）な構成要素にとって，最も重要な様式（mode）であることを示している（Parsons1953：31-62参照）．

4) 後にパーソンズは『行為理論と人間的条件』（1978）において，行動システムと修正している．

第1部
社会システムにおけるシンボリック・メディア

第1章
シンボリック・メディアの性質
―バウムのメディア論への発展―

第1節　はじめに

　パーソンズ（Talcott Parsons, 1902～1979）は社会の本質を秩序や統合と結びついた制度化にあるとみなし，制度をつくる人間の価値観について分析を行なっている．彼の理論は，初めは社会システムの均衡を重視した社会構造および機能の分化の究明という静態的な面におかれていたが，『経済と社会』（Economy and Society, T. Parsons & N. J. Smelser, 1956）のなかで貨幣（money）をメディア（media）として捉えて以来，社会システムの動態についても着目していくようになる．

　メディアについて，パーソンズは正式的には「一般化されたシンボリック・メディア」（generalized symbolic media）とよび，メディアとは行為者間の相互行為を促進したり規制するメカニズムに作用するものとしている．そしてメディアの働きとして，情報を伝達し相互行為における「生産物」（products）や「要素」（factors）の配合や結合を制御する点をあげている．すなわちメディアは社会システムの機能に深くかかわっている．

　パーソンズはいわゆる AGIL 図式を用いて，一般行為システムを行動有機体，パーソナリティ・システム，社会システム，文化システムに分割し，社会システムをさらに経済，政治，社会的共同体，信託システムに分割した．メディアについては，経済のなかで働いているメディアとしての貨幣の発見にはじまっていることから，まず社会システムのそれぞれの交換過程から「貨幣」（money）「権力」（power）「影響力」（influence）「価値コミットメント」（value-commitment）を見出し，次に人間の内面に迫って一般行為システムの相互交換過程から「知性」（intelligence）「遂行能力」（performance-capacity）

「感情」(affect)「状況規定」(definition of the situation) の4つを見出している (Parsons and Platt 1973：432, 439).

　後に彼は非公式ではあるが，一般行為システムのシンボリック・メディアについて，デュルケームの考えを取り入れ「知性」「自我の能力」「集合感情」「集合表象」と訂正を唱えている (Parsons, 倉田編訳, 1984：35). ここで言われているメディアはシンボリックなものであり，具体的にどういうものがあてはまるかについては論じられていないが，前者すなわち知性，遂行能力，感情，状況規定の方が捉えやすいように思われる.

　パーソンズのシンボリック・メディア論についての本格的な論文は，「政治権力の概念について」(On the Concept of Political Power, 1963)「影響力の概念について」(On the Concept of Influence, 1963)「価値コミットメントの概念について」(On the Concept of a Value-Commitments, 1968) にみられ，いずれも『政治と社会構造』(Politics and Social Structure, 1969) に収められている．そこでは社会システムについてのシンボリック・メディアが検討されている．彼は，社会システムからさらに一般行為システムへとメディア論を拡大している.

　パーソンズは，1973年『アメリカの大学』(The American University, T. Parsons & G. M. Platt) のなかで，貨幣のインフレーション，デフレーションという経済的概念を，社会システム，一般行為システムの各メディアに適用し，メディアの性質について述べている．しかしそれはあくまでも定量的にではなく，定性的に述べられており，経済学の場合と違って人間の相互行為から生ずるシンボリックなメディアの場合，完成されたものではない．

　またバウム (R. Baum) は，パーソンズのメディア論を補い，より精緻化する方向へと進んでいる．彼はパーソンズのいうメディアのインフレーションとデフレーションの混在した状態をコンフレーション (conflation) と名づけ，社会システムの混乱と秩序について考察している．さらに，構造的側面から価値の優先性に基づいて「理想的な社会」(good society) の類型化を試み，社会的メディア[1]との動態的な関連も分析している.

　第1章では，パーソンズのいうシンボリック・メディアの性質，メディアのインフレーション，デフレーションについて，バウムのいうメディアのコンフ

レーション，「理想的な社会」のあり方について理解を深める．すなわち社会現象の分析に重要な機能をつかさどるメディアの性質について検討することを目的としている．

第2節　パーソンズのシンボリック・メディア論

(1) シンボリック・メディアの性質

　本節ではパーソンズのいうシンボリック・メディアそのものの特質，社会システム，一般行為システムの各メディアの性質について述べてみたい．

　パーソンズは，古典派経済学者たちによる貨幣の3つの機能（1. 交換価値 2. 価値尺度 3. 貯蔵手段）を考慮に入れて，メディアの特質を捉えた．まずメディアについての基本的な基準として，シンボリック（symbolic）な特徴をあげている．これは貨幣には交換価値があるが，純粋なタイプの場合，使用価値はないという命題に相当するものである．このシンボリックという一般的な見出しのもとで，さらにメディアについての4つの性質があげられている．

　第1の性質は，制度化（institutionalization）である．これは，貨幣が国家を通して政府当局によって法貨として後援されていることに相当するもので，我々はメディアを通して制度化の状態になるとされている．

　第2の性質は，評価と相互交換の両方における意味と有効さの特質性（specificity）である．これは，特定のメディアだけでは人間の相互交換関係のすべてを媒介できないというものである．

　第3の性質は，循環性（circulability）である．これは，メディアがある種の相互行為を媒介する際に，1つの行為単位から他の行為単位へ統制を移すことを意味している．

　そして第4の性質に，メディアがゼロ－サム的性質だけでなく，「信用創造」（credit creation）によって付加価値が認められている点があげられている（Parsons 1975：95-96）．

　第1節において社会システムは経済（A），政治（G），社会的共同体（I），信託システム（L）に分類されていると述べたが，4つのシステム間にはさらに資源の可動化システム（resource mobilization system），政治的支持のシス

テム（political support system），忠誠・連帯性・コミットメントシステム（loyalty-solidarity commitment system），労働・消費市場システム（labor consumption market system），適法化のシステム legitimation system），配分基準のシステム（allocative standard system）という6つの二次的な下位システムが生じている（Parsons 1973：426）．

この6つの二重の相互交換から，パーソンズは社会システムのA体系に係留するのは貨幣，G体系には権力，I体系には影響力，L体系には価値コミットメントの各メディアが対応すると述べている．各メディアは，機能上定義された制度的複合体のなかで連結している．社会システムのメディアの性質について，彼はメディアのコード[2]を「制度的コード」「価値原理」（value principle）「調整基準」（coordination standard）に分け，制度的文脈における貨幣を財産制度に，権力を権限に，影響力を威信に，そして価値コミットメントを道徳的権威によるものとしている．さらに価値原理において，貨幣には効用，権力には有効性，影響力には連帯性，価値コミットメントには保全をあて，調整基準（「満足できる遂行基準」）にそれぞれ支払能力，成功ないし統治権，合意，型の一致性を該当させている．

「影響力の概念について」の論文のなかで，彼は高度な社会システムでは各メディアが特定のメッセージを伝えるだけではなく，共通の命令法をもち，効果を求める手段であると主張している．このことから，メディアは行為者に対してある種の「裁定」（sanction）を行なうとしている．裁定の様式には誘因，抑止，説得，コミットメントの活性化があげられている．

また，各メディアの根源的な基礎として保障基盤を設け，金，物理的強制力，一種の知識あるいは情報をあげている．また「価値コミットメントの概念について」の論文のなかで，彼は価値コミットメントに対する保障基盤に忠告または道徳的否認をあげている．以上のことをまとめたのが表1-1である．

パーソンズは，サイバネティックス的制御の観点からその階統制（hierarchy）において，社会システムの各メディアのなかで「価値コミットメント」のメディアを最高の階位にあるものと位置づけている（Parson 1973：31）．サイバネティックスの原理とは，簡潔にいうならば，ある適当な条件下では高位情報（低位エネルギーのシステムが低位情報）高位エネルギーのシス

表1-1 社会システムの一般化されたシンボリック・メディアの構成要素

メディア	係留部門	コードの種類			保証基盤	裁定の様式
		価値原理	調整基準	制度的		
価値コミットメント	価値の型の維持(L)	保 全	型の一致性	道徳的権威	忠告ないし道徳的否認	コミットメントの活性化
影響力	結 合(I)	連帯性	合 意	威 信	一種の知識ないし情報	説 得
権 力	政 治(G)	有効性	成功ないし統治権	権 限	物理的強制力	抑 止
貨 幣	経 済(A)	効 用	支払能力	財産制度	金	誘 因

松本和良著『組織体系の理論』学文社, 1981年 p.30.

テムを制御できるというシステムである.

　このサイバネティックスの原理を用いると,「貨幣」のメディアが一番低位となり, 貨幣の信用創造には権力の投入が必要となる. 同様に, 権力の信用創造には影響力が, 影響力の信用創造には価値コミットメントの投入が必要になり, そして価値コミットメントの信用創造には「道徳的指導性」(moral leader ship) の投入が必要となってくる.

　さて, その後パーソンズは, 社会システムのシンボリック・メディアが複雑で常に発展している社会でうまく流通しているのは, 人間の行為システムにより根源的なものが存在しているからに違いないと考えた. 本来ならば, 人間の一般行為システムのシンボリック・メディアから社会システム・レベルへと究明されるはずであるが, むしろ逆の順序で研究が行なわれた.

　一般行為システムのシンボリック・メディアは, 社会システムのそれに比べると, 人間の本質すなわち人間の存在条件に関係したメディアであるといえる.

　サイバネティックスな階統制のもとで, 一般行為システムは行動有機体(A), パーソナリティ・システム (G), 社会システム (I), 文化システム (L) に分割された. そして4つの下位システムの間に, 遂行システムの組織 (organization of performance system), 動機づけの統合システム (motivational integration system), 道徳秩序の根拠づけ (grounding of moral order), 認識的複合体 (cognitive complex), 報酬配分のシステム (reward allocation system)，表現的基準のシステム（expressive standard system）という6つの二重の相互交換が生じ，お互いに命令を伝えている．ここに一般行為システムのに対応するシンボリック・メディアとして，知性，遂行能力，感情，状況規定が生み出される（Parsons 1973：435）．

次に，各メディアの性質を見てみよう．一般行為システムのシンボリック・メディアの場合，コードの種類は意味の型と価値基準に分けられている．社会システムの調整基準に相当するものとして，価値基準にはそれぞれ，認識的合理性，目的合理性，同一性の調和，価値合理性がおかれている．

また，価値基準より一歩ふみ込んだものとして，つまり価値に対する認識的客観性と関係したものとして，意味の型をおいている．ここでいう意味とは，人間の行為志向と，経験の規範的な秩序の両方にかかわったものとして，究極的には人間性と結びつけて考えられる．意味の型には，それぞれ妥当性と意義の認識の基礎，パーソナリティに関連した意味の内面化，社会に関連した意味の制度化，人間的存在条件の意味の本質的基礎がおかれている．

一般行為システムのシンボリック・メディアについては，理論的に未完成の領域が多いのであるが，次に筆者は，社会システムメディアの構成要素の表1-1に対応させて，一般行為システムメディアの構成要素について試論として表を作成してみた．表1-2の太枠の部分である．

コードの種類の「制度的」カテゴリーには状況規定に対応するものとして，分別をおいてみた．人間の状況規定は，明確になるにしたがって，認識的基準に基づいた宗教的判断が要求され，制度的に人物評価にかかわるものとして「分別」をおいたのである．また「分別ある人間」がパーソンズのいう状況規定を正しく判断するのではないだろうか．同様にして，感情に仁愛を，遂行能力に勇気を，知性に知力を対応するものと考えた．これらは東洋的な思想の知・勇・仁を参考にしている．

また，保障基盤とは，メディアの円滑な流通を保障するもので，一定の人間を魅了する力が必要である．そこでL，I，G，A機構部門のメディアに対応させて，心の調和，カセクシス（cathexis），制御，知識をおいてみた．また，メディアが要求されたときに，使わないで起こる結果を表す裁定の様式には，それぞれエクセントリック（eccentric，常軌を逸した，変人），排斥，蔑視，

表1-2　一般行為システムのシンボリック・メディアの構成要素（試論）

メディア	係留部門	コードの種類			保障基盤	裁定の様式
		意味の型	価値基準	制度的		
状況規定	文化システム(L)	人間的存在条件の意味の本質的基礎	道徳的権威に基礎づけられる価値合理性	分別	心の調和	エクセントリック(eccentric)
感情	社会システム(I)	社会に関連した意味の制度化	社会的命令に基礎づけられる同一性の調和	仁愛	カセクシス	排斥
遂行能力	パーソナリティシステム(G)	パーソナリティに関連した意味の内面化	実際性に基礎づけられる目的合理性	勇気	制御	蔑視
知性	行動有機体(A)	妥当性と意義の認識の基礎	認識的基準に基礎づけられる認識的合理性	知力	知識	損失

損失を対応させてみた．これらは，試論の域を出ないのでより検討される必要がある．

(2) メディアのインフレーション，デフレーション

　パーソンズは，経済学で用いられているインフレーション，デフレーションの概念[3]をシンボリック・メディアに適用している．それは，現代社会において社会的統合が難しくなってきている，あるいは大学等の組織体で機能が十分に働かなくなってきた点に着目し，原因を究明しようとした結果である．本節では，メディアのインフレーション，デフレーションについて，社会システム，一般行為システムのレベルごとに考察してみたい．

　まず定義ではあるが，メディアのインフレーション（inflation）とは，信用を拡張する結果，交換する価値目的に関係して，メディアが価値を低下させることをいう．メディアのデフレーション（deflation）とは，信用を縮小する結果，交換する価値目的に関係して，メディアが価値を上昇させることをいう（Parsons 1973：315）．すなわち，人間の相互行為において，行為者間同士の信用あるいは信頼が増すと行き交う情報量が増え，それがあまりに度を過ぎるとシステムの均衡がくずれる．その状態をメディアのインフレ状態という．逆に行為者間相互の間に，信用あるいは信頼が減少すると情報量が減り，極端な場合には情報の交換がほとんど行なわれなくなる．するとシステムの機能を遂

行する際に支障が生じる，その状態をメディアのデフレ状態という．それゆえメディアの場合，行為者相互間の信用，あるいは信頼にかかわるインフレーション，デフレーションということができる．

また，貨幣が信用創造によって価値増殖を行なうように，メディアについてもそれが指摘されている (Parsons 1973：325)．つまり貨幣の場合，銀行に預けると信用創造の働きで利潤が利潤を生み，貨幣量が増大する．メディアの場合，システムを通して信用創造が行なわれると，流通するメディアの量が増大し，信用が信用を生む状態になる．逆の場合は，不信が不信を生む状態となる．

では，次に一般行為システム，社会システムのレベル別にインフレ，デフレを見てみよう．

パーソンズはメディアのインフレ，デフレの生ずる過程を6つの分野のレベルで扱っている．それを図示したのが，図1-1である．まずメディアのインフレーションを生ずる過程をみてみると，社会システムよりも一般行為システムの方がレベルの上位におかれている．

これは，メディアが本来人間に直接関係しているからと考えられる．

[1] 〈文化システム・レベル〉でのインフレ，デフレ

レベル1には，サイバネティックな階統制で上位にある文化システムがおかれている．文化システム・レベルは，認識的シンボル化，表現的シンボル化，道徳評価的シンボル化，構成的シンボル化に4分割され，Lの構成的シンボル化とは究極的に宗教的なシンボルをさしている．

レベル1の認識的シンボル化は，合理性や科学に対する関心に関係しており，物事に対する疑いをもったとき，その疑いがこのシステムのインフレーションを支えていくとされている．合理性や科学を支えているものに道徳性 (moral) があげられ，その意味でAとIが強調されている．

[2] 〈一般行為システム・レベル〉でのインフレ，デフレ

レベル2においては，最初にAとLの間で，次にAとGの間でインフレが生じるとされている．すなわち，認識的なものが成長し，強調されることによって，長期的にみるとパーソナリティ・システム，社会システム，行動有機体の間の関心のバランスがくずれることを意味している．知識に関する知性の価

L		I	
構成的 シンボル化	道徳評価的 シンボル化		
認識的 シンボル化	表現的 シンボル化		
A		G	

レベル1
（文化システムレベル）

○文化 システム （状況規定）	社会 システム （感情）
○行動 有機体 （知性）	○パーソ ナリティ・ システム （遂行能力）

レベル2
（一般行為システムレベル）

文化 システム	○社会 システム
○行動 有機体	○パーソ ナリティ システム

レベル3
（一般行為システムレベル）

○信託 システム （価値コミッ トメント）	○社会的 共同体 （影響力）
経済 （貨幣）	政治 （権力）

レベル4
（社会システムレベル）

信託 システム	○社会的 共同体
経済	政治

レベル5
（社会システムレベル）

信託 システム	社会的 共同体
○経済	○政治

レベル6
（社会システムレベル）

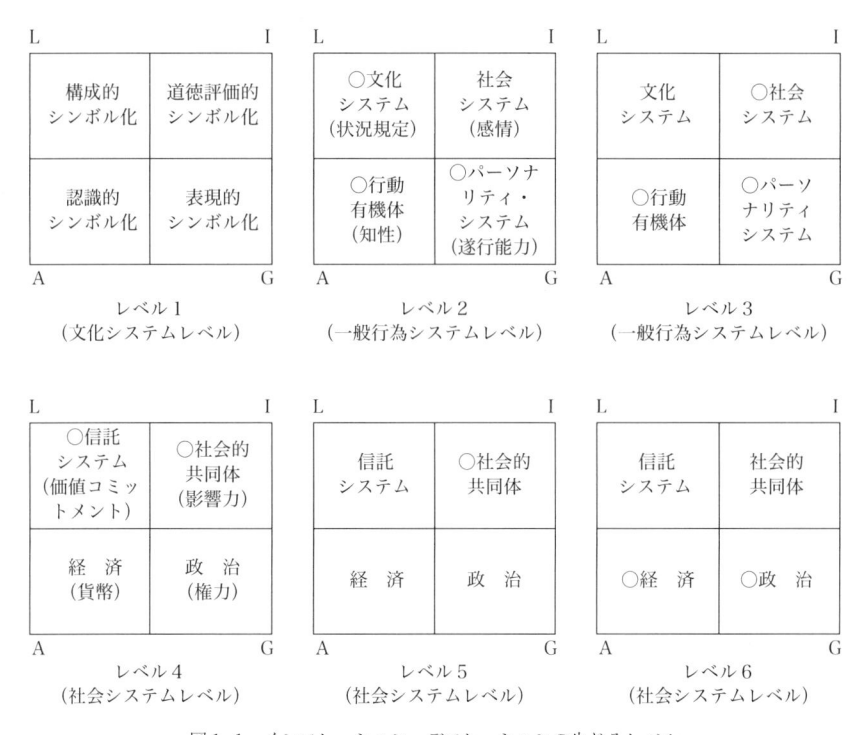

図1-1　インフレーション，デフレーションの生じるレベル

格が急速にかりたてられて，知性のインフレーションが生じる．知性量が増大すると，状況規定に作用し，文化システムにおける文化的相続財産が増えていく．次に知性量の増大は，遂行能力を高めていく．

レベル3では，AとG，AとIのインフレ，デフレが扱われている．知性のインフレが生じると遂行能力が高まる．しかし知性は行為する際の1つの構成要素にすぎず，より意味深い遂行は感情との相互交換を含んでいるとされている．逆に集合体に一致するような感情のインプットは，表現を豊かにしパーソナリティを向上させるようにバランス化される．そしてこの次元のインフレーションは，パーソナリティへの関心以上に能力を高める状態を重視する．このレベルでは，知性と感情との均衡が重要視される．

[3] 〈社会システム・レベル〉でのインフレ，デフレ

レベル4ではLとIのインフレ，デフレが扱われている．すなわち価値コメ

ットメントと影響力で，このレベルでのインフレは信頼，説得に関係している．行為者相互間に情報の形態や能力に差があり緊張状態が続いているとき，それを破るのは影響力であるとされている．

レベル5では影響力のインフレ，デフレである．影響力は社会化が行なわれる際に重要な働きをし，それは感情の配分や交換にも関係してくる．

レベル6ではAとGのインフレ，デフレが扱われている．すなわち権力と貨幣で，政治的経済的側面と関係している．例えば経済的にインフレになると，政治機構を通って財政状態が悪くなる．

以上レベル別にインフレ，デフレの状態について要点をあげてきたが，インフレが起こるとレベル1，2，……6の順に事態が深刻であるといえる．また，デフレの場合，その結果はレベル5，4……，1の階統的な順序で起こるとされている．パーソンズは，経済成長にとっておだやかなインフレ的傾向が望ましいように，メディアにとってもおだやかなインフレ的傾向が望ましいかもしれないと述べている．現段階において，メディアのインフレ，デフレの均衡点を求めることは定かではなく，あくまでも事態が生じたときの状態だけが述べられている．

第3節　バウムのメディア論

(1) メディアの特徴

パーソンズのシンボリック・メディア論を補足し理論的にいっそうの展開をはかろうとした人に，バウムがいる．パーソンズが提唱したメディアのインフレ，デフレ論をさらに発展させて，バウムは両方が混在している状態をコンフレーションと名づけ，社会的機能におけるコード混乱の説明を行なっている．経済学におけるスタグフレーション（stagflation）[4]に相当する現象を，バウムは社会学的にコンフレーションと名づけているが，本節ではバウムのコンフレ論を中心に，機能的な優先順位から見た「理想的な社会」について検討してみたい．

まず，バウムとパーソンズのシンボリック・メディアの扱い方であるが，両者ともメディアの生じるインフレ，デフレ，およびコンフレ状態を社会システ

ムが進化していく際の一過程とみなし，メディアもそれに準じて扱っている点で共通している．

しかし詳細にみるならば，価値の役割に関して次の2点でバウムはパーソンズの初期の見解とは異なっている．第一に，パーソンズは社会的レベルで分析的に相互交換するときに，文化についての境界線上で出会うものと推定して価値を扱っているが，バウムは制度上の相互行為のなかにより直接に含まれているものとして，価値を扱っている点である．第二に，パーソンズは適切な動機づけの維持に主としてふさわしいものとして，価値を扱っているが，バウムは状況規定において新しい方法で，価値をその役割に向かって移動しているとして扱っている点がそれである（Baum 1976：579）．

(2) メディアのコンフレーション

では，バウムのいうメディアのコンフレーションとはどのようなものであろうか．

バウムは，社会的行為を生産物として考え，その生産要素として，[1]価値（パターン化された望ましい概念），[2]規範（どのような価値が相互作用を通して実行されうるかを特定づける，規則的なルール），[3]役割（組織のなかの任務），[4]便役（手段）の4つをあげている（Baum 1976：579）．社会的行為は4つの要素が組み合わさって生じるものであるが，これらの諸要素をよりシンボル的に表すとコードとメッセージをもったメディアとなる．

バウムの定義によると，メディアのコンフレーションとは，1つのメディアあるいはすべてのメディアを信頼することによって，不確実性という危険を複雑な分化から得られる利益以上に増加させたり，減少させたりする相互依存性の状態になる．その状態のなかでシンボリック・メディアを利用する相互交換が変化する過程をいう．すなわち社会的行為の生産過程で価値，規範，役割，便益という生産要素間に弛みや引き締めが生じ，システムが機能的に混乱する状態をいう．メディアのコンフレ現象とは，メディアのインフレ，デフレが混在している状態で，各メディアは[1]情報制御の階統制において，上下の方向に進む点，[2]メディアと実在物（real entities）の間に量的な変更を含んでいる点，さらに[3]コードの側面としてある実在物から他の実在物へメデ

ィアの命令が行なわれるとき，コードはお互いに妨害しあう点が指摘されている（Baum 1976：582-583）．

　バウムは，A, G, I, Lの四機能パラダイムに社会的な時間と空間を取り入れて，社会的行為における機能の混乱の説明を試みている．図1-2において，社会的空間を行為システムの外部的－内部的な分割に関係づけ，平面的映像（DIASCOPY）と立体的映像（STEREOSCOPY）に，すなわち二次元と三次元の空間に分けている．また社会的時間を道具的－成就的分割に関係づけ，動的に歴史的に変化する状態と静止している状態に分けている．例えば道具的－外部的な枠組，つまり歴史的な変化と遂行に関連している適応的な行為システム（A機能）では，時間と社会的情報の両方の貯蓄が必要になると解釈できる．

　G・I・L機能の働く各システムについても同様である．そしてインフレーションの矢印（← →）は，各機能が時間的空間的に影響しあうことを意味し，メディアを使用することによって時間と情報が節約されることを意味している．逆にデフレーションの矢印（→ ←）は，各機能が収縮しあい，メディアを使用しても時間の浪費と情報の不収集につながることを意味している．

　図1-2の分析から，社会のメディアのコンフレーションのもつ特徴として，次の点をあげることができる．

　第一に，行為の自律性，依存性は偶然に起き，下位システム間に同様に働いている点である．それゆえ，インフレ，デフレ現象が生じると下位システム間に偶然に起きる自律性，依存性が否定される行為の型となる．

　第二に，インフレ，デフレ現象の圧力が左右の方向に生じるという点に加えて，「上方へ」「下方へ」という方向においても生じるとし，2つの異なった方向を同一視している点である．それゆえ，道具的－成就的な分割から，「道具的な」成就と「成就的な」道具という行為の可能性をうみ出している．また，外部的－内部的な分割から，「外部化された」内部的問題，「内部化された」外部的問題の解決の可能性をもたらしている．

　第三に，社会的時間や空間を使用することによって，機能上不適当な方向にインフレ現象を生じ，混乱を生じている点である．メディアのインフレはコードの拡大を含み，デフレはコードの縮小を含んでいる．コンフレの場合，メデ

		時間への方向		
		歴史的変化 (道具的)	静止している状態 (成就的)	
	(適応) A			G (目標達成)
遂行関連の 平面的映像 (DIASCOPY)	(外部的)	時間の貯蓄 社会的情報の 貯蓄	時間の消費 社会的情報の 貯蓄	↑ インフレーション ↓ / ↓ デフレーション ↑
「根源的な」 立体的映像 (STEREOSCOPY)	(内部的)	時間の貯蓄 社会的情報の 消費	時間の消費 社会的情報の 消費	
	(パターンの維持) L	← インフレーション →		I (統合)
		← デフレーション →		

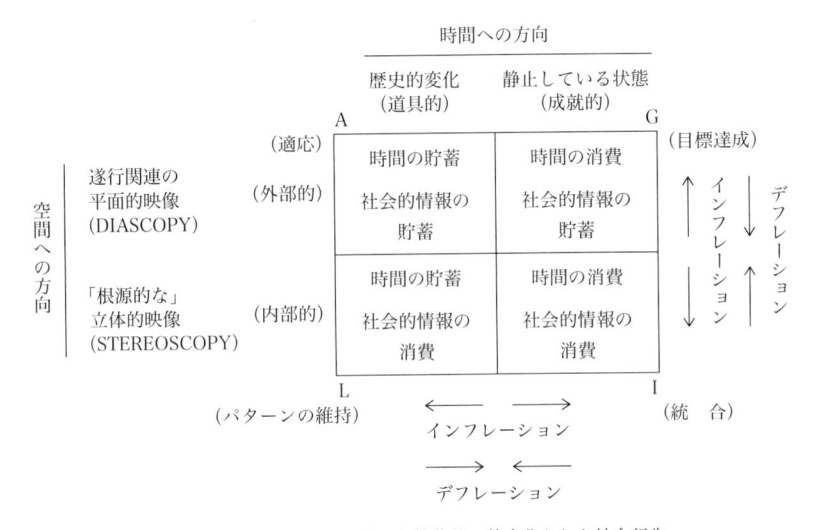

空間への方向

図1-2 社会的な時間／空間と機能的に特定化された社会行為
R. C. Baum, "On Societal Media Dynamics," in J. Loubser, R. Baum, A. Effrat and V. Lidz (eds.), Explorations in General Theory in Social Science, 1976, p. 587.

ィアと実在物との対応関係において機能の混乱を起こしているが，そのときコードは相互侵食を引き起こしている．また一般に，機能上不適当な行動は，究極的には時間と社会的情報を過剰に貯蓄しており，不完全に消費することに基づいている．

　第四に，社会における純粋なコンフレーションは，四機能の重要性の順序に混在している点である．これは社会の価値体系の側面である．もし四機能の重視が対角線上になされた場合（A⇄I，G⇄L），そのときにはコンフレーションに対して最大の安定性を示す．なぜなら，時間と情報の利用に対して，正確に「方向を示す」ことに対する流通力によって，コンフレーションの圧力が相対的に相殺されるからである（Baum 1976：587-588）．

　以上が，バウムの分析した社会的メディアのコンフレーションの特徴である．

(3)「理想的な社会」について

　バウムは，全体社会のコンフレーション現象を追求していく中で，究極的に

は社会の価値体系の機能上の類型の必要性を痛感し，機能の優先順位に基づいて「理想的な社会」の類型論を展開した．本節では「理想的な社会」についての検討と社会的メディアとの動態的な関連分析を主な目的としている．

まず社会の諸価値が評価の基準になっているのは，相対的に発展している社会の特徴であるとされている．そして社会の価値が評価の目的となるならば，市民は社会的事実に対する責任をもっているとして，このような社会では [1] 人々が自らの社会を創り出そうとする理念を認識し，受け入れ姿勢をもっている．[2] すべてのものを変えるのではなく，可能な二者択一の多数の項目のなかに，人々が現在の社会的調整を変えることのできる概念がある，という2つの信念を含んでいるとしている（Baum 1976：594）．つまり高度に内的分化をとげた社会で，価値を評価の対象としているのである．

このような社会で四機能の優先的な順位は，構造的な側面から考えられる．それは，パーソンズがメディアとして価値コミットメントの概念を導入したとき，社会構造の最も安定した側面として価値を強調したことに関連している．バウムは，四機能の優先順位を下からとし，それに対応する「理想的な社会」を考えた．すなわち，その社会が評価する第一に優先される機能だけを取り上げて，基本的な四類型を生み出したのである．

表1-3では，縦軸に機能の優先順位をとり，横軸に信託システムのイメージにとって正当性をもつ諸信念をとっている．横軸のI欄には，各機能に係留するメディアに結びつけて，威信配分の基礎がおかれ，それらは適応に対する効用，目標達成に対する有効性，統合に対する連帯性，パターンの維持に対する保全によって支配されている．L欄では，個人と集団に付帯される道具的および成就的な意義をとりあげている．G欄には，個人主義，主意主義という社会のイメージをもつアソシエーションを取り上げ，その主要目的をおいている．

A欄には，原則上正当性をもつ変化と安定の論理的根拠がおかれている．それは，現代社会が制度化されたパターンのなかにあり，それに抵抗する変化や安定を求める諸力によって特徴づけられるという考えに基づいている．

以上の枠組みから，それぞれに理想的な社会のイメージを対応させている．

バウムは，A機能を第一の優先とし，個人に付帯される意義は成就的であ

表1-3 社会的イメージから見た4類型の構成要素

構造的側面（機能の優先順位）	「理想的な社会」の類型	L 付帯的意義 個人	L 付帯的意義 集団	I 威信配分の基礎	G アソシエーションの主要目的	A 正当性のモード(原則上) 変化	A 正当性のモード(原則上) 安定
L	機械的ブント	道具的	道具的	文化的理想のシンボル化「価値コミットメント」	道具的達成の探索	イデオロギー	日常化されたカリスマ
I	団結的ゲマインシャフト	成就的	成就的	調和への貢献「影響力」	分配的正義の探索	攪乱された公平	既得権
G	団結的ゲゼルシャフト	道具的	成就的	社会に対するサービス「権力」	国家的有効性の探索	団結的競争	既得利益
A	有機的アソシエーション	成就的	道具的	社会における効用「貨幣」	有益な機会の探求	進歩	利害の行き詰まり状態

R. C. Baum, ibid., 1976, p. 598

るが，集団に付帯されるそれは道具的であるとした．また威信配分の基礎は貨幣であり，アソシエーションの主要目的は有益な機会の探索にあり，変化に対する正当性のモードは進歩で，安定に対するそれは，利害の行き詰まり状態である．そのような理想的な社会のイメージを「有機的アソシエーション」（Organic association）とよんだ．

つまり，有機的アソシエーションとは，適応的機能が第一におかれると，個人主義，主意主義から成るアソシエーションの社会的イメージは，道具的な型になる傾向がある．この社会的イメージの構成要素がインフレートすると，統合に支障をきたすようになる．そのような理想的な社会のイメージをいう．

次に，G機能を第一に優先し，個人に付帯される意義は道具的であるが，集団に付帯されるそれは成就的である．そして，威信配分の基礎は権力であり，アソシエーションの主要目的は国家的有効性の探索にある．さらに変化に対する正当性のモードは団結的競争であり，安定のそれは既得利益である．そのような理想的な社会のイメージをバウムは「団結的ゲゼルシャフト」（Corporate Gesellschaft）とよんだ．

つまり，目標達成を構造的側面の第一の機能におくと，アソシエーションの仮定される目的は，組織の有効性を証明する傾向がある．このような社会では，組織の権力的立場は成功の尺度となる傾向があり，指導的立場と服従的立

場，権限と従順が，人々の関係の中心になり，軍国主義的で階統的な集合体が社会的にイメージされる．団結的ゼゼルシャフトとは，以上のような理想的な社会の類型をいう．

三番目に，個人に付帯される意義は成就的であるが，集団に付帯されるそれは成就的，そして威信配分の基礎は影響力であり，アソシエーションの主要目的は分配的正義の探索にある．そして変化の正当性のモードは，撹乱された公平であり，安定のそれは，既得権である．そのような理想的な社会のイメージをバウムは「団結的ゲマインシャフト」(Corporate Gemeinschaft) とよんだ．

つまり，統合の機能が構造的側面で首位におかれると，アソシエーションにおいて社会的調和が指導理念になる傾向がある．団結的ゲマインシャフトとは，このような理想社会のイメージをいう．団結的ゲマインシャフトにおいては，均衡のとれた調和が理念となり個人と集団の分離は認められない．

最後に，個人および集団に付帯される意義はともに道具的であり，威信配分の基礎は価値コミットメントであり，アソシエーションの主要目的は道具的達成の探索にある．そして，変化の正当性のモードはイデオロギーにあり，安定のそれは日常化されたカリスマにある．そのような理想的な社会のイメージをバウムは「機械的ブント」(Mechanical Bund) とよんだ．

つまり，社会的行為を通して，価値の型の一致やコミットメントが機能上首位におかれる社会では，アソシエーションの主要な目的は，究極的理想を実現する関心へと向いていく．このような社会においては，組織はいわば人生の真正なあり方に関する究極的な文化的理念に一致するように，社会と人間を変化させるとみなされる．そして，この人生の真正なあり方がより広く社会に実現されようとするところでは，真の信者と神に見放された者という2つにわかれたイメージが広がる傾向がある．機械的ブントとは，以上のような理想的な社会のイメージをいう (Baum 1976 : 595-598)．

バウムは機能の優先順位と，パーソンズの唱えたメディアを組み合わせて，理想的な社会の類型を展開した．それは，サイバネティックな階統制に基づいており，システムが進化していくうえでのモデルと考えることができる．バウムは，アメリカの社会はその価値システムから，A-Iタイプであるとし，ナチスドイツはG-Iタイプであったと指摘している．各国，各社会で歴史的な

変遷からタイプ別に分けてみると，興味ある結果が出てくるように思える．

バウムは，さらに表1-3の四類型に関連づけて，コンフレーションの方向と限界，その安定性に関して考察を行なっている．

第一に，コンフレーションの方向についてである．コンフレーションは，コードを縮小したり拡大して生じる．デフレーションによる行為の拘束は，A→G→I→Lの方向で生じ，インフレーションによる行為の拡大は，L→I→G→Aの方向で生じると指摘されている．なぜなら，これらの型は経験と行為の間隔に対して，A，G，I，Lの順に寛大さをもって順序づけられているからである．

第二に，コンフレーションの限界についてである．表1-3において，左側にいくほど，また上にいくほど価値の階統性が高い．それゆえ，具体的なアソシエーションが，「下」の列や「右側」の欄に移動していくときには，インフレーションの圧力が発揮される．逆に「上」や「左側」に移動していくときには，デフレーションの圧力が発揮される．このことから，社会システムのインフレーションの下限は，有機的アソシエーションのレベルであり，デフレーションの上限は，機械的ブントのレベルであるといえる．それ以上のインフレ化，デフレ化は，それぞれ人格システムや文化システムの領域に移行することになる．

第三に，コンフレーションの安定性についてである．社会の価値システムが，四機能パラダイムにおいて，対角線上に第一義的および第二義的機能をおくとき，メディアの動態は最も安定する．つまり，A-I，I-A，G-L，L-Gの価値システムの型が，機能上最も安定性をもつ．なぜなら，これらの型はインフレ，デフレが生じたとき，相互依存的に修正する固有の力をもっているからである（Bum 1976：599-601）．

以上，バウムのメディアに関する動態分析について述べてきた．機能の動態は，静態とちがって方向と大きさをもったベクトルのように考えられると思う．バウムはメディアについて，あくまでも定性的に捉えているので，大きさについては述べていない．検討の余地があるかもしれない．

第4節　結び—残された課題

　行為システムの価値分析から，シンボリック・メディアに焦点をあて，パーソンズとバウムの説を検討してきた．パーソンズのメディアの発見は，『経済と社会』(1956) のなかでメディアとしての貨幣を発見したことに始まるが，社会システムから一般行為システムへ係留するメディアを次々に見出し，詳しくは『アメリカの大学』(1973) で論じられている．『アメリカの大学』では1960年代に起こった大学紛争の原因を探るために，潜在的な理論の枠組の重要さを提唱し，経済学における貨幣のインフレ，デフレ・モデルを，社会学のメディアに適用したのである．パーソンズのシンボリック・メディア論は，完成されたものではなく，まだ理論の展開の途中である．

　バウムは，パーソンズのシンボリック・メディア論を踏襲し，特にメディアのインフレ，デフレ現象がともに存在する状態をコンフレーションと名づけて，その分析を行なった．それゆえバウムのメディア論は，パーソンズのそれと比較して行なわれたのではなく，パーソンズのメディア論の延長線上で展開されたといえる．

　パーソンズは，主に社会システム，一般行為システムのレベル別にメディアを発見し，その性質について究明した．一方バウムは，パーソンズのメディアのインフレ，デフレ論に，時間と空間の概念をとり入れて，両者が同時に存在する状態について検討したのである．そして，社会構造の側面で機能的な優先順位に対応させて，理想的な社会を検討している．それは社会が進化していく上での，1つのモデルを提示している．

　パーソンズとバウムのシンボリック・メディア論に共通して言えることであるが，シンボィック・メディアとは一体具体的にどういうものであるか，という問題である．非常に抽象的なので，具体的に表現することは難しい．バウム自身も，「X線が放射線学となったように，メディアの発見は社会にとってX線のもののようである」と記述している (Baum 1976：593)．このことから，シンボリック・メディアの量的な把握の困難性という問題がある．パーソンズとバウムの二人とも定性的に検討しており，定量的な面については検討してい

ない.

注

1) パーソンズは，社会システム，一般行為システムのレベルごとにそれぞれメディアを抽出している．彼のよび方は「一般化されたシンボリック・メディア」であり社会的メディアという語を用いてはいない．他方バウムは，パーソンズのメディア論を踏襲し，レベルごとにではなく一括して「社会的メディア」(societal media) という語を用いている．
2) 社会の規範にもられた権利・義務の根拠としての原理で，社会の構成員 (member) に受容される条件にかかわっている．規典とも訳される．
3) 経済学でインフレーションとは，社会の流通貨幣量，総需要，総所得のいずれかが，実質総生産あるいは総供給に比べて相対的に急速に膨張することによって生じる貨幣価値の下落と，それに伴う物価騰貴を総称している．デフレーションとは，インフレーションと同質的な現象とみるかぎり，貨幣通過量等の収縮による貨幣価値の上昇とそれに伴う物価下落である．しかし通貨収縮に着目すれば，インフレーションとは非対称的な過程をとり，異質的な現象となる．(J. M. Keynes, The General Theory of Employment, Interest and Money, Macmillan, 1936. 塩野谷九十九訳，ケインズ『雇用・利子および貨幣の一般理論』東洋経済新報社，1941, pp. 228-230)
4) インフレと不況が共存する状態で，スタグネーション (stagnation, 不況) とインフレーション (inflation, 物価高騰) との合成語．1970年代に入ってから先進国で生じるようになった．

第2章
貨幣メディア・権力メディアのマクロ的分析

第1節 はじめに

　社会的行為の一般化されたシンボリック・メディアについて，タルコット・パーソンズは次のように定義している，「メディアとは，行為者間の相互行為を促進したり規制するメカニズムに作用するもの」で，メディアの働きとして，情報を伝達し相互行為における生産物や要素の配分や結合を制御する点をあげている．すなわちメディアとは，パーソンズによって四分割された下位システム間の相互交換から考え出されたもので，社会の機能を円滑に運ぶための各システム間の投入（input）と産出（output）の関係を媒介するものと考えられる．
　パーソンズは，経済学における貨幣のインフレーション，デフレーション概念を社会学のシンボリック・メディアにも適用し，メディアの価値が低下し各システム間の情報量が増えすぎて，システムの均衡がくずれる状態をメディアのインフレーション，メディアの価値が上昇し各システム間の情報量が減り，極端な場合には情報の交換がほとんど行なわれない，その状態をメディアのデフレーションと名づけた．そして，その状態をパターン化した．
　マーク・グールドは，パーソンズのメディア論をさらにマクロ経済理論の金融モデルを使って，マクロ社会学を対象に深化させている．すなわち，メディアのインフレーション，デフレーションがシステム間の均衡が保たれている点からどのようなときにギャップを生じるのかを，図示している．それは経済学の金融モデルをメディアにも適用したもので，インフレーション・ギャップ，デフレーション・ギャップとよばれている．第2章では貨幣メディア，権力メディアの導かれる過程，経済と政治の各下位システムにおけるインプット・フ

ロー，そしてメディアのインフレ・ギャップ，デフレ・ギャップが導かれる過程，その意味を検討することを目的としている．

以上のことを通して，システム分析および社会的行為の一般化されたシンボリック・メディアについて理論的展開を深めたい．

第2節　貨幣メディア，権力メディアの概念

では，シンボリック・メディアとは具体的にどういうものをさしているのだろうか．パーソンズは，メディアについて正式には「一般化されたシンボリック・メディア」とよび，社会システムの相互交換体系から「貨幣」「権力」「影響力」「価値コミットメント」をあげ，一般行為システムの相互交換過程から「知性」「遂行能力」「感情」「状況規定」をあげている．

このうち社会システムの貨幣と権力の分析が進んでいるのであるが，ではパーソンズはメディアとしての貨幣，メディアとしての権力をどのように捉えているのであろうか．『経済と社会』(Economy and Society, 1956)のなかで社会システムを4つの下位システムに分け，社会の適応機能を第一次的に担っている下位システムとして「経済」を，社会の目標達成を受けもつ下位システムとして「政治」をあげている．そして経済学者は経済の目標を「効用(utility)」の生産にあるとしているが，パーソンズとスメルサーは社会学における経済の目標を個人の効用にではなく，社会の効用にある点を主張している．それは次の文章から理解できる．

「欲求を充足させる効用は，『個人』に即して規定されてはならず，社会に関して（社会の価値システムとの関連で）規定されなければならない」．

政治についてはその究極的な価値原理を「有効性(effectiveness)」においているがそれは集合体における有効性と解釈できる（Parsons, 1969, 新明訳, 1974：67).

パーソンズにおいて経済，政治の分野は社会の他の下位システム同様に，具体的経験的な集合体としてではなく，抽象的分析的に折出されたシステムと捉えられている．

パーソンズは「経済学理論は，社会の他の下位システムから分化した1つの

下位システムたる「経済」の典型的な過程についての理論とみなされなくてはならない」とし,「社会システムの理論のなかで特に経済的側面に関するものは社会システムの一般理論の特殊ケースだということになる」としている.すなわち,経済は分化した社会の下位システムであって,全体としての社会の適応機能へのレファレンスが優位にたっている」としている (Parsons, Smelser, 1956, 富永訳, 1958：62, 11, 32).

政治については「政治とは,集合的目標の集合的追及という機能に関連するすべての行為の側面として分析的に考えられたものである」としている (Parsons 1964, 新明訳 1974：10). すなわち,パーソンズにあって政治は「集合的目標達成」であり,それは集合体成員に共通の価値を実現する過程である. 言い換えるとパーソンズにあって政治とは,公共的な価値実現の過程そのものといえる.

パーソンズは,社会の下位システムにおいて境界の相互交換,すなわち投入と産出を考え出した. これによると,各下位システムは「生産」諸要素を他の下位システムから投入し,それをシステム内で変換して「生産物」とする. それを産出として他の下位システムへ送り出し,再び「生産」のために用いられる投入と交換されるとしている.

「システムとしての経済の機能分化」図式に生産の四要素,所得の範疇とを対応させている. すなわち,A下位システムには資本と利子,G下位システムには労働と賃金（＝消費者所得）,I下位システムには組織（または企業職能）と利潤,L下位システムには「土地」複合体と地代といった具合である (Parsons, Smelser, 1956, 富永訳, 1958：41, 43).

そして A_G-L_G の交換,（すなわち,適応の分野と潜在的パターンの維持の分野における目標達成機能の交換）は,ケインズ経済学で中軸的位置を占めており,Aを企業,Lを家計と捉えている. そしてそれぞれの市場を労働市場,消費者市場と捉え,二重の相互交換を考えている. これを媒介するものが貨幣,すなわち「一般化された購買力を示すシンボル」とされ,すべての相互交換の原型とされている (Parsons, Smelser 1956 富永訳 1958：83-86, 108-110). ここにシンボリック・メディアとしての貨幣が誕生する.

次に A_A-G_A 交換についてである. システムとしての経済の適応機能は,生

産を維持拡大するための便益＝資本資金を確保することにあるとしているが，資本の経済外的源泉は政治にあるとしている．中央銀行・市中銀行・保険会社・投資会社等の金融機関はすべて通常の理解とは異なり，政治的機能をもっているとみなされる．A_A と G_A は二重の相互交換をし，資本資金市場と生産力市場を構成する（Parsons, Smelser 956, 富永訳 1958：86-92, 110-118）．ここに媒介過程として，シンボリック・メディアとしての権力が生じる．

第3節 グールドによるシステムのインプット

グールドは，パーソンズのシンボリック・メディアに経済学の金融モデルを適用し，理論的深化をはかっている．本節では，非常に抽象的ではあるが各下位システムの生産物と要素のインプット，アウトプットから導かれるモデルを理解することを目的としている．

グールドは，パーソンズの提示した四機能図式に多少の変更は主張しているが，だいたいのあらすじについては認め，各下位システムについてサイバネティックな階統制を支持している．外部の交換については A, G, I, L の順に機能するとし，内部の交換については，例えば，I_I のうえに I_L, I_L のうえに L_I, L_I のうえに L_L の機能が秩序づけられ，A_A のうえに A_G, A_G のうえに G_A, G_A のうえに G_G が秩序づけられている（Gould 1976：476）．シンボリック・メディアについても貨幣，権力，影響力，価値コミットメント間にサイバネティックな勢力を認めている．

グールドの関心は経済と政治にあるので，本節の分析も貨幣メディアと権力メディアに焦点づけられる．

(1) 生産物インプット―経済の場合

各システムに対して提供されているメディア・インプットのレベルは，現在の消費者の支持から抑制されているメディアの量 C (S) と投資された量 (I) に依存しているとされ，下位システム生産物（アウトプット，Y）と所得（Y）から引き出された消費の過程との関係をグールドは明らかにしていく．

経済を独立した部門としてではなく，社会システムのなかの1つの下位シス

テムとして捉えていくパーソンズと同じくグールドもその考えに沿っているが，メディア理論の展開に際して経済学の考えを十分に適用している．

　グールドは，消費者は個人的な生産的もくろみにとって支持を提供しているということから，消費インプットを消費者支持とよび，それは諸資源，所得，生産物を再生させるための機会を与えるとしている（Gould 1976：479）．

　まず経済の分野において，貯蓄は下位システムのなかの利用されていない所得の尺度であるとされ，投資は所得のうち，まだ消費されてないものの利用であるとされている．つまり投資は，生産された「資本」の価値に対して付加の方向へ，メディア諸資源の配分（「支持」の形態）を含んでいるとされている．それゆえ，投資は下位システム生産物の総価値マイナス消費された生産物に等しい（I＝Y－C）．同様に，下位システムアウトプットの価値が，下位システム所得に等しいので（S＝Y－C），現実の投資は現実の貯蓄に等しくなる（I＝S）．言い換えると，貯蓄プラス消費は下位システムから引き出される所得に等しい．

　以上のことをふまえて，社会的下位システムの経済に対して，生産物インプットを包含している一般性のレベルで議論が進められていく．

　以下，経済的下位システムにおける消費という意味で経済的消費（C_a），同様に経済的投資（I_a），経済的貯蓄（S_a）という用語が用いられており，これらは各下位システムの相互交換と密接に関係している．

　経済的消費（C_a）は，L⇄Aの相互交換で貨幣の生産物インプットに関連し，経済的投資（I_a）は，政治システムから経済システム（G⇄A）のなかで「流動的な諸資源の配分，財源の配分」と名づけて言及されている．経済的貯蓄（S_a）は次の2つの概念で支えられている．第一に，消費に配分された貨幣と現在の消費から引き上げられた貨幣との間の「要求の順序づけ」に言及され，投資の目的に対して有効であるという点．第二に，経済的貯蓄は投資市場のなかで現実的に有効であるという点がそれである．機能上，第一番目はAに対する生産物インプットとしてI⇄A境界を横切って生じ，第二番目は，Gに対する要素インプットとしてG⇄A境界を横切って生じるとされている．そして経済的貯蓄は，余剰価格の配分，余剰生産物とよばれている．

　このように経済的総生産物はA→LおよびA→Gにおいて，実物（非貨幣

的）生産物の合計であるとされ，同じ境界を横切る要素（貨幣的）アウトプットである．AからIへの要素アウトプットは合理的，非合理的および資金に対する要求の非合理的主張に関係しているとされている．

下位システムで貯蓄を送り出しているレベルの輪郭を描いている生産物インプット（例えばI-［生産物］→A，またA-［生産物］→G）は，常に配分的である．具体的にみると，Aに対するG生産物アウトプットは，生産物とサービス（S_g）の統制と引替えに流動的な所資源の配分に関係している．ここで経済（A）は経済（G）から配分的な生産物をうけとる．また経済から戻る生産物は，政治的諸資源の可動化に関して配分的である．つまり，政治的下位システムに固有な権力の履行が，「現実の経済的生産物」の利用価値に関係しているといえる．一方，I⇄A境界では経済と統合的生産物両方の配分を扱っている．

経済的アウトプットは，消費プラス投資，または消費プラス貯蓄という形で

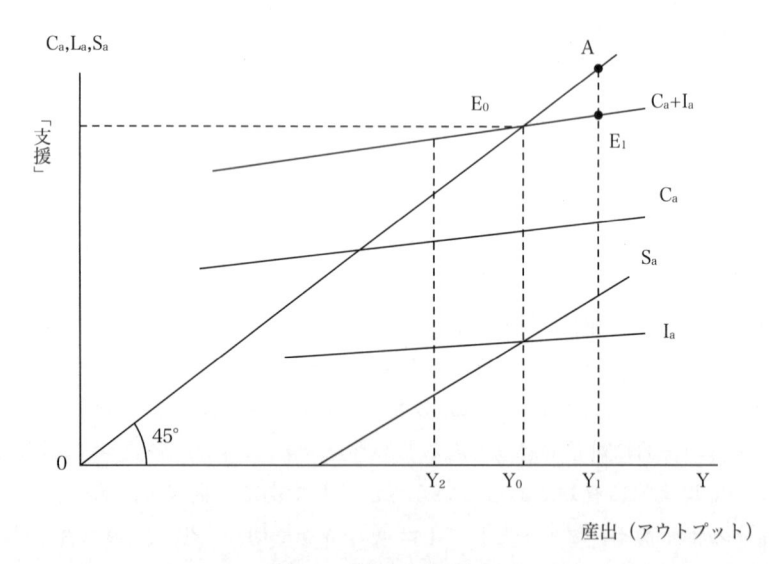

図 2-1 総産出均衡の決定

Mark Gould, System Analysis, Macrosociology, and the generalized media of social action; J. Lonbser, R. Baum, A. Effrat and V. Lidz (eds.), Exploration in General Theory in Social：Essys in Honor of Talcott Parsons, 1976. p. 481.

総所得の価値に等しいといえる．このようなモデルの文脈のなかで，I⇄A 境界を横切って，所得は定義されている．A⇄L 境界を横切って生じている消費に対して有効なものとして，(A−[要素]→L−[生産物]→A)あるいは I⇄A 境界の貯蓄（A−[要素]→G+貯蓄）に対して有効なものとして定義されている．

最も単純な例をあげると，あらゆる余剰は投資目的のために配分される．このように余剰価値は投資された価値に等しく，貯蓄された価値に等しくなるといえる．

以上のような貯蓄，投資の概念のもとで，所得決定モデルについて考察してみよう．

いま図2-1において，横軸には産出としての所得（「アウトプット」），縦軸には投資，消費，貯蓄（「支援」）をとるものとする．C_a 線，I_a 線がそれぞれ消費，投資の所得に対する関係を表すものとすれば，C_a+I_a 線は総需要と所得の関係を示す．C_a+I_a 線と 45°線との交点を E_0 とすれば，E_0 における総需要と総供給は等しくなる．すなわち，E_0 において全体の所得（アウトプット）の均衡水準 Y_0 が決定されることになる．

ところで S_a 線は貯蓄線であるが，これは前述したことにより（$I=Y−C$, $S=Y−C$, ∴ $I=S$）図2-1のように描かれ，E_0 において $S_a=I_a$ となる．

いま，実際のアウトプットが Y_1 であったとすると，貯蓄は投資を上回り，他方 AE_1 だけの超過供給が生じる．それは，ある企業が産出した財を販売しえないことを意味し，在庫品として蓄積し，次期において生産を切りつめることになる．Y_2 の場合には逆となり，いずれにしてもアウトプットは Y_0 に収斂していく．このような均衡は安定的であるといわれるが，それは C_a+I_a 線が 45°線を左から右に切っているからであり，限界消費性向が１より小さい正の定数という仮定に基づいている．

ここで限界消費性向とは，アウトプットが１単位増加したときの消費の増加分を示し，アウトプットとの関係を式で表すと次のようになる．

アウトプットにおける変化

$$= \frac{1}{\mathrm{MPS}_a} \times 投資における変化$$

$$= \frac{1}{1-\mathrm{MPC}_a} \times 投資における変化$$

（MPS_aとは，アウトプットが1単位増加したときの貯蓄の増加分を示す限界貯蓄性向で，限界消費性向はMPC_aと表されている．$\mathrm{MPS}_a + \mathrm{MPC}_a = 1$）

(2) 要素インプット―経済の場合

　各下位システムの要素インプットには意図の明確化，諸資源の定義，機会の定義の3つが含まれ，最初の意図の明確化には構成要素として労働，利子需要そして政策決定が含まれている．労働に関する一定の形態が，利子需要と政策決定を伴って所得を支配しているように，3つの構成要素は同一の性質をもっているのではない．

　第二の要素インプットは，下位システムのなかで現実に役立てうる配分可能なメディア諸資源の定義に関係している．それは「メディアに対する需要」の1つの構成要素を定義している．ここで「メディアに対する需要」とは，システムという受け入れ可能な機会をもつ様々なレベルの文脈において保たれうる量をいう．「流動性の優先権」に関する他の構成要素はメディアが中心的に位置を定めているといえるが，それは下位システムによって一般化された投資と所得のレベルに依存しているといえる．

　最後の要素インプットは，受け入れ可能な機会の利用価値に関係している．機会の多様性についての指標は下位システムの準処枠に基づいているが，それぞれ異なっている．しかしあらゆるものは，下位システムのなかで生産の方向に働き下位システムに対するメディアの期待された回帰に関係している．そして，どのようなメディアの量をも釣り合わせることに役立っている．

　経済システムにおける機会について，グールドは，次の三点をあげている．第一に，機会に関する1つの指標が利子率に含まれている．第二に，機会は有

利な投資の可能性に関してある尺度を含んでいなければならない．第三に，機会のレベルは，投資に対して政治的な刺激に関係のある問題を包含することができる．以上の3つである．以下，分析を進めるにあたり，利子率（r_a）の増大は生産のための投資，利潤のための投資（O_a）に対する機会の減少を意味するということから，利子率（r_a）を取り扱っている．以下，利子率（r_a）の決定について考察してみよう．

貨幣の需要者は企業と家計であるが，一般に貨幣需要（M_d）は利子率を r_a，所得を Y_a とすると次のように表される．

$M_d = M_d (r_a, Y_a)$ ……（1）

この式の右辺の M_d は関数関係にあることを示し，利子率が高まると貨幣需要が減少し，所得が高まると貨幣需要は増大するということを意味している．

貨幣を需要する企業と家計は，流動性の最も高い貨幣を手元に保有しようとするが，利子はこの流動性を手離して，より流動性の低い債権その他の資産に代えることに対する代償であるとみなされる．それゆえ利子率が高いほど，企業も家計も貨幣に代えて他の資産をもとうとする．逆に利子率が低いほど，流動性の高い貨幣を需要することになる．いま利子率を縦軸，貨幣需要を横軸にとると図2-2の M_d 曲線のようになる．この M_d 曲線は，全体の所得が一定の場合には企業と家計の流動性選考の程度によって決まる．流動性選考が高いほどこの線は上方に位置することになる．また貨幣需要は，全体の所得の増加関

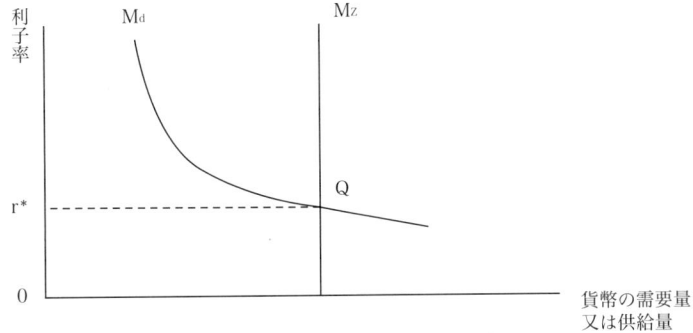

図2-2 利子率と貨幣の需要量
Mark Gould, ibid, 1976. p. 485 を参照．

数でもあるから，全体の所得が増大すれば M_d 曲線は上方に移動する．

他方，貨幣の供給は主に政府によってなされ，利子率とは一応独立しているものであるから M_z 線のように描ける．このように，利子率は貨幣需要と貨幣供給の等しくなる Q 点に対応する or^* の大きさになる．

利子率は，以上のように貨幣の需要関係によって決まるところが大きいといえるが，しかし貯蓄と投資の関係も利子率と密接に関係があるといえる．投資は明らかに利子率の減少関数であり，同時に実質的な全体の所得の増加関数とみなしうる．また貯蓄は，主として実質的な全体の所得の増加関数であるといえるが，利子率の増加関数でもあるとみなすことができる．以上を式で表すと，次のようになる．

$I_a = I_a (r_a, Y_a)$ …… (2)
$S_a = S_a (r_a, Y_a)$ …… (3)

この式は，投資 I_a も貯蓄 S_a もともに利子率 r_a と全体の所得 Y_a の関数なので，投資と貯蓄を等しくさせるような利子率と全体の所得の組み合わせが，色々あることを示している．このことを図示したのが，図 2-3 である．

図 2-3 では，横軸に実質的な全体の所得をとり縦軸に利子率をとり，それ

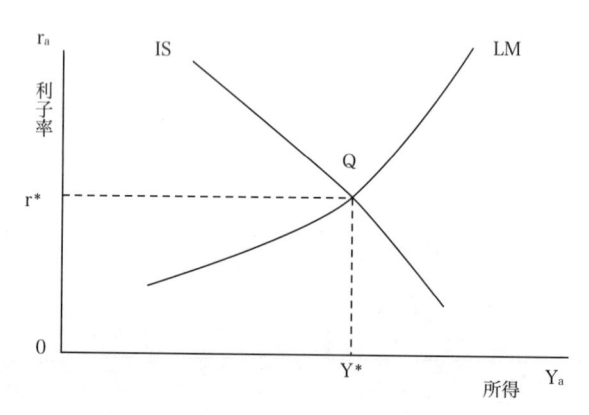

図 2-3 貨幣と生産市場の均衡
Mark Gould, ibid., 1976. p. 486.

ぞれの全体の所得の水準において，投資と貯蓄をちょうど等しくさせるような利子率の大きさを描くと IS 線のようになる．つまり，全体の所得が大になるほど貯蓄が大になるので，その貯蓄に等しくなる投資は，より低い利子水準においてなされることになる．逆の面からいえば，利子率が低いと投資が大になる．それゆえ，それにみあう貯蓄は，より高い全体の所得のもとではじめて可能になる．それゆえ，IS 線は右下がりになる．

他方，貨幣の需要も利子率と全体の所得の関数であり，次のように表すことができる．

$M_d = M_d (r_a, Y_a)$ ……(4)
$M_z = M_z (r_a, Y_a)$ ……(5)

したがって，この場合もそれだけの全体の所得水準において，貨幣の需要と供給を等しくさせる利子率の大きさを示す線を描くことができる．図2-3のLM線がそれである．すでに見たように，全体の所得の水準が高いほど，貨幣需要と貨幣供給を等しくさせるに必要とされる利子率は高くなる．それゆえ，LM線は右上がりになる．このように，利子率は IS 線と LM 線が交わる Q 点に対応する r^* に，全体の所得は Y^* の大きさに落ち着く．この点は，投資と貯蓄が等しくなり，同時に貨幣需要と貨幣供給も等しくなる均衡点である．それは，(2)(3)(4)(5) の 4 つの式を同時に満足させる利子率 r_a と全体の所得 Y_a の組み合わせを示すものといえる．

(3) 生産物インプット―政治の場合

(1)(2) で下位システムに対する生産物と要素インプットの相互換関係からアウトプットを論じてきたが，グールドは (1)(2) の経済的な例をさらに政治システムに応用している．ここで政治に対して3つの生産物インプットを主張している．政治的支援 ($I \rightarrow G; C_g$)，生産性とサービスの統制 ($A \rightarrow G; S_g$)，そして事務に関する権力の権威化 ($L \rightarrow G; I_g$) である (Gould 1976：484)．

政治的総支援（消費者支援 C_g）において，生産物インプット（権力の用語で定義されるが）は，$I \rightleftarrows G$ 境界に表れる．それは政治的単位に権限を与えて

いる諸資源，所得を提供している．個人的な単位についてみると，個人は例えば選挙において1つあるいは他の党に対する支援のように，集合体への支援を提供する．また支援の資源は，政策を決定するGからIへの要素アウトプットから生じたものといえる．支援はLのなかに「堆積システム」をもち拡大していく．

政治的投資（I_g）は，潜在的下位システム（L）から政治（G）の権力（＝生産物）インプットについて言及している．このインプットは，パーソンズによって「事務の権力の法律に従うもの」と分類されたが，グールドはこの用語を「事務の権力の権威化」と変えている．

政治的な消費と投資（権威化）の両方とも，所得を引き出すための下位システムの配分を含んでいる．消費は「直接の欲求」の満足度に言及し，投資は合法的な政治的制度の世代において，将来のアウトプットの生産に利用されうる権力の配分を含んでいる．

政治的な貯蓄（S_g）は所得の配分に依存し，次の2つの概念をもつ．第一には投資に対して役立つかもしれない下位システム諸資源の合計の定義を言及し，第二に諸資源が政治的権威化（I_g）に役立っているのを限定していることである．第一のものは，政治に対する生産物インプットとして，G⇄A境界を横切って生じ，第二のものは，Lに対する要素インプットとして作用する責任性の想定であるが，L⇄G境界を横切って生じている．

またA⇄Gの境界から生じる生産性とサービスに対する統制は，貨幣的投資インプット交換に保証されている．一方，機会の準備は貨幣的に定義された経済的余剰の配分と交換されている．

現実的な権威づけ（I_g）は，現実的に作用している責任性（S_g）に等しい．このように政治的な所得が価値において，政治的な投資プラス政治的な消費あるいは政治的な投資プラス政治的な貯蓄に等しいということになる．

以上をふまえて，政治的なアウトプットと所得を決定するモデルを考えてみよう．

いま政治的なモデルの場合と並行して，所得，貯蓄，作用している責任性において，生産性やサービスを超えた統制を一定不変のものとし，所得に関係したものとして投資，権威づけを扱う．これらの関係を示したものが図2-4で

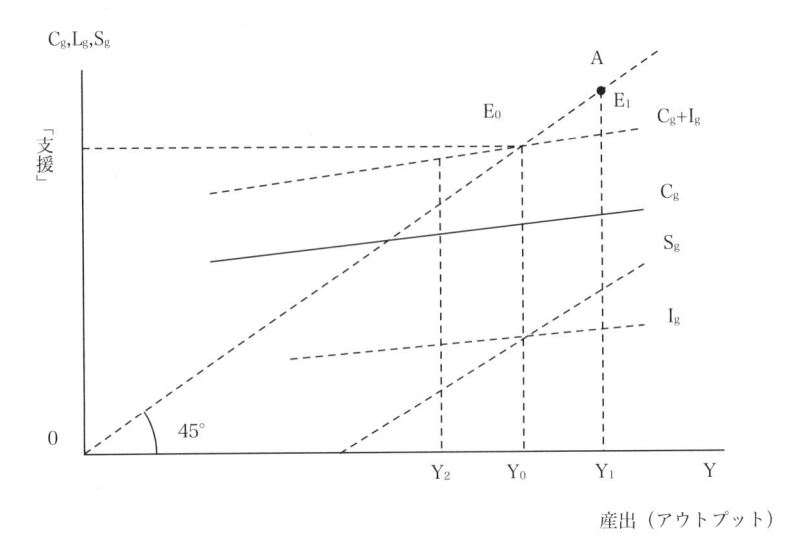

図2-4　政治的産出の均衡の決定
Mark Gould, ibid., 1976. p. 488.

あるが，これによると政治的発展のどのように単純な段階の文脈においても，所得の増大は貯蓄のより大きな比例した増大を生ずるといえる．

例えば，限界貯蓄性向（MPS_g）は平均貯蓄性向（APS_g）よりも大きい．それは政治的アウトプットの範囲の増加は，権力諸資源のより大きな比例的な配分を政治の機能のなかに必要とするからである．ここで政治の機能は，事務の権力の権威化に対するより大きなインプットに対応する．権威づけ（I_g）と貯蓄（S_g）との交点，総供給曲線［権威づけ（I_g）プラス政治的供給（支援）］と45°線（C_g+S_g）との交点によって，政治的アウトプットの均衡点が決定される．

ここで政治的アウトプットとは，現実的（非権力的）産出物，集団の利害に関するリーダーシップの責任，道徳的責任の合計をさし，政治的所得とは作用している責任と政治的決定力―権力の用語で測定されるとの合計であるといえる．

図2-4において，Y_1のとき，意図された総貯蓄（S_g）は意図された総投資（I_g）を越える．具体的にみると，例えば責任が作用しているという想定のも

とで,経済的諸資源の準備と利用は事務の権威づけられた権力よりも大きく,この場合,リーダーシップの責任が仮定されたレベルは支援が必要なレベルとは出会わない.かくして,政治的に統制された経済的諸資源のインプットと責任が作用しているという想定のなかで,政治的な生産は減少し均衡点に近づいていく.

逆に Y_2 のとき,意図された投資(I_g)権威づけ(C_g)は意図された貯蓄(S_g)を越える.このとき,アウトプットが増大するように圧力が加わり均衡点に近づいていく.均衡点においてだけ,総アウトプットと総支援が等しくなり,そして総貯蓄と総投資が等しくなる.

このような均衡は,乗数という概念の導入で限界消費性向が1より小さい正の定数という仮定に基づいており,式で表すと次のようになる.

アウトプットにおける変化

$$= \frac{1}{\mathrm{MPS}_g} \times 投資における変化$$

$$= \frac{1}{1-\mathrm{MPC}_g} \times 投資における変化$$

ここで MPS_g とは限界貯蓄性向のことで,所得(アウトプット)が1単位増加するとその割合は,消費にではなく貯蓄に配分されるであろうことを示している.また MPC_g とは限界消費性向のことでアウトプットが1単位増加すると,その割合は消費に配分されるであろうことを示している($\mathrm{MPC}_g + \mathrm{MPS}_g = 1$).

重要な点は,権威づけられた権力の範囲の増大が,一見して表れるかもしれないよりも遙かに大きく,政治的アウトプットの範囲で増加を生み出すという点である.

(4) 要素インプット——政治の場合

グールドは,政治における要素インプットは「意向の明確さ」,利子需要,

社会的共同体からの要素インプットに関係していると主張している（Gould 1976：489）.

　まず第一に利子需要については，政治のリーダーシップの要素が地位に置かれていることに基づいている．利子需要は，政治の生産物の価値に関する影響力を限定している要素インプットであるということができる．

　第二の要素インプットは，政治に対して経済的，貨幣的諸資源の配分に関係している．つまり政治に対する貨幣のインプットの増加は，権力保有という面で，権力に役立てうる増加を生み出しているといえる．そして経済の場合のように，政治的生産物過剰は保有されている権力の過剰という価値に相当する．

　第三の要素インプットは，政治システムの評価的な状態に限界を設けておりシステムの合法性の方向への指標として役立っている．その指標の1つとして，政治システムのなかで履行されている諸価値から知覚された疎外率（r_g）をあげている．政治的疎外の増加は，政治的構造に対して合法性を減少させるといえる．

　以上の要素インプットをあげて，グールドは生産市場と権力市場という2つの市場文脈において政治的諸変数間の相互関係を論じている．

　図2-5は，権力と生産市場の均衡を表したもので政治的LM-IS曲線を示している．このグラフにおける2つの曲線の交点は，政治的アウトプットと政治的合法性に関係している疎外率との均衡点である．ここでLM曲線は，権力市場の均衡の結果として所得（Y_g）と合法性（r_g）との組み合わせを表したものであり，権力の総量と需要された権力は等しいとされている．そして媒介変数には，統制された権力の量と満足者に本質的に安全に役立つ能力との間の固定された率をあげている．LM曲線は上方に傾斜しているが，それは所得の高いレベルでより多くの権力が取引に要求されており，所得が低いところでは権力の取引が少なく機会が減少しているという意味である．

　IS曲線は右下がりの曲線で，権力取引の機会が増加すると合法性は増大し，政治的疎外率が減少する．投資が上昇すると，アウトプットの範囲と所得が増え貯蓄は上昇する．

　LM-IS曲線は政治的アウトプットと政治的合法性との均衡点を表すが，また利子需要の範囲を決定するといえる．権力の量の増加は，LM曲線を外側に

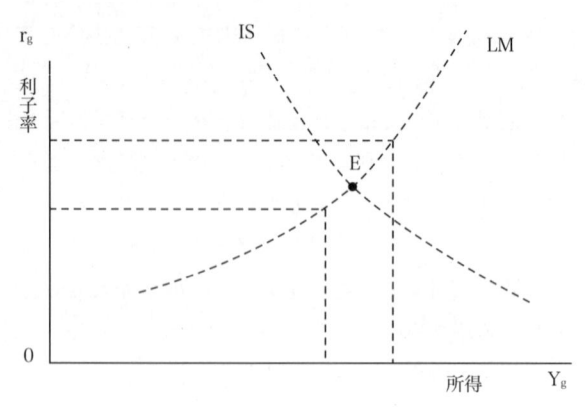

図 2-5　権力と生産市場の均衡
Mark Gould, ibid., 1976. p. 492.

そして右側に移行させ Y_g に置ける増加と r_g における減少を生み出している．IS 曲線の上方へ，そして右側への移行は r_g と Y_g における増加を生じ，政治的合法性の減少，政治的アウトプットの増加を生じている．LM 曲線と IS 曲線は，交点 E で政治的アウトプットと政治的合法性（利子率）との均衡を保つ．

第 4 節　シンボリック・メディアのインフレ・ギャップ，デフレ・ギャップ

　グールドは，第 3 節で述べた下位システムにおける要素と生産物の関係をさらに進め，シンボリック・メディアに適用している．彼は政治システムすなわち権力メディアに焦点をあてている．
　権力のインフレーションとは，事務に関する権力の範囲が決定を履行する際に，能力を越えている状態をいうとされている．そしてそれは，もし事務の権力に関して与えられた権威づけが，政治によって経済的諸資源を上回る統制を超えるなら，またもし支援が上昇している状況において，作用している責任を仮定するための潜在性が，一定であったり減少したり，あるいはゆっくりと上昇しているなら明らかになるであろう，とされている（Gould 1976：493）．

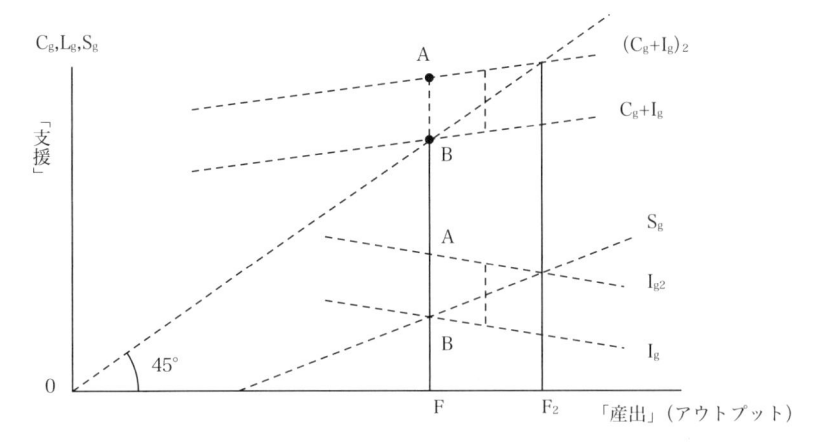

図 2-6 政治的投資「表」における上昇への移動とインフレーション・ギャップ
Mark Gould, ibid. 1976 p. 493.

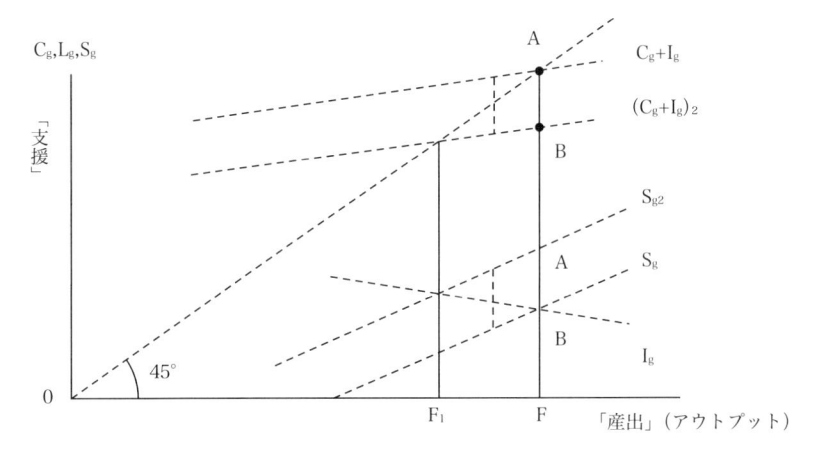

図 2-7 政治的貯蓄「表」における上昇への移動とデフレーション・ギャップ
Mark Gould, ibid. p. 495.

支援のインフレーションは，LM-IS 図の文脈のなかであらわされる．

図 2-6 において，点 F はアウトプットの均衡レベルを表し，また利子需要を履行している．いま政治的投資「表」の増加が生じているとする．例えば，選択された事務に関する権力の拡大によって，このことは，総支援曲線 C_g+I_g と，投資曲線 I_g がそれぞれ $(C_g+I_g)_2$ と I_{g2} へ上方に移動していることによっ

て示されている．アウトプットはF_2の方に増加しており，F_2の点で利子需要が認められる．そこでの利子需要間の差F_2-Fは，政治および「十分に低い需要」「十分に高い需要」によって誘因された需要に等しい．F_2は，政治からのあるアウトプットがインプットによって適切に正当化されていない状況を示し，この場合，インフレーション・ギャップA-Bが生じる．それは支援が超過すると，政治的疎外の増加によって切り詰められるまで，インフレーションのらせん形を生み出すという状況である．らせん形は，また図2-6において支援「表」の減少，貯蓄「表」の増加によって，経済的諸資源の政治的統制を停止させうる．インフレーション・ギャップは，アウトプットのレベルがもう一度点Fに到達するときに閉じる．

権力の拡大は，同じようなインフレーションの圧力を生み出す．図2-5で，もしLM曲線の外側へ，また右側への移動が，利子需要のインプットによって，適切に正当化されたレベルを超えて政治的アウトプットを増加するなら，インフレーションの圧力が生み出される．「真のインフレーション」の状況を仮定してみると，アウトプットにおける現実の増加は無く，権力の価値の低下が停止する．そのとき，シンボリックな価値の低下は権力の量の増加に近づく．つまりインフレーションのとき，メディアは「拡大」している．

他方，政治の分野に対するデフレーションの状況は次のようなところで生じている．すなわち，作用している責任の規定が事務に関して権威付けられた権力を超えている点で，あるいは政治的アウトプットが支援のインプットを超えている点で生じている．図2-7についてみると，全体的にもし貯蓄「表」が上方に移動するなら，総支援曲線C_g+I_gは下方に移動し，A-Bのデフレーション・ギャップが生じる．

デフレーションとは，経済的諸資源が政治的アウトプットの範囲で増加することを示している状況である．しかし全体の意図された支援は，あらゆる正当な利子需要が出会うところで，十分に条件を満たしていないアウトプットに低下する．それは，個人の需要者が権力をもつ状況になることである．しかしこの権力はシンボリックな性質を失う危険がある．その結果として，勢力を訴えることは強制の方法となる．

デフレーションの場合，状況はあまり複雑過ぎて，全体のモデルを適切に扱

ってはいない．逆説的にいえば，デフレーションの位置に依存してインフレ的ならせん形の結果となりうる．もし権力のなかで，政府がアウトプットの範囲を強制するなら（十分な支援を生み出すことが不可能であるアウトプットに対して），また，もし政府が政策決定を明らかにするなら（公共のある部分の利子需要を侵犯し，権威づけられた権力の侵犯であることがわかる政策決定に対して）そのとき，システムの均衡は減じられる．

第5節　結び

社会的下位システム間の相互交換における生産物と要素のインプット，アウトプットは，システムを円滑にするために働く．グールドは経済的消費（C_a）を L$\rightleftarrows$A，経済的投資（I_a）を G$\rightleftarrows$A，経済的貯蓄を I$\rightleftarrows$A 体系の相互交換に位置づけて，全体の所得（アウトプット）の均衡水準は C_a+I_a 線と 45°線との交点に決定されるとしている．それはまた，S_a と I_a との交点線上にあるという具合に，総産出の均衡点を求めている．また，貨幣と生産市場の均衡点を，LM 曲線と IS 曲線の交点に求めている．これらはケインズの経済理論に基づいたパーソンズの経済に対する見方を，さらに進めたものと捉えることができる．

またグールドは，政治システムにも前記の概念を適用して分析を進めている．ただ政治システムの場合には，あくまで仮定で実態の面で裏づけられていないので，図では実線でなく破線で示されている．

相互交換過程を媒介するのがシンボリック・メディアである．シンボリック・メディアのインフレ・ギャップ，デフレ・ギャップというのは，総産出の均衡状態からどのくらい乖離しているかを示すものであるが，抽象的な議論で実態面での把握がなかなか難しい．政治システムのインフレ・ギャップ，デフレ・ギャップについて，実際に対応している行動については，まだまだ検討の必要がある．

第3章
権力メディアの特徴

第1節　はじめに

　第3章では，社会システムの相互交換過程のうち政治システムから析出される権力メディアに焦点を当て，その特徴を明らかにすることを目的としている．そして権力メディアが有効であるか，あるいは有効でないかについて論じてみたい（以下権力メディアを権力と記す）．

第2節　権力メディアの特徴

　パーソンズのいうメディアとしての権力の特徴について（1）権力の概念（2）権力は強制か，合意かの問題（3）ゼロ－サム問題についての意見をあげることができる．本節ではこれらの点について述べてみたい．

（1）権力の概念

　パーソンズは，経済システムにおける貨幣メディアと平行して，政治システムにおける権力メディアを捉えている．つまり権力メディアを，政治システムに隣接している機能的下位システムの他の3つ全部（経済，統合，パターンの維持）のなかで，その境界をこえて循環しているメディアと考えている．
　ウェーバーは権力を「社会関係のなかで，抵抗に逆らっても自己の意志を貫徹する各々のチャンス」と定義している．ミルズとパーソンズは，ウェーバーの定義から出発しながら，ミルズは政治を権力闘争とみる立場から，Aの権力は必然的にBの犠牲であるとして権力を個別利害のものと考えたが，パーソンズは権力を，集合的ないし公共的な目標達成のための道具とみる解釈を選

ぶ．つまりパーソンズによると，政治権力は集合的または公共的な目標達成のために集合的意思決定を行ない，社会システムの動員可能な諸力を結集することによって，状況に働きかける一般的能力を意味する．

経済における貨幣のモデルは，古典派経済学の考えに基づいている．すなわち（1）使用価値ではなく交換価値として（2）効用の比較可能な価値尺度として（3）それをもち続けることによる価値の貯蔵として，捉えられている（Parsons 1975：95-96）．権力の場合も同様に（1）使用価値ではなく交換価値として（2）有効性の比較可能な価値尺度として（3）それをもち続けることによる価値の貯蔵として，とそのメディアを考えることができる．

この段階でのメディアとしての権力の考えには，言語システムのアナロジーに基づく定式化がいっそう加味されており，このことでパーソンズは政治学の伝統的な権力論と訣別する．循環性のあるメディアとしての権力は，政治システムの脈絡だけではなくその領域を超えて，他の下位諸システムとの間の相互交換の一般化されたシンボル媒体と考えられた．ここでは特に情報的性質が強調されている．

パーソンズによると，権力は「一定の集合性を拘束する目標志向的決定の実現をはかるために集合体の構成諸単位の集合的諸義務を活性化する一般化された能力」と定義される（Parsons 1969：360）．パーソンズは権力を過程範疇として析出し，権力概念の複合的諸含意中，特に制御能力，循環性を問題とした．構造範疇に基本として選ばれたのは，権力行使にチャンスを与える制度的規範の主な複合体としての権限（authority）である．権限とは，限定化できる集合的単位または一組の単位を拘束している意思決定を実行あるものにし，そのことに貢献する正当化された能力とされている．そして権限の保持者は，集合体（主に政府機関）のもとで特定の権利をもつとされている．

制度化された権力システム概念の第一の焦点は，拘束的義務の遂行が規範的に定義された状態のもとで，適当な役割相互機関によって強く要求されてよい合理的システムであるといえる．権力は状況的に否定的な裁定の脅威，あるいは現実的な負担によって強制される．前者の場合には制止の機能をもっており，後者の場合には懲罰の機能をもっている．そのとき権力は，集合的組織のシステムで単位によって負っている義務の遂行を保証するための能力を一般化

されている (Parsons 1969：361).

　パーソンズは, 権力の定義で「一般化」と「正当化」の概念を利用している.「一般化」については, 貨幣の場合と同様, 権力メディアとしての循環性は, 一定の制度的限度内において特殊脈絡をこえた一般性をもたなければならない. 権力は貨幣と同様に, それ自体としては無価値であるが,「現金化」すなわち拘束的義務を活性化しうる可能性の期待によって, 一般的に受け入れられるとしている. つまりパーソンズは, 権力メディアと平行して, 権力メディアが拘束的義務を活性化させるために, 各下位システム間を循環するシンボリック (象徴的) なものとして作用する. そこに一般化を見出しているといえる.

　「正当化」については, 権力が法のうちに具体化された規範内秩序の合意のもとに, 規定された適切な役割担当機関における特定地位の権限として行使され, その行使が集合的目標達成の機能充足のためであるとき, そのかぎりにおいて, それによる集合体諸単位への拘束的諸義務の遂行は正当的に確保され, 活性化されうるとしている. この規定の鍵概念の1つは「集合体」であるといえるが, パーソンズは集合体を集合的目標達成のために, 成員の拘束を伴う諸過程によって協同行為に志向するかぎり, その機能は第一次的に政治的であるといえるとしている (Parsons 1969：362-363). つまりパーソンズは, 権力システムにおける正当化は, 金融上の単位とシステムの相互の受諾と安定性の信用に匹敵した要素と考えている.

(2) 権力は強制か, 合意かの問題

　パーソンズは権力概念について社会システムの一般的理論分析に適合した最も基本的なものとして, 他者の行動の意図的な制御能力をおいているが, これについて単純な二人の行為者から成る過程をモデルを用いて分析を行なっている. これはダールのいう権力の概念の文脈に適合させているもので, 自我に対して二者択一的にわかれる変数を分類している (図3-1).

　第一の変数は, 自我が他我から自分の目的を得ることを試みるというものである. つまり行為単位Aが自分の意思 (または目的) に対して, 他の行為単位Bの同調性を獲得しようとするとき, Aの置かれている状況をこえて制御

のある状態を使用することによって，Aの働きかけがBの状況を変化させるものか，意図を変化させるものかの区別といえる．

　第二の変数は，他我から自我の目的の達成を保証することを試みることにおいて，自我がとるかもしれない裁定（sanction）の型に関連している．ここで二分法は肯定的裁定と否定的裁定にわかれる．つまりAの働きかけに対してBがとる態度をAが評価し，その評価に基づいてAがBに示すであろう反応が，Bにとって肯定的意味をもつものかという区別である．

　そして自我にとって「戦略」の型を次のように分類している．(1)状況的チャネルにとって肯定的裁定の場合，すなわち"誘因"(2)状況的チャネルにとって否定的裁定，すなわち"強制"(3)意図的チャネルにとって肯定的裁定"説得"(4)意図的チャネルにとって否定的裁定"コミットメントの活性化"．

　パーソンズは裁定を自我の部分に関する意図的行為として考えている．そしてパラダイムの裁定の肯定的側面と否定的側面との間には，基本的な不均衡があるとしている．このことは誘因や説得の場合，他我から自我の約束された肯定的裁定を"引き出す"ことを課しているということである．誘因の場合は，他我の"よい意味"での承認は決定が自我によって望まれ，他我にとって"よいもの"として受け入れられるという認識のうちにある（Parsons 1969：364）．

　結局，従順対不従順の決定の行為に対する他我の自由は，また変化しやすい．この範囲は，表れない偶然性の要素という点で低い制限がある．そして連続している最初の段階において，自我は偶然性のある意図を他我にコミュニケ

裁定の型	第一の変数＼第二の変数	チャネル（伝達経路）	
		状況的	意図的
	肯定的	1. 誘因	3. 説得
	否定的	2. 強制	4. コミットメントの活性化

図3-1　チャネルと裁定
T. Parsons, Politics and Social Structure, 1969, Free Press p. 363.

ーションを通して伝える．そこに含まれている裁定は，シンボリックであるかもしれない．

図3-1において状況的チャネルと否定的裁定のもとで，権力を強制というモード（mode-形態）にパーソンズはおいているが，彼は権力を強制，合意どちらの重要な現象であるかという問題に対して，むしろ二者択一的規定を克服し総合的に捉えているといえる．

また，彼は循環メディアとしての権力と，制御能力としてのメディアを区別している．つまり，下位システム間の相互交換の循環メディアの概念下において，サイバネティックな情報とエネルギーに相当するメディアの「産出」およびその活動に必要な「要素」とが区別される．このような相互交換的状況のなかで，権力の諸資源動員能力が他の下位集団に固有のメディアやそれの資産によって条件づけられ，そのような権力が同時に他の諸メディアを動員し，あるいはそれらの接近可能となる関係が関連して重要な問題となる（図3-2，図3-3）．

(3) 権力のゼロ-サム問題

ラスウェルやミルズは，権力を伝統的な考えにそってゼロ-サム現象とみている．すなわち社会システムにおいて権力の固定量があり，Aの権力の獲得は他の諸単位B，C，D等の権力の損失があって成り立つ現象とみている．他方パーソンズはゼロ-サム現象をある状況のもとでは肯定しているが，しかし

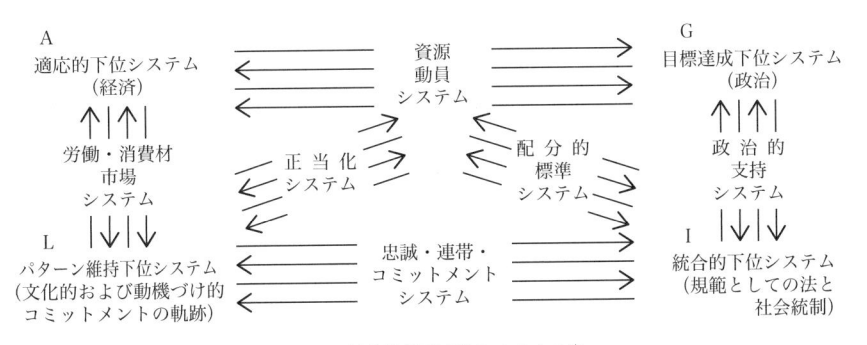

図3-2 社会的相互交換システムの図
T. Parsons, ibid, 1969. p. 398.

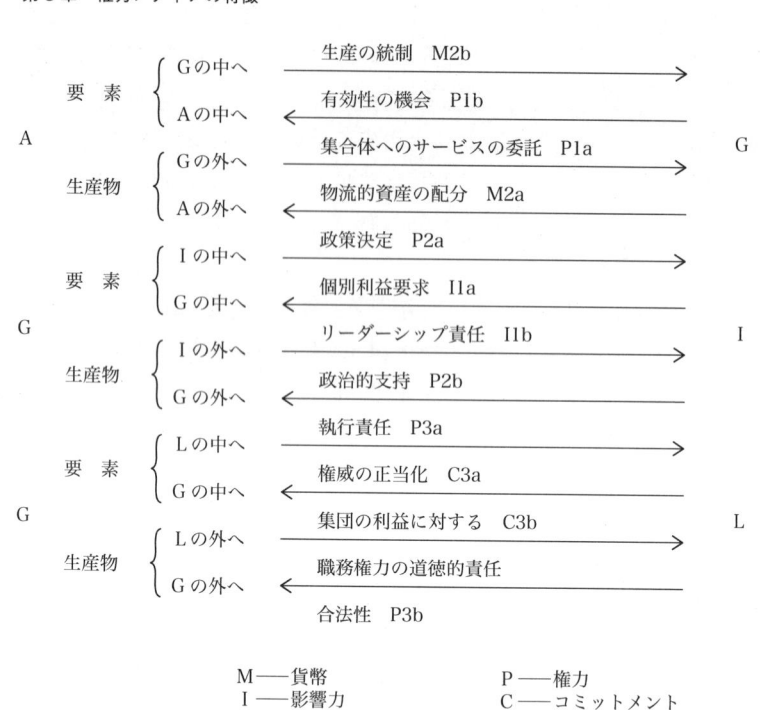

```
                        ┌ Gの中へ    生産の統制  M2b
              要 素 ─┤              ──────────────→
                        └ Aの中へ    有効性の機会  P1b
     A                                ←──────────────                G
                        ┌ Gの外へ    集合体へのサービスの委託 P1a
              生産物 ─┤              ──────────────→
                        └ Aの外へ    物流的資産の配分  M2a
                                      ←──────────────

                        ┌ Iの中へ    政策決定  P2a
              要 素 ─┤              ──────────────→
                        └ Gの中へ    個別利益要求  I1a
     G                                ←──────────────                I
                        ┌ Iの外へ    リーダーシップ責任  I1b
              生産物 ─┤              ──────────────→
                        └ Gの外へ    政治的支持  P2b
                                      ←──────────────

                        ┌ Lの中へ    執行責任  P3a
              要 素 ─┤              ──────────────→
                        └ Gの中へ    権威の正当化  C3a
     G                                ←──────────────                L
                        ┌ Lの外へ    集団の利益に対する  C3b
              生産物 ─┤              ──────────────→
                        └ Gの外へ    職務権力の道徳的責任
                                      ←──────────────
                                    合法性  P3b
```

M──貨幣　　　　　　P──権力
I──影響力　　　　　C──コミットメント

1, 2, 3 ──メディア間の階統的統制の順序
a, b ──相互交換システム内の階統的統制の順序

図3-3　裁定としてのメディア
T. Parsons, ibid, 1969, p. 399.

あらゆる状況のもとでの手段ではないと主張している（Parsons 1969：383）．つまり，ゼロ−サム現象の通用するかぎられた状況はあっても，複雑な全体システムにはあてはまらないと主張している．

　ゼロ−サム現象の通用する状態として，パーソンズは次の点をあげている．権力の処理能力（調整基準）は，集合的目標達成への成功（統治権）を意味し，制度的には権限が成功の主要基盤となる．そのためには権限が他の集合体との相対的地位における鍵となり，その地位に伴った権限行使による権力のインプット（入力）とアウトプット（出力）のバランスが保たれている必要がある．この意味において成功は理念的にゼロ−サム・システムをなしており，循環システムにおける権力の均衡と安定性を維持する条件となる．しかし，この

ようなゼロ－サム状態にある権力の処理能力は，影響力を通じて確保される．成功は政治的支持によって付加価値的に強化され，公益利益のための権力総量の増大がみられ，正当化される．ここにおいてパーソンズは経済システムの銀行における貨幣の信用創造のメカニズムと理論的に平行するものとして，政治システムにおいて政治支持における物理的強制力の信用創造を見出している．

　換言するならば，パーソンズは政治システムにおける権力をクローズド・システムにあるとみているのではなく，各システムの相互交換によってその境界が突破されるオープン・システムにあるとみている．この点において，権力のゼロ－サム概念を全面的に支持するというわけにはいかなくなる．

　政治システムの民主主義的選挙制度において，政治的リーダーシップをとる人々が，選挙民によって一般的な権力を授与される．パーソンズは，この一般的な権力の授与を経済システムの「預金」と同じようにみなしており，政治的リーダーシップをとる人々が，銀行業者に似た位置に置かれているとみている．

　影響力を媒介とした権力の委任（mandate）について，パーソンズは次のように記している．「リーダーシップの要素は……直接『利益』を受ける人々以外の集合体の諸要素に拘束を及ぼす．それはある種の拘束的意思決定を行なう自由を獲得することができ，政治システムにおける権力量の正味の総体的な付加価値が創出される」（Parsons 1969：388）．ここで委任とは，集合体全体によってなされる委任の総量が増強されるような仕方で引き受けられるリーダーシップ責任のうちに含まれると考えられる．

　それから彼は，権力システムのなかにさらに自由に浮動する撹乱要素があることを問題にし，時間拡張に関連して信用創造が行なわれる権力メディアのインフレ，デフレ現象について述べている．

　権力のインフレーションとは，権力の信用が拡張されすぎると，期待の達成に対して組織的な基盤が失われ，義務的に投票する試みが様々な種類の抵抗によって抑制される．その結果十分な実行が行なわれない，つまり不充分な処理能力しかもたない権力現象をいう．貨幣システムの過剰な信用膨張の結果生じる"支払不能"に似た状態に平行して考えられている．

　権力のデフレーションとは，権力の信用が縮小しすぎる結果，形式的および

非形式的なリーダーシップの責任を担っている影響力の基盤が崩され，権力の処理能力を停退させる現象をいう．それは経済恐慌に似た現象として考えられ，デフレーション的ならせん形をなすとされている．

政治システムにおける権力メディアのインフレーションとデフレーションは，主に政治システムと統合システムとの間にみられる．それらは一般化されたシンボリック・メディアとして，権力を行使するリーダーシップ責任に伴う危険負担と，政治的成功（統治権）を期待する信頼性の基盤における不確定要素によるシステムの均衡撹乱過程によって生じているものとみなすことができる．

統制の階統制にあるメディア	コード		メッセージ		裁定の様式と効果の様式
	価値原理	調整基準	制御された諸要素	制御された諸生産物	
価値コミットメント L	もとのままの状態（無欠，完全）	型の一致性（一貫性）	資　源 賃　金　A 忠誠の正当化　I	目　的 消費者需要　A 忠誠への要求　I	否定的－意図的（コミットメントの活性化）
影響力 I	連帯性	合　意	価値づけられた結合体　L （アソシエーションへの委託） 政策決定　G	共通の価値への委託　L 政策支持　G	肯定的－意図的（説得）
権　力 G	有効性	成　功	個別利益要求　I 生産性の統制　A	リーダーシップの責任性　I 流動的資源の統制　A	否定的－状況的（応答の保証）
貨　幣 A	効　用	支払能力	資　本　G 労　働　L	サービスのコミットメント　G 財の期待　L	肯定的－現況的（誘因）

図3-4　社会的構造のカテゴリー（範疇）
T. Parsons, ibid, 1969. p. 403.

第3節　結び

　パーソンズによる権力の一般分析は，社会システムについての一般的概念図式を理論的根拠にしており，その権力論には評価もあるがかなり多くの批判もあり，どちらもこの基本的準拠にかかわりがあるといえる．主な批判例として，権力論においても縦横に駆使されたアナロジーはまったく非現実的な推論であるとする批判，考察が体制内権力の合法的な動態分析に限定されていることに対する不満をあげることができる．

　パーソンズは権力概念について，特にメディアとしての権力を抽出し貨幣と対比することによって理論化を深めている．パーソンズ自身，制度化されない関係システムにおける諸現象のなかの権力は射程外とことわっているが，この点について制度化された権力システムの動態分析上，前提とされた規範的秩序自体は政治権力により不断に再定義されなければならないとする意見がある．

　この点についてパーソンズは，政治的意思決定過程のなかに合議制的（collegial）アソシエーションの成功が必要と考えている．この点についても，現実可能なものを理想的可能なものと理想的効果によって論述するにとどまっているという批判もある．

　以上のことに関連していうと，パーソンズは，社会的な「利害要求」のすべてが等しく政治的意思決定過程に焦点として入力されないという意味で「関門（gateway）」があることを認め，政治的インプット，アウトプット循環システムに不安定要素が伴う現実に言及している．

　この現実についての理論化は十分試みられていないが，パーソンズは権力を委任された管轄権をもつリーダーシップ責任が，諸要求の単なる受け入れ以上の公的な決定を行なうという要件を強調しており，この決定の際の準拠的な価値理念として統合システム（I次元）からのインプットである「社会的共同体」の意義の重要性に論及している．そしてそれは，全体としての社会を一元的に収斂させる性質のものではなく，多様な種類やレベルのアソシエーションと地域社会の連帯の統合に根ざすものであることが強調されている．

　全体的に権力概念についてみると，パーソンズのいうそれは，一般化された

シンボリック・メディアのうち，政治システムから析出される権力メディアとして捉えられているにもかかわらず，他の側面，例えばパーソンズ理論は非現実的な推論，理論のための理論という批判，あるいは制度的な面からの記述的な批判が多いように思われる．

　政治システムと統合システムの相互交換過程に注目し，権力メディアと影響力メディアの関係，例えば図3-4の社会的構造のカテゴリーのメッセージの欄にみられる政治的統治者と有権者間の信頼度を，政策決定，政策支持，個別利益要求，リーダーシップの責任性という点から測り，長い時間的パースペクティブで捉えて経験的調査を積み重ねていくと，権力メディアの有効性が得られると思われる（図3-4参照）．

　以上のことから，一般化されたシンボリック・メディアのインフレーションとデフレーションは『アメリカの大学』(1973) のなかに出てくるが，論文「権力メディアの概念について」("On the Concept of Power" 1969) は，それを導くための1つの布石と見ることができる．

第4章
影響力メディアの概念とマクロ的分析

第1節　はじめに

　これまで「一般化されたシンボリック・メディア」のうち，貨幣メディア，権力メディアについて分析を進めてきたが，本章では影響力メディアについて検討を試みたい．
　A（適応的下位システム），G（目標達成下位システム），I（統合的下位システム），L（パターン維持下位システム）という各下位システム間の相互交換を媒介するものとして抽出されているメディアのうち，影響力メディアはIシステムに係留している．IとG（I⇄G），IとL（I⇄L），IとA（I⇄A）の相互交換はそれぞれ政治的支持システム，忠誠・連帯・コミットメントシステム，配分的標準システムと特徴づけられている（図3-2参照）．そして各システムを循環しているメディアの生産物と要素のインプット，アウトプットの関係は次のようになっている．I⇄Gの要素のうち，Iへのインプットとして政策決定，Gへのインプットとして個別利益要求，生産物のうち，Iのアウトプットとしてリーダーシップの責任，Gのアウトプットとして政治的支持がうち出されている．同様に，I⇄Lの要素のうちI，Lへのインプットにはそれぞれ価値づけられたアソシエーションへのコミットメント，忠誠の配分に対する正当化，生産物のうちI，Lのアウトプットにはそれぞれ忠誠への価値を基礎とした要求，共通価値へのコミットメントがあげられている．またI⇄Aの要素のうち，I，Aへのインプットには資源に対する要求の主張，資源の配分に対する基準，生産物のうちI，Aのアウトプットには要求の正当化に対する根拠，要求の順序があげられている（図4-1）．
　各メディアは前記のメッセージ（message，伝言）をもって各システム間を

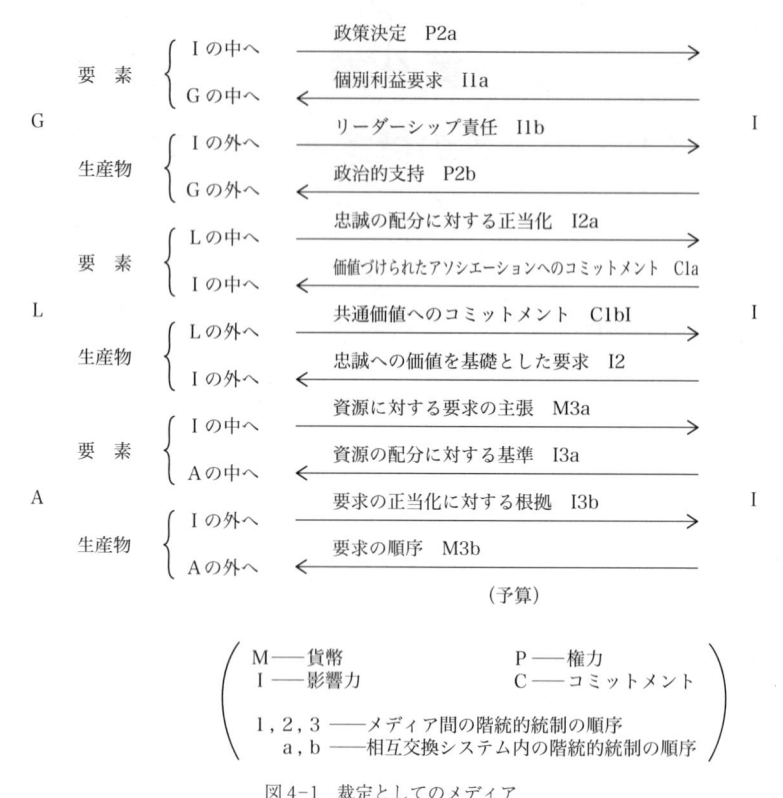

第4章 影響力メディアの概念とマクロ的分析

```
         ┌ 要 素 ┌ I の中へ ──  政策決定 P2a ──────→
         │      └ G の中へ ←── 個別利益要求 I1a ──
    G    │
         │ 生産物 ┌ I の外へ ──  リーダーシップ責任 I1b ──→     I
         └      └ G の外へ ←── 政治的支持 P2b ──

         ┌ 要 素 ┌ I の中へ ──  忠誠の配分に対する正当化 I2a ──→
         │      └ I の中へ ←── 価値づけられたアソシエーションへのコミットメント C1a
    L    │
         │ 生産物 ┌ L の外へ ──  共通価値へのコミットメント C1bI ──→   I
         └      └ I の外へ ←── 忠誠への価値を基礎とした要求 I2

         ┌ 要 素 ┌ I の中へ ──  資源に対する要求の主張 M3a ──→
         │      └ A の中へ ←── 資源の配分に対する基準 I3a
    A    │
         │ 生産物 ┌ I の外へ ──  要求の正当化に対する根拠 I3b ──→   I
         └      └ A の外へ ←── 要求の順序 M3b
                                   （予算）
```

$$\begin{pmatrix} M \text{——貨幣} & P \text{——権力} \\ I \text{——影響力} & C \text{——コミットメント} \\ 1,2,3 \text{——メディア間の階統的統制の順序} \\ a, b \text{——相互交換システム内の階統的統制の順序} \end{pmatrix}$$

図4-1 裁定としてのメディア
T. Parsons, "Politics and Social Structure" 1969, Free Press, p. 399.

循環しているといえる．

　価値原理と調整基準から成るコード（code, 規典）については，貨幣メディアでは効用と支払い能力が，権力メディアでは有効性と成功があげられているが，影響力メディアではどうだろうか．結論的にみるならば，影響力メディアの価値原理には連帯性が，調整基準には合意があげられている．では，影響力メディアについてなぜ前記のメッセージやコードが導かれるようになったのであろうか．それは影響力メディアをどのように捉えるか，から来ているように思われる．

　本章では影響力メディアに焦点をあて，その概念を理解すること，そして動態分析として影響力メディアの信用に基礎をおいたインフレーション，デフレ

ーションを明らかにし，そのインフレ・ギャップ，デフレ・ギャップについて検討することを目的としている．

第2節　影響力メディアの概念

(1) 影響力の概念

はじめに影響力メディアの概念について，理解を深めたい（以下，影響力メディアを影響力と記す）．

パーソンズによると，影響力とは意図的行為を通して他者の態度と意見に効果をもつ方法であり，その効果は他者の意見を変化させるかもしれないし，変化させないかもしれない．あるいは変化を可能にすることを妨げるかもしれないし，妨げないかもしれないと定義されている（Parsons 1969：405）．つまり影響力とは，その効果は潜在的なものかもしれないし，顕在的なものかもしれないが，他者の態度と意見に効力をもつ方法ということができる．そして，影響力は社会的相互行為の一般的メカニズムとして，経済システムから析出される貨幣と平行して論じられている．

一般にコミュニケーションの一手段として言語があげられるが，パーソンズは経済システムから析出される貨幣を単に言語に似たものではなく，非常に特殊化された言語，つまりコードのなかで意味を与えられているシンボルの利用を通して，コミュニケーションの一般化されたメディアであると考えた．そして次のような4つの基本的なカテゴリー（範疇的枠組）を提示している（Parsons 1969：409）．

　　［1］価値のカテゴリー，行為単位の必要性がかけられていることに関係している．

　　［2］個別利益要求のカテゴリー，これらの価値の見地から重要な行為の状況における目的の性質に関係している．

　　［3］状況規定，関心を実行する際に展開されうる行為の状況の特徴に関している．

　　［4］当該の関心の追求において，行為の合法的な型と非合法的な型との間を区別している規則の規範的枠組．

以上のカテゴリーにおいて，貨幣の経済的価値は"効用"であるとされている．

「一般化されたシンボリック・メディア」は，普通さらに命令法をもっており，それらは情報を伝えるだけというよりも，むしろ"結果を得る"方法であるとされている．例えば貨幣の提供を受諾したり拒否したりという反応を要求しているように，決定を伴う対象に直面しているというのである．そして，そのようなメカニズムは，接近や提案等に対して他の行為者の反応を引き出すことによって結果をもたらす，という構造的で意図的な試みの方法であるとされている．貨幣の場合，それは提供の問題であり，権力の場合，義務を活性化しているコミュニケーション決定の問題であり，影響力の場合，行為を示唆していることに対する理由，あるいは"正当性"を得る問題であるとされている．では結果を得るこれら様々の型を，パーソンズはどのように分類しているだろうか．

彼は，人の行為単位（自我）が他者の行為単位（他我）を担うことを考えることによって結果を得ることを試みることができるとし，そこにモードの非常に単純なパラダイムを提示している．それは2つの変数からなり，第一の変数として"チャネル"（伝達経路）を，第二の変数として裁定の型をあげている．前者は，他我がおかれている状況または行為しなければならない状況をこえて，潜在的な統制を通して自我の作用することをどのように試みるかということであり，あるいは他我の意図に効果をもつことを通して，彼の状況における変化とは独立して自我の作用することを試みるかどうかということで，状況的チャネルと意図的チャネルに分類されている．後者には，自分の行為の複雑さにおいて自我を仲介する他我に対して偶然の結果の性質に関係している．すなわち，1つの側面として他我が直面する種類の決定をあげており，他我にとって有利な裁定をなすものか，あるいは不利な裁定をなすものかということで，肯定的裁定と否定的裁定に分類されている（図4-2）．

2つの変数の縦横の分類から4つの型の組み合わせが生み出され，それぞれモードとして誘因，抑止，説得，コミットメントの活性化があげられている．そしてそれに対応するメディアとして貨幣，権力，影響力，コミットメントの一般化（価値コミットメント）が対応されている．内容については，次のよう

に説明されている (Parsons 1969：410-411).

[1] 誘因…自我の提案を伴い自我の応諾に関して状況的に有利な偶然性の提供によって，他我から好都合な決定を得るための自我の試みである．

[2] 抑止…応諾を得るために自我の担当している試みである．否応諾が状況的に不利を受ける不確定の脅迫に対して，他我に合わせるような方法でコミットメントすることによって行なわれる．

[3] 説得…応諾を得るための自我の試みである．他我の観点からみて状況の有利さから独立し，自我が望んでいるように行為することは自我にとって"よいことである"という理由を提供して行なわれる．

[4] コミットメントの活性化…応諾を得るための自我の試みである．自我の観点からみて自我が望んでいるような行為を拒否することは，自我にとって"悪い"という理由を提供することによって行なわれる．

ここで相互行為システムの適切に構造化されたタイプにおいて，上のような目的を獲得するために強められた能力が可能とされ，必要な状況において，そのようなメディアを受け入れる提供された危険が仮定されたものが，一般化されたメディアのパラダイムである．

ここで誘因の一般化されたメディアとして貨幣が，抑止には権力，説得には影響力，コミットメントの活性化には価値コミットメントというメディアが考え出されている．このうち，誘因と説得は要求された反対を肯定的に引き出す

裁定の型	第一の変数／第二の変数	チャネル（伝達経路）	
		状況的	意図的
	肯定的	モード　誘因 メディア　貨幣	説得 影響力
	否定的	モード　抑止 メディア　権力	コミットメントの活性化 コミットメントの一般化

図4-2　チャネルと裁定
T. Parsons," Politics and Social Structure," 1969, Free Press, p. 413.

方法であり，抑止とコミットメントの活性化は裁定された応答と要求された応答との間の逆の関係を確立することをもくろんだものである．否定的裁定の場合，拘束している義務の遂行を動員させるものとして，非応諾の場合における（状況的な場合，"懲罪"であるが）否定的裁定の負担の状況的関連を伴っている．しかし自我の目的は罪することではなく，遂行を保証することである．ここで権力が，有効な集団的行為の関心において（目標達成），拘束している義務の遂行を保証するための一般化された能力として考え出されている．これと平行して意図的な側面において，コミットメントの一般化（価値コミットメント）が状況的裁定のどのような脅迫にも準拠することなく，関連している義務の遂行に動機を与えるための能力として考えだされている．しかしこの場合，非応諾の傾向は自我の部分の評価的表現と出会うとされている．自我の部分は，義務に関して他我の感覚を活性化するものを助けるために計算されており，もし他我が自我に従うことに失敗するなら，罪の感覚で自我に脅迫されている．

　社会システムのなかで作用しているメカニズムとして，一般化されたメディアの他の側面を見てみると，行為単位の観点から個人的にか，あるいは集団的にかメディアがその利益を促進している手段として役立てているといえ，そしてこのことは，様々な偶然の機会にその利益が多少とも安全であるというもとで状態の構造化を含んでいるといえる．システムの観点からは統合や他の重要な機能に混乱を起こすことなしに，その過程に安定性をもたらすことができるという一組の状態であるということができる．

　では，意図的チャネルのもとで肯定的裁定をなす説得と影響力メディアについて考えてみよう．メカニズムの4つの全部は，ここで真相の態度の制度化に依存しているといわれ，ここに意味があるとされている．経済学の場合，行為者は市場および問題に対する彼の利益が，自分が放棄したことに対して代わりに"失敗の価値"を受け取るであろうという信頼あるいは信用をもつという基礎に基づいて，彼の利益を放棄しているとされている．

　ここで信用の問題について，2つの異なった側面があるとされている．つまり，"システム"の機能において"現実の資産"や信頼のなかにある貨幣の兌換性というのは，行為者が現実的および潜在的な交換のパートナーから多かれ

少なかれ彼の合法的な遂行を期待されている．同様に権力の場合，彼は強制的な自足を放棄するかもしれない．そのとき，彼は自分自身を適切に自分の強い腕だけで防御することができない．権力システムに対して，彼は自分の安全を委託することにおいて，一方には強制的な手段の現実の統制を伴って彼のできるかぎりの同一化があり，他方には彼への期待が彼の個人的な期待をこえた働きを通して，有効に達成されるだろうという信用がある．なぜなら，権力システムは有効であるからである．

　以上のようなシステムのなかで，影響力が適合していく為には何をシンボルとしているのか．パーソンズは，貨幣の場合には効用をシンボル化し，権力の場合には集団行為の有効性をシンボル化していると主張する．そして影響力の場合，統合的遂行のパラダイムにとっては連帯性を主張している．

　影響力は説得の一手段と考えられている．それは確かな方法における行為に対して，他我の部分に関し1つの決定をもたらしている．貨幣の場合，決定をもたらす本質的なものとして経済学者は"財とサービス"を唱えているが，影響力の場合，本質的に説得者のカテゴリーとして彼は次のように唱えている．つまりこのカテゴリーの最も明らかなメンバーは，他我が"彼自身結論を引き出す"ことができるということからの"事実"である．すなわち，自我は他我に情報を与えることによって説得することができるとしている．バーンズは，他我が自我を情報の信頼できる資源であると考え，自我は情報を独立的に検証する立場にないことを通してさえ（あるいは自我は困難なことを欲していないことを通してさえ），自我を"信用している"というある基礎があるに違いないと考えている．

　金属としての貨幣は，多くの商品の間の1つではなく，特別な安全性と最大の交換可能性というある性質をもった1つであると考えられ，同様に強制-脅迫の道具としての力をもっているとされている．同様に，信用をよびおこす可能性をもった説得に関する比較可能な本質的資源について，社会的相互交換をもって考えられている．つまり，他我が自我を説得するような自我の努力を信用するというもとで，最も好都合な状態として連帯性の相互関係があげられ，きずなを保有しているかぎり，自我は他我を欺くことに関心をもつことができないとされている．そして，連帯性のゲマインシャフト型にある共通の属性

が，自我と他我にとって相互の影響力の本来の基礎であると主張されている．その共通の属性は影響力システムに対してのものであり，貨幣システムに対する金，権力システムに対する力と同等のものであるとされている（Parsons 1969：417）．

　他のどんな相互交換システムにも似て，自由なコミュニケーションシステムの安定性は，性質と契約の規範に対応し一組の制度化された規範による規則に依存しているといわれている．そしてお互いに，人々のアソシエーションの規範的に規則化しているタイプの状態と関係しているとされている．規範的な準拠については，貨幣の場合，準拠は契約の自由の範囲内で効用の意味において価値が等価であるとされている．ここで価値尺度としての貨幣機能，すなわち価格は交換可能な項目の評価の声明であるとされている．権力の場合，準拠は所与の制限のなかで権威化することであり，自分自身の他に全体として関連している集合体と，他の確かなカテゴリーもまた拘束する決定をなすために権力が権威化されている．具体例として，選挙の規則に基づいた投票があげられている．

　影響力の場合，対応している概念として情報あるいは目的が一般化された声明の規範的な正当化であるだろうとされている．影響力はシンボリック・メディアであるので，情報の項目に関して正当化が必要である．正当化の機能は，現実に項目を点検（確認）することではなく，正当化を点検するための他我の必要性なしに項目を述べるために，コミュニケーターの権利にとっての基礎を提供することである．影響力の正当化に関して非常に重要なカテゴリーは，普通"評判"によって意味されるといえる（Parsons 1969：418）．つまり能力，信頼できること，良い判断等に対する高い評価をもった誰かによって評判がつくられるなら，より重さをもつであろうということであるが，ここで誰かとは誰をさしているのであろうか．すなわち集団の成員をなしている個人なのであるが，パーソンズはここで，ゲマインシャフト連帯性に基礎づけられたものとして影響力について語っており，例えば家族をあげている．他にも，他方のコミュニティにおける成員，職業上の集団，あるいは専門家の集団の成員であっても色々なレベルで，"その集団の一員である"という意識は影響力を強めている一要素であるといえる．

(2) 影響力の型

　パーソンズは影響力の型を分類するにあたり，影響力システムが閉じられたシステム (closed system) ではなく，オープン・システム (open system) であることを前提とし，"循環している" メディアとして影響力を考えている．これは貨幣や権力にも共通している性質である．そして影響力について，仮説的ではあるが，次のような分類を行なっている (Parsons 1969：419)．

　　［1］"政治的" 影響力
　　［2］"信託" 上の影響力
　　［3］異なった忠誠に訴えることを通しての影響力
　　［4］規範の説明を志向しているものとしての影響力

これは A, G, I, L という四機能図式にてらしてみると，［1］- G, ［2］- A, ［3］- L, ［4］- I, に対応しているものとみることができる．

　本節では前述の各々について検討を試みたい．そして［1］〜［3］を説明する重要なガイドラインは，一般化されたメディアの他の3つ（貨幣，権力，価値コミットメント）の各々の兌換性のうちに横たわっているとされている．

［1］"政治的" 影響力

　政治的影響力について，パーソンズは典型的な構造的文脈を民主主義的アソシエーションにおいている．それが政治の分野や私的なアソシエーションといういくつかのレベルのどの段階にあっても，民主主義的なアソシエーションは現在ある政権の構造によって特徴づけられているとされ，その現職にある人は全体として集団を，それゆえ集団の各々の能力をもつ成員を拘束するある決定をするために権威づけられている．集団の決定をすることをパーソンズは権力の行使と解釈し，その権力の行使は選挙という手順のなかで選挙権の行使を含んでいるとしている．というのは，権力は政権に対して選挙される人が決定する投票の総合であるからである．そして，彼は影響力と権力との間には直接に重要な関係があるとしている．

　また，彼は影響力と権力を2つの主要な文脈のもとで捉えている．アソシエーションはリーダーシップ-従者の軸では典型的に区別されており，ここではこの軸が使われている．そのとき，影響力の1つの焦点はリーダーシップの立場，あるいは評判の確立であるといえる．政権の在任者，あるいは明らかな候

補者と当該の従者との間には,従者に与えられる特別の情報と権力の直接の行使を越えて,また非形式的な脅迫や誘因等の巧みな操作を越えて信用の基礎があるとされている.その結果,リーダーシップをもつ人は,"支持者"によって自分が信用されているということから,地位につく時,自分に協力する従者を数えることができる.そしてそのような地位に対して,指導者は"責任を果たす"ということになる.このようにしてパーソンズは,影響力の使用の焦点としてリーダーシップの概念を,権力の使用の焦点として政権の概念を扱っている.政治的影響力は選挙の過程でふつう使用される.そのとき,選挙の支持という型をとるか,あるいは政策の決定に影響を与えることによって,政権の在任者に役割を与えているといえる.そこにおいて,影響力には基本的に"信用"の使用があるといえる.

政治的影響力をパーソンズは,集団の目標に機能しているという文脈で作用している影響力と考えている.それは一方ではリーダーシップの地位のために影響力を働かせることによって,他方ではリーダーの決定や方向に効果をもつように,一般化された説得と考えられている.

[2] "信託"上の影響力

ここで関連している文脈は,集団目標達成の効果的な決定ではなく,集団とそれらの目標の両方が2つ以上から成るというシステムにおいて,諸資源の配分と2つ以上から成る目標間の正当化は疑わしいというものである.諸資源は目標達成の観点から通常成功の見通しを統制しており,原則的に機会の要因を構成している.それゆえ,諸資源の配分を担っている影響力は特に信用の重要な分野であり,この場合には貨幣と関係があるとされている.

経済が社会構造の特に関連している社会では,貨幣が最も重要な配分のメカニズムとなっており,それゆえ信託機能の焦点は,資産の配分にあるとされている.なぜなら資産の所有者は市場のチャネルを通して,現実の諸資源の指摘された配分について統制を要求する地位に順にあるからである.

貨幣の側面について,パーソンズは例を予算に設定している.このとき予算は規範のレベルで作用しており,価値のレベルで作用しているのではないとされている.要求を主張している人々は,予算を得るために権力を具体的に使用するかもしれず,あるいは様々な他の手段を使用するかもしれない.しかし,

特別な役割は影響力によって演じられるとされている.

影響力が予算において最も明らかに作用しているのは，次の2つの分野においてである．1つは，配分的な過程が規則化されることによる規範の確立である．例えば税法の制定や似たようなものを通してのように，他は，配分における自発的な寄付金の財政困難のように"純粋"な市場過程の修正を通してである．

そして，"信託"という用語は最も一般的に次のような場合に使用されている．つまり"利害のある党"が援助なしに自らの利害を守ることを期待されえないところで，例えば所有権をもつ政府は"受託者"によって少数者の利害を守るという具合に，すなわち自らの行為を通してさえ，受け入れられる標準に当てはめるために，信用される人々が個人的な財政上の関心によっては命令されないという具合に．

[3] 異なった忠誠に訴えることを通しての影響力

政治的影響力の場合，中心的な構造的焦点はリーダーシップの軸上にあった．信託上の影響力の場合，それは希少資源配分の問題であった．そしてこの場合，それは社会における団体の一員（メンバーシップ）としての多元的な構造にあるといえる．これは役割をもつ個人と集団の両方のレベルで作用している．個人にとって，特に成人男性の場合，ふつう最も重要な例として親戚関係と職業との間の関係をあげることができる．

我々の社会は急速に変化しており，そのような変化の原則的な側面の1つは新しい集団の発生である．そのとき新しい集団に対する忠誠，また古い集団への忠誠の減少が問題となる．このとき人は新しいコミットメントに参加するか，古いコミットメントの犠牲となるか，あるいは両方か，あるいは忠誠の間のバランスの移動についての決定に直面しているといえる．[3]の影響力の現在のタイプが関係しているのは特殊な集団と下位集団の文脈において，仮定している特殊な責任の正当化の問題である．そのとき人は，集団への参加を通してコミットメントに対する多種多様の需要に直面し，彼が成す配分的な決定を正当化し，それをもつような地位にしばしば置かれる．そのとき，そのような過程を統治しているコミットメントの規範構造は次のことを含んでいる．つまり，一方では共通の価値に訴えること，他方では複数の忠誠間のコミットメン

トの配分に関して具体的な決定を統治している規範の主張を含んでいる．その
とき影響力のカテゴリーとして，第一に行為者が具体的な事件としてこれこれ
の集団の責任を引き受けるべき口実であること，第二に規範の主張は，再び具
体的な配分のレベルにおいて，そのような決定を統治し続けるべきである，の
二点があげられている（Parsons 1969：424）．

　価値に基づいたある意味で一般化されたコミットメントは，関係している行
為者の"信用"を含んでおり，そこでそれらはますます一般化される．例え
ば，職業においてさえ保有の規則が雇用上の組織を束縛しているというのは一
般的な規範であり，そのような地位にある在職者は，道理をわきまえた注意を
与えるだけで権力を放棄していると一般に考えられている．パーソンズが関心
をもっている影響力の範囲として，コミットメントの柔軟性の範囲で作用しう
る変化のための正当化と，コミットメントがなされ達成されるためより一般化
された忠誠との間には関係があるということがあげられる．

[4] 規範の説明を志向しているものとしての影響力

　これまで議論された影響力の3つの型は，"政治""経済""パターン維持"
（構造的な側面において価値コミットメント）システムとよんでいる社会の機
能的下位システムに対するものであるといえる．最後の [4] の型は，規範の
解釈に対して方向づけられる影響力として統合的システムに対して内在的であ
るとされている．そして原型として，法的過程の控訴の段階における法律上の
規範の解釈の過程があげられている．

　規範は価値コミットメントと特別の関心をもつ状況的な緊張との間に媒介し
ており，それは形式上これらのレベルでの変化に対して，絶えず繰り返す調整
のなかにあるとされている．さらに社会システムにおけるそれらの主要な機能
は，統合（I）であるので一致（調和）の問題は特に重要とされている．影響
力の範疇は，最上の例が裁判官および法律家の名声に含まれていると方向づけ
られ，統合的な影響力の他の例として，例えば宗教的な伝統におけるように倫
理的な規範の解釈の分野があげられている．

　[1]〜[4] の影響力の型に批判的な共通の事実は，"説得"のメカニズムにある
とパーソンズは強調している．それは特別な事実，特別な目的，特別な義務や
委託，特別な規範的な規則に訴えることを越えて一般化されている．一般的な

主張はこの意味で影響力について枝分かれしたシステムがないために，次のように言われている．つまり，影響力を実際に獲得するよりも，信用できないということ（不信用）が浸透している雰囲気がより多くあるか，あるいは信用のレベルで特別な方法で信用されうる誰かについては，より厳密に情報の詳細を導入することによってのみ生じうるか，どちらであろうと，それは複雑な社会に対して重要な柔軟性の範囲を非常に制限しているとされている．

第3節　影響力メディアのマクロ的分析

(1) 影響力メディアのインフレーション，デフレーション

　影響力メディアを社会システムにおいて量的に固定した量であるか否かを考える場合，それはメディアの作用の"ゼロ-サム"状態に一般に属するかどうかという問題に関係してくる．貨幣，権力など一般化されたシンボリック・メディアにとって，あるレベルで，またある文脈で"ゼロ-サム"状態は保有されているとパーソンズは考えている（Parsons 1969：383-395）．例えば貨幣の場合，固定した貨幣所得を伴った単位にとって1つの目的に対する支出の増加は，1つあるいはそれ以上の他のものに対する減少によって均衡されているに違いない．同様に権力システムにおいて，選挙の規則は一人の候補者に対する投票の考え方が，他者に対して否定されるに違いないことを意味している．そして権威をもつ人々は，多くの決定をする際に相反した二者択一の間で選ばねばならない．しかしこのことは重要ではあるが，それは全体の話ではないとパーソンズは主張している．

　ゼロ-サム概念が適合することに失敗している貨幣分野で，最も親密な例として銀行を通した信用の創造をあげている．1つの側面において，貨幣は所有権の最も重要な対象である．ある意味で銀行の預金者は，銀行に所有権を貸している．しかし銀行は，その預金者の資金に対して管理人として単純に行為しているのではない．銀行は借用者に契約期間に一定の割合を貸している．銀行は借用書がローン（貸付け）の期間中，支払の立場にいるかぎり，もちろん利子や他の料金も支払うのであるが，彼らに"浪費する"ことを可能にしている．このことは，同じドルが循環しているメディアとして二重に機能している

ことを意味している．その結果，銀行は循環しているメディアの量に付け加えて目立った網を構成している．

他のメディアに関して銀行の現象に類似した現象があるかどうか，そして金融の分野で信用があるかどうか，が問題となる．権力の分析の分野で有力な意見は，それらはないということのようであるが，しかしパーソンズは，この立場には問題があるとしている．そして最も適切な文脈として民主主義的アソシエーションにおいて，リーダーシップの権力の贈与とリーダーシップによるその権力の使用の間に関係をあげている．権力の場合，選挙されたリーダーは，選挙権の行使を通して権力の贈与の受取人であるとされている．この贈与は典型的にそして原則的に取り消しできるものであり，投票者は自分の支持を競争相手の候補者に転換することができるとされ，そのときこれは権力の"預金"として議論されうるとしている．そしてシステムにおいて，政権のどこかの在任者によって決定がなされることを通して，政治的利益の"獲得"に対し預金者の整理にあるとされ，このことは均衡された権力の量が，あるところで循環しているシステムをなしているとされている．

政治家たちがしばしば利口に範囲を確立しうるように，構成者たちが構成している構成要素によって，要求しているよりも他に委託をしていると仮定することは安全である．政治的に組織された集団は，政府を含んでメカニズム，言い換えれば，新しい権力の増大の創造について，このタイプの徳によって社会的変化を創りうる機関としてたぶん役立ちうるとされている．

影響力についても同様に議論がなされ，ゼロ－サム概念が特に適している例は，政治的影響力であるとされている．そして影響力の分野において，銀行や信用との類似は忠誠の配分に関連して最も明らかであるとされている（Parsons 1969：428）．

パーソンズの分析の仮定は，高度に多元的な社会システムに対し，それが適応していることに基づいているとされている．ここで高度に多元的な社会システムにおける忠誠の配分は，固有な議論の重要性が含まれている直接の評価に全体として基づいてはいないが，しかしそのコミットメント（委託）は，影響力に反応して広くつくられているとされている．もし影響力の量に変化があるなら，そのとき権力とコミットメントに対して与えられうる能力が再配分され

ることによって，メカニズムとして作用することに影響力は可能となるとされている．そのようなコミットメントを命令する影響力は，ある機関の手に多かれ少なかれおかれうる．

　パーソンズは，アメリカのような社会で前記のことがなされているのは自発的なアソシエーションを通しており，そのアソシエーションは政治的な機能に本来関係していないと主張している．そのようなアソシエーションの加入者たちは，銀行における預金者に類似している．彼らはアソシエーションやそのリーダーシップに対して，彼らの"名前"を貸している．しかし，そのようなアソシエーションは，しばしば影響力の増大を単純に集めている以上である．つまりそれは，循環のなかで影響力の全体的な量につけ加えて効果を生み出す．このことは個人の成員としてではなく，アソシエーションの成員として"名前"を使用する方法において，独立した判断を行使するリーダーシップに比例して生じる．

　このようなアソシエーションは，"影響力銀行"の一種として考えられている．そして貨幣銀行に似て，そのようなアソシエーションは形式的に"支払不能者"である．それゆえ，もしアソシエーションの成員が厳密な勘定を要求するなら，このことはリーダーの行為の自由を破壊する．そして"影響力信用"のデフレーションを導く．この効果は，順に多くの機関の信用を剥奪する．そのような影響力調達者（アソシエーションの成員）の支持に依存して，彼らが重要なコミットメントをするために与えることができる基礎の多くの働きを奪っている．しかしより通常の状況で，そのようなアソシエーションのリーダーは，彼らの自立の受け入れ可能な限界の判断を動かしている．事実彼らは成員による明らかな権威のレベルをこえて，アソシエーションの名前のコミットメントを行なっている．そうすることにおいて，彼らはシステムのなかで循環している影響力の純量をつけ加えており，彼らが望ましいと保有している原因を助長する方向で，社会のなかでコミットメントの分配の効果をもっている．

　以上のように，経済的例におけるデフレーションとインフレーションに類似した現象を，権力や影響力の分野でも同様に見出している．権力の分野においてデフレーションは，厳密な権威と強制的な裁定を信頼して，究極的には脅迫と物理的な力を使用することによって連続的に増大している．

影響力の分野においてデフレーションは，より広い忠誠に対する疑問への増大と狭い集団主義への疑問の増大を通して，評判と信頼の名のもとに信用の基礎を侵食する方向へ進んでいる．

他方，影響力に対するインフレーションの過程は，しっかりした情報であるが確認されえない状況のもとでも，権威的な特性に対して要求の拡大を行なっている．また称賛に値する目的の公表は，機会が生じたときに現実的なコミットメントによって支持されることが少ない（Parsons 1969：428）．

パーソンズは，影響力のインフレーション，デフレーションに関してこれ以上の分析を行なっていないが，以上の分析は試験的であるといえる．しかしこの枠組は，理論に対してのみならず，影響力の調査に取り組む際にも有益な枠組みを提示しているように思われる．

(2) 影響力メディアのインフレ・ギャップ，デフレ・ギャップ

(1)で影響力のインフレーション，デフレーションについて検討してきたが，次にさらにおし進めてインフレ・ギャップ，デフレ・ギャップについて考察してみよう[1]．影響力のインフレ，デフレは政治的影響力に顕著であるので，ここでは特には政治的影響力に限定して捉えてみたい．政治的影響力を扱う際には，GシステムとIシステムにおける生産物と要素の相互交換をさらにおし進めて考えることになる[2]．

政治的影響力のインフレーションとは，政権に関する影響力の範囲が政策決定を履行する際に能力，すなわちリーダーシップの責任（個人のレベルではなく，全体社会のレベルで考えるならば，政府または政党の責任のほうが妥当のように思われる）を越えている状態ということができる．それはもし政権の影響力に関して与えられる評判が，政治によって経済的諸資源を上回る統制を越えるなら，またもし政治的支持が上昇している状況において，作用している責任またはその潜在性が一定であったり，ゆっくりと上昇しているなら明らかになると考えられる．

図4-3において，C_i，I_i，S_i はそれぞれ政治的影響力の消費，投資，貯蓄を表すものとする[3]．点Fは政策支持とリーダーシップの責任の均衡点を表し，また利子需要を履行している．ここで利子需要とは，政策支持を続けてい

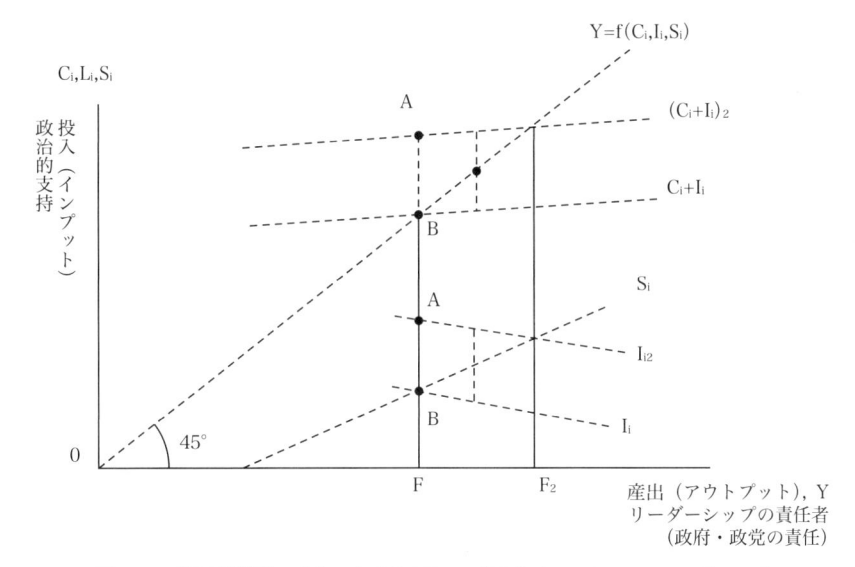

図4-3 政治的影響力の投資における上昇への移動とインフレーション・ギャップ
Mark Gould, Analysis, Macrosociology, and the generalized media of social action; J. Lonbser, R. Baum, A, Effrat and V. Lidz (eds.), Explorations in General Theory in Social: Essays in Honor of Talcott Parsons, 1976, p. 495 を参考に作成.

くことによって生じる政権への信用度が増すことを意味していると考えられる．いま例えば，選択された政権に関する影響力の拡大によって，政治的影響力の投資の増加が生じているとする．このことは，総支持曲線 C_i+I_i と投資曲線 I_i が，それぞれ $(C_i+I_i)_2$ と I_{i2} へ上方に移動していることによって示されている．アウトプットすなわちリーダーシップの責任は F_2 に増加しており，F_2 の点で利子需要が認められる．そこでの利子需要間の差 F_2-F は，政治および「十分に高い需要」「十分に低い需要」によって誘因された需要に等しい．F_2 は政治からのあるアウトプットがインプットによって適切に正当化されていない状況，すなわち政治的支持が均衡点より増大すると，それに対応するリーダーシップの責任性が増えすぎて応じきれない状況が生じ，この場合インフレーション・ギャップ A-B が生じる．それは政策支持が超過しすぎると，政治的影響力排除の増大によって切り詰められるまで，インフレーションのらせん形を生み出すという状況である．インフレーション・ギャップは，リーダーシッ

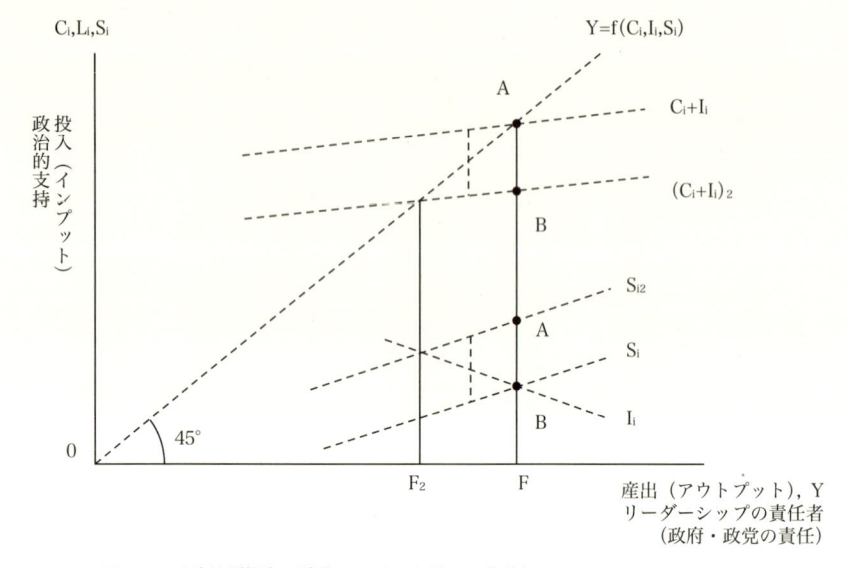

図 4-4 政治的影響力の貯蓄における上昇への移動とデフレーション・ギャップ
Mark Gould, ibid., 1976, P. 495 を参考に作成.

プ責任のレベルがもう一度 F 点に到達するときに閉じられる（図 4-3）.
　政治的影響力に対するデフレーションの状況は作用しているリーダーシップ責任性が，政権に関する政治的影響力を超えている点で，あるいは政治的アウトプットが政策支持のインプットを超えている点で生じている．図 4-4 についてみると，もし政策支持の貯蓄が全体的に上方に移動するなら，総政策支持曲線 C_i+I_i は下方に移動し，A–B のデフレーション・ギャップが生じる．それは，リーダーシップの責任能力よりも政策支持が低いときに生じるもので，政策支持が均衡店に到達すると閉じられる．

第 4 節　結び

　影響力は，意図的チャンネルと肯定的裁定のもとで説得の効果をもつメディアであると言われている．それは地位，威信を背景とした情報あるいは目的の公表を通して意味をもつ．

本章では，第2節（1）で影響力の概念として"説得"が導かれる過程が明らかにされ，その説得に本質的に関係するものとして価値コミットメント，集団のリーダーシップに対する政治的支持と，流動的な諸資源を要求する順序のあることがあげられている．そして説得には情報が信用の基礎になることをみることができた．また影響力の価値原理には連帯性があげられ，そこでは原型としてゲマインシャフト型のアソシエーションが想定されている．

　第2節（2）でとりあげた影響力の型は図式に対応した分類とみることができ，個人から集団への影響力と論が進められ，最終的には価値，規範が重要な意味をもつことが述べられている．

　第3節（1）の影響力メディアのインフレーション，デフレーションは，メディアの量に注目した分析で，ゼロ-サム概念と関係し，影響力にも循環性が認められている．影響力のデフレーションとは，忠誠に対する疑問，狭い集団主義への疑問が増大し，評判が低下することによって信用が侵され影響力が低下する状態，影響力のインフレーションとは，確認されえない情報であっても，評判が上昇することによって信用が増し，影響力が上昇する状態と理解することができる．

　第3節（2）の影響力メディアのインフレ・ギャップ，デフレ・ギャップについては，影響力が貨幣や権力と平行して論じられていることに着目し，各システムの要素と生産物の均衡点から，インフレーション，デフレーションが乖離している状態を，筆者が試験的に分析したものである．これらは理論的に考え出されたものであるが，影響力の調査を行なう際に有効な枠組であるように思える．人間のシステムを経済学の金融モデルにそのままあてはめることはできないが，一般化されたシンボリック・メディアとして貨幣，権力と同様に展開されてきた影響力メディアにとっては，十分に適用できる余地があるように思われる．

注

1) Mark Gould, Systems Analysis, Macrosociology, and the generalized media of social action; J. Lonbser, R. Baum, A, Effrat and V. Lidz (eds.), Explorations in General Theory in Social Science: Essays in Honor of Talcott Parsons, 1976 を参照.
2) 図4-1 を参照.

3) 補足的に説明するならば，C_iとは，統合的下位システムにおける政治的影響力の消費（統合的消費），I_iとは，統合的下位システムにおける政治的影響力の投資（統合的投資），S_iとは，統合的下位システムにおける政治的影響力の貯蓄（統合的貯蓄）を表し，C_iはG$\rightleftarrows$Iの相互交換に，I_iはL$\rightleftarrows$I，S_iはA$\rightleftarrows$Iの相互交換にそれぞれ関係していると考えることができると思われる．

第5章
価値コミットメント・メディアの性質と動態分析

第1節　はじめに

　価値コミットメント・メディアは，システム（適応・目標達成・統合・パターン維持システム）のうちLのパターン維持システムに係留し，サイバネティックな階統性では一番上位にある．それゆえ，人間の行為を決定する諸要素のうちでは最も重要なものと思われる．

　これまで貨幣，権力，影響力の各メディアについて検討を進めてきた．そこでは一貫して人間の行為を決定する諸要素をシンボリックなメディアとして捉え，貨幣メディアをモデルとして各メディアについて平行的に論じている．

　本章においては，Lのパターン維持下位システムに係留している価値コミットメント・メディアを扱っている．Lシステムは文化システムとも関係しており，パーソンズ社会学においては，文化システムが最もおざなりにされていることが指摘されている．それは，文化システムで扱う価値の問題がその人（行為単位）によって百人百様であり，一般化することが非常に困難であることに基づいていると思われる．またパーソンズのシステムで，文化はきわめて静的な要素にとどまっていると指摘されている（Rocher 1974，倉橋．藤山訳 1986：214-218）．この点について筆者は，価値コミットメント・メディアと関係してくるのであるが，文化システムの諸要素は，メディアの循環性と関係して動的な性質をもつと思う．しかし，それが人間の内面的な要素であるために，理論的にはっきりと把握できない．ここに批判を受ける原因があると思う．

本章では価値コミットメント・メディアが導かれる過程，次にその性質を検討し，最後に動態分析として価値コミットメント・メディアのインフレーション，デフレーションについて考察を進めたい．

第2節　四機能図式と価値コミットメント・メディア

　パーソンズは，社会システムから貨幣，権力，影響力，価値コミットメントという4つの社会的メディアを導き出している．本章で扱う価値コミットメント・メディアについて価値，コミットメントの概念および定義についてみてみたい．

　価値について，パーソンズはアメリカの人類学者クライデ・クラックホーンの考えを支持している．それは価値を具体的な社会目的として捉えているのではなく，社会的過程における行為者と目的の相互行為の規則化における一要素として捉えていることであり，相互行為の意味のなかに価値があるとみていることである（Parsons 1969：441）．つまり価値を，社会的過程にある経験的諸要素として作用している機構（メカニズム）と，社会システムの構造的な組み合わせを構成しているメカニズムにあるとし，個人のパーソナリティに関する制度化と内面化の現象を含んでいるとしている．

　パーソンズは，価値について"望ましいこと（desire）"という用語を支持している．それはクラックホーンが，単なる欲望とは非常に注意深く区別したものであるとされている．そのとき価値は，制度化によって経験的な社会的過程を決定することのできる，文化的なレベルでの"パターン（型）"であるとされている．換言すれば，社会システムの構造の構成要素となっている価値は，準拠している社会の成員によって支えられ，彼らが成員である特殊な社会に適合している，社会の望ましい型の概念であるとされている．

　またコミットメントについて，価値パターンが選択の方向を定義し，行為に対する結果のコミットメントを定義していると記されていることから，コミットメントとは価値を実行する過程と理解することができる．コミットメントの一般性レベルについては，コミットメントが作用的である範囲内で評価されるシステムの範囲を定義するとされている．

価値コミットメント・メディアは，Lシステム（パターン維持下位システム）に係留し，ここでは文化的および動機づけ的コミットメントを担当している．社会的相互交換システムの図によると，Lシステム（パターン維持下位システム）は経済を担当しているAシステム（適応的下位システム）とは労働・消費財市場システムとして，政治を担当しているGシステム（目標達成下位システム）とは正当化システムとして，そして規範としての法と社会統制を担当しているIシステム（統合的下位システム）とは忠誠・連帯コミットメントシステムとして，それぞれ諸資源を相互交換している（図3-2参照）．このように各システム間を循環して，インプット，アウトプットの関係からLシステムについては価値コミットメント・メディアが生まれる．

　社会システムにおいてコミットメントを維持しているのは，諸価値というよりも実行の過程の中心となる規範的な状態であるとされている．そしてコミットメントを実行する義務において，誠実性があるに違いないとして，この次元で価値の一般化を捉えている（Parsons 1969：444-446）．

　またコミットメントの調整基準は，パターンの維持であるとされている．それは貨幣の場合の支払能力，権力の場合の成功，影響力の場合の一致に相応している．ここでは，より詳細にされうるコミットメントが特殊化の線にそって配分され，また調和という点で完全性の命令をもって保持されるばかりではなく，そのようなコミットメントが実行にとって必要な価値のない要素と交換に使用されるかもしれないとされている（Parsons 1969：448）．

第3節　価値コミットメント・メディアの性質

　状況的-意図的チャネルと肯定的-否定的裁定という枠組で4つのメディアを分類すると，貨幣は状況的-肯定的枠，権力は状況的-否定的枠，影響力は意図的-肯定的枠，そして価値コミットメントは意図的-否定的枠に位置づけられている（図5-1）．ここで貨幣は誘因の一般化されたメディアであり，権力は集団を拘束している決定を応諾しているために，活発化している義務の一般化されたメディアであるとされている．また影響力は，他我が現実に欲求している訴えを通して，適法的な場合に作用している説得の一般化されたメディ

裁定の タイプ	チャネル	
	状況的	意図的
肯定的	誘因；意見の一致の有利さ，偶然のことの提供を通して，例えば契約の"強制能力"を背景としている	説得；情報あるいは意図の公表を通して，地位—威信を背景としている
否定的	集合的コミットメントの活性化，偶然の強制を背景としている	価値コミットメントの活性化，道徳的裁定を背景としている

図5-1 裁定のパラダイム
T. Parsons, ibid, 1969, p. 448.

アであり，そして価値コミットメントはその活性化をはかるメディアであるとされている．

価値コミットメント・メディアは，自我と他我が分け合っている価値の徳によって道徳的に拘束される一般化された義務があると仮定されている（Parsons 1969：449）．このレベルでのコミットメントは，義務を達成するための行為の精細な方向を指令していない．そのとき単位は，具体的な状況においてその価値コミットメントを履行している命令法に直面しているとされている．つまり価値コミットメントの活性化は道徳的裁定を背景としており，価値コミットメントの実行には道徳的責任性が重要視されると考えられる．

次に，価値コミットメントの配分には柔軟性があることについて述べてみたい．パーソンズは価値コミットメントの柔軟性について，そのコミットメントを次の2つに限定している（Parsons 1969：451）．

［1］構造分割の階統制における責任制のレベルの専門化

［2］より一般的な実行の過程に対して，部分的な貢献をなしている分業の機能的"役割"の専門化

この2つである．そして［1］の明らかなモデルとして，官僚的な権威と責任の階統制をあげている．ここでは権威と権力が関係しており，責任の成層は"道徳的リーダーシップ"とよばれている．価値−制度化の道徳的水準と宗教との間の密接な関係のために，社会の主要な道徳的リーダーシップは宗教的な身体に基づいているとされ，特に具体例には司祭をあげている（Parsons

1969：452）．しかし，世俗化に連結して政治的な運動は道徳的リーダーシップにおいて，しばしば重要な役割を演じてきた．メンバーがそのようなリーダーシップを集団的に仮定してきたものとして，"道徳的エリート"をあげている．例として初期のカルビン主義者と共産党のあらかじめ運命を定められた"聖人"をあげている．そしてこの道徳的リーダーシップと政治的権力との密接に結びついた状態を，ウェーバーは強調したとしている．[2] について，"分業"という言葉は経済学者のいう意味とデュルケームのいう意味の両方を包含しているが，何か異なって作用しているとして，価値システムの最も一般的なレベルでコミットメントを実行するということはその責任を含み，全体というよりは部分的であるとしている．

　コミットメントの性質について，パーソンズは主要な問題に直面するとして2つあげている．第1には成功的な実行が，急迫した事態の性質に関係している点をあげ，第2にはシステムの統合に対するコミットメントの配分の関係に関連している点をあげている（Parsons 1969：453）．価値コミットメント・メディアの性質について，ここでコミットメントと相互交換パラダイムをみてみたい．Lシステムは，それぞれAシステム，Gシステム，Iシステムと要素，生産物をインプット，アウトプットし，Lシステムに係留するメディアが各システム間を循環している（図5-2）．

　LシステムとAシステムの相互交換において，LシステムからAシステムへは労働能力というアウトプットがあり，それに対してAシステムからは賃金所得というインプットがある．また生産物において，LシステムからAシステムへは財の需要というアウトプットがあり，それに対してAシステムからは，財の生産に対するコミットメントというインプットがある．このLシステムとAシステムで働いている価値パターンは経済的合理性である．具体的には人間のもつ能力と家計，企業間の財や商品を媒介とした相互交換であり，貨幣メディアが関係している．ここでは，効用が価値原理として働き，支払能力が調整基準となっている．

　LシステムとGシステムの相互交換では，権力，権威が関係してくる．まず要素についてLシステムからGシステムへは権威の正当性がアウトプットされ，GシステムからLシステムへは，作用している責任性がインプットさ

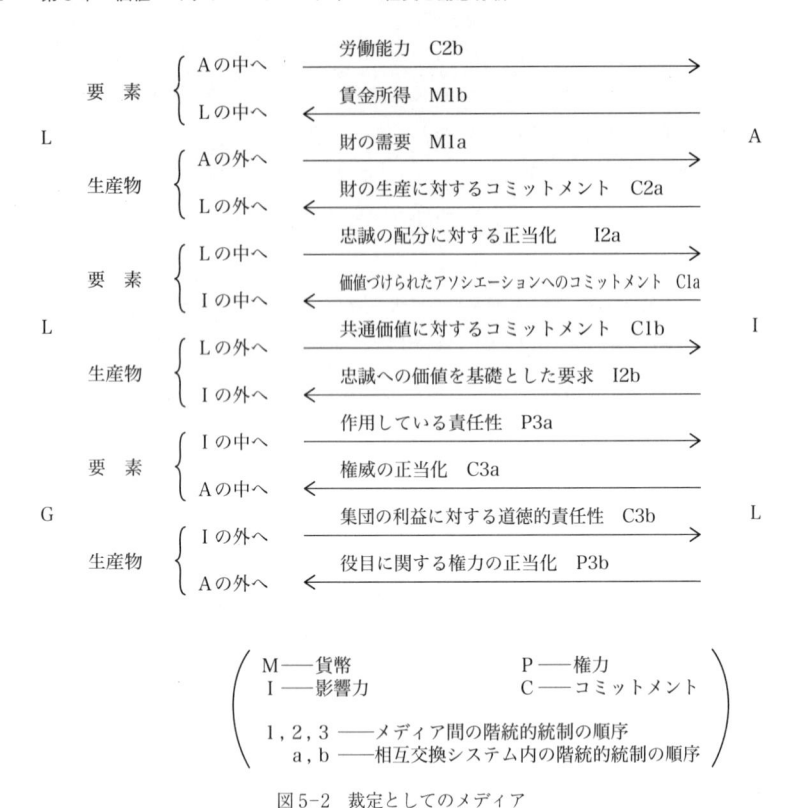

第5章 価値コミットメント・メディアの性質と動態分析

```
                    ┌ Aの中へ    労働能力  C2b
             要 素  ┤           ─────────────→
                    └ Lの中へ    賃金所得  M1b
  L                             ←─────────────         A
                    ┌ Aの外へ    財の需要  M1a
             生産物 ┤           ─────────────→
                    └ Lの外へ    財の生産に対するコミットメント  C2a
                                ←─────────────

                    ┌ Lの中へ    忠誠の配分に対する正当化  I2a
             要 素  ┤           ─────────────→
                    └ Iの中へ    価値づけられたアソシエーションへのコミットメント  C1a
  L                             ←─────────────         I
                    ┌ Lの外へ    共通価値に対するコミットメント  C1b
             生産物 ┤           ─────────────→
                    └ Iの外へ    忠誠への価値を基礎とした要求  I2b
                                ←─────────────

                    ┌ Iの中へ    作用している責任性  P3a
             要 素  ┤           ─────────────→
                    └ Aの中へ    権威の正当化  C3a
  G                             ←─────────────         L
                    ┌ Iの外へ    集団の利益に対する道徳的責任性  C3b
             生産物 ┤           ─────────────→
                    └ Aの外へ    役目に関する権力の正当化  P3b
                                ←─────────────
```

```
⎛  M ── 貨幣            P ── 権力               ⎞
⎜  I ── 影響力          C ── コミットメント     ⎟
⎜  1, 2, 3 ── メディア間の階統的統制の順序      ⎟
⎝  a, b ── 相互交換システム内の階統的統制の順序 ⎠
```

図5-2 裁定としてのメディア
T. Parsons, "Politics and Social Structure," 1969 Free Press, p. 399.

れている．生産物についてLシステムからGシステムへは，役目に関する権力の正当化がアウトプットされ，GシステムからLシステムへは，集団の利益に対する道徳的責任性がインプットされている．ここでは権力メディアが媒介となって働き，有効さが価値原理に，成功が調整基準になっている．

LシステムとIシステムの相互交換では，要素についてLシステムからIシステムへは，価値づけられたアソシエーションへのコミットメントがアウトプットされ，IシステムからLシステムには，忠誠の配分に関する正当性がインプットされている．生産物について，LシステムからIシステムへは，忠誠への価値を基礎とした要求がアウトプットされ，IシステムからLシステムには，共通価値に対するコミットメントがインプットされている．このシステム

間で働いているのは影響力メディアで，連帯性が価値原理，一致が調整基準となっている（Parsons 1969：463）．

Aシステム，Gシステム，Lシステムにおいてはそれぞれ，経済的合理性，政治的合理性，認識的合理性が働き，サイバネティックな階統制では認識的合理性が一番優位となっている．それゆえLシステムで働く認識的合理性が最も重要で，Lシステムの具体的な単位には学界，高等教育，大学をあげている．

価値コミットメント・メディアはLシステムに係留しているので，前記のことから最も重要な意味をもってくることがわかる．

第4節　価値コミットメント・メディアのインフレーション，デフレーション

価値コミットメント・メディアのインフレーション的な場合は，価値を実行する文脈においてコミットメント過剰を含んでいる．コミットメント過剰は現実に実行する際，警告という形で表れる，あるいは合法的に期待された実行するための尺度が成功している場合，その失敗に対する批判という形で表れる．勧告と批判の切実さは，そのときコミットメントされている単位の完全性（完全な状態を保つこと）において，「信頼」を根底から危うくするかもしれない．その将来において，その信頼の結果とともに，すでにまかされてきたコミットメントでさえ少なくなるであろうとされている．

価値コミットメント・メディアのデフレーション傾向とは，単位（人）が喜んで行なうコミットメントを「名誉」とするのに対して，不承不承の方向へという性向である．それゆえ，それは一単位が価値実行の範囲で楽しむであろう自由の程度に関して，ある制限を含むようになる．特に責任を単位からある外側の機関，例えば法律へ移動することによってそうであるとされている．

サイバネティックな用語で，コミットメントの最も高いレベルに宗教がおかれている正統派キリスト教は，コミットメントシステムに関するデフレーション過程の適切な模型であるとされている．つまり正統派キリスト教においては，「宗教の自由化」とよばれていることに対する反動を内包することが推定

されている．同じように，歴史的に宗教として定義されてきた集団（プロテスタンティズム，カソリズム，ユダヤ教等…それらは宗教からの分離というパターンをはねかえし，「信頼の喪失」として定義されている）も，厳密な意味でデフレーション過程の模型であるとされている．

　また，社会あるいは個人の道徳についての意見に関係して，社会主義者と資本主義者のコミッメントの間の鋭いイデオロギー上の論争が，西洋社会の発展とそのコミットメントシステムのなかでデフレーション的な運動を構成しているとされている．つまり各々の側面は，それ自身のコミットメントに関して絶対的な道徳的正当性を要求しており，それによって判断している，それゆえ極端な場合には「戦争」がおこるとされている．

　一定の観点から，実存主義者とそれに関連している無政府主義者の傾向については，「価値づけられたアソシエーション」とよぶところのあらゆるコミットメントを棄てるために，道徳的自由に対する個人のコミットメントの真正さの試みであるとみている．「ヒッピー運動」については，根本的にゲマインシャフトの連帯性に対して，許しうるほどにアソシエーションを制限しているという．それゆえ，現代社会の全人類的で非個人的な構造のなかで，すべてのアソシエーションを明らかにすることは論理にあわないとパーソンズは言う．

　価値コミットメント・メディアのゼローサム問題については，「道徳的リーダーシップ」とよぶところの作用を通して主張している．道徳的リーダーシップ，そこには価値コミットメントを配分して存在しているのではなく，価値コミットメントというメカニズムのタイプが存在しているとし，システムのなかにそれらの量をつけ加えているとしている．ここで量は，一般性と強度のレベルの組み合わせの結果として考えられている．

　経済的な例で銀行の場合，預金者と銀行の双方から仮定された義務によって，権利と保留されたものの間に著しい不均斉があるといわれる．もし預金者全員が銀行にすぐに支払を全部主張するなら，すべての機能している銀行は破産する．このことが生じないのは，預金者の期待を基本としているにすぎず，また銀行はそのローン（負債）の契約が通常，払い戻しに対する緊急の需要に直面することなく預金者に清算して正当化されているからである．ここで預金者の期待は，一般に銀行の「予備の貯え」のメカニズムをもつシステムによっ

て払い戻しされている．

　コミットメント（委託）の場合，それらの「流動性」，すなわち配分に関する選択の公開性を維持するのに高い報酬があるという．これに関して第1の状態は，あらゆるメディアがもつ「信頼（trust）」であり，コミットメントの統合であるとされている．このことは第1に信頼を預金する人に表れており，いくつかの他の機関に対して，それらの流動性を委託している行為を含んでいる．第2には，他の機関において信頼を受け取る人々に対してそうであるとされている．コミットメントの実行において，行為の自由をもつ「委託銀行家」とは常にある種の道徳的権威を所有している機関である．このことは，道徳的リーダーシップに対して準拠されている．例えば宗教的団体がそうである．この他，様々な団体や個人が道徳的権威を所有している．例えば，学問的自由に対するコミットメントでは，学問的な制度の統合に対する信頼，あるいは政治では政党に対する信頼があげられる．

　これらの例におけるコミットメントの「預金」は，一方では配分の決定に関して停止という形で保有されるかもしれないことを意味している．つまり機関に対するコミットメントの「収入」は，預金者に同じ割合で「支払われる」必要はないということである．

　他方，統合を保護する側（機関側）は，信頼を預金している単位の単独の責任を必要としているのではないとしている．

　コミットメントのデフレーションに関する特徴として，パーソンズは価値絶対主義をあげている．それは最も直接的で最も激烈なものに対して，義務を制限しているものであるとされている．

　一般行為システムのパラダイムで，道徳の問題が生じるのは，文化システム（L）とパーソナリティ・システム（G）との間の特別な関係を負っていることが指摘されている．それは，カリスマと個人（パーソナル）の性質の関係に基づくものとみられている．つまりパーソナリティとしての個人が文化的価値の実行に関して，道徳的責任の最も重要な焦点を担っているに違いないということである．この文脈で「価値づけられたアソシエーション」に伴う個人にとって，難しさは道具的な点にあり特に実行する行為に対する状況規定にあるとみられている．それゆえデフレーションの圧力は，影響を与えている個人であれ

集団であれ,すでに正当化された枠組のなかでどのようなカリスマ的[1]な影響の衝撃をも制限する傾向にあるとされている.

第5節　結び

　本章において,第2節ではA, G, I, Lという四機能図式の相互交換過程から,価値コミットメント・メディアが導かれる過程をみてみた.第3節では価値コミットメント・メディアの性質として,状況的−意図的チャネルと肯定的−否定的枠組において,意図的チャネルと否定的裁定の枠組に位置づけられること,そこでは道徳的に拘束される一般化された義務があるとされ,価値の実行には道徳的責任が重要視されている.そして四システムにおける生産物と要素のインプット,アウトプットについて述べている.

　第4節では,価値コミットメント・メディアのインフレーション,デフレーションについて論を進めている.価値コミットメント・メディアのインフレーション傾向とは,価値を実行する際にコミットメント過剰となることであるとし,デフレーション傾向とは,価値を実行する際の望まない方向への性向であるとされている.そしてそれは,自由を制限する程度に関係してくるとされている.

注

1) パーソンズがカリスマ的という用語を使っているのは,ウェーバーのいうカリスマ的なリーダーシップの概念に依拠している.ここでカリスマ的なリーダーは,自己の利益を高めることとしてではなく道徳的義務を果たすこととして必要とされ,それに対して応諾を課している.

第 2 部
パーソンズ理論をめぐる諸相

第6章
ルーマンとパーソンズのメディア論

第1節　はじめに

　これまで一連のパーソンズのメディア論について研究してきたが，本章ではルーマンのメディア論を学び，それらの類似点，相違点を検討していきたい．
　そもそも，パーソンズとルーマンは社会学の概念に対して方法論が異なる．パーソンズは構造-機能主義にたつと言われ，ルーマンは機能-構造主義にたつと言われている．すなわち構造-機能主義とは，一定の構造をもつ社会システムを前提として，そのシステムの維持に必要な機能的遂行を問題とする．換言すれば共通な文化的価値があり，それを共有すれば色々なことが通じるということを前提としている．これに対し機能-構造主義とは構造を特定化することなく，一般的にシステム構造の機能を「複雑性の縮減」（Reduktion von Komplexität）と捉える．つまり，ルーマンは何もかもが明瞭になる理想的な状態を仮定しない．相互作用があるというのは，その相互作用自体がはっきりと確定できない関係であること，しかしこのはっきり確定できないということだけは互いにはっきりしている，そういう関係があることを意味しており，これがルーマンのすべての前提になっている．そしてこの関係がルーマンのいうシステムである．
　パーソンズは社会の体系を，社会システム，一般行為システム，人間的条件システム（Human Condition System）に分け，貨幣，権力，影響力，価値コミットメント，知性，遂行能力，感情，状況規定，経験的秩序（Empirical Ordering），健康（Health），シンボリックな意味（Symbolic Meaning），超越的秩序（Transcendental Ordering）の合計12のメディアを考え出した．
　ルーマンは，自我（Ego）と他我（Alter）の体験（Erleben）と行為

(Handeln) の関係から，貨幣 (Geld)，権力 (Macht)，愛 (Liebe)，真理 (Wahrheit) を主なメディアとして考えている．

　パーソンズの場合，機能的システム分化が先にあり，そこから下位システム間の二重の相互交換が考えられ，分化の進行にそって一般化されたシンボリック・メディアが生み出されている．ルーマンの場合，あらかじめ分析的な機能分化図式を措定するのではなく，メディア分化を前提としてシステム分化が生じるとみている．また，パーソンズが人間の行為論に基づくシステム論であるのに対し，ルーマンは現象学的な影響を受けた意味的コミュニケーション論になっており，行為システム概念も変化している．

　本章ではルーマンのメディア論を検討し，ルーマンとパーソンズのメディア論の相違を考察することを目的としている．

第2節　ルーマンのメディア論

　ルーマンのメディアについて語るには，まずルーマンの社会学についての基礎的な概念を知らなければならない．

　パーソンズは，デュルケームやウェーバーの伝統的および人類学的機能主義を受けついで，構造−機能主義を唱えた．その基本的な論理は，行為の準拠枠に基づく社会に関する機能的要件の論理を中核としたシステム分析にある．特徴として次の二点があげられる．第一は，行為の準拠枠においては行為における分化的要素，その規範的要素が特に強調され，社会的相互行為および社会システムの安定にとって本質的に不可欠とされている点，第二は，構造機能分析の中核的な論理は，社会システムを「目標志向的なシステム」として把握するところにある．そして彼はシステムの存続と発展を仮定して機能的要件をAGIL図式に分類した．

　これに対しルーマンは，構造を特定化することなく機能概念を構造概念より先に置くべきであるとする機能−構造主義を唱えた．そしてシステム構造の機能を「複雑性の縮減」にあると考えた．複雑性の縮減とは，環境が示す無限の可能性のなかから選択を行ない，無限の複雑性を限定された複雑性へと変換することをいう．

機能-構造主義の大きな特徴として，次の二点があげられる．第一は，機能分析の準拠点として，あらかじめ構造化されたシステムをとるのではなく，それ自身システム構造を示さない「世界」を選ぶことである．世界は内・外を区切る境界をもたず，その存在がおびやかされることはなく，そこでは「複雑性」だけが問題になる．

　第二は，社会学の基礎概念として「社会的行為」ではなく，「意味」(Sinn)あるいは「意味ある体験取得」(Sinnhafte Erlebnisverarbeitung) をとることである．これは従来の主体-客体の関係という社会学の概念を解体することを含んでいる．ルーマンのいう意味とは，複雑性の縮減とシステム維持の機能を担うものとされ，複雑性縮減の帰属先がシステムか環境かによって，意味あるいは意味ある体験取得は機能的に等しい「行為」と「体験」に区分される．

　ルーマンは，個人と社会の相互浸透を考えるとき三次元で捉える．事象的次元，社会的次元，時間的次元がそれである．それは，次のように説明されている．

　あることの指示は常にそれ以外のことの指示であるところから，その結果として事象的次元が生じる．こうした事象的次元は，さしあたりまず支配的になるのだが，さらに次のような事情によって時間の側面と補足的にかかわってくる．すなわち，相互浸透している諸システムのそれぞれの複合性が活用されるのは，そうした処理が時間的に交互に行なわれることによってのみなのであり，このことを通してより高次のシステムが，時間の差異をこえて構成されうるといった事情がそれである．このことはすでに，人間自身の生理的，心理的組成にあてはまっている．人間的な状態とは移り気で，物憂く，落ちつきがないことに他ならない．さらに，パーソン・システム（人格システム）が社会システムに相互浸透する場合，事象的次元と時間的次元とがいっそう強力に結びつくことになるのだが，そのことは現在において，未来と過去とをともに現在化することを間接的に呈示しうる意味次元の形式に基づいてもっぱらおこなわれる．というのも，諸パーソンの「内的な時間生活」の互いに異なる時間構造が1つのものに束ねられて，相手の時間構造にそれぞれ接近可能になることによってのみ，社会システムが構築されるからである（ルーマン，佐藤訳 1985：160-161）．

そして，事象的次元は相互浸透の現実そのものを，時間的次元は相互浸透する際の基本的条件をそれぞれ呈示しており，社会的次元は，それぞれ相互浸透し合っているシステムからみた環境として意味によって構成されるものを示しているとされている．
　すなわち事象的次元ではシステム分化が生じ，時間的次元では進化が，社会的次元では人間の諸関係（コミュニケーション）に関する命題が定式化されている．ここにコミュニケーション・メディアの概念が生じてくる．システムの状態選択（複雑性縮減）の効果的伝達とそれを媒介するコミュニケーション・メディアとして，メディアが考え出されてくる．
　ここで注意しなければならないのは，ルーマンの場合，コミュニケーションにはコミュニケートできないという，逆説的な合意が含まれていることである．コミュニケートできないということが，互いにわかるということ，これがコミュニケーションの出発点になるとされている．
　社会は相互作用によって構成されている．それゆえ社会には，様々なコミュニケーションがある．社会は人間間にある，ありとあらゆるコミュニケーションから成っている．様々なコミュニケーションが，社会の各部分の機能を担い社会を形成している．社会には，それぞれのコミュニケーションのために社会システムが分化している．例えば政治システム，経済システム，宗教システム，教育システム，家族システム，医療システムなど．それゆえルーマンの場合，相互作用はコミュニケーションであり，同時にシステムとされている．
　以上，メディアの発生についてみてみたが，ルーマンはメディアの分化・発達を条件づけるものとして二元的図式化をあげている．それはメディアのコードの基礎に，真－偽，正－不正，もつ－もたない，肯定－否定といった価値－無価値の二次元的対立をおいていることである．
　では具体的に，ルーマンは典型的メディアとしてどのようなものをおいているのであろうか．ルーマンは，文字のない先史社会において，言語は可能性を限定するものとして機能し，そこでは言語とメディアの機能が溶けあっていたとしている．そして文字の発明は，コミュニケーション範囲の拡大を通して言語に他の可能性への接近を開く，つまり複雑性の増大の機能をもたせることになり，ここに言語とは別に選択を伝達する役割を担ったメディアが分化してく

る契機を見出している．

そして準拠システムを自我と他我の二人から成る関係，および行為と体験においている．つまり選択伝達の様式に基づいて，選択（すなわち複雑性縮減）の責任がシステムに帰せられる（行為）か，環境に帰せられる（体験）か，また選択主体がメディアの送り手（他我）か，受け手（自我）かの二軸で行なわれている．

図6-1において，他我と自我との関係の外（システムの帰属先が環境）で選択したものを自我に伝え，自我がその選択を体験するように働きかけるメディアの1つが真理であるとされている．真理メディアの特徴として，それが体験選択の伝達可能性の問題をコミュニケーション参加者の道徳的・社会階層的資格，特にその人の誠実さや威信から独立させるところにある点があげられている．この独立性が真理メディアのシンボリックな一般化と真・偽の二次元的コード化によって強化され，機能システムという点では科学の分化と発展を促すとされている．

他我が自我とのダイアド関係の外で，自我を選択（体験）しているとき，自我がこの選択を受け入れ，自我自身も他我を選択（行為）するように働きかけるメディアに，愛がおかれた．このメディアの発達は，汝－汝以外の者という二元的コード化をもって婚姻を基礎づけ，今日の形での家族システムの分化をもたらした．

他我が自我とのダイアドにおいて稀少な財を占有する際，その選択（行為）を自我が受け入れ，我慢する（選択を体験する）ように働きかけるメディアに貨幣がおかれている．

貨幣メディアのシンボリックな一般化の特徴は三次元で捉えられ，時間的次元ではいつも処分できる可能性（流動性・価値保蔵性）として，事象的次元で

	自我の体験	自我の行為
他我の体験	真　理	愛
他我の行為	貨　幣	権　力

図6-1
Generalized Media and the Problem of Contingency, in Loubser, Baum, Effrat, Lidz (ed.), Explorations in General Theory in Social Science, vol. 2, 1976, p. 529.

は貨幣で購入するものやサービスの固有の属性からの中立化（価値尺度化）として，社会的次元では交換相手からの中立化（一般的交換手段化）として表現されている．コードの二元図式は，もつ－もたないで，貨幣メディアによって経済システムの分化・発展が可能になるとされている．

　複雑性の縮減という観点からみると，貨幣メディアは各人の縮減を他者への複雑性の転移によって可能にする点が，特徴としてあげられている．交換において貨幣をもつ者は，1つの欲求を充足させることによって自分自身に関する複雑性を縮減し，同時に貨幣に象徴される選択の自由を放棄し，それを貨幣をもたない者に譲渡する，すなわち貨幣を受け取った者に複雑性＝選択の自由が伝達されるとしている．

　他我が自我とのダイアド関係において，自我がいかに行為すべきかを決定し，自我のさけたがる代替案，例えば物理的力の行使などを背景に，自我にその行為を選択させる，この場合に働くメディアに権力があげられている．コードの二元図式は正－不正（または合法－不法）で，権力メディアによって政治システムの分化が行なわれるとしている．

　ルーマンはこの他に，芸術，権利，信仰といったメディア，ないしメディア候補の名を上げているが，それらについてあまり立ち入った考察はしていない．むしろ個々のメディアに発達程度の違いをもたらす要因が何であるか，を問題にしている．

　メディアあるいはメディア特有の下位システムにとって，環境は選択伝達を妨害あるいは促進するものとして現れる．そうしたなかで，あらゆるメディアは，それぞれの環境との両立性を保障するメカニズムをつくり出すとされ有機体との関係におけるこのようなメカニズムを，ルーマンは「共生的メカニズム」（Symbiotische Mechanismen）とよんでいる．そして，真理メディアには認知，愛メディアには性，貨幣メディアには欲求充足，権力メディアには物理的力をそれぞれあて，限界状況においてそれぞれのメディアの機能を代行するという保証を与えることによって，各メディアのもつ機能不全の危険をカバーしている．これらをまとめたのが，図6-2である．

第3節　パーソンズのメディア論

　パーソンズは社会システムを経済，政治，社会的共同体，信託システムに四分割し，その相互交換過程から貨幣，権力，影響力，価値コミットメントの四メディアを考え出した．次に一般行為システムを行動有体システム，パーソナリティ・システム，社会システム，文化システムに四分割し，その相互交換過程から知性，遂行能力，感情，状況規定の四メディアを析出した．さらに人間的条件を物理的化学的システム，人間有機体システム，行為システム，目的システムに四分割し，その相互交換過程から経験的秩序，健康，シンボリックな意味，超越的秩序の四メディアを析出している．

　そもそもパーソンズは，メディア理論を通して何を言おうとしたのであろうか．パーソンズの理論は一般に構造-機能理論とよばれている．それは一定の構造をもつ社会システムを前提として，そのシステムの維持に必要な機能的遂行を問うものとされている．

　パーソンズは社会システムの統合，安定をはかるには秩序が保たれねばならないとして行為における文化的要素，特にその規範的要素を重視した[1]．そして社会システムを「目標志向的なシステム」として把握し，システムの存続と発展を仮定してA（Adaptatino, 適応），G（Goal-attainment 目標達成），I（Integration, 統合），L（Latent Patternmaintenance, 潜在的パターンの維持）という4つの機能的要件に分類した．その機能的要件の相互交換過程から生み出されたのが，"一般化されたシンボリック・メディア"である．それゆ

	真 理	愛	権 力	貨 幣
帰属の方法	他我の体験 -自我の体験	他我の体験 -自我の行為	他我の行為 -自我の行為	他我の行為 -自我の体験
機能システム	科 学	家 族	政 治	経 済
コードの二元図式	真-偽	汝-汝以外の者	正-不正 (合法-不法)	持つ-持たない
共生的メカニズム	認 知	性	物理的力	欲求充足

図6-2　コミュニケーション・メディアの概観
Jan künzler, Medien und Gesellschaft, 1989, pp. 100-101 より抜粋．

えメディア理論は，システムの機能の問題と関係しているといえる．

メディアは機能的にコミュニケーションと交換に関連していることが指摘されている．パーソンズはメディアの特徴を，抽象を通して述べているが，交換の観点では貨幣メディアが基本原型として対応し，コミュニケーションの観点または相互行為の観点では，言語がモデルの基礎にあるとされている（Künzler 1989：14）．

この点をもう少し詳しくみてみよう．社会システム，一般行為システム，人間的条件の一般化されたシンボリック・メディアの構成要素をみてみると，コードの種類にそれぞれの価値原理，意味の型，志向のカテゴリーがおかれ，これらがメディアが作用する機能的問題分野に関連するものとみることができる．

図6-3，図6-4，図6-5をみてみると，社会システムの貨幣，権力，影響力，価値コミットメントの各メディアには，価値原理として効用，有効性，連帯性，誠実性がおかれ，一般行為システムの知性，遂行能力，感情，状況規定の各メディアには意味の型に，妥当性と意義の認識の基礎，パーソナリティに関連した意味の内面化，社会に関連した意味の制度化，人間的条件の意味の構成的基礎がおかれている．また人間的条件の経験的秩序，健康，シンボリックな意味，超越的秩序の各メディアには，志向のカテゴリーとしてそれぞれ因果律，目的志向性，生成変形，超越性がおかれている．

ここで，貨幣メディアの価値原理には効用，すなわち満足度がおかれているので，これが社会システムの交換の側面で機能的に成功しているか否かを問えばよいように思われる．

また言語はそれ自体がメディアとしては扱われていないが，人間的条件の志向のカテゴリーにおかれている生成変形に影響している．すなわち生成変形（Generativity）という語は，言語学的にはチョムスキーの語法を借りたものとされ，具体的な文脈で意味を生み出すことと文脈の表面的な構造がラベルづけすることにより，深い構造に変形していくことを表している．チョムスキーは，言語を利用することによって新しい意味を形成する可能性が無限定的に大きいことを強調しているが，パーソンズは，シンボリック・メディアについて言語という知識あるいは情報を与える後ろ盾があってうまく働く，そしてその

メディア	価値原理
価値コミットメント	誠実性
影響力	連帯性
権　力	有効性
貨　幣	効　用

図6-3　社会システムのメディアと価値原理

メディア	意味の型
状況規定	人間的条件の意味の構成的基礎
感　情	社会に関連した意味の制度化
遂行能力	パーソナリティに関連した意味の内面化
知　性	妥当性と意義の認識の基礎

図6-4　一般行為システムのメディアと意味の型

メディア	志向のカテゴリー
超越的秩序	超　越　性
シンボリックな意味	生　成　変　形
健　康	目的志向型
経験的秩序	因　果　律

図6-5　人間的条件のメディアと志向のカテゴリー

供給は固定しているのではなく拡大する可能性があると主張している (Parsons 1978：396-397).

　貨幣メディアは社会システムの適応システム (Aシステム) に属し, シンボリックな意味メディアは人間的条件の統合システム (Iシステム) に属している. 貨幣メディアは言語モデルのなかに秩序づけられている. すなわち貨幣は, パーソンズの文化的言語概念における特別な場合として組み入れられていることが指摘されている (Künzler 1989：26).

　これらのこととメディアの階統性を考えると, シンボリックな意味メディアの重要性が認識される.

　そこで, コミュニケーションまたは相互行為の側面からは, 潜在的に言語をコードの一種としたシンボリックな意味メディアが, 行為システムのなかで機能的に成功しているか否かが問われなければならない. 人間的条件の四機能範式から考え出されたシンボリックな意味メディアが, 現実に生じるあらゆる問題の解決に役立っているのかどうか, シンボリックな意味メディアがあれば,

行為システムに生じる問題はすべて解決するのか否か，その辺の検証が必要なように思える．

第4節　ルーマンとパーソンズのメディア論の相違

　パーソンズはメディアについて，「一般化されたシンボリック・メディア」とよび，行為者間の相互行為を促進したり規制するメカニズムに作用するものと定義している．そしてメディアに共通する基本的な基準としてシンボリックな点をあげ，この基準のもとで4つの性質をあげている．

　彼は，メディアに関して第1の性質として制度化を，第2の性質として意味と有効さの特質性を，第3の性質として循環性を，そして第4の性質として信用創造をあげている（Parsons 1975：95-96）．

　以上に対して，ルーマンはメディアの性質をどのように捉えているだろうか．まずメディアのシンボル化（象徴性）について，パーソンズは，メディアを定義する際「シンボリック・メディア」として，あらかじめメディアをシンボリックなもの，あるいはシンボリック化されたものと捉えている．これに対してルーマンは，メディアを「一般化されたコミュケーション・メディア」（die Generalizierten Kommunikations medien）とし，人と人とのコミュニケーションを媒介するものとして，メディアを捉えている．つまりパーソンズの場合，下位システム間の相互依存と相互交換という考えからメディアが生み出されているが，ルーマンの場合は，システムの状態選択，すなわち複雑性の縮減の効果的伝達とそれを媒介するものとして，コミュニケーション・メディアが考え出されている．

　ここには，パーソンズとルーマンのシステムに対する捉え方の違いが反映されている．パーソンズは「社会的行為」を社会学の基礎概念として重視しているが，ルーマンは「意味」あるいは「意味ある体験取得」を重視する．ここでルーマンのいう意味とは，複雑性の縮減とシステム維持の機能を担うものとされている．

　角度を変えてみるならば，パーソンズは人間的条件のシステムを物理的-化学的システム，人間有機体システム，行為システム，目的システムに分けて，

行為システムに重きをおいた．これに対してルーマンの場合は，パーソンズが行為の意味の根拠をなすものとして捉えた目的システムを重視しているように思える．

さてルーマンは，メディアをはっきりとシンボリックなものとはしていないが，シンボリックな表示の可能性があるものとして，シンボル化を制約する3つの情況に着目している．第一に，あらゆるメディアは「不確定性の定式」(Kontingenzformel) の機能を満たさなければならないとしている．「不確定性の定式」とは，あらゆるメディアは他のやり方も可能であるのに，なぜ特定のやり方で体験され行為されるのかを説明し，納得させるものをさしている．これはメディア・コードのレベルでは，選択それ自体を根拠づけることによってではなく，特定化されていない不確定性を特定化された，あるいは特定化しうる不確定性に縮減することによって行なわれるしかない．このような不確定性の定式が，今日なお宗教的，道徳的な基礎に頼っている現実をルーマンは指摘している．

第二は，ルーマンの完全思考の立場と関係してくる．完全思考とは，否定不可能なものの存在を認める立場をいう．ヨーロッパの古典的メディア・コードでは，完全思考に対応して，完全観念（例えば神の愛）によってシンボル化されていた．しかし反省 (Reflexion) 進化という概念をつくりあげた市民社会においては，否定そのものだけが否定不可能なものとして残される．この転換がシンボル化にどのような変化をもたらすか，が問題となる．

第三に，メディア-コードのシンボルは，その承認と遵守がお互いどうしの人間的尊敬の前提にされている場合には，道徳的性質をもつとしてシンボル化を制約しているとしている (Luhmann 1976：519-521)．

以上，メディアのシンボル化に宗教的，道徳的なことが関係してくる点をルーマンは主張している．

パーソンズがあげたメディアの第1の性質に，制度化がある．社会の統合をはかるのに，秩序，共通な文化的価値を重視したパーソンズは，それを媒介するものとしてメディアを位置づけている．それに対して何もかも明らかになる理想的な状態を仮定しない．つまり何もかもが明らかになる状態には到達できないことを前提にしているルーマンの場合，制度化の性質は成立しないように

思える．

　パーソンズのいうメディアの第3の性質の循環性については，ルーマンも成立するとしている．すなわち，コミュニケーション・メディアの存続と発達について，選択動因がパーソナリティ・システムのうちだけで短絡的に形成されるのでなく，社会的コミュニケーションを迂回してつくられるとしている．

　第4の性質の信用創造について，ルーマンは"再帰化"（Reflexivwerden）という用語を用いる．再帰化とは，実際的目標を達成する前に，自分自身に適用されるプロセスをいい，高度な複雑性を有する近代社会において，社会を支える主要なメカニズムのおそらくすべてが再帰的であるとしている．そしてそれは，メディアの分化を強化する作用をもつとしている．

　次にパーソンズとルーマンのメディア論と宗教とのかかわりについてみてみたい．パーソンズの場合，人間的条件のシステムにおいて行為システムを重視しているので，そこに係留するシンボリック意味メディアが重要になる．人間が行為をする際にシンボリックな意味をもつものは，信仰すなわち宗教にあるのではないだろうかと筆者は考え，パーソンズの場合，プロテスタント派キリスト教を肯定していると捉えた．そしてシンボリック意味メディアと宗教には，関連があると考察した．

　ルーマンの場合，宗教はどのように捉えられているのだろうか．メディアと宗教は関連があるのか，否か，この点について考察してみたい．

　ルーマンは社会・宗教・神学について考察するとき，まず社会と宗教を捉え，宗教の機能を述べたうえで，神学上の帰結を導いている．分析の枠組として，システム理論の社会への適用に2つの命題を提示している．

　第一点として，次のことが述べられている．

　私は「社会」を有意味なコミュニケーションの，その都度最も包括的なシステムと理解している．すなわち社会は人間から成り立っているのではなくもっぱらコミュニケーションによって成り立っている．人間は肉体的態様と精神的態様で社会システムの周界（Umwelt）の一部を形成する．

　第二点として，次の点をあげている．

　すなわち，社会は1つの自足的な（geschlossen）コミュニケーションシステムであり，このコミュニケーションシステムは，コミュニケーションがコミ

ユニケーションを引き出すという仕方で自己を再生産する．このシステムは自己準拠的（autopoietisch）システムである．

以上の命題から，社会システムとその周界の間には，いかなるコミュニケーションもありえないし，社会と人間の間にもいかなるコミュニケーションもありえない．それゆえ，また社会と神とのコミュニケーションもありえない，という結論を述べている．

そして神学は，社会には属していないある相手にコミュニケーションによって達しうるということ，つまり祈りの可能性や神の自己啓示を常に前提にしてきたとしている．

宗教の機能について，ルーマンは宗教が社会の統合に寄与するという学説を否定している．理由として，宗教は分裂，戦争，崩壊をも引き起こす点をあげている．ルーマンは，宗教の問題とは人間が有意味（sinnhaft）に体験し，有意味に行為し，有意味にコミュニケートするということ，そしてすべての意味は捉え難い複雑性の世界を示していると定義している．そしてあらゆる意味に内在する他の事柄の示唆は，結局，規定できないものに融合するとし，宗教については，究極的に規定されないものの規定可能性を保証するという機能を有するとしている．

以上のことをまとめるならば，次のようになる．もし社会がコミュニケーションから成り立ち，同時にあらゆるコミュニケーションが常に自己を社会に関係づけているならば，換言するなら，社会を再生産しているならば周回との間に成立する社会のコミュニケーションというものは存在しない．それゆえ，コミュニケーションによって到達されうるもの，それは社会なのである．そして，このことが正しいとするならば，神とのコミュニケーション，つまり祈りや啓示は存在しない．あるいは言い換えるならば，社会が自足的コミュニケーションシステムとして統合されていくにしたがい，神とのコミュニケーションいうことは，妥当性あるいは説得性を失っていくとしている．

そして神学上の帰結として，社会学理論と宗教的反省の統合（Synthese）は期待しえないし望むべきでもないであろうと述べ，我々はその差異を背負っていかなければならないと主張している（ルーマン，土方監修　1983：95-114）．

以上のことからルーマンのいう一般化されたコミュニケーション・メディアと宗教とは，必ずしも関連していないように思われる．なぜなら，ルーマンが前提にする世界は「世界は神の計画に基づいて最善のものとして創られたものであり，超越的な世界である」とする伝統的キリスト教の世界概念とは相容れないものであり，システムの分化に従いその複雑性が増大するという相関世界だからである．しかし，ルーマンは不確定性の定式が宗教的・道徳的基礎に頼っている現実をあげ，メディアのシンボリック性への影響を指摘しているので，この点について深い考察が必要であるだろう．

第5節　結び

本章において意図したことは，ルーマン理論の概略を知ること，ルーマンのいう一般化されたコミュニケーション・メディア（貨幣，権力，愛，真理）についての検討，パーソンズのメディア論との相違を知ることであった．

ルーマンのいうメディアとパーソンズのいうメディアの，メディア自体の性質の比較，すなわち制度化，循環性，信用創造については理解できた．しかし，意味と有効さの特質性についての検討がまだ残されている．

パーソンズとルーマンのあげるメディアのうちで，共通しているのは貨幣と権力である．この2つのメディアの類似点と相違点について，またパーソンズのいう影響力，感情とルーマンのいう愛との関係，価値コミットメントと真理との相違について，考察が残されている．

また，パーソンズは感情メディアにAffectという語を用いているが，ルーマンは愛メディアにLiebe，英語訳では'Generalized Media and the Problem of Contingency'（1976）のなかでLoveという語を用いている．Affectではより精神的な愛情の意味が強いと思うが，この点についての検討がまだ残されている．以上のことは，ルーマンのいう貨幣，権力，真理，愛という各メディアについての検討を行なうことによって解決できるように思われる．

パーソンズとルーマンのメディア論を把握し比較していくことにより，個人と社会の捉え方，あるいは社会システムの捉え方に視野を広げていきたいと思う．

注
1) 規範（norm）について―内面的文化としての価値システムは，社会成員の行為を通して発現し具象化される．この意味の価値の発現態ないし具象化された様式が規範である．社会規範は通常①慣習（伝統，流行，習俗を含む）②習律（モーレス）③法に分類さる．

第7章
パーソンズの社会の概念

第1節 はじめに

パーソンズは『社会的行為の構造』(1937) を書いて以来,『行為の一般理論に向かって』(1951)『社会システム』(1951) に至るまでの約15年間に, パターン変数図式から四機能パラダイム (paradigm, 範式) を完成させ, 理論上, 行為の準拠枠 (action frame of reference) をつくった. これは, 行為をシステム的に捉えることを意味し, パーソンズの社会の概念も『社会的行為の構造』と『社会システム』とでは異なっている.

本章では, 四機能パラダイムのできる過程, システムとしての社会の概念, ニュートン・モデルよりもメンデル・モデルを提唱するパーソンズの考えについて考察してみたい.

第2節 パターン変数から四機能パラダイムへ

パーソンズが『社会的行為の構造』(1937) のなかで著したかったことは, マーシャル, パレート, デュルケーム, ウェーバーを通して, 行為に何か共通の概念があるということであった. いわば行為の準拠枠の性質と含意についての研究であった. 約15年後に『社会システム』(1951) を著したが, そこでは社会構造をなしている社会, 文化, パーソナリティの各部門をシステム的に捉えており, 社会を構成している人間の行為の準拠枠を理論的に追究している.

社会現象をシステムとして捉える考え方は, パレートの考えを導入したものであるが, パーソンズにパレート理論の解釈を助けたのが生理学者のL・J・ヘンダーソンであった. システムというのは, 各要素が相互依存状態にあるこ

とをいう．パーソンズは，行為の諸要素を導き出す研究を理論的に進めていったといえる．『社会システム』では，行為における価値志向と動機志向を見出し，それらについての詳細な研究，そして社会システムを複数の個人行為者の相互行為をしている事態として捉え，文化システム，パーソナリティ・システムについて理論的に検討するとともに行為システムの3つの側面として，これらの関連についても言及している[1]．『社会システム』においては，フロイトの精神分析学も大いに活用している．

さらに，パーソンズは同年に『行為の一般理論に向かって』(1951)を書いている．パーソンズはそのなかで行為を次のように定義している．

「行為とは，行為者がある状況のなかで一定の規範によって規制された仕方で，エネルギーまたは動機を目的達成のために消費することである」．

そのとき行為者は対象に向かって志向するが，その対象には自我，他者などの社会的客体と文化的または自然的客体も含まれている．行為者の志向には認識的（cognitive）志向，カセクシス的（cathectic）志向，評価的（evaluative）志向と3つの様式があげられ，パーソンズはこのうちの評価的志向に焦点をあてていると述べている．

他方，行為者の動機志向の様式は価値志向の様式に並行しているとされ，それぞれ動機の認識的志向は価値志向の認識的様式に，動機のカセクシス的志向は，価値志向の鑑賞の様式に，動機の評価的志向は価値志向の道徳的様式に並行しているとされている（Parsons 1951, 永井他訳 1960：434）．

パーソンズとシルズは，先の著書（1951）のなかで，行為についての基本的な枠組を設定した後，第二次的な概念として「パターン変数」(pattern variables)を展開している．それは，例えばテンニースのゲマインシャフトとゲゼルシャフトといった古典的なパターンの類別では，社会構造をおおまかに把握することはできるが，詳細に比較したり把握するには不十分だという考えのもとに生み出されたものである．社会科学の領域でも，自然科学と同じ程度に分析の正確さを増したいということから，パーソンズとシルズは五対のパターン変数を考え出した．

パターン変数とは，パーソナリティ・システムのレベルでは「選択の習慣」として表れ，社会システムのレベルでは「役割を定義する側面」として表れ，

文化システムのレベルでは「価値基準の側面」として表れるものを，システム的に分類した概念図式である．
　　[1] 限定性-無限定性（Specificity and Diffuseness）
　　[2] 感情性-感情中立性（Affectivity and Affective neutrality）
　　[3] 普遍主義-個別主義（Universalism and Particularism）
　　[4] 所属本位-業績本位（Ascription and Achievement）
　　[5] 個人中心的な志向-集合体中心的な志向（Self-orientation and Collectivity-orientation）
　パーソンズはこのうち[1]～[4]の4組を組み合わせて，行為者の志向をシステムとして統合していくと，分析の基本的な基準ができることを見出した．
　パーソンズが行為の一般理論を意図したのは，叙述のための図式に対する分析の図式を求めようとしたのである．それは分析の図式であるために超歴史的であり，どの時代のどの社会の分析にも基本的なカテゴリーを準備しようとするものであった（Parsons 1951，永井他訳 1960：441）．
　パーソンズは，社会科学の領域でも自然科学と同様に叙述と分析の概念を分離し，後者をまず確立することによって対象をシステム的に把握することにあるとして，行為の一般理論に着手している．そしてこの概念図式を導くにあたって，生理学者 W. B. キャノンの『からだの知恵』（Wisdom of the Body, 1932）に負うところが多かったと述べている（永井他訳 1960：442）．すなわち，パーソンズは社会科学を科学として捉え，自然科学と同程度にまで詳細にものごとを知るには，叙述と分析とのはっきりとした区別が必要と考えて分析枠組みの研究に着手したといえる．
　パーソンズとベイルズとシルズは，次に『行為の作業論文集』（1953）を書き，そのなかで行為システムを遂行過程としての〈エネルギーの流れ〉（energy flow）と，学習過程としての〈シンボル化〉から成るとしてシステムの均衡を規定するために4つの仮定を提案した．こうしてパーソンズらは4組のパターン変数と4つの次元とを合わせて，行為システムにおける四位相を生みだし図式化した．四位相に適応（A），目標達成（G），統合（I），パターンの維持（L）があてはまるとして，ここに「AGIL 図式」が成立した．
　その後パーソンズは『アメリカの大学』（1973）のなかで，行為システムと

その環境に関連した軸を内的−外的として縦軸にとり，手段−目的に関連した軸を道具的−成就的として横軸にとって機能の四分類を行なった．四機能には適応（外的−道具的，A），目標達成（外的−成就的，G），統合（内的−成就的，I），潜在的パターンの維持（内的−道具的，L）が置かれ，四機能パラダイム（the four function paradigm）とよばれている．この四機能パラダイムは社会システム，一般行為システム，人間的条件システムに適用されている．

第3節　システムとしての社会の概念

パーソンズはバーシャディ著『イデオロギーと社会的知識』への書評(1973)[2]のなかで四機能図式を展開する以前と以後とでは，自身の「社会」の概念が大きく異なっていると主張している．四機能図式を展開する以前，すなわち『社会的行為の構造』のときの「社会」の概念はほとんど具体的実在に近いもので，パレートや多くの他の理論家たちに従っていた（Parsons 1977：127）と述べている．しかし，四機能図式を採用し理論的に準拠するところとなってから，社会システム特に社会の概念について，パーソンズは随分思いきった修正をなしたという．それは諸社会を含むいかなる社会システムも，一般行為システムの機能的下位システムをなす4つの主要なカテゴリーの一部とみなすというものである（Parsons 1977：126）．四機能図式が導かれる過程は，『行為の一般理論に向かって』，『社会システム』そして『行為の作業論文集』に記述されている．

経済学理論と「社会学上の」理論の理論的関係に悩んでいたパーソンズは，四機能図式を創出してから『社会的行為の構造』で述べた概念の大修正を行なった．そのことは，『経済と社会』(1956)で証明されている（Parsons 1977：127）．すなわち，一般行為システムにおける社会システムの概念の位置が明確になったとき，システムとしての社会の概念は抽象的で分析的になったと考えられる．

パーソンズによれば，初期の理論展開において，このような概念の重要な修正には，ホワイトヘッド[3]の『科学と近代世界』(1925)で述べられている「具体性を置き違える誤謬」（the fallacy of misplaced concreteness）が決定的

に重要な役割を果たしたという (Parsons 1977：125).

　ここで「具体性を置き違える誤謬」について説明してみたい．ホワイトヘッドは次のように記述している．

　「わたくしは，知性による実相の空間化は，きわめて具体的な事実をすこぶる抽象的な論理的構成のかたちで表現することである，ということを示そうと努めるつもりである．なるほど1つの誤りはあるが，それは抽象的なものを具体的なものと取り違える偶然的な誤りにすぎない．それはわたくしが「具体性を置き違える誤謬」とよぼうと思うものの一例である．この誤謬は哲学に大きな混乱を起こす種となっている」(Whitehead 1925, 上田・村上訳 1981：67).

　ホワイトヘッドによれば近代科学は1600年以来ガリレオ，ケプラー，ニュートンおよび彼らの追随者たちによって発展し，それは抽象的知性の勝利を意味する．彼らによる物理学，天文学，力学の発展は自然の機械論的秩序を理解するには役立つが，それが自然の有機体的秩序の理解に必ず続かなければ，「自然の秩序」を真に理解することができないと，ホワイトヘッドは言う．

　自然について，ホワイトヘッドは初期においては自然を空間内の物質として考察していた．数学から哲学へ移行するにつれて，自然とは我々の感覚的知覚に直接あらわれ，感覚的に意識されている全体的な持続であり，換言すれば現実性・具体性・連続性・特殊性といった性質を具備しているところの事象の複合体であるとしている．そして，この事象の複合体は自己充足性を有しており，このような複合体のもつ特性こそ科学の出発基盤であるとしている．そして「意味づけ」の概念を導入し，その重要さを主張している (Whitehead 1933, 種山訳 1980：72).

　ホワイトヘッドによれば，自然科学者たちの物理学，天文学等における自然の抽象化を，哲学者たちは具体的実在と誤ってみなしたというのである．

　抽象化の過程に関しては，「延長抽象化の方法」がとられている．我々の意識には，事実としての事象と事象がもたらす諸要因が含まれているが，抽象化の過程において，感覚対象・知覚対象・科学的対象がそれぞれ別々に規定されるのである．事象を構成する諸要因には感覚的意識と思惟がある．ホワイトヘッドは，感覚的意識は現実的存在であり，思惟は可能的存在であるという．思

惟の論理的構築が一般に理論を形成する．そして思惟の論理的構築による感覚的意識の説明が，事象科学における共通の目的なのである．思惟は事象を説明するための単なる手続きであるにもかかわらず，これを誤って現実的存在と見なしたところに伝統的観念論の喜劇は始まったのである，とホワイトヘッドは強調する．そして彼は，プラトン以来の悪しき伝統として，感覚的意識に指定された具体的事実を説明するための単なる思惟の手続きを，誤って自然の基本的性質へと移し入れたことを「具体性を置き違える誤謬」の代表的な実例としている（Whitehead 1933, 種山訳 1980：72-74）．

さらにホワイトヘッドによれば，根本的な物心二元論は 2 つの極の間の仲介をなおざりにしているという．「両者の中間に，生命，有機体，機能，瞬間的実在，相互作用，自然の秩序などの諸概念が存在し，これらは相集まってこの体系全体のアキレス腱を形成している」（Whitehead 1925, 上田・村上訳 1981：76）として，「自然の秩序」ということでホワイトヘッドが意味しているのは，抽象的なニュートン的図式以上のことであることを著している．

パーソンズによれば，ホワイトヘッドは「具体性を置き違える誤謬」の概念をとりわけニュートンの時代と彼自身の生きている時代との間で，物理科学に何が変化したのかの解釈に適用した．ニュートンの観念はどんな正直な意味においても「間違い」ではないが，特にその哲学的解釈者たちの間で，特性化された概念図式の妥当性を正当化される以上に，より広い範囲で一連のレベルの諸現象にまで一般化する傾向がある，というのがホワイトヘッドの見解であった（Parsons 1977：125）．すなわち，ニュートンは万有引力の原理を導入して天体の運行を説明したが，宇宙論における「具体性を置き違える誤謬」によって，ニュートンの観念が妥当性以上により広い範囲で他の諸現象にまで受けとどめられる傾向があるというのである．

近代科学の発達は自然科学の進歩によってなされてきたが，ニュートンの確立した運動の三法則や重力の法則など，物理学，天文学等の領域の法則は「観念的に組み立てられた孤立系」であるというのである．このことによって意味されるのは，「宇宙内部の」孤立，あるいは「この系以外の残りの宇宙のなかにある細かい個々のものに対する偶発的で偶然的な依存関係をまったくもたないこと」である．そうしたことが求められるのは「ある抽象的な特性に関する

場合だけであり…この系を完全な具体相において捉えることに関する場合ではない」(Whitehead 1925 68, Kuntz 1984, 一ノ瀬訳 1991：81).

　パーソンズは社会的相互行為に関する理論（「脱経済学理論」なのであるが）をつくりたいと意図しており，それを新しく発展させる基準が十分ではないことに，この時期に気づいていたという．経済学理論と社会学理論の関係について問題，つまり抽象化のレベルの問題についてホワイトヘッドの「具体性を置き違える誤謬」が役立ったという（Parsons 1977：125-126）．「具体性を置き違える誤謬」にしたがって概念図式をみると，それは具体的対象の完全な実在を再現するという錯覚を表している，とパーソンズは言う．それゆえ人間有機体にせよ，パーソナリティにせよ，社会システムにせよ何であれ，我々が生命システム（living systems）に言及するとき，それを記述したり分析することを試みる認識的構造は，ある程度またある意味でつねに抽象的である，とパーソンズは強調している（Parsons 1977：104-105）．

　その後パーソンズは「機能的」な接近法をとり，キャノンの『からだの知恵』(1932)から大きな影響を受けて四機能パラダイムをつくり，社会システムの理論を一般行為システム，人間的条件システムへと適用させていくことになる．

　社会システムの一類型としての社会の概念規定について，社会学者たちにとって重大な難事の源泉であったとパーソンズは言う．多くの社会学者たちは，現実の「諸個人」の「組織された」集合体という「スペンサー流の」概念とよばれるかもしれないものを想定する傾向があった．パーソンズは，もし社会システムの理論を知的に洗練されたものにするなら，この見解は単純に「受け入れられない」という．そして，その理由に2つの例をあげている．

　第一の例はパレートに関係している．社会システムの概念は，ヘンダーソンが早くに社会学に対するパレートの最も重要な貢献の1つであると賞賛したものである．1973年にパレートの著作を再検討してみると，パレートは「社会」を1つの具体的実体として扱っており，パレートのそのような試みには重大な難点のあることが，パーソンズには明らかになったという．『社会的行為の構造』を書いていた当時，パーソンズはこれらの難点をぼんやりと認識していたにすぎなかった．すなわちパレートでさえ，必要とされる抽象化の問題に十分

な注意を払っていなかったというのである．例えばこの難点がなかったならば，パレートは自らを伝統的な意味で「本能」理論家であるという主張にさらすことはなかったであろう，とパーソンズは主張する（Parsons 1977：147）．

　第二の例に，パーソンズはデュルケームをあげている．『社会的行為の構造』におけるデュルケーム解釈を批判したホイットニ・ポープによれば，デュルケームが「社会」という用語によって意味したことは，常識に密接に基づいていることがほとんど明らかになったという．これに対してパーソンズは，ロバート・N・ベラーがデュルケーム選集の有名な巻に序論を書いた箇所から，広範囲にわたる引用をして反論した．そこにおいてベラーは，デュルケームの著書における社会の概念について極度の複雑性があることを詳しく論評し，デュルケームに関する彼の議論を始めている．はっきり言うと，もし我々がデュルケームの意味することを，特に彼の初期の著書『社会学的方法の規準』（1895）において，「独特の実在としての社会」の言おうとすることを理解しようとするなら，私が社会システムに関する現在の論文で「社会」を意味しているものではなく，一般行為システムに非常によく似た何かであると解釈しなければならない，とパーソンズは主張している（Parsons 1977：147-148）[4]．

　前記のことをふまえて，パレート，デュルケーム，パーソンズの社会の概念について考察してみたい．

　パレートは『一般社会学概説』のなかで「社会」の捉え方に二通りあることを述べている．それは効用[5]の概念の箇所で出てくる．パレートは社会的効用について分析する際に，3つの分析的レベルを考えている．第一は「社会にとってのオフェリミテ[6]（ophélimité pour une collectivité）の極大」，第二は「社会にとっての効用（utilité pour une collectivité）の極大」第三は「社会の効用（utilité d'une collectivité）の極大」がそれである．第一の分析的レベルは，経済学的分析の「パレート最適」に関係している．経済学者が「効用」（utilité）と呼んできたものは，「ある物をして，ある欲求あるいは欲望（それが正当なものであると否とにかかわらず）を充足させるようにする適合関係をいう．それは，「一個の物と一人の人間との適した関係」のうえに成り立つ．経済システムの住人である「経済人」の行為の目的は，「オフェリミテ」の獲

得につながる．それゆえ「社会にとってのオフェリミテ」とは，社会を構成する一人一人の経済的満足のことをいう．

これに対して，社会をなして存在する諸個人あるいは彼らが構成するグループの目的は，「効用」につながる．オフェリミテは効用の分析的な一側面である．第二，第三は社会学的分析である．

「効用」とは何か．パレートは『一般社会学概説』のなかで次のように記している．

「一個人もしくは一社会が接近していると思われる一定の限界状態 X を決定しようとする際に，我々が従おうとする規範を決定し，かつこの限界状態に多かれ少なかれ近接している様々な状態に指数を与え，その［限界］状態により近い状態が，それより離れている状態より，より大きい指数をもつようにしたなら，この指数は状態 X の指数であると言われるであろう」(Pareto 1916 §2111).

パレートは，この「状態 X」を「効用」と名づけている．

当時の用法において，「効用」は人間の内部にある「自然」としての「人間の本性」(human nature) と結びつけて理解されていた．「状態 X」はパレート自身も認めているように「目的」とか「目標」と読みとれる (Pareto 1916 §2111, 松嶋 1985：250).

もう1つ注目すべきことに，パレートは「効用」という言葉を量的概念として，「効用の指数」換言すれば「目的」あるいは「目標」への程度を示す指標としても用いている点をあげることができる．効用はさらに「個人の効用」と「社会の効用」の2つに大別されている (Pareto1916 §2115).

「社会にとっての効用の極大」は，社会を構成している諸個人の抱く「個人の効用」についての社会的価値評価に関する分析である．パレートによれば「社会にとってのオフェリミテの極大」の分析は，資源の「最適配分」(optimal allocation) の基準にはなりえても，政府の社会政策の分配的側面については，何も述べることができないという．「社会にとっての効用の極大」の分析は，富および権力の「分配」(distribution) における諸個人（グループ）の利害の「潜勢的衝突に決着」をつけるべき，公共当局の政策決定に関係している．富の分配の問題は経済学的問題であるが，それはまた政治的・社会

学的問題でもある（松嶋 1985：253）．「社会にとっての効用」とは，社会を構成している諸個人の満足と理解することができる．

パレートはさらに次のように記述している．

「純粋経済学において，社会（collectivité）を単一の個人とみなすことはできない．社会学において，社会は単一の個人としてではなくとも，1つの統一体（unité）と考えることはできる．社会のオフェリミテはないが，社会の効用はなんとか想定することができる．それゆえ，純粋経済学においては社会にとってのオフェリミテの極大を，存在することのない社会のオフェリミテの極大ととり違える危険はない．しかし，社会学においては社会にとっての効用の極大を，社会の効用の極大と混同しないように十分注意しなければならない．なぜなら，そこには両概念とも存在するからである」（Pareto 1916 §2133）．

パレートは社会を単なる個人の集合体としてではなく，1つの「統一体」とみなすこともできるとしている．パレートにとって「社会」とは「社会システム」をさしており，社会システムが物理的ないし工学的システムと相違している点に，社会システムそのものに何らかの「目的」，「目標」があること，あるいは社会学の用語を用いれば「機能的必要」（functional requirements）があることをあげている．パレートはこれを「社会の効用」とよんでいる．それゆえ「社会の効用」とは統一体としての社会の目的ないし満足と理解することができる．

以上のことから，パレートの考えを参考にすると，社会の捉え方には（1）個々人の集まりとしての社会と（2）統一体としての社会の二通りがあるように思われる．パーソンズによれば，パレートの社会の概念はシステムとして捉えているが，抽象化に注意を払っていないために具体的実体として表現されているという．またパーソンズによるデュルケームの社会の概念は，パーソンズのいう一般行為システムに非常によく似た何かであるという．

パレートは，1904年ジュネーブで開かれた哲学国際学会で，報告「個人的ということ，社会的ということ」を行ない，デュルケームのいう社会の概念が漠然としていると批判している．報告に先立つ1898年に，パレートはデュルケームの『自殺論』に関する短い書評のなかで，デュルケームのいう集合意識には個人や集団の利害対立という「現実的事実」が隠されているはずである

と，方法論とともに社会の概念を批判している[7]．しかし，デュルケームは1904年の哲学国際学会の討論への参加を依頼されたが欠席して，パレートの批判に応えようとしなかった．

　パーソンズは社会システムとしての社会の概念を抽象的，分析的に捉えている．

　前記のことをふまえて，パレート，デュルケーム，パーソンズの社会の概念について考察してみたい．

　パレートは『一般社会学概説』の前半では社会を個々人の集まりとして捉えているが，後半では社会を統一体として捉えているように思われる．社会をシステムとして理解しているが，抽象化には注意を払っておらず，それを具体的実体として捉えている．それゆえ『一般社会学概説』の後半部分において，例えば第13章「歴史における社会的均衡」のように歴史的記述がなされていると思われる．

　デュルケームの場合，著書からみるとパーソンズのいうように，社会の概念は個々人の集まりとして把握されているように思われる．パレートはデュルケームの集合意識を，形而上学的抽象観念と理解している．デュルケーム自身は，あらゆる個人意識が結合して組み合わされた基体を集合意識とし，それは部分によって構成される全体に他ならないから，何らの実体的なものでも存在論的なものでもないとしている．しかし，このような社会的意識とそれに基づく行為が「新しい種類」の事実であって，これらの事実に対して「社会的」という呼称が与えられるべきだと主張している[8]．またデュルケームの著書の記述では，具体的実体として社会を捉えているように思われる[9]．

　パーソンズの社会の概念には区分けがある．社会システムにおける「社会」の概念は，1つの統一体としての社会が意味されており，一般行為システムにおける「社会」の概念は個々人の集まりとしての社会が意味されていると思われる．いずれもシステムとして理解されており，抽象的分析的に捉えられている．以上の点がパレートやデュルケームとの大きな違いであると考えられる．

第4節　ニュートン・モデルよりメンデル・モデルの提唱

　パーソンズはシステムとして社会を捉え，さらに一般行為，人間的条件を分析している．

　パーソンズの理論体系は社会システム，一般行為システム，人間的条件システムというように，システムとして抽象化され分析されている．人間的条件システムでは，生命システム（living systems）を分子レベルまで掘り下げた物理的-化学的システム，目的をもったものとしての人間有機体システム，シンボリックなものとしての行為システム，行為の意味の根拠をなすものとしてのテリック・システムが示されている．人間的条件システムにおいては，人間の存在を一生命体として，分子，身体，精神，超越的なものへと昇華して表し，それらの相互行為過程に自然への理解，自然の秩序，信仰，恩恵等をとり入れて宇宙論を展開しているかのようである．そこには，ホワイトヘッドの宇宙論の影響も強くあるように思われる．なぜなら，ホワイトヘッドは哲学者・数学者であるが，自然の秩序を理解するには力学的，天文学的な理解だけでは超越的なものを理解しきれない，絶対者への信仰という宇宙論を展開しており，パーソンズの人間的条件システムにも色濃く読みとれるからである．

　パーソンズは，普遍主義的に定義された概念と抽象的な分析的一般化とから成る一般理論の本質的役割を一貫して信じ強調してきた．そして，彼は一般理論とマートンの中範囲理論との間に，徹底的なすき間があるわけではないと述べている．

　そしてパーソンズによれば，一般理論におけるカテゴリー化の地位という問題について，方法論を検討していく中でニュートン・モデルの主題への適用性と妥当性を検討したところ，年月と経験を経るにつれて，このモデルにますます懐疑的になったという（Parsons 1977：132-133）．ニュートンの「万有引力の法則」は，科学的一般化の最大のものと言われているが，パーソンズの目指す社会学における行為の一般理論の構築には不十分であるとパーソンズは述べている．ホワイトヘッドも『観念の冒険』のなかで「私たちの宇宙論説がどんなものであれ，惑星の運動や石の落下は，とにかく直接に測定されたかぎり

においては，ニュートンの法則にしたがう．ニュートンは，観察された事実の，観察された相関関係を表現する公式を言明しているわけである」[10]と述べて，宇宙や自然界を真に理解するには，物理学や力学ばかりではなく，プラトンやアリストテレス等の哲学，生物学，そして文学の大切さ等をあげている．

　またパーソンズは，一般理論の構築に生物学的なモデルが有用であるとしている．つまり経験的一般化のレベルで非常に印象深い結果に，生命システムの概念を用いることで到達できることが証明されたというのである．彼は生物学志向と古典力学的志向の1つの大きな相違に，顕著な場を与えられている諸変数の論理的特性（the logical character）に関連している点をあげている．さらに，パーソンズは微積分学と天文力学とを合わせたニュートンの総合的概念を，ミクロ生物学に対照させている．そのミクロ生物学の領域においては，メンデルの遺伝法則[11]のなかで分離の法則とよばれているものを通して，質的にまったく異なった諸単位の交配と再交配という基本的なメンデルのパラダイムが非常に重要な役割を続けているという．

　そしてパーソンズ自身の見解として，社会科学理論の理論的論理は，ニュートン・モデルよりもメンデル・モデルにより親密になるべきことを主張している．このことは，数理経済学の重要な例外にあてはまるであろうとも述べている（Parsons 1977：133-134）．

　パーソンズは，究極的に人間が主体となる社会科学の領域においては物理学，数学的な論理によって解決できるものではなく，むしろ生物学的な視点が重要であると主張している．このことは，人間的条件システムにおいて，生命システムの物質的基礎として物理的-化学的システム（A）を，さらに目的論的有機体として人間有機体システム（G）を置くことにつながっている．

　またホワイトヘッドも，パーソンズに先立って自然法則を理解するのに，物理学だけからでなく生物学からも引き出せることを指摘している．ホワイトヘッドは自然とは活動と過程であるとして，活動のより具体的でより統合的な単位に有機体をあげ，生物学での説明はいっそう重要であるかもしれないと述べている．そして遺伝子や遺伝と環境についても言及している[12]．

第5節　結び

　本章では，パーソンズの「社会」の概念について検討してきた．パーソンズの理論は，あくまでシステムとして捉えられ，その枠組みにはパターン変数から四機能パラダイムがつくられて用いられている．そこでは彼は具体的なことから普遍的なことを抜き出して，抽象化し分析している．それゆえ，社会の概念もあくまでシステムとして抽象的に解釈していると思われる．

　さらに，パーソンズの社会の概念には区分けがあると見られる．社会システムにおける社会の概念は，1つの統一体として社会が捉えられ，一般行為システムにおける社会の概念は，個々人の集まりとして社会が把握されていると考えられる．

注

1) パーソンズは『社会システム』のなかで，行為システムをパーソナリティ・システム，社会システム，文化システムの三つに分けているが，後に行動有機体が加わって四分割している（1973年）．そして，ヴィクター・リッズとチャールズ・リッズの提案により行動有機体は行動システムに改められている（1977年）．
2) Parsons, T, Social Systems and the Evolution of Action Theory, 1977. 所収（田野崎昭夫監訳『社会体系と行為理論の展開』誠信書房 1992年）．
3) Alfred North Whitehead. 1861～1947. イギリスの哲学者・数学者．ラッセルとの共著『数学原理』で記号論理学の確立者の一人となった．晩年は「永遠の対象」を措定し，プラトン的新実在論を唱えた．著書『過程と実在』『観念の冒険』など．
4) パーソンズはデュルケームのいう社会は諸個人から成り立っていることを，他の箇所でも指摘している．そのことは『社会学的方法の規準』（1895）に初めて明確に示されているが，後期の著書『宗教生活の原初形態』（1912）において随分とより明瞭になっていると記述している（Parsons 1977 : 106-107）．
5) utility. 満足，幸福の意味．
6)「有用な」という語意をもつギリシャ語オフェリモス（ώψελιμος）から，パレートの創った新語．
7) 8) 佐藤茂行，1993，PP. 91-98．
9) パーソンズの著書のなかにも，デュルケームの社会の概念は具体的なものとして取り扱っていると記している箇所がある（Parsons 1977 : 107）．
10) Whitehead, 1933, 種山恭子訳 1980, PP. 505～506 に詳述されている．
11) G. J. メンデルの提唱した遺伝現象に関する法則．メンデルは論文「植物雑種に関する実験」（1865）で発表したが，当時はかえり見られず，後に再発見され（1900），C. E. コレンスの命名に

よって，メンデルの（遺伝）法則とよばれている．生物の形質の相違は，遺伝子によって決定されるというもの．雑種第一代には，優性形質だけが現れ，劣性形質は潜在するという〔優生の法則〕，雑種第二代には，優性形質を現すものと劣性形質を現すものが分離してくる〔分離の法則〕，それぞれの形質が無関係に遺伝する〔独立の法則〕という3つの法則がある．

12) Kuntz, 1984, 一ノ瀬正樹訳 1991, PP. 89-90.

第8章
パーソンズ理論における
デュルケームの宗教論

第1節　はじめに

　パーソンズは『社会的行為の構造』(1937)『社会体系論』(1951)『政治と社会構造』(1969)『アメリカの大学』(1973)『行為理論と人間的条件』(1978)等，多くの著者を残しているが一貫して流れているのは，主意的行為理論をシステムとして探求する方法であった．社会システムの分析に始まり，人間の一般行為システムの分析，さらに人間が人間らしくあるための条件の分析へと進み，晩年に至るほど彼のシステム論は人間の存在にかかわる問題と密接に関連している．

　パーソンズは『行為理論と人間的条件』(1978)のなかで，人間存在の究極的な関心は，宗教に結びついていることを指摘しているが，その考えの背景にはデュルケームの宗教に対する考え方からの影響も見逃せない．

　デュルケームは社会生活における宗教の位置を重要視し，宗教現象の研究に社会学的方法を用いている．そして，彼は『社会分業論』(1893)のなかで近代社会（組織的社会）では諸宗教が著しく衰微する傾向がある点に注目し，未開社会（環節的社会）では宗教現象が道徳・芸術・政治・経済などの現象を主宰していた点を強調している．そして1912年『宗教生活の原初形態』を著し，氏族を基底とする古代社会での宗教制度としてオーストラリアのトーテミズムを研究の対象として，宗教の社会的起源と機能を究明している．

　本章では，まずパーソンズの機能分析と人間的条件のシステムについて述べ，次にデュルケームの宗教論の特徴を見ていきたい．そしてパーソンズがデ

ュルケームの宗教論から受けた影響について検討していきたい．

第2節 パーソンズの機能分析と人間的条件のシステム

機能とは非常に一般的にいえば「働き」をさし，意志の活動や作用を伴う「行為」からうまれる．ここに機能主義と行為理論は密接に関連する．パーソンズは機能を定式化する基準として，構造的機能的分析，システムの均衡や構

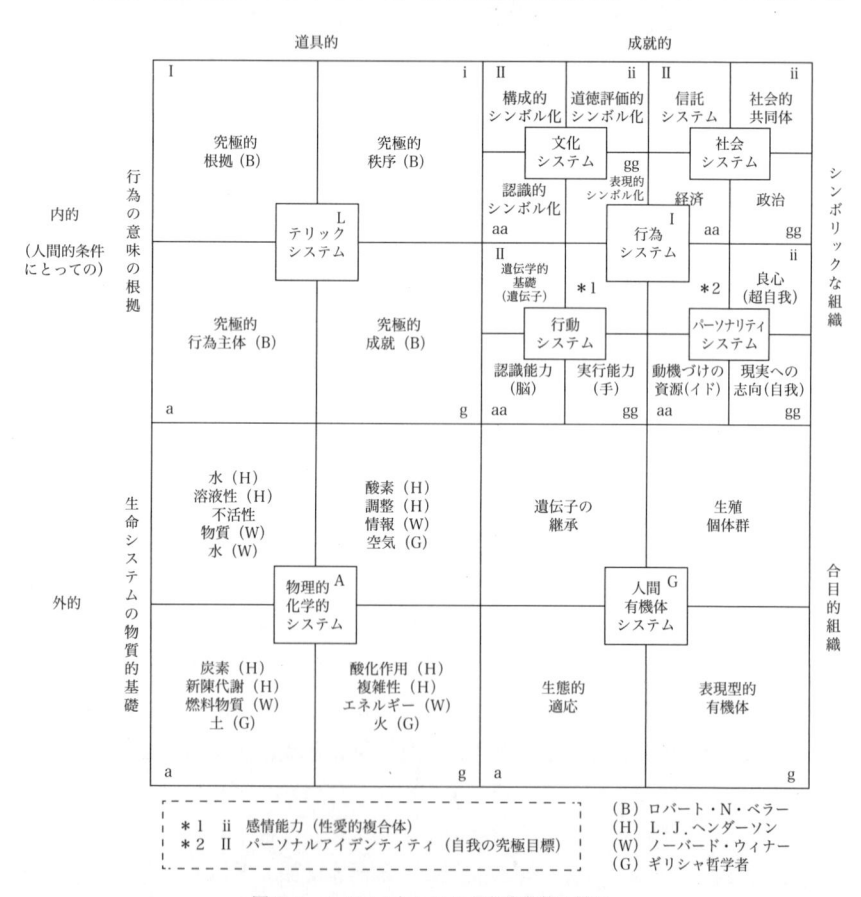

図8-1 システムとしての人間的条件の構造

Parsons, T., and Platt, G. M., The American University, 1973. P. 436　Parsons. T., Action Theory and the Human Condition. Free Press. 1978. P. 361. P. 382 より作成．

造変動の分析，サイバネティックスの原理を取り入れた情報制御の階統制という3つの「可変性の軸」を主張し，AGIL 図式をうみだした（A：適応，G：目標達成，I：統合，L：潜在的パターンの維持）．そして，彼の機能主義に基づいたシステム論においては，システムの均衡と統合を重視した．

　パーソンズは社会システムの分析，一般行為システムの分析，人間的条件のシステムの分析へと進んだが，人間的条件のシステムにおいては，行為者と環境，あるいは環境内部の意味的関連が問題となった．人間的条件の範式において，横軸に「道具的-成就的」縦軸に「内的-外的」の2つの軸がおかれた．ここで内的-外的の軸は，人間的条件にとっての内部環境，外部環境という意味をもつ．人間的条件の四機能範式には，それぞれ物理的-化学的システム（A），人間有機体システム（G），行為システム（I），テリック・システム（目的システム）（L）がおかれた．

　ここでL体系に対応するテリック・システムは，パレートのいう「残基カテゴリー」，ウェーバーのいう「意味」の問題と深い関連があった．テリック・システムの内部構成もカントの影響を受けて，さらにベラーの説を借りて究極的行為主体（a），究極的成就（g），究極的秩序（i），究極的根拠（l）に四分割されている．

　そして，物理的-化学的システムは生命システムの物質的基礎をなし，人間有機体システムは合目的組織をなし，行為システムはシンボリックな組織であるとみなされ，テリック・システムは行為の意味の根拠をなすとみなされた（図8-1）．これら4つの人間的条件のシステムの構造においてA-G間には適応能力，環境への適合，G-I間には有機体エネルギー，生物システムの動機づけ組織，I-L間には信仰，恩恵，L-I間には自然の秩序，自然への理解という要素で相互浸透が考えられている．

　パーソンズは，人間的条件のシステムのなかで行為システムを最も中心的な存在とみなし，そのうちでも社会システムの分析に力を注いでいたのであるが，次第に文化システム，さらにはテリック・システムへと分析の比重が移っていく．

　シンボリックな組織とみなされる行為システムのうちの社会システム，文化システムの構成要素を考察していく過程にデュルケーム宗教論の影響がみら

れ，さらにそれはテリック・システムにも関係していくことになる．

第3節　デュルケームの宗教論

　デュルケームの宗教論は，パーソンズの人間的条件のシステムにおいてみると，行為システムよりもテリック・システムにより近いように思われる．それは，デュルケーム自身が晩年ダヴィ（G. Davy）に対して「私は哲学から社会学へ出発したのだから，また哲学へ戻っていく」と語っているように（小関 1993：17），人間存在の究極的根拠となるものを扱っており，宗教を社会学的に扱ってはいるが，哲学的問題とも深く関連しているからである．
　本節では，デュルケーム宗教論の特徴について述べ考察を加えたい．
　デュルケームの生存していた19世紀フランスは，資本主義の進展によって産業化が進み，社会全体で自殺者の増大など倫理的規範が動揺し，アノミーに対する危機意識が非常に強まっていた時代であった．彼は，事物を結びつけている絆は根底において社会的なものであるだけではなく，本質的に情動的なものであると見ていたが，既成の宗教の衰退と価値の空白という時代的背景のもとに，宗教への関心をよび起こしたといえる．
　デュルケームによると，宗教は次のように定義されている．
　「宗教とは，神聖すなわち分離され，禁止された事物と関連する信念と行事との連帯的な体系，教会とよばれる同じ道徳的共同社会に，これに帰依するすべての者と結合させる信念と行事である」（Durkheim 1912, 古野訳 1941：86-87）．
　この定義から，前半では宗教の本質を聖（sacred）と俗（profane）に分けて捉えている点，後半では宗教を1つの道徳的共同社会（Moral Community）に向けて，個人を結合させる信念・行事であるとしている点を読みとることができる（宮島 1987：152）．
　デュルケーム宗教論の特徴の第一として，聖−俗という宗教についての二分法的捉え方をあげることができる．ここで聖なるものとは，俗なるものとの対比において定義されるものとし，我々の精神のなかに，これら2つのものの間に論理的空白が存在することに慣れているため，聖なるものと俗なるものの直

接の接触に対する一連の禁止が生まれるとしている．例えば，物的接触の禁止，視覚や言葉による接触の禁止，時間における聖俗混合の禁止，思考における両者の接近の禁止などがそうである（小関編訳 1983：102）．聖なるものと俗なるものとの具体例として，霊魂対肉体，宗教的儀礼対「呪術的儀礼」，社会対個人，成人対子供などをみることができる．そして，宗教的信仰とは聖なる事物を対象とする信仰であるという結論に到達している．

　デュルケームは，宗教はどのようにして生じたのかという説明において，未開人の考え方のなかに，人類の宗教発展の過程においてずっとあとになってからしか発展しない，観念の萌芽が数多くふくまれているとした．そして最も原始的な人間社会である小集団—氏族（クラン）に注目し，そこでの最も未開的な宗教トーテミズムに着目した[1]．

　未開社会の宗教生活で顕著な役割を演じているのは，動物または植物の絵画的表現で表されたトーテムであり，あらゆる種類のトーテム的記号と象徴である．さらには，チュリンガが重要な役割を果たしていると主張している．チュリンガとは，トーテムが彫りこまれている物体で，特別の場所におかれ，その場所を聖域とみなしている．チュリンガは傷を癒し，ある種の病気を直す力や勇気を与える．一般的に氏族の全員は，自分の生命がチュリンガと固く結びついていると考え，それを失うことは災難とみる．常時鎮座する聖なる場所からチュリンガを移し，友人・仲間に貸すときは，氏族は喪に服する．それは本当に正真の契約の柩の役割を演ずるのである（小関編訳 1983：111-113）．

　ここでデュルケームは，トーテムが事物を聖−俗の二分野に分類する原理そのものとなっていること，すなわちトーテム信仰に宗教生活の源泉があることを見出している．

　その他，個人的崇拝は集合的宗教の原因なのではなく，ただ集合的崇拝の個人への適合に他ならないとしている．すなわち，彼は集団的トーテミズムの方が個人的トーテミズムに先行し，それは社会的事実につながっていると主張している．

　デュルケーム宗教論の第二の特徴として，宗教的心性一般の基本的・特徴的状態を見出すために，認識論を導入したことである．人間はその知識の素材の大部分を宗教に負うているだけでなく，これらの知識が錬成される形態も宗教

に負うてきたのであるとし（小関編訳1983：182），知識と宗教との相互関係を指摘している．

　私たちの判断の基底には一定数の本質的観念，すなわち時間，空間，類，数，原因，実体，人格などの観念がある．これらの観念をアリストテレス以降の哲学者たちは，悟性の範疇とよび，それらは知性の骨格のようなものである（小関編訳1983：182-183）．デュルケームは，未開の宗教的信仰を方法的に分析するとき，作業の途中でこれら範疇の主要なものに出会うとして，それらは宗教的思想の所産であると主張している．

　先験主義の基本的命題として，認識が相互に還元されることのない二種の要素から，2つの異なった積み重なった層のようなものから形成されるという説を，デュルケームは支持している．そして経験主義の理論家が理性を構築するために用いてきた唯一の認識は，対象の直接的作用が我々の精神のなかに喚起せしめる認識であるとし，それは個人的状態である．反対に，範疇が本質的に集合的な表象であるならば，それは集合体が構成され，組織化され，仕方，その形態学，その宗教的制度，道徳的制度，経済的制度に依存するとしている（小関編訳1983：190）．デュルケームは，範疇が集合的状態に依存するという後者を支持している．

　そして，理性がどのようにして経験的認識の射程を超える能力をもつようになったかについて，何か知らない神秘的な力に負うているのではなく，人間は二重の存在であるという事実に負うているとしている．人間のなかには2つの存在があるとし，その1つは有機体に基礎をもち，そのことにより行動半径が限られている個人的存在であり，もう1つは観察によって知ることのできる知的・道徳的思想における最高度の現実を表象する社会的存在である．そして，人間の本性の二元性はその帰結として，実際の領域においては道徳的理想への非還元性を，思想の領域においては理性の個人的経験への非還元性をもたらすことになるとしている（小関編訳1983：191）．ここにはデュルケームの認識に対する考え方，すなわち範疇は個人的状態にではなく集合的状態に依存しているということ，理性は人間の二重的存在という事実に負うているという点，そこから社会という概念の捉え方を理解することができる．さらに理性の指示することを信頼して受諾させるのは，社会のもつ権威そのものであるとし，そ

の権威は社会のすべての共同行為の不可欠な条件のようなものであることを，彼は主張している．

　デュルケーム宗教論の第三の特徴として，宗教の問題を人間性の二元性に結びつけて捉えている点をあげることができる．宗教とは，個人をより高め，世俗の生活が営まれる環境とは別の環境を整え，普通とまったく異なった，より高次の，より強烈な生活を営ましめる独自の力である．宗教の問題とは，本質的にこうした力がどこから生じたのか，それは何によって成立しているかを探求することであるとし，絶対的にこれらの力は個人が個人として自由にできる力よりも優れたエネルギーの源泉から流出しているに相違ないとしている．そして，人間たる個人の力よりも優越した道徳的力，しかも観察できる世界においてみられる道徳的力は，個人的力の結集，個人的力からの社会のなかにおける社会による総合から生ずる力であり，それは集合的力であるとしている（小関編訳 1983：206）．つまり，個人をより高め，励ましたり癒したり，勇気づける宗教的力は，個人的力の集まった社会から生ずるとしている．

　宗教についてのこのような考え方は，人間の二元性の問題を説明することを可能にするという．人間のなかには，決して完全に結びつくことはなく，時には相互に対立したり，相互に矛盾する2つの存在のようなものがある．それは知識の領域では一方の感性と感性的思考，他方の悟性と概念的思考であり，行為の領域では一方の利己的欲望，他方の宗教的，道徳的活動である．私たちはそれらに，異なった価値と尊厳を付与する．この対立は，人間に肉体と精神という2つの実体を付与することによって表現されている．この2つの実体は，神的なものと俗的なものとして対立し，緊密に結びつきながら永久に相互に闘っているのであるとしている．さらに集合的力は個人を彼のうえにまで高め，彼の個人的特質のなかに含まれる生活とは異なる別の生活を体験させる力をもつ．それゆえ人間は社会的であるということだけによって，二元的な存在なのであるとしている（小関編訳 1983：207-208）．

　デュルケームは宗教現象を社会学的に研究することによって，人間の本質の最も特徴的な独自性の1つを科学的に説明することを試みた．この独自性とは人間性の本質的二元性である．

　この二元性は，まず第一に霊魂と肉体にわかれる．この分離は特に死に際し

て現れる．霊魂のなかにもまた同じ二元性が存在している．人間の精神的機能のうち，肉体にごく近くにあると考えられるものがあり，それらは根源においては物的なものである．これに反して，他の機能は真に霊魂の生活の特徴を示すものである．それらは，一方において感覚と欲望であり，他方において概念的思考と道徳的活動である．内面生活のこの二元性は単に信仰の対象ではなく，それは事実のなかに支えられている．人間の活動と人間の思考のこれらの2つの形態は異なった方向に向かっている．人間の感官的欲望は必然的に利己的である．それは我々の個性を，しかもそれのみを目的としている．道徳的活動は定義上，非人格的目的を追求する．同じように，人間の感官的知識は有機体と固く結びつき，それを表現している．音や音色の感覚はその人だけのもので，それを他人に伝えることは不可能である．これに反して概念が多数の人，全集団の成員に共通であることは，概念を表明する言葉と同じである．知性は概念によって，また概念によってのみ一体となることができる（小関編訳1983：213）．

人間の心的生活の2つの側面には，人格的なものと非人格的なものとの間の対立と同じ対立が存在する．つまり，それ自体しか目的とすることのない1つの存在と，そのなかにあるあらゆる力によってそれを越える何か他のものに向かっていこうとする存在であり，この2つの間には真の対決が存在する．人間の身体に最も深く根をおろしている本能，傾向をそこなうことなしに，道徳的目的に身を捧げることはできない．道徳的行為は犠牲を伴わずになされることはない．これについて，カントは「道徳的法とは，人間の感性の力をおさえつけずに，内心を支配することができない」と主張している．この二律背反は厳密には絶対に解決されない．この内的矛盾は人間の本性の顕著な特性の1つで，人間は同時に人間のなかにある2つの存在を満足させることはできない．そこで，すべての宗教がその解決のために骨を折ってきた問題，哲学も避けることのできない問題が提起される．つまり，人間が一種の二律背反を実現しているのは何によるのであるかという問題である．

デュルケームは人間が二元的存在であることを指摘するだけでなく，この二元性がとる特別の形についても説明している．人間のなかにおいて対立する機能は，一方は感官と感覚的欲望，他方は理性と道徳的活動であるとしている．

前者（人間としての有機体）は，人間のなかにおける最も個人的なものに依存し，後者は人間のなかにある社会的存在の2つの側面に他ならないことを明らかにしている．つまり，1つは思索するかぎりにおける社会的存在であり，もう1つは行動するかぎりにおける社会的存在であるとしている．（小関編訳 1983：213）．

ここで，私たちはデュルケームのいう集合意識（conscience collective）を次のように解釈できるのではないだろうか．つまり思索するかぎりにおける，また行動するかぎりにおける社会的存在として，理性と道徳的活動をあげており，人は感官と感覚的欲望に基づいてのみ行動するのではなく，理性や道徳に基づいて行動するべき存在であると．

またデュルケームは，霊魂とは個人のなかに具現化された集合意識であり，その点で人間の個性の基礎である肉体と対立するとしている（小関 1983：215）．そして，人間の二元性は個人的なものと社会的なものとの対照に還元されるとしているが，これは肉体と霊魂の特質から導き出されると考えることができる．

デュルケームの集合意識は，一般に個人意識を基本としながら，それとは異なった独自の性格をもち，個人意識に対して外在的でかつ個人意識を拘束するところの社会の本質である，と定義されている（濱島・竹内・石川編 1982：175）．『宗教社会学論集』を読んでいくと，あらゆる宗教の基底には人間性の二元性に対する信仰がある．この二元性は肉体と霊魂からなり，前者は個人，俗なるものに関係し，後者は社会，聖なるものに関係している．さらに霊魂は感覚と欲望，理性と道徳的活動という二元性からなり，前者は個人的なものに依存し，後者は社会的存在にあるとしている．内的生活のこの二元性は，単に信仰の対象ではなく，事実のなかに支えられている．集合意識の定義の深奥には，霊魂，そのうちの理性と道徳的活動の方を，感覚と欲望よりも尊重することのなかに社会の本質があると読み込むことができる．

宗教について，デュルケームは次のように言っている．

「つまり，宗教とは発端においては集団の生命力の顕現であった．神が人類を創造したのではない．人類が生きるために自らの力で神を創造したのである．宗教とは集合体の生命を鼓舞し，激動し，高揚せしめる熱力学的な力であ

る．宗教とは，決して架空の幻影ではない」（デュルケーム 1917，吉野訳 1941：7）．

　デュルケームはトーテムの印が同時に神と社会とのシンボル（象徴）であるとすれば，神と社会とは1つではないだろうか（デュルケーム 1917，吉野訳 1941：372-373）といっているが，このことは思索するかぎりにおける社会的存在，および行動するかぎりにおける社会的存在と捉えられている理性と道徳的活動をもった人々のなかに神を認めることができると，考えられるのではないだろうか．

　デュルケーム宗教論の第四の特徴として，道徳的共同体から彼独自の個人主義を導き出している点をあげることができる．宗教の定義の後半において，デュルケームは宗教を信仰と実践の1つのセットとみなし，「道徳的共同体」のなかで信仰は実践され，儀式を通して人々を1つにしているとしている．ここでの「道徳的共同体」は教会を指している．ここで「共同体」についてであるが，ギュルヴィッチによる「共同体」（Cmmunaute）の概念―すなわち，解け合った意識が最も深い内部的な面で開きあい，浸透しあい，そこで本質的人格の種々の渇望が『我々』のなかに統合され，しかもその統合がいまだ最大限に達していない場合―が，デュルケームのいう共同体の認識と共通している．またフィーアカントは，内的統合を「共同体化の過程」と「内的結合状態」に分け，前者を「純粋に人間的な共同体」，後者を「人格的な集団共同体」としている．この「人格的な集団共同体」は，共同体意識が潜在的に成立していて，それが「共同体験」により相互に人格としての他者に，意識的に結びつけられている状態をいう．デュルケームのいう「共同体」は，フィーアカントのいう後者の状態を目指しているともいえる（中 1979：163）．

　デュルケームのいう道徳は，①規律の精神②集団への愛着③個人の自律の3つの要素から成る（小関 1978：192-207）．このうち③の個人の自律とは，社会の構成員である人間は自由意志に基づいて道徳を受容しなければならない，というもので意志の自律とも言い換えることができる．デュルケームは，この③の要素こそ脱宗教的道徳を識別する特徴とみており，自己実現とすべての自由がその名に値するための第一条件と考えていた．また②集団への愛着とは，道徳的行為は個人をこえる非人格的な目的をもつものであり，そうした目的は

個人をこえた集団からしか生じえない．それゆえ，道徳的目的とは社会を目的とするものであり，道徳的に行為するということは集団的利益を考慮して行動することに他ならない，というものである．この②に関係して，デュルケームは道徳を認める源泉を「社会」に求めているが[2]，そこに要請される「社会」は，個人のうちに内在的であるから，その個人とは質的に異なる「集合的人格」を意味している．そして，その社会の共同体的特性を重視し，それが「聖」と等置されたものであると見る前提がある．

その根本の教義として個人のうちの理性の自律性を，またその根本の原理として自由検討をもっている．諸個人は，相互に他者の個人としての尊厳の全意味（自由や権利）をこのような普遍的な価値として受け入れ，それによって自己の行為を愛他的に方向づけることが可能である．この可能性こそが個人主義の価値を中心としながら，それを社会連帯の基本的統合原理へと導いていく（中 1979：186-188）．

それゆえ道徳的共同体とは，個人の意思の自律を尊重した人格的な集団共同体といえる．宗教の定義における道徳的共同体とは，具体的には教会をさしているが，オーストラリア原住民の場合，周期的に演じ出されるコロボリー（corrobori）が道徳的共同体の萌芽とみなされている．

以上，デュルケームの宗教論について4つの特徴あげてきたが，筆者なりにデュルケームの宗教論を通しての考察，検討を加えたい．

1つは，宗教的起源を追求していく中で道徳を見出している点をあげることができる．デュルケームの宗教に関する見方には，サン＝シモンの影響がきわめて大きいことが指摘されている．サン＝シモンは「社会連帯倫理の合理的正当化」を導くものとして，倫理の強調，愛他主義的道徳，宗教の内在論をあげている．これらの点は，デュルケームが進んで受け入れることのできた特徴とされている（Tiryakian 1978，高沢訳 1986：66）．

もう一人，社会学と哲学との統合という点で，デュルケームに大きな影響を与えている人にエマニエル・カントがいる．デュルケームは『純粋理性批判』に影響をうけ，ヒュームの懐疑的な破壊主義から知の確実性を救い出そうとした点が指摘されている．

デュルケームは，社会生活の本質的特性は道徳と倫理にあるとしているが，

それを道徳と科学という形で論じたところに，カントの影響が見られる．道徳的行為には他の行動準則とは違う特殊性があるとし，次の2つをあげている．1つは諸個人を拘束するという点，もう1つは義務的であるとともに望ましいものであるという点である．前者については，デュルケームがカントから受け継いでいる考えである．しかし，道徳性についてカントに対する次の批判点も重視されている．つまり，異なる諸社会や同一社会でも異なる歴史的時代には違った内容の道徳性が要請されており，道徳性は時間と空間のうちで，可変的なものであることにカントは気づいていないという点がそれである(Tiryakian 1978, 高沢訳 1986：74)．

デュルケームは，道徳のうちで理性の自律性を最も重要である点を指摘しているが，この道徳についての考え方は，社会の秩序についての問題に関連しているといえよう．

2つ目は，"集合表象"についての考え方である．デュルケームは，カントのうちに認識論上の重要な刺激を見出している．つまり，実在論における理念的なものの重視がそれである．彼は時間，空間，因果性，全体性といった諸カテゴリーが個人に根ざしている，すなわち方法論的個人主義を否定した．そして世界を把握するのは，個人精神の働きではなく，より深い基体である社会組織あるいは所与の社会集合体が，その環境に適応し組織化することのうちに根ざしていることを，彼は示した．いわゆる集合表象についてである．この集合表象を『原初形態』のなかで宗教的意識と関連させて導いている点について，検討してみたい．集合的意識，つまり宗教的意識は，個人の願望を満足させるために生じたのか，あるいは集合体の生活から生まれたのであるかという問題である．多くの著作者たちは，個人的トーテミズムが起源であることを認めている．それに対して，デュルケームは集団的トーテミズムが先であると主張している（古野訳 1941：120-122）．この人間の存在的根拠を個人におくか，社会におくかという問題については，デュルケームが宗教論の第三の特徴としてあげた人間性の二元性とも結びつき，彼は一貫して社会のなかに人間の人格を支えるもの，権威を認め，理性を強調している．しかし，人間は肉体と霊魂，感情と理性をもった存在である．人格が形成されるのは，個人と社会の相互浸透から成されるのであり，社会だけを強調しすぎると，個人の内発的な反応の

3つ目に，デュルケームは道徳的共同体を追求していくなかで，彼独特の個人主義の概念を抽出している点である[3]．すなわち彼のいう個人主義とは，一方では功利主義と結びついた「個人的利害関心」に関係するもの，他方では個人の私的利害を超えた人格の尊厳を守るもの，言い換えれば人間性の尊重に関係するもの，という2つの面をもっている．しかし，彼は後者の方を強調している．個人の人格の尊重，自他相互に所有する自由を侵さないかぎりでの個人主義，それを保つには理性の自律と自由検討が必要であることを，デュルケームは主張した．そして，この相互に侵すことのできない個人主義が，社会全体に共通な規範であることの必要性を強調した．この個人主義が，近代社会を統合に導くとした．

一方，パーソンズは宗教を手段的なものとして扱っている[4]．アメリカの社会システムにおいて「道具的活動主義」(Instrumental Activism) という志向を表明し，良い社会の建設にあたり，業績達成という価値をあげている．ここで業績というのは，「行なうに値すること」でなければならず，その基準は良い社会の建設になんらかの「貢献」をすることになるか否かであるとされている（高城 1986：302-303）．その背景には，プロテスタンティズムの影響をみることができる．

また「業績達成」を追求しているアメリカ社会において，宗教は衰退しているのかという問いに対して，パーソンズは，宗教の衰退という意味での世俗化を否定し，宗教の変貌という考えに傾いている．そして彼は，社会と人間は絶えず「究極的」問いにさらされていると主張している（R. Robertson, B. S. Turner (eds.)，中・清野・進藤訳 1995：186-187）．ここには「意味の問題」と関係して，L機能の構成的シンボリズムへの影響ということから，デュルケーム宗教論の影響が潜在しているように思われる．

最後に，デュルケームのいう個人主義と，パーソンズのいう「制度化された個人主義」(Institutionalized Individualism) について検討してみたい．制度化された個人主義（または道具的個人主義）というのは，第一に個人は道具的役割に委託するように義務づけられており，第二に行なう価値のある事柄についての基準が，社会的に支えられているとされている．つまり，「制度化され

た個人主義」とは，自己利益の追求だけではなく，良い社会の建設のために貢献することが義務づけられている人間存在を前提とし，そうした人間が社会的規範にしたがって，良い社会の建設に自主的にかつ自己責任において努力することを意味している（高城 1986：312-313）．

ここにおいて，デュルケームのいう個人主義とパーソンズのいう「制度化された個人主義」に共通点がみられる．「制度化された個人主義」は，デュルケームのいう道徳の三要素（①規律の精神②集団への愛着③個人の自律）にも通底していると見ることができる．パーソンズは，個人主義をさらに社会システムに結びつけて捉えていると見ることができよう．

第4節 パーソンズがデュルケーム宗教論から受けた影響

パーソンズによるデュルケーム理論の把握は4つに区分して捉えられている．第一期は『社会分業論』(1893)を，第二期は『社会学的方法の基準』(1895)『自殺論』(1897)を，第三期は『道徳教育論』(1902-1903)を，そして第四期は『宗教生活の原初形態』(1912)を主要文献として区分されている（松本 1997：44-47）．パーソンズがデュルケームの宗教論をどう読みとり，人間的条件のシステムにどのように関連しているかについては，第四期が主に関係している．本節では，パーソンズがデュルケームの宗教論から受けた影響について検討していきたい．

はじめに，パーソンズは『宗教生活の原初形態』について2つの反対感情があったことを認めている．1つは，単純な原始社会の宗教の研究に関するデュルケームの集中についてであった．この点について，1914年にマルク・ベグネルがデュルケームに直接，疑問を提示している．それに対するデュルケームの回答は，きわめて単純な宗教すなわち要素的な宗教には，本質的要素がより明白に現れており，容易に識別できるという利点をもっているというものであった．そして，なぜオーストラリア原住民を選んだかについて，デュルケームは単純性において他の宗教を遙かに凌駕し，しかもいかなる先行的宗教に準拠することも必要とせずに説明できると考えられる宗教を見出したからというだけの理由である，と述べている（Parsons 1978：214）．

パーソンズは，なぜデュルケームが原始社会の宗教を研究するかの問いに対しての彼なりの根源的な答えに，理解を示したのであると考えられる．
　デュルケームの宗教論は聖-俗，信仰-儀礼という2つの基本的な二項対立による識別からなっている．デュルケームは聖なるものとは，俗なるものとの対比において定義されるものとし，霊魂対肉体，大人対子供などをあげている．聖なるものがどこから生じるかについては，宗教的儀礼の執行を通してであるとし，宗教的信仰とは聖なる事物を対象とする信仰であると述べている．またパーソンズは聖なるものについて，それに対する人々の態度が道徳的義務を認めている規範に対して，人々の堅持する態度と同一であることによって明らかにされる，と述べている（Parsons 1978：214）．
　この聖-俗という二分法から，パーソンズが影響をうけた点について検討してみたい．
　1つ目は，デュルケームが社会学的にみた宗教の問題に，認識論を用いて捉えようとしている点についてである．パーソンズは，認識論におけるデュルケームの立場をカント主義にあるとみている．デュルケームは一方では，感覚の資料（データ）から区別されるものとしての認識的知識，他方では欲望から区別されるもの道徳的判断を捉えている．そして，彼は認識的知識と道徳的判断が，両方とも普遍性に準拠して扱われるべきであるとしている（Parsons 1978：215）．ここに，デュルケームの分析の基本的なテーマが出てくる．一方では普遍性，一般性という軸であり，他方では認識的，道徳的という軸である．
　パーソンズは，最終的には行為システムにおける宗教の文化的次元を，人間的条件のテリック・システム（目的論的側面）と結びつけていくようになる．しかし，ここにおいてデュルケームは認識的分野，道徳的分野において聖-俗の区別を同一視している．このことから社会的起源の命題について，デュルケームにあっては社会と文化はお互いに相違していないと見ることができる．デュルケームによると，物事を神聖にしているのはシンボルである．なかでも人間存在の根拠となるシンボルについて語ったり，発展的な見通しで問題をみるなら，それは固有であり大部分において社会のシンボルへとつながっていく．そして認識的，および道徳的文脈の両方において，彼はシンボルを通して秩序

の基本的枠組を語っている．パーソンズは，デュルケームを通してシンボルの需要性を意識し，自らの行為システムの哲学的基礎にとり入れた．しかし，宗教の分野においてデュルケームが「社会」とは具体的経験的実在を意味するとしながら，宗教の本質，特に神の観念をその社会の単なる象徴的表象として語ったことについて，パーソンズは批判的である．パーソンズの宗教的観念のなかに見出されるのは，共通の究極的価値態度の認知的基礎に関する知的定式化である．

2つ目に，パーソンズは，デュルケームが欲望から道徳の分離を強調したこと，経験から範疇（カテゴリー）の分離を世欲性から神聖さの分離をしている点を指摘し，生活システムの機能を決定する際にそれらを役立てている点をあげることができる．そして，次のように主張している．「デュルケームの概念のなかで，神聖さについての信仰は，文化的コードの用語でそれらのコードのなかに組織化されている」と（Parsons 1978：216）．つまり，シンボルは文化的コードの構成要素に欠かせないものであると解釈できる．そして，「神聖さについての信仰は，複雑な行為システムの安定性にとって第一に重要な焦点であり，同時に変わりやすさ（価値の変動）を導入する焦点でもある」と，パーソンズは主張している（Parsons 1978：217）．

次に，デュルケームのいう道徳的共同体の概念からパーソンズが受けた影響について検討してみたい．デュルケームのいう宗教の定義のなかに，道徳的共同体の概念が出てくるが，パーソンズはこれを，個人の社会的環境の概念と捉えている．道徳的共同体とは，具体的には教会をさしている．デュルケームのいう社会的事実の外面と束縛については，デカルトの基準を適用していると，パーソンズは指摘している．パーソンズによると，デュルケームは社会的事実に含まれる"現実"をデカルト的感覚で目的あるいは集合体として捉え，束縛の意味づけや内面化について，道徳的権威による束縛として捉えているというのである．パーソンズは，道徳的共同体の概念から社会的共同体の概念[5]を導き出しているが，そこにはデュルケームの道徳観が反映されている．

パーソンズは，一般行為システムの構築にあたり，生物学の遺伝的理論の概念構造を導入している．染色体のDNA分子を，種の再生産，あるいは種の継続性の基礎としてみている．そして，そのような信仰は人間社会のなかでは

非常に原始的な社会で現れ,デュルケームはそれが非常に進んで発展した形として,オーストラリア一族の信仰の研究を行なった.つまり,デュルケームの研究は,生物科学と行動科学との間に基本的に理論的な継続性があることを強く暗示したものであると,パーソンズはみている.そして,遺伝学に関するDNA分子が,生物学的に具体化されているコードの概念につながっている点をあげている.このとき,コードはtemplate（神殿temple）として考えられている.パーソンズは,言語の機能のなかに遺伝的コードの概念と非常に類似した点があることを見出し,言語を文化とよんできたものの典型として扱うことができるとみなしている.そして,『原初形態』において,デュルケームが関心をもっている2つの主要な文化的カテゴリー,すなわち道徳的秩序を定義しているコードや認識的構造を定義しているコードは,言語学上のコードを伴ったものと同形であると主張している（Parsons 1978：221）.

1956年に,生物学者アルフレッド・エマーソンが種の遺伝的な構成物である遺伝子とシンボルとの間に基本的に機能的な均衡があるとした主張をうけて,パーソンズはこのシンボルを,人間行為システムの法典に編集した文化として拡大して捉えている.遺伝子の場合,個人的な有機体とその下位単位の細胞のなかにあるが,行為の場合は,個人的有機体とパーソナリティ,そして社会システムのなかにあると主張している.ここにおいて,パーソンズは,デュルケームの目的志向的な宗教論を人間行為システムのコードとしてとり入れ,生物学的な遺伝子と均衡して,行為システムのなかにくみ入れた文化におけるシンボルを強調していることがうかがえる.そのとき有効なコミュニケーションの手段として,言語をとりあげている.

またデュルケームが『原初形態』のなかで,宗教の構成要素を道徳的,カテゴリー的,カントのいう認識と関連させて分析していたことをふまえて,パーソンズは文化システムの構成要素として構成的シンボル化,道徳評価的シンボル化,認識的シンボル化を導き出している.そしてそれらは,分析的な意味で社会のなかで制度化され,パーソナリティや行動有機体のなかで内面化されている点を強調している.

最後に,宗教的儀式からパーソンズが受けた影響について検討してみたい.

デュルケームは,オーストラリアの宗教的儀式において"沸騰"

(effervescence）とよんでいる現象を継続的に強調している．この感情的な沸騰について，パーソンズは心理学的な意味の純真さと社会学的な秩序の両方の面における沸騰とみなしている．デュルケームは後者の文脈で，行為の型と相互行為について，誰かと関係して連続している点で伝統のなかに横たわっていると強調している．つまり儀式上の行為はシンボリックな意味を浸透させており，それは社会システムの構造と状況に関係しているとデュルケームは強調している．この宗教的儀式に関するデュルケームの見方をふまえて，パーソンズは行為の一般レベルで感情の複合体とよぶ構造を見出している．そして，シンボル化は儀式を文化的に秩序づけるに違いないこと，次にこのことは表現的シンボリズムのコードの側面であるに違いないことを主張している[6]．ここにおいて，パーソンズは文化システムにおけるシンボルの意義を見出している．

また，宗教的儀式を通して"信仰"を生み出しているのであるが，パーソンズはそこにみられる社会的関係について検討を試みている．1つは，社会的内容に関してシンボル化が非常に大きな役割を占めているという点をあげている．トーテムとする動物あるいは植物は，シンボル的（象徴的）にいうならば一族を示し，しばしば儀式の参加者は彼ら自身，神話的な象徴的実在物であると感じ，儀式の型を提示している行為をとっていることを指摘している．

2つ目に，パーソンズはデュルケームを通して宗教的儀式の第一の重要な機能に，連帯性を強める働きのあることを発見し，信仰と連帯性の間に一定のつながりのあることを見出している．共通の信仰を分かち合っている人々は，道徳的共同体を構成しているからである．ここで道徳的共同体とは具体的に教会をさしており，それは元来宗教的であるが，しかしまた世俗的な社会システムでもある，とパーソンズはみなしている（Parsons 1978：223-224）．

3つ目にパーソンズは『原初形態』のなかで，オーストラリアの部族の場合，イニシエーション（initiation）の儀式が血の重要性と関係している点をさらに追及して分析し，シンボルとしての血の重要性を強調している．

パーソンズは，デュルケームの宗教的儀式におけるシンボルの抽出が，一般的なコードを説明する際に非常に貢献しているとみなしている．シンボルは，認識的あるいは道徳的というより文化に関係して表現的である．それは，個人のなかで動機づけのレベルの維持に密接に関係し，社会的連帯性へとつながっ

ていく．その意味で，シンボルが有機体の側面と特殊に関係しているというのは重要で，それは人間行為の他の側面すべての共通の基礎となっている．以上の意味で，パーソンズは社会的行為におけるシンボルの重要性を指摘している．

　パーソンズはデュルケームを通して宗教的儀式の機能に連帯性を強める働きがあることを発見し，信仰と連帯性の間に一定のつながりがあることを見出している．そしてデュルケームのいう社会統合の機能には，社会的連帯性があげられるが，そこには個人の動機づけの維持に関係して，シンボルの重要性を主張している点を見ることができる．

　以上みてきたように，パーソンズは共通の価値による社会統合を考え，デュルケームは社会的機能の第一のものに社会統合をおいた．ここにおいて，社会学の性格づけとして，社会学とは社会統合の学であるという点で，デュルケームとパーソンズは一致している．

　最後に，パーソンズがデュルケームの宗教論から受けた影響として，行為における合理性とその限界の概念についてあげることができる．問題は，人間の行為の認識的構成要素の性質にあるとみている．どのようにして，認識的構成要素が非認識的構成要素と関係しているか，宗教的忠誠において究極的に包含しているものは何か，人間の性質の動機づけと人間的条件の媒介のなかに含んでいるものは何か，これらすべてのなかに合理的，非合理的，不合理的側面の問題が含まれていることを指摘している（Parsons 1978：223-224）．

第5節　結び

　デュルケームの宗教論について，パーソンズはいくつかの点で批判はしているが，シンボルの重要性を十分に認識したともいえる．デュルケームは，社会の統合力が何によって生じるのかを宗教に求め，そこにシンボルの概念を用いた．他方，パーソンズは主意的行為の理解から出発し，個人と社会の問題を考えた．パーソンズは，行為の変化にもかかわらず維持される社会システムの安定性を説明するものは何かを考え，シンボルによってパターン化されたものとしての文化システムの考えを取り入れ，社会システムの上位においた．すなわ

ち，各行為者は信仰のイデオロギーなどの実現化された文化的パターンを価値として内面化し，社会的に有意義とされる行為を行なう．それによって社会システムの安定性がえられると彼は考えた．

シンボルについて考えると，デュルケームの提起した問題をパーソンズは人間的条件のテリック・システムにつなげ，よりシステム的に捉えたのであるが，それは人間が生きるとはどういうことかという普遍的な問題につながっている．

最後に，パーソンズがデュルケーム宗教論から受けた影響の要点と残された課題を書いて結びにかえたい．

第一に，パーソンズはシンボルの重要性を見出し，それが文化的コードの構成要素に欠かせないものであることを見出した点があげられる．そして，人間的条件のテリック・システム（L機能，潜在的パターンの維持機能）の内容項目の整備，秩序づけにデュルケームの宗教論を手段的に活用した．

第二に，道徳的共同体（Moral Community）の概念から，社会的共同体（Societal Community）の概念を導き出している点をあげることができる．すなわち，デュルケームは社会的事実に含まれる"現実"を，目的または集合体として捉え，束縛の意味づけや内面化について，道徳的権威による束縛と捉えている．パーソンズのいう社会的共同体の底流にも，デュルケームのいう道徳観が反映されている．

第三に，パーソンズは宗教的儀式の機能に連帯性を強めることを発見し，信仰と連帯性の間に一定のつながりがあることを見出している．そして彼のいう社会的統合の機能には，社会的連帯性があげられるが，そこには個人の動機づけのレベルの維持に関係して，シンボルの重要性を指摘している点がうかがえる．

第四に残された課題として，行為における合理性とその限界という問題がある．パレート（富永 1995：128-140），ウェーバー（富永 1995：41-52，松本 1997：63-95）も論じているが，近代社会における合理化過程の問題[7]とも深く結びついていく．このテーマについての検討が今後の課題といえる．

注

1) トーテミズムに関しては,小関藤一郎編・訳,前掲書,1983年,102頁～122頁に詳しく述べられている.
2) 佐々木交賢はデュルケームのいう社会における権威とは,常に自律と相互性とに両立しうる規範のインパーソナルな権威であるという.換言すれば,コンセンサスに基づく権威であり,そのコンセンサスとは自律性と相互性に基づくものであると記している.(『デュルケーム社会学研究』恒星社厚生閣,1978年,49頁).
3) この点について,佐々木交賢はラ・キャプラのいう「社会学的個人主義」という用語を用いている.(佐々木交賢『デュルケーム社会学研究』恒星社厚生閣,1978年,29～54頁参照).また宮島喬は「社会化された個人主義」とよんでいる.(宮島喬『デュルケームの理論と現代』東京大学出版会,1987年,149～180頁に詳述されている.)
4) パーソンズ自身は,自らを反信仰者というより非信仰者,そして世属性を帯びた自由主義的カルヴィニストと述べている.(ローランド・ロバートソン「社会理論における宗教の枢要性」,R. Robertson, B. S. Turner (eds.) 1991, 中久郎, 清野正義, 進藤雄三訳『近代性の理論』, 恒星社厚生閣, 1995年, 184頁.)
5) パーソンズは「社会的共同体」を次のように説明している.「社会の中核構造を私は社会的共同体と名づけたい.より限定的には,社会発展の様々な段階で,それは部族,あるいは『民族』,……現代世界では『国民』とよばれているものである.それはそのなかに構成員が統合され,ある意味で連合した集合的構造である.その最も重要な属性は,その構成員間の関係を特徴づける(デュルケーム的意味での)連帯の性質と水準とである」.(Parsons, Talcott, "Social Systems," International Encyclopedia of the Social Sciences, [New York: Macmillan and Free press, 1968] vol. 15, p. 461)
6) この点について,ロバートソンは次のように解釈している.「デュルケームからパーソンズは,聖なるものについてその概念を明示的にとり入れ,これを文化的水準での構成的シンボリズム,社会システム水準での市民宗教という分化した概念へ変化させた」.(R. Robertson, B. S. Turner (eds.) 1991, 中久郎, 清野正義, 進藤雄三訳『近代性の理論』恒星社厚生閣, 1995年, 187頁).
7) デュルケームと近代の認識に関して,以下の論文を参照.正村俊之「近代の自己認識としての社会学」,中島道男「保守主義と近代」(『社会学史研究』第十七号,いなほ書房,1995年).

第9章
パーソンズ理論のなかの宗教

第1節　はじめに

　パーソンズは，人間的条件のメディアのうち行為システムに係留するシンボリック意味メディアが最も重要で，それが宗教に通じることを主張していると思われる．さて，その宗教は行為システムから生じているが，宗教のもつ性質上，テリック・システムにも十分に関係しているといえる（Parsons 1978：382）．
　パーソンズは宗教については，個人の呪術からの開放とその内面的合理化に関心をいだいて宗教の意義を考えたウェーバーと，社会的統合に宗教の意義を見出したデュルケームに影響を受けているとみることができる．換言すれば，社会のAGIL機能のうちA（適応）機能に宗教を結びつけて捉えたウェーバーと，I（社会的統合）機能に宗教を結びつけて考えたデュルケームに，パーソンズは宗教研究の意義を見出しているとみることができる．
　本章ではパーソンズ理論のなかの宗教について理解を深めるため，まずデュルケームの宗教論を見て，次にパーソンズの宗教論を見てみたい．

第2節　デュルケームのいう宗教，パーソンズのいう宗教

　デュルケームの宗教研究の著作としては『宗教生活の原初形態』（1912）があげられる．
　デュルケームにとって近代社会の危機はアノミー状態に現れているとし，それは社会規範の弛緩や崩壊という角度からみれば，社会的統合の危機を指し，個人の欲求の無際限と他律化という角度からみれば，人間疎外の現象をさして

いる．こうした二重の意味での危機を感じて，デュルケームは連帯的な共同生活の絆の回復を宗教に求めた．

『原初形態』のなかで，宗教は次のように定義されている．

「神聖すなわち分離され禁止された事物と関連する信念と行事との連帯的な体系，教会とよばれる道徳的共同社会に，これに帰依するすべての者を結合させる信念と行事」

そのなかで特徴として次の2点が言われている（宮島 1986：40-48）．

　　[1] 宗教の本質が「神」の観念にではなく，むしろ「聖なるもの」の存在に求められている．
　　[2] 人々を信念と行事の共同体（教会）へ参加させていくという宗教の社会的機能が徹底的に重視されている．

つまりデュルケームは，宗教を〈力の体系〉(système de forces)，〈理想力の体系〉(système des forces idèaux) であるとし，その源泉を人間の集合力，共同生活に求めた．理想力の体系とは〈人間をそれ以上のものに高め，彼を一時的で卑俗的な関心から離脱させる，そうした諸理想の体系〉と理解することができる．それには信仰対象は違っても，その意味については〈共通の理解〉(sympathie) をもつことが期待される．宗教とは，人々の集合から生まれる特異な力―この力は彼を支配するとともに，彼を高揚させる〈昂進的な力〉(influence dynamogénique)―を理解することではなく，信ずることであるとされている．

そして共同社会の原型を，デュルケームはオーストラリア原住民の「コロボリー」のなかにみている．『原初形態』では，原住民の部族が一定のときと場所に集合してくりひろげる強烈な祭儀が注目され，歌謡したり舞踊したりという興奮のなかに没我状態で入りこむことによって，異常に強力な生へ人々が参加していく様子が書かれている．そしてこれこそ「聖なるもの」の経験の端緒であるとデュルケームはみている．宗教によって実現されるとみる共同生活の本質は，精神が一体的に融合するコミュニオンにあるとデュルケームは主張している．

そして功利主義を克服する一種独特の力を，宗教のうちにみていたが，結局デュルケームが最後の宗教として期待を寄せたのは，個人主義の道徳の原理で

ある.つまり,デュルケームは宗教を〈道徳的な力〉(forces morales)であるとし,外から人間に働きかける自然力に対して,内からの力,いわば〈生の横溢〉として現れる道徳力を重視している(内藤 1985：76-86).

これに対して,パーソンズの宗教論の素描は,次のように要約することができる.

[1] 彼の宗教論は,キリスト教的伝統,特にプロテスタンティズムの倫理に裏打されている.キリスト教では,人間とこの世界を創造したのは絶対的超越的創造神であるとされ,被造物である人間は,神がさだめた秩序パターンに支配される存在である.同時に,神は人間を「自分のかたち」に創ったといわれている.すなわち,人間は「ある意味で自分自身の創意と責任において,ことを行なう能力を持つ能動的存在として」創られ,「神の『計画した』人間社会を建設する」使命を与えられた存在として考えられる.この点が,ピューリタリズムにおいて「地上における神の王国の建設」として明確にされた.

それゆえ人間は「神の命じた秩序に従属する被造物」であるだけではなく,「社会的コミュニティのメンバーとして」神の意志にかなった秩序を創造する機関でなければならない,とするのがパーソンズの考えである.

[2] 制度化された個人主義(institutionalized individualism)を主張している.現実のアメリカ社会は,アメリカ革命の時点ですでに 13 の植民地が各々異なった宗教的伝統をもつという,宗派多元主義の社会である.そこにおいて教会と国家の分離を制度的背景として,人間は神の意志の道具であると考えられるべきで,一般に「個人主義」という形をとっているとパーソンズは主張している.

つまり,社会は諸個人が良い生活を達成するために,道徳的使命をもっていると捉えられ,個人もまたこの使命遂行のための手段と考えられている(高城 1986：309-314).

[3] 宗教の世俗化過程を,宗教と世俗の諸領域との間の構造分化の過程と捉えている.ここで構造分化とは,多くの機能を担っていたシステムがより専門化した機能を担う複数のサブ・システムに分化することを意味している.宗教の機能が構造分化を経て専門化されるようになったからといって,それが宗教の衰退を意味するものではない.生産機能が家族から分化することによって生

産力上昇が飛躍的に可能となったように，構造分化は人間の「適応能力の上昇」を伴うと主張されている．

現代アメリカにおいて，宗教と世俗の諸領域との構造分化が制度化されているということは，「普遍化した価値」が存在し宗教と世俗を統合しているとし，パーソンズは，禁欲的プロテスタンティズムに起源をもつ「道具的活動主義」(Instrumental Activism) がそれであるとしている（高城 1986：301-302）．

また世俗の諸制度と宗教との間の領域分担，すなわち，機能分担を安定的に制度化するためには世俗主義，つまり何らかの組織された宗教集団に参加することを拒否するという意味での世俗主義が，正統なものとして制度化されることが容認されなければならないとしている（高城 1986：305-306）．

第3節　パーソンズの宗教論の特徴

パーソンズは，まず宗教を聖なるもの，シンボル（symbol）として捉え宗教の最も重要な機能に社会統合機能をおいていたことがあげられる．これは宗教を，人間的条件の理論にかかわっているものとして，人間的条件システムのI体系（社会統合体系）に係留する行為システムからシンボリック意味メディアを析出していることから理解でき，デュルケームが神聖な物事はシンボルであり，宗教の機能を社会統合作用の面から捉えていたことと共通している．

ただデュルケームは宗教をシンボルとして捉え核心をつきながらも，その本来的属性を十分には表現していない，とパーソンズはみている（Parsons 1978：215）．

次に，宗教がかかわる認識論，知性という境界上の難しい問題について，パーソンズは一般行為システムのレベルで解釈しようとした点があげられる．つまり一般行為システムを行動有機体，パーソナリティ・システム，社会システム，文化システムから成るものとし，文化システムをさらに認識的シンボル化，表現的シンボル化，道徳評価的シンボル化，構成的シンボル化に四分割し，この「究極的関連」の焦点である構成的シンボル化が，神という言葉に代表されている領域であるとしている（図10-3参照）．

他方，デュルケームは，宗教は〈力の体系〉であるとし，宗教の問題は，こ

の力がどこから来たか，なにから成っているかを捜すことにあるとしている．この力は，個人が個人として処理できるエネルギー源を遙かに出るところから由来しているとし，宗教生活の源泉も自然のうちに求めなければならない．そこで精神的な力についてみると，個人を超えた力は，諸個人の力の集合から出てくる力だけである．すなわち，社会において，社会による諸個人の力の総合，いわゆる〈集合力〉(forces collectives) だけであるとしている．

　宗教をこのように理解したとき，宗教を超えた哲学的，形而上学的な問題が提起され，人間の二元性の問題と結びついていく．人間は知の世界において感覚的思考と観念的思考の2つを経験し，行動の世界において欲望的行動と理性的行動の2つを経験する．ところが人間は，この2つを区別するばかりではなく，前者を低くし，後者を高しとする異なった価値と威厳を与えている．そして宗教はこの対立を承けて，人間を肉体と魂とをもつ二元的存在とすることになった．

　では哲学は，この事態をどう説明したであろうか．1つは経験論（認識），功利主義，唯物論にたつ立場であり，この立場では感覚・欲望だけを認めて，観念・道徳＝宗教は単なる仮象だとして，その存在を否定する．もう1つは，理由をあげずに人間の二元性を断定してしまう．彼らによれば，事物の根源には2つの原理が存在する．例えば理性と感情，善と悪，精神と物質といったようにである．そしてこの立場からすれば，人間の二元性という矛盾的存在は，こうした2つの原理が結びついたことになる．これらの原理は，一方では斥けあいながら，他方では結びつき浸透しあっている．

　この2つの立場とも大きな欠陥をもっている．ここに第三の立場として，宗教の社会学的理解が登場してくる（内藤 1985：87-90）．

　パーソンズの宗教論の第三の特徴として，宗教をシンボリックなものとして捉え，それが社会の単なる反映としてのシンボルではなく，社会を創造し社会を変容させる，自律的で創造的な作用をする実在と捉えている点があげられる．これはベラーが「市民宗教」(civil religion 1667) という著作のなかで，デュルケームの想定した宗教的シンボルの働きを現実を変容すること，換言すれば「社会力を産出することで，コスモスを産出することではない」とみて，「シンボリック実在論」(symbolic realism) とよんだ立場を支持するというも

ので，パーソンズは行為システム論のなかにその考えをとり入れた．

つまりデュルケームのいう「神聖な物事はシンボルである」という主張は，哲学的認識論的考えから生じており，それは社会の秩序の基本的枠組みについて語っていたと，パーソンズは指摘している．ここで秩序というのは，人間生活をつくるために想定されるもので，人間世界の生活システムの機能を決定しているとしている（Parsons 1978：216）．

デュルケームは宗教のシンボルを通して，社会の秩序を考えていた．他方，パーソンズも被造物である人間は社会的コミュニティのメンバーとして，神の意志にかなった秩序を創造する機関でなければならないとしてエントロピーを導入した行為システム論のなかで，秩序を考えていた．

パーソンズの宗教論の第四の特徴には，宗教のシンボルを文化的コードと捉えているという点があげられる．

パーソンズは，一般行為システムの文化システムを認識的シンボル化，表現的シンボル化，道徳的シンボル化，構成的シンボル化に四分割し，構成的シンボル化が神という言葉で代表される領域と関係しているとしている．行動有機体と文化システムを媒介するのが，行為の内部環境である宗教的シンボルの作用である．行動有機体の機能は，パーソナリティ・システムや社会システムの機能により密接であるが，化学的な構造においてDNAの概念を伴い，遺伝子コードと関係している．そして遺伝子コードは，生命細胞における型の再生産を支配している．文化システムのなかの構成的シンボル化の機能が，遺伝子コードの機能にいくつかの点で類似しているとパーソンズは主張しているが，その考え方の原点をデュルケームの議論のなかに見ている．つまり，神聖という領域について，デュルケームの概念にはその中心に文化的コード（a cultural code）という用語が組織されている．それは行為システムの安定性の第一の焦点であるばかりではなく，変動を導いている焦点でもあるとされている（Parsons 1978：217）．

文化的コードの機能を，遺伝子コードの機能と対応させるならば，行為における社会的，文化的型の再生産を支配しているといえるのではないだろうか．パーソンズのいうシステムの進化はシステムの適応力の上昇を意味しているが，その意味で行為システムの進化的変動を促すのが，構成的シンボル化に関

連する文化的コードである（図10-3参照）．

　第五の特徴には，デュルケームのいう道徳的共同体の概念を，パーソンズは一般行為システムにおける内部環境と解釈している点があげられる．

　デュルケームのいう道徳的共同体の概念は，道徳的権威による束縛として内面化と束縛の意味を洞察するというもので，個人に関する社会的環境の概念，すなわち集合表象（milieu social）と密接に関係している．そして宗教を実行する道徳的共同体として，教会をあげている．パーソンズは道徳的共同体の概念を，行為システムの内部環境として解釈されるべきであるとして，文化的コードの異なったレベルで，人間行為システムの相対的な安定性の焦点として位置づけている．教会については，オーストラリアのトーテミズムの場合，一族のネットワークとしての社会的共同体が宗教的重要性をもっていたとしているが，現代社会では教会と国家の分離が制度的に認められ，いわゆる世俗的社会になっているとしている．

　第六の特徴には，パーソンズの宗教論はキリスト教の儀式上のシンボルに基づいて性的要素が解釈され，包摂されている点があげられる．

　キリスト教において，聖餐式は中心的な儀式であるが，ここでワインはキリストの血をはっきりと明言したものである．パーソンズは血を明らかに神聖なシンボルであるとみなし，結婚しているカップルの性的交わりは，非常に特殊な連帯の第一のシンボルであるとしている．そして社会的将来において，生命の連続につながるという点から，信仰の最も重要なシンボルと言えるかもしれないとしている．

　聖餐式で第二に重要な構成要素は，パンを相互に分け与えることである．このことは明らかに，キリストの肉体を告知している．しかしそれはまた，現実の社会的集合体として教会における成員をシンボル化している．結局，家族の連帯の非常に特殊なシンボルは，家族で一緒に食事をする行為であると述べている．

　これらの儀式上のシンボルは，認識的あるいは道徳的というよりむしろ文化的に表現したものである．それは個人の動機づけのレベルの維持に関連しているものであるが，しかしまた社会的連帯と関係しているものである．それは確かな意味で，人間行為の他の側面すべての共通の基礎となっていると，パーソ

ンズは主張している（Parsons 1978：224-225）．

第4節　結び

以上，パーソンズ理論のなかの宗教の特徴をまとめると次のようになる．
　［1］宗教を聖なるもの，シンボル（symbol）として捉え，宗教の最も重要な機能に社会統合機能をおいている．
　［2］宗教がかかわる認識論，知性という境界上の難しい問題について，一般行為システムのレベルで解釈しようとした．
　　つまり一般行為システムのうちの文化システム，そのなかの構成的シンボル化が，神という言葉に代表されている領域であるとしている．
　［3］ベラーのいう「シンボリック実在論」の考えを，行為システム論のなかにとり入れている．
　［4］宗教のシンボルを，文化的コードと捉えている．
　［5］デュルケームのいう道徳的共同体（moral community）の概念を，パーソンズは一般行為システムにおける内部環境と解釈している．
　［6］キリスト教の儀式上のシンボルに基づいて性的要素が解釈され，包摂されている．

　以上の特徴を通してパーソンズ理論のなかの宗教は，社会の秩序を念頭において，現実の状況へのシステム論を導入した社会哲学的な対応とみることができると考えられる．

第3部
一般行為システム，人間的条件システムにおけるシンボリック・メディア

第10章
一般行為システムにおける
シンボリック・メディア

第1節 はじめに

パーソンズは一般行為システムから知性,遂行能力,感情,状況規定の4つのシンボリック・メディアを導いている.本章では一般行為システムの構造,そこにおけるメディアの導出,メディアの性質について検討していきたい.

第2節 一般行為システムの構造

パーソンズは,社会システムの相互交換過程から貨幣,権力,影響力,価値コミットメントという4つのシンボリック・メディアを発見し,その特質を苦労して仕上げた(表1-1).その後,社会システムのシンボリック・メディアが複雑で常に発展している社会でうまく流通しているのは,人間の行為システムにより根源的なものが存在しているからに違いないと考えた.このようにして,むしろ逆の順序で人間の一般行為システムのシンボリック・メディアが究明された.それゆえ一般行為システムのシンボリック・メディアは,社会システムのそれに比べると人間の本質にかかわる人間の存在条件に関係したメディアであるといえる.

それでは一般行為システムにおけるシンボリック・メディアは,どのように生じたのであろうか.サイバネティックな階統制のもとで,一般行為システムは行動有機体,パーソナリティ・システム,社会システム,文化システムに分割された(図10-1).そして4つの下位システムの間に,遂行システムの組

第10章 一般行為システムにおけるシンボリック・メディア

```
L                              I
┌──────────────┬──────────────┐
│              │              │
│  文化システム │  社会システム│
│              │              │
├──────────────┼──────────────┤
│              │              │
│  行動有機体  │ パーソナリティ・│
│              │   システム   │
└──────────────┴──────────────┘
A                              G
```

図10-1　一般行為システムの構造（1）
Parsons, T. and Platt, G. E., The American University, 1973. P. 15.

織，動機づけの統合システム，道徳秩序の根拠づけ，認識的複合体，報酬配分のシステム，表現的基準のシステムという6つの二重の相互交換が生じ，お互いに指令を伝えている．ここに一般行為システムのに対応するシンボリック・メディアとして知性，遂行能力，感情，状況規定が生み出される（図10-2）．

　まず，一般行為システムの構造をより詳しく見てみよう．図10-3が，このパラダイムの構造的側面を表したものである．これは，図10-4の社会システムの構造と同じ観点で構成されたものであり，逆に図10-3のI下位システムをさらに区分したものが，図10-4であるといえる．図10-3の4つのパターン維持枠は，それぞれの下位システムの統合の焦点として位置づけられる．つまり行動有機体においては，生物圏における行為の統合の焦点として遺伝学的な構成要素について語ることができる．パーソナリティ・システムにおける統合の焦点には，個人生活に対する意味の複合体である人格同一化（自我の究極目標）をあげることができる．

　すなわち生物としての人間は目標を達成するために表現型をもたねばならず，人格同一化というのは人間の誕生から死までのライフコースの通路であるといえる．社会システムにおける統合の焦点には，「歴史」における意義と関係した信託システムをあげることができる．すなわち人間の歴史の方向は，個人の短い一生を超越して集合体としての統合をはかって進むところに意義が見出され，それは個人すなわち行動有機体のレベルでみても意義を減ずるものではないとされている．

```
                行動有機体                          パーソナリティシステム
           ┌─────────────────┐   遂行システムの組織    ┌─────────────────┐
           │    知　性       │ ←───────────────────   │    遂行能力     │
           │      A          │       (成就)           │      G          │
           └─────────────────┘                        └─────────────────┘
                              報酬配分
                               のシステム
           認識的                                      動機づけの
           複合体                                      統合システム
                              表現的
                             基準のシステム
           ┌─────────────────┐                        ┌─────────────────┐
           │    状況規定     │    道徳秩序の          │    感　情       │
           │      L          │ ←──根拠づけ──→        │      I          │
           └─────────────────┘                        └─────────────────┘
                文化システム                            社会システム
```

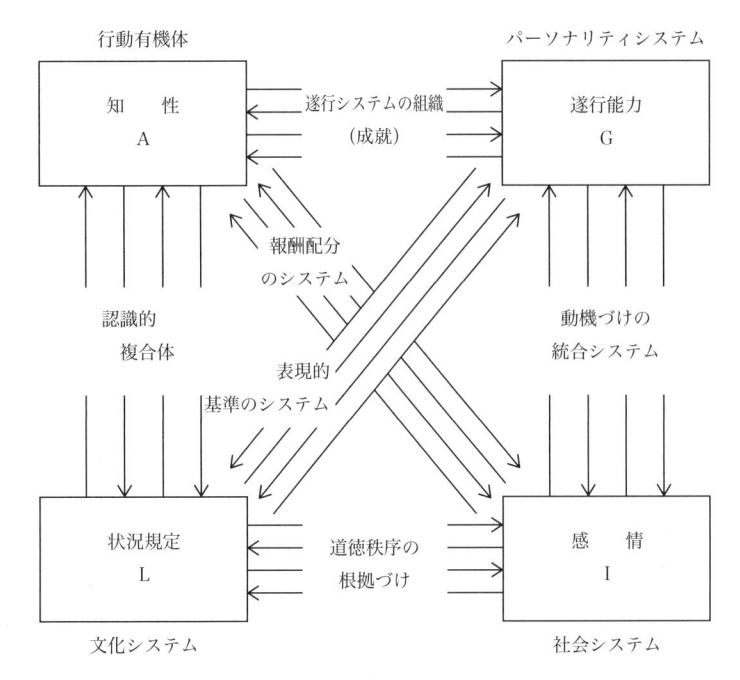

図 10-2　一般行為システムの図形
Parsons and Platt, ibid, 1973. P. 435.

　最後に，文化システムにおける統合の焦点には，人間の行為システムとテイリッヒのいう「究極的な関連」と連結して，あるいはウェーバーのいう原始宗教についての「意味の問題」と連結して，構成的シンボル化をおいている．それは，一般行為システムの4つの機能的な下位システムのパターン維持枠にとって重要なものである．つまり，それは行動有機体とパーソナリティ・システムを組み合わせて構造的に形成化し，作用している個人行為者の内部環境と社会システムと文化システムを組み合わせて，構造的に形成化している社会環境との関係をつなぐものとして重要であるとされている．

　結局，文化システムのなかの構成的シンボル化は，認識的複合体の概念に対して鍵を提供しているとされている．パーソンズは，認識的複合体が一般行為システムの構造のなかでつづられていると主張している．一般行為システムとは，知識のカテゴリーにある文化システム，合理性のカテゴリーにある社会シ

第10章 一般行為システムにおけるシンボリック・メディア

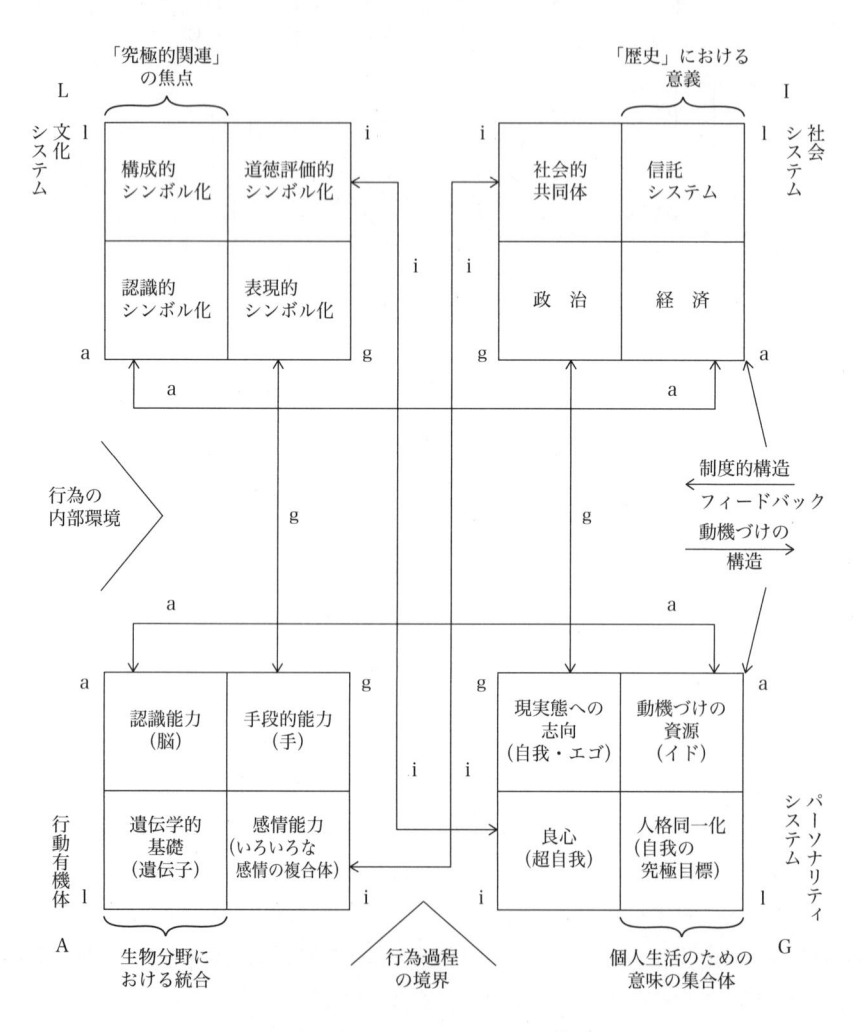

図10-3　一般行為システムの構造（2）
Parsons and Platt, ibid, 1973. P. 436.

文化システム（L）:
- 構成的シンボル化（li）
- 道徳評価的シンボル化（ii）
- 認識的シンボル化（la）
- 表現的シンボル化（ig）
- 「究極的関連」の焦点

社会システム（I）:
- 社会的共同体（ii）
- 信託システム（li）
- 政治（ig）
- 経済（ia）
- 「歴史」における意義

行動有機体（A）:
- 認識能力（脳）（al）
- 手段的能力（手）（ag）
- 遺伝学的基礎（遺伝子）（ai）
- 感情能力（いろいろな感情の複合体）
- 生物分野における統合

パーソナリティシステム（G）:
- 現実態への志向（自我・エゴ）
- 動機づけの資源（イド）
- 良心（超自我）
- 人格同一化（自我の究極目標）
- 個人生活のための意味の集合体

行為の内部環境

制度的構造フィードバック
動機づけの構造

行為過程の境界

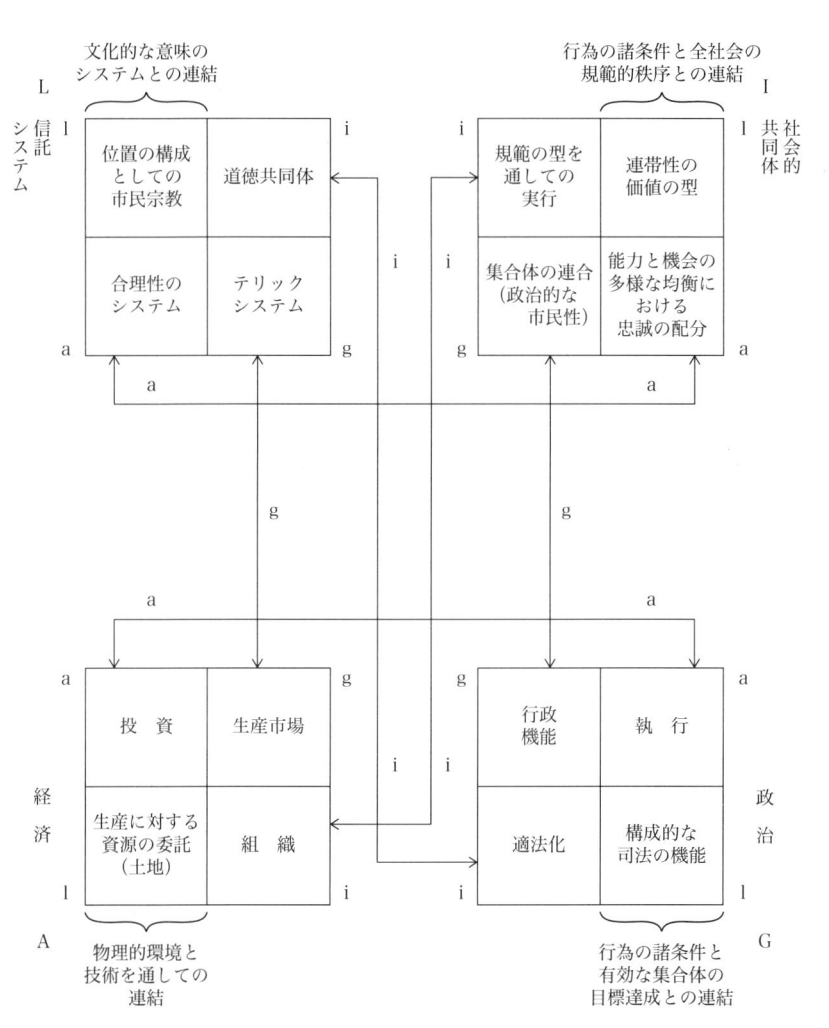

図 10-4　社会システムの構造
Parsons and Platt, ibid, 1973. P. 428.

ステム，遂行のカテゴリーにあるパーソナリティ・システム，および知性が係留している行動有機体をさしている．

第3節　一般行為システムにおけるメディアの導出

図10-5は，一般行為システムのレベルにおける6つの2重の相互交換を，カテゴリー化したものである．A-LとA-Gの相互交換に知識と能力のカテゴリーを用いているが，それは社会システムの経済的生産過程の産出物である財・サービスに対応している．6つの相互交換のうち行動有機体，すなわちA下位システムに関係するA-L，A-G，およびA-Iの相互交換は，秩序のパターンになっている．他の再秩序化は，L-I相互交換から発展している．このことは，デュルケームのいう個人行為の内部的環境，社会的行為に参加している人が道徳的権威によってその命令を課せられているという社会的規範の構造，および社会的事実の集合体が直面している社会的環境との考察を含んでいる．パーソンズは，次第にL-Iの相互交換に着目していく．

このようにして図10-5から，知性・遂行能力・感情・状況規定という4つの一般行為システムにおけるシンボリック・メディアが導き出される．

図10-6は，表1-1の社会システム・レベルにおけるメディアの裁定様式を，一般行為システム・レベルに相当させたものである．縦にはシンボリック・メディア，横にはコードとメッセージがおかれている．コードは，特殊なメッセージに関する準処枠を提供している．その準処枠とは語彙，文法，文章論のレベルでの無条件の枠組みをさしている．そしてコード自体は何も伝達しない．

パーソンズは，ミッキンニー（Mckinney）とティラキアン（Tiryakian）が初期にL枠においた合理性の下位カテゴリー（subcategories）を，統合のI枠におくべきであると主張している．なぜなら，合理性のカテゴリーは価値基準として考えられるべきで，一般行為システムでのそれは，社会システムでの調整基準に相当すると考えられるからである．このようにして，合理性のもつ本来の働きは縦・横ともにI枠に位置づけられ，統合に密接に関係する同義語として調和（Harmonization）という用語で表現されている．コードレベルにお

```
(行動有機体) A    要素 ── 認識能力の統制 ──→ I    G (パーソナリティ・システム)
              ←── 有効な行為のための学習機会 ── P
              ── 能　力 ──→ P
         産出物 ←── 目標間にある能力の知的配分 ── I
                    （とくに時間次元で）

(文化システム) L   要素 ── 妥当性と意義の認識基準 ──→ D   (行動有機体) A   G (パーソナリティ・システム)   社会的対象のカセクシス ──→ P   I (社会システム)
                ←── 認識基準と関連のある判断 ── I                                          (Libidoがある特定の人・物・観
                ── 知識の異なったカテゴリーに ──→ I                                           念に向かって集中すること)
                    対する需要                                                             反　応 ──→ A
           産出物 ←── 知　識 ── D                                              「連帯性の推定の根拠となる
                                                                             基礎」としての同一化
                                                                             達成の承認 ── P

(文化システム) L   要素 ←── 制度的秩序への同一化(連帯性) ── A   I (社会システム)
                ── 社会の秩序に対する道徳的基準 ──→ D
                ── 社会環境を定義する社会的事実 ──→ D
           産出物 ── 正当化の心情 ──→ A

(行動有機体) A   要素 ── 感情の配分に対する ──→ I   (社会システム) I   個人的スタイルの型 ──→ P   G (パーソナリティ・システム)
                    理性的根拠                                     表現基準 ── D
                ←── 認識的に規定された ──                        ←── 同一性の確立 ── D
                    選択肢の感情的意味                            スタイルの文化的意味 ── P
                ── 感情的対応物に対する ──→ A                    L (文化システム)
                   「需要」の多様性
           産出物 ── 同一化に対する要求の ──→ I
                    理性的順位づけ
```

　　　メディア　　D 状況規定　A 感情　P 遂行能力　I 知性

図10-5　一般行為水準における相互交換
Parsons and Platt, ibid, 1973. P. 439.

統制の階統制におけるメディア	メディアの構成要素と相互交換関係項	コード（規典）		メッセージ（伝達内容）			
				制御される要素 A （本源地）		制御される産出物 G （目的地）	
		L 意味の型	I 価値基準				
L 状況規定		人間的条件の意味の構成的根拠	道徳的権威において基礎づけられる価値合理性	認識的基準に関連した判断	A	知識 （の異なったカテゴリー）に対する需要	A
				制度的秩序における同一化	I	正当化の心情	I
I 感情		社会に関連した意味の制度化	社会的命令において位置づけられる同一性の調和	社会秩序に関する道徳的基準	L	社会的事象－社会環境	L
				社会的対象のカセクシス	G	達成の承認	G
G 遂行能力		パーソナリティに関連した意味の内面化	実際的に基礎づけられる目的合理性	反応	I	同一化	I
				認識的能力の統制	A	能力の分配	A
A 知性		認識的妥当性と意味の根拠	認識基準において基礎づけられる認識的合理性	学習のための機会	G	能力	G
				認識基準	L	知識	L

図10-6　裁定された一般行為システムメディア
Parsons and Platt, ibid, 1973. P. 446.

ける価値基準に，知性と交叉する枠には認識的合理性を，遂行能力と交叉する枠，状況規定と交叉する枠には，それぞれウェーバーのいう目的合理性，価値合理性がおかれている．

コードレベルにおけるパターン維持枠には，意味の型をおいている．ここでの型とは，価値基準より一歩ふみこんだもの，つまり価値に対する認識的客観性と関係したものである．意味とは，人間行為の志向と経験の規範的な秩序の両方にかかわったもので，究極的には人間性，つまり人格と結びつけて考えられる．

意味の型とシンボリック・メディアである知性，遂行能力，感情，状況規定とが交叉する枠は，それぞれ認識的妥当性と意味の根拠，パーソナリティに関連した意味の内面化，社会に関連した意味の制度化，そして人間的条件の意味の構成的根拠となっている．

第4節　一般行為システムにおけるメディアの性質

本節では，知性・遂行能力・感情・状況規定の性質について記していきたい．

(1) 知性

パーソンズは，人の知性を個人が単に「もっている」ものとしてよりも，むしろ知識の獲得，伝達，利用に必要なものとして，また「消費する」ことによって有効に使用されうる流動的な資源として扱っている．知性を「消費する」とは，英明に行為することを意味する．

メディアとしての知性と特性としての知性は，本来区別される．メディアとしての知性は，社会システムのシンボリック・メディアである貨幣をモデルとしている．それゆえメディアとしての知性には，循環性があるということ，貨幣メディアと同様に，本質的にはゼロ−サムの性質を有していないということがあげられる．また，貨幣が銀行を通して信用−創造の可能性がある．つまり，循環をしていくなかで貨幣量の純増加を生み出すのと同様に，知性は知性銀行としての大学を通して信用創造の可能性がある．このことは行為システムを循環して，知性量の純増加を生み出していくと考えられうる．

人は行為のなかで認識的利益を高めるために，知識の他に色々な資源に知性を委託している．そのことは，必然的に二者択一の選択を行なって行為していることになる．例えば，研究者は認識的問題の解決に時間やエネルギーを委託しているが，それは二者択一した行為の利益が何であろうとも，他の人が利用している時間エネルギーが，例えばレジャーの楽しみをもたらすかもしれないことに先んじている．そのような選択が，知性的であるかどうかという質問は，その人の行為システムのなかでの知識のモードの重要性や，他のことにつ

いての関心の重要性に関係している．そのような決定や決定の結果に対する委託の費用は，乏しい資源に対して利用することから，利息がつくかもしれない利益を犠牲にしている．これは，経済学で用いられている機会費用（opportunity cost）に相当している．

　貨幣が支出されるように，知性がコミュニケーションの過程を通して支出されるなら，知性はまたコミュニケーションによって獲得されうる．

　一般行為システムのなかで，経済的消費者に相当する者は，知識に関心をもって役割を演じている人たちであるといえる．その役割を遂行する人たちは，知性のインプットを要求している．そこで，知性という所得は認識的アウトプットの色々な型に対する需要として役立つ．

　知性は，認識的価値尺度として機能している．というのは，認識的妥当性の判断や重要性を組み合わせることによって，知性は社会的レベルで行為の合理性に関する評価に最も重要に関するものとして資するからである．

　貨幣の調整者は，支払能力である．経済的生産に重点をおいていない組織（大学の事例のように）は，支払能力の命令が緩和されている．つまり，大学は財政的に補助金を与えられている．

　支払能力に類似したものは，認識的基準であるといえる．知性の循環のなかでの命令的なものが，知性のインプットとアウトプットの均衡を保って作用している．認識的アウトプットの第一の市場は，知識に対する需要を構成しており，第二の市場は能力に対する需要を構成している．このようにして，知性は費用統制のメカニズムとして，人間の行為と社会の内外に機能している．

　知性を合理的に利用することは，そこに認識的基準がみられるであろうということを保証している．このことは，認識的合理性の価値パターンが知性の機能に対立して正当化されている根拠である．

(2) 遂行能力

　能力は，パーソナリティ構造に内面化された構成要素である．知性によって導かれた能力とは，認識的問題を扱うための能力であるといえる．能力は人々の目標を有効に遂行するために，人々の受容量（capacity）に横たわっている資源の1つである．遂行能力とは，目標達成能力の最も一般化された形態をい

う．そして，遂行能力はパーソナリティのなかにしっかりと受けとめられている．遂行能力に対する所得のカテゴリーは，対象についてのカセクシス[1]である．つまり，対象に関係してふさわしい行為をするための動機的委託が，カセクシスであるといえる．

パーソナリティ・システムの最も重要な産出は，同一化と認識的資源の知性的な組み合わせにある．これらは，遂行能力の所得についての資源であり，貨幣や知性についての所得の資源に似ている．経済的生産に対する物理的資源（土地）に等しいものと，知性的な行為に対する頭脳に等しいものとは，パーソナリティ・システムについては同一化であるといえる．

知性と同様に，遂行能力も費用を統制するメカニズムとして作用している．遂行能力のパーソナル内部の一部は，自我（ego）の強さである．自我とは決定に関して作用する資源で，パーソナルな目標遂行という意味で心理学的に重要な資源である．

個人のライフ・ヒストリーのなかで，認識的学習は行なわれる．そして，認識的学習は知識に関する色々な型への委託や能力についての色々な型を獲得する過程から成り立っている．認識的構成要素と非認識的構成要素との組み合わせの間で，特に重要なことは学生の社会化に関する認識と感情の構成要素の組み合わせであるといえる．

(3) 感情

一般行為システムの社会的下位システムのなかに係留している感情メディア（以下，感情と記す）は，社会システムの中ばかりではなく文化システム，パーソナリティ・システム，行動有機体の間においても循環していると考えられている．このようにして，感情は移動やデュルケームのいう意味での連帯性（solidarity）の要因の統制に関係している．

連帯性は，社会的集合体の元来の性質が価値カテゴリーに基づいていることから考え出されたもので，行為の4つの下位システムすべてから移動してくる緒要素に依存している．これらの緒要素は，個人のカセクティック（cathectic）な委託を含んでいる．この概念として，社会的秩序に横たわっている道徳的基準はデュルケームによって採用されたものであり，それは文化的資源からの貢

献である．そして，結局合理性は感情の配分に基づいているといえる．
　言い換えると，連帯性は個人の内部環境と社会環境に関係しているが，その元来の調整者は道徳的秩序にある．その道徳的秩序を安定させているのが感情である．
　パーソンズは，一般行為システムのレベルにあるメディアは，社会システム内部の命令的なもので循環しているに違いないと主張している．そして，彼は循環過程にある知性の機能と感情の機能とを対応させて扱っている．事実，集合体に対する個人の感情の愛着は，社会的単位の構造を規定している制度化の状態に到達しうると彼は述べている．

(4) 状況規定

　状況規定の概念は，アメリカの社会学者ウイリアム・トマスからひき出されたものである．トマスは，問題に直面した個体の自己決定的・内省的行為を方向づける「吟味と思索の段階」を"状況規定"とよび[2]，パーソンズもこれにほぼ近い意味をもつものとして捉えている．
　状況規定メディアは文化システムに係留し，コードの意味の型には人間的条件の意味の構成的根拠がおかれ，価値基準には道徳的権威に基礎づけられる価値合理性がおかれている (Parsons 1973：446)．状況規定は，社会システム・レベルにおける価値コミットメント・メディアに平行しており，一般行為システムというより大きなシステムのパターン維持下位システムに係留しているメディアとして，価値コミットメントを分担している．このようにして状況規定メディアは，境界を定義づけたり当該システムの自己再生産を規則づけている主要なコードを具体化したものであるといえる (Parsons 1978：269)．遺伝学と比較して，それはコードのレベルよりも型あるいはプログラムのレベルにより密接に関係している．このコードの型は，2つのチャネルを通して具体的な行為システムに影響しているといえ，第一には特質性を通して，第二には相互交換の一般化されたメディア，すなわち状況規定メディアにおける統合を通してであるとしている．
　特質性は，特別な遺伝子あるいは遺伝子の房 (gene-clusters) のなかの，遺伝子コードのつづりに似ている．最も一般的なコードレベルの特質性は，第一

に文化システムそれ自体の機能的な相違の焦点に関連している．すなわち構成的，道徳評価的，表現的そして認識的シンボル化のパターンのなかでの相違として，特質化が見られる．そのうち，道徳評価的レベルに対するコードの特質性の焦点となるものは，行為システムの統合に関連しており，価値の制度化に関係する文化システムと社会システムの間の関係を導いているとされている．

　パーソンズは，より問題となるのは文化的レベルでの表現的シンボル化と行為の下位システムとしての個人のパーソナリティとの関係であるという．そして，個人のアイデンティティの核は規範的概念あるいは個人のスタイル（様式）の型によって組織され，系統だてられていると彼は主張している．

　文化システムの構造をみてみると，パーソンズはシンボリックな意味，そして道徳的，表現的そして認識的定義のパターン化されたセット（集合）として，構成的要素が定義されるという[3]．

　状況規定メディアの機能的な重要性は，制度化のレベルで制限されるのではなく，社会的レベルの道徳的基準や価値関係に関連しているとされている．しかし，行為が構成的複合体それ自体に関係しているのに加えて，より一般的な行為レベル・メディアのすべては，認識的基準と表現的基準，道徳的基準と構成的基準の両方，またそれら互いに関連して包含しているに違いないとされている．

　状況規定メディアが価値あるものとなるのは，3つの相互交換の文脈のなかではかられるとしている．第一には認識的基準との相互交換をあげており，このなかで状況規定メディアに適合したり統合しているメディアは知性であるとしている．もし行為が知性的であるなら，それは認識的妥当性と重要性の基準に可能な限り従うに違いないと，パーソンズは述べている．

　第二の文脈には道徳をあげている．道徳的基準が制度化されているかぎりにおいて，道徳的基準は個人成員の観点から，彼らの社会環境を定義しているシステムの基礎を構成しているとしている．社会システムのこの二重の性質は，一般行為メディアの感情に係留している．相互交換のなかで，状況規定メディアは制度的秩序やその成員の公正（正義，justice）の感覚に関係して同一化（identification）の基礎として，感情メディアに統合されている，としている．

　第三の文脈には，文化システムとパーソナリティ・システムとの相互交換が

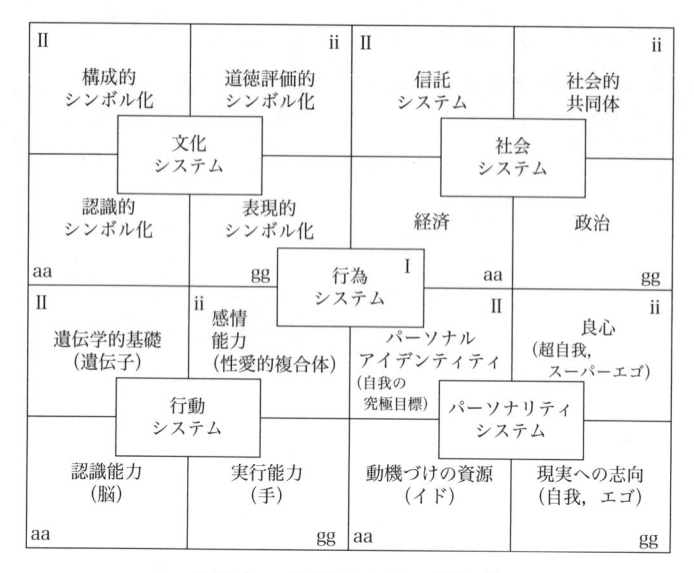

図10-7　一般行為システムの構造 (3)
Parsons. T., and Platt, G. M., The American University, 1973. P. 436 Parsons, T., Action Theory and the Human Condition. Free Press, 1978. P. 382 より作成.

あげられている．そこでは，パーソナリティ（人格）におけるアイデンティティの確立や様式の仕方に，状況規定メディアが関連しているとされている．ここにおいて，状況規定メディアは表現的基準を強調している個人の遂行能力に統合されているとしている．状況規定メディアは，状況的緊急事態，文化的基準，そして個人の動機づけの関心を統合するなかで，表現的強調を行なっているとされている（Parsons 1973：270-271）．

一般化されたシンボリック・メディアとして，状況規定メディアは内容が不足していて不十分であるとパーソンズは言う．状況規定メディアは，文化的に意義のあるシンボリック・パターンをつくるために働いているが，行為コミットメント（action-commitment）を排除しているという意味で，不十分であると主張している．

以上のように状況規定メディアは，行為システムのなかの文化システムに係留しており，認識的，道徳的，表現的分野と関連して，知性，感情，遂行能力の各メディアと統合していると分析されている．状況規定メディアは，その解

明が不十分であるとされているが，人間は複雑性を特徴とする生命体であるので，それは当然の帰結であるといえるかもしれない．

第5節　結び——L機能における提案

　第10章の結びにあたり，筆者は一般行為システムのシンボリック・メディアのL機能において提案を試みたい．

　パーソンズは，一般行為システムの一般化されたシンボリック・メディアに知性（A），遂行能力（G），感情（I），状況規定（L）の4つをあげている．彼は亡くなる前年，1978年秋に関西学院大学千刈セミナーハウス会館記念講演会の講師として来日し，社会学部の大学院で集中講義を行なった．そのときの講義において，行為システムの4つのシンボリック・メディアのうち知性のみが残っていて，残りの3つは名称の変更が検討されている．改定後のシンボリック・メディアには知性（A），自我の能力（G），集合感情（I），集合表象（L）が置かれている．Gの目標達成機能には「自我の能力」が置かれ，その理由として，それはパーソナリティ・システムに集中しているので，ここに適合していると記している．Iの統合機能は「集合感情」となっており，Lの型の維持機能は「集合表象」となっている．集合表象はデュルケームの著作のなかで非常に重要なものとして用いられた用語であるが，ここによく適合していると思う，とパーソンズは記している．さらに彼は，初期にはトマスの「状況規定」を使ったが，今ではこれはそれほどよくは適合していないと確信していると記している（Parsons 1978, 倉田編訳 1984：93-94）．

　パーソンズはデュルケームの用語「社会的環境」を，他者と社会的相互作用を行なっている個々の行為者からなる社会的環境を意味していると記述している．そこでデュルケームのいう社会的環境を，一般行為システムの「内的環境」と解釈している（Parsons 1978, 倉田編訳 1984：72）．

　ここでいう内的環境は，ベルナールやキャノンが述べているように生物体（あるいは有機体）でいうならば，からだの内部環境に相当するものと思われる．キャノンによれば，からだの内部環境は液質によって恒常性が保たれ，液質は自律神経のなかの交感神経（sympathetic nerve）によって支配（影響）

されている．デュルケームのいう集合表象は，社会を成り立たせている諸個人の意識の結合・総体であり，個人表象にとって外在的で拘束的，超越的という特徴があげられている．集合表象には社会制度，法，道徳，宗教などをあげることができる．デュルケームのいう集合表象は，アダム・スミスのいう共感（sympathy）と部分的に共通するところがあると考えられる．

　ここにおいて，筆者はL機能に置かれている集合表象の替わりに，共感を置くことを提案したい．人間のからだの恒常性（安定性）を保っているのは，交感神経（sympathetic nerve）[4]であり，スミスが『道徳感情論』のなかで人間の感情のうちの究極的なものを共感に求めているからである．共感は人間あるいは個人が存在するために，欠くことのできないものであると思われる．共感は，人間が存在するための究極的で根源的な条件であると考えられるからである．

　パーソンズは，改定後の行為システムのシンボリック・メディアとして，I機能に集合感情，L機能に集合表象と個人と集合体がつながるものを置いている．集合感情は，集合体への感情，集合体につながる感情であると思われる．集合表象は個人表象と区別され，個人に外在的で拘束的，超越的であるとされている．社会制度などがあげられている．改定前の行為システムのシンボリック・メディアは，知性（A），遂行能力（G），感情（I），状況規定（L）である．筆者は，一個人の行為システムの場合，改定前のA，G，Iはそのままでしだけ変更して共感を置くとよいのではないかと考えている．なぜなら，共感は個人の存在条件の根源を成していると思われるからである．個人の統合機能（I）は集団への感情ばかりではなく，まず個人内部での感情のバランス（均衡）が重要であり，そのなかに集合体へのかかわり，感情も含んでよいのではないかと考えられる．G機能について，改定前の遂行能力は，何かを成就しようとする能力である．改定後は自我の能力が置かれているが，ここで自我とは自分自身あるいは意識や行動の主体となるものとみなすことができ，遂行能力をも含むより広い概念であると考えられる．改定後のシンボリック・メディアは，改定前よりもより広い人間性，個人と集合体をふまえて置かれていると思われる．筆者は理論から実証へと考えた場合，G機能の場合には目的があってそれを成就する力とした方が捉えやすいのではないかと考えている．

以上をまとめると，筆者の提案する一般行為システムのシンボリック・メディアは図10-8のようになる．ただし，これらのシンボリック・メディアにはパーソンズが行なっているように，コードとメッセージにおける条件整備の検討が必要であり，ここで提案したのはあくまで試案である．

L		I
共感 (Sympathy)		感情 (Affect)
知性 (Intelligence)		遂行能力 (Performance capacity)
A		G

図 10-8 一般行為システムのシンボリック・メディア（試案）

注

1) カセクシスとは，リビドー (libido) がある特定の人・物・観念に向かって集中することをいう．
2) トマス (W. I. Thomas, 1863~1947) は状況規定について，社会の成員が行なう自発的な状況規定と社会が彼に提示する規定との間には，常に競合関係があると指摘している．そして彼は状況規定について，行為の複数の選択可能性のなかから特定の行為を選択する，意志をもった行為に不可欠の与件と意義づけている（森岡・塩原・本間編 1993：728）．
3) パーソンズは文化システムを認識的シンボル化，表現的シンボル化，道徳評価的シンボル化，構成的シンボル化に四分割しているが，そこには，デュルケームの『宗教生活の原初形態』(1917) に描かれた行為システムにおける認識的，道徳的，宗教的という三つの文脈が下敷きになっているといえる (Parsons 1973：270)．
4) 交感神経を構成する個々の遠心性末梢神経をいう．内蔵諸器官の相互的影響，すなわち交感作用 (sympathy) を媒介する特殊な神経の意味で，J. B. ウィンスロー (Jacob Benignus Winslow 1669~1760) が命名した (1732)．交感神経の節後繊維は汗腺に分布するものを除き，アドレナリン作動性であることを特徴とし，コリン作動性の副交感神経と拮抗して各器官の二重神経支配を実現している（『岩波生物学辞典』（第 4 版）八杉龍一他編集，岩波書店 1996 年）

ウィンスローは，フランスの解剖学者である．Sympathetic について，語源は近代ラテン語の sympatheticus (1500 年以降)，その源はギリシャ語の Sympatheia である．Sympatheia は同情，共感，共鳴の意味である．Sym は共に，pathos は感情，悩み，悲しみの意味をもつ（『医語語源大辞典』（縮刷版）立川清編，図書刊行会，1979 年）．

第11章
人間的条件システムの
シンボリック・メディア

第1節 はじめに

　パーソンズは人間的条件を物理的‐化学的システム，人間有機体システム，行為システム，目的システムに四分割し，その相互交換過程から経験的秩序，健康，シンボリックな意味，超越的秩序の四メディアを析出した．社会システム，一般行為システム，そして人間的条件システムへと，最初は社会システムの貨幣メディアという人間の外部の世界で起こる現象の分析から始め，次に人間の行為から生じる，あるいは行為を引き起こすメディアの分析，そして最後に人間の存在条件に関係するメディアの分析へと進んだ．そこにはパーソンズ独特の分析的レベルの設定がみえる．

　本章では人間的条件システムのシンボリック・メディアに焦点をあて，それが考え出された背景，過程，性質，そしてそれらのメディアがもつ意味について考察することを目的としている．

第2節　人間的条件システムでメディアが生み出された背景

　パーソンズは社会システムの分析，一般行為システムの分析だけでは満足できず環境的諸要素を考慮に入れて，人間が存在するための条件の分析へとさらに進んだ．その人間的条件システムでは行為者と環境，あるいは環境内部の意味的関連が問題となった．

　社会システム，一般行為システムの一般範式と同様に，人間的条件の範式に

第11章 人間的条件システムのシンボリック・メディア

目的システム	行為システム
物理的-化学的システム	人間有機体システム

A　　　　　　　　　　　　　　　　　　G

図11-1　人間的条件の一般範式
Parsons, T., Action Theory and the Human Condition, 1978, p. 361.

おいても横軸に「道具的-成就的」，縦軸に「内的-外的」の2つの軸がおかれた．ここで内的-外的の軸は人間的条件にとっての内部環境，外部環境という意味をもつ．人間的条件の四機能範式には，それぞれ物理的-化学的システム（A），人間有機体システム（G），行為システム（I），目的システム（L）がおかれた（Parsons1978：364-365）（図11-1）．

ここでLシステムに対応する目的システムは，パレートのいう「残基カテゴリー」，ウェーバーのいう「意味の問題」と深い関連があった．目的システムの内部構成もカントの三批判から示唆されて，さらにベラーの説を借りて究極的行為主体（a），究極的成就（g），究極的秩序（i），究極的根拠（l）に四分割されている．

そして，物理的-化学的システムは生命システムの物質的基礎をなし，人間有機体システムは合目的組織をなし，行為システムはシンボリックな組織であるとみなされ，目的システムは行為の意味の根拠をなすとみなされた（Parsons 1978：390-392）（図11-2）．このなかでパーソンズは行為システムを最も中心的な存在とみなし，そのうちでも社会システムを最も中心的な研究対象として取り上げてきた．また人間的条件システムで行為システムだけが行為するシステムと考えられ，他の3つのシステムは行為するシステムとは捉えられていない．

第3節　人間的条件システムにおけるメディアの相互交換過程

　人間的条件システムの相互交換の範疇は，図11-3のように示されている．この相互交換関係から，パーソンズは各システムに係留するシンボリック・メディアを創出していった．この相互交換のカテゴリーをみてみよう．A，G，I，Lの四システムの4つの側面と2つの対角線から全部で24のカテゴリーができ，それぞれ「生産物」と「要素」という2つの組み合わせで表示されている．『アメリカの大学』(1973) では社会システムと一般行為システムの相互交換過程が示されているが (Parsons 1973: 432, 439)，『行為理論と人間的条件』(1978) ではさらに人間的条件システムに理論を展開させている．相違点をみてみると，人間的条件ではL-Iの相互交換がトップにきており，その真下にL-AとI-Gの相互交換が，一番低いところにA-Gの相互交換がおかれ，さらにそのもとにL-G，A-Iの対角線の相互交換のセットが配置されている．

　出発点として最上であるのはA-Gの関係であり，物理的世界と有機的世界の相互交換である．物理的世界から有機的世界へのアウトプットの要素として，ヘンダーソンのカテゴリー「環境への適合」がおかれている．有機的生活に対して環境がしてきたことは，多くの種類の生活有機体が有効に機能できるように条件を提供することである．有機体から物理的世界への逆のアウトプットには，適応能力がおかれている．要素レベルから生産物レベルに移ってみると，環境から有機体へのアウトプットには利用可能な諸資源がおかれている．例えば酸素，水素，栄養物，土といったものである．有機体から環境に対しては，環境を修正することによって，生活が調整されている．有機体と物理的環境との関係はオープン・システムのもとで機能している．

　次にLとAの相互交換においては認識論的な問題が最も重要になってくる．物理的な世界から超越論へのアウトプットには感覚データがカテゴリー化され，逆には理解のカテゴリーがおかれ，これにはカントの影響がみられる．知識はそれ自体を扱うのではなく，人間的条件の他の要素とともにあると考えられ，LからAへのアウトプットには知識の一般化がおかれている．AからL

第11章　人間的条件システムのシンボリック・メディア

	L				I	
	l テリック・システム i		→ 恩　恵 →	i 行為システム l		
行為の意味の根拠	究極的根拠（B）	究極的秩序（B）		社会システム	文化システム	シンボリックな組織
	究極的行為主体（B）	究極的成就（B）	← 信　仰 ←	パーソナリティシステム	行動システム	
	a	g		g	a	

| ↓ 自然への理解 | ↑ 自然の秩序 | | ↓ 有機体エネルギー | ↑ 生物システムの動機づけ組織 |

	a 物理的-化学的システム g		g 人間有機体システム a		
生命システムの物質的基礎	炭素（H） 新陳代謝（H） 燃料物質（W） 土（G）	酸化作用（H） 複雑性（H） エネルギー（W） 火（G）	表現型としての有機体	生態学上の適応	目的論的な組織
	水（H） 水（H） 不活性物質（W） 水（G）	酸素（H） 調節（H） 情報（W） 空気（G）	生殖個体群	遺伝子の継承	
A	l	i	i	l	G

　　　　　　　← 適応能力 ←
　　　＊　→ 環境への適合 →

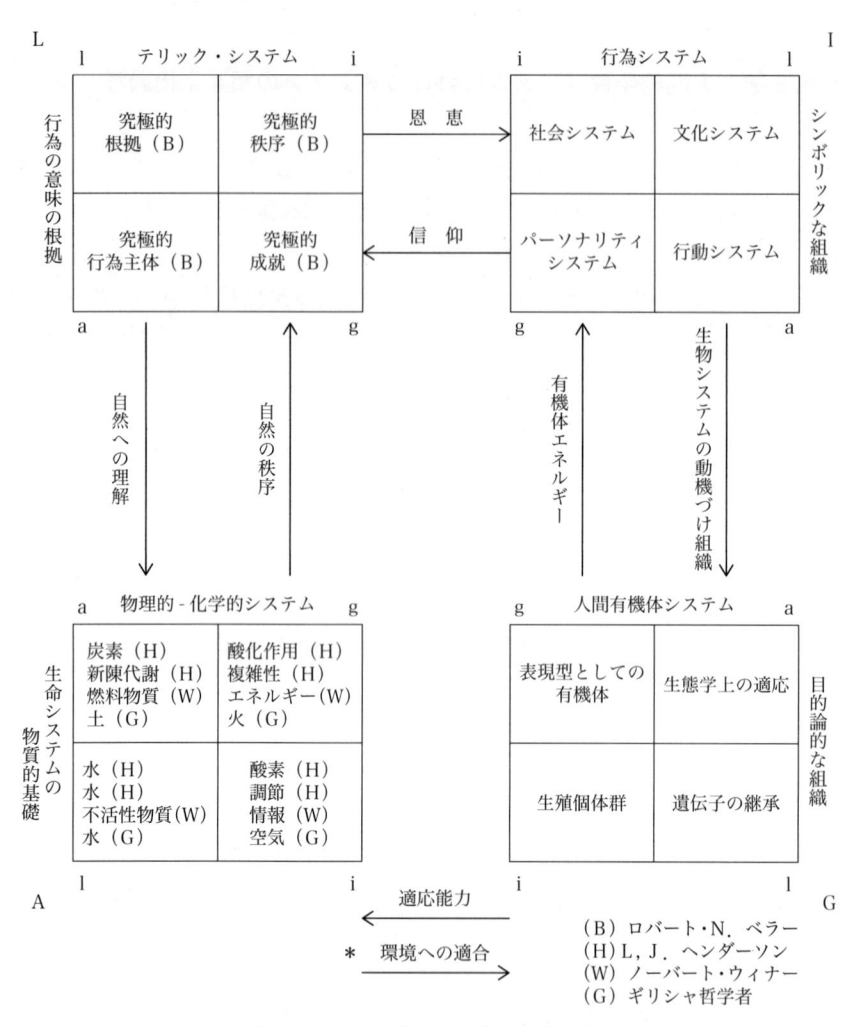

(B) ロバート・N. ベラー
(H) L, J. ヘンダーソン
(W) ノーバート・ウィナー
(G) ギリシャ哲学者

図11-2　システムとしての人間的条件の構造
Parsons, T., Action Theory and the Human Condition, 1978. P. 382.
＊原書では矢印の向きが反対になっている．

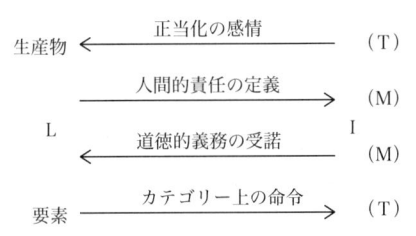

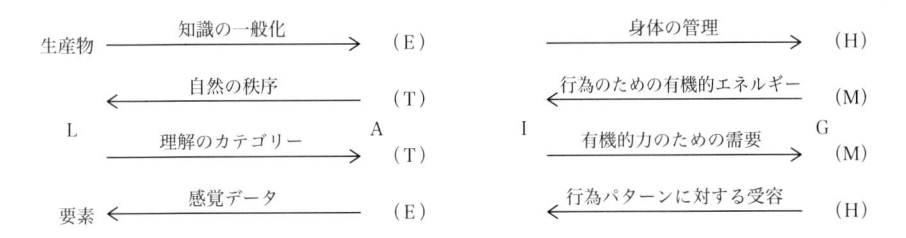

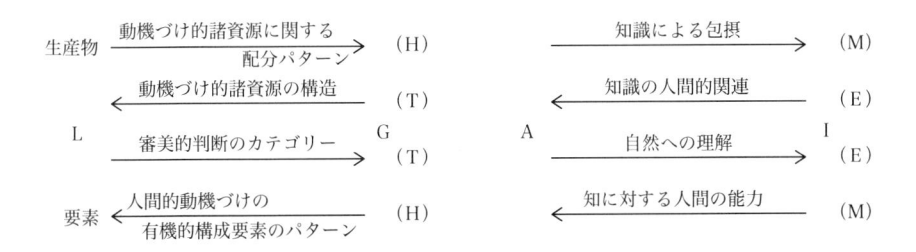

```
                        正当化の感情
        生産物  ←―――――――――――――― (T)
                      人間的責任の定義
              ――――――――――――――→  (M)
              L       道徳的義務の受諾    I
              ←――――――――――――――  (M)
                     カテゴリー上の命令
        要素  ――――――――――――――→  (T)
```

```
            知識の一般化                      身体の管理
  生産物 ――――――――→ (E)              ――――――――→ (H)
         自然の秩序                    行為のための有機的エネルギー
       ←――――――――  (T)              ←――――――――  (M)
    L    理解のカテゴリー   A      I    有機的力のための需要    G
       ――――――――→  (T)              ――――――――→  (M)
          感覚データ                   行為パターンに対する受容
  要素 ←――――――――  (E)              ←――――――――  (H)
```

```
                     利用可能な諸資源
        生産物 ――――――――――――――→ (H)*
                    環境に対する関係の規則化
              ←――――――――――――――  (E)
              A       環境への適合       G
              ――――――――――――――→  (E)
                       適応能力
        要素  ←――――――――――――――  (H)
```

```
         動機づけ的諸資源に関する                知識による包摂
  生産物 ―――――――――――→ (H)          ――――――――→ (M)
              配分パターン
         動機づけ的諸資源の構造              知識の人間的関連
       ←―――――――――――  (T)          ←――――――――  (E)
    L   審美的判断のカテゴリー    G      A    自然への理解       I
       ―――――――――――→  (T)          ――――――――→ (E)
          人間の動機づけの                 知に対する人間の能力
  要素 ―――――――――――→ (H)          ←――――――――  (M)
       有機的構成要素のパターン
```

メディアに関するシンボル：L:(T)；I:(M)；G:(H)；A:(E)

図11-3　人間的条件に関する相互交換のカテゴリー（範疇）[1]

Parsons, ibid, 1978, P. 407.

＊原書とは記号が異なっている．

へのアウトプットには自然の秩序がおかれ，背後には現代の西洋文化の強い認識的志向がある．

　A-Iの相互交換において，Iは行為システムの軌跡であるので，人間の行為特に行為者として人間個人に対して知識については究極の構成要素でないものを含んでいる．この点で人間中心的観点が特に重要になる．要素レベルで物理的な世界あるいは自然から行為システムへは，自然への理解がおかれ，逆に行為から自然へのアウトプットには知に対する人間の能力がおかれている．生産物レベルでIからAへのアウトプットには，人間の知識への適応性があげられている．ここにはウェーバーの「価値」という用語を使用することによる適応性の概念の影響がみられる．逆の自然から行為システムへのアウトプットには，知識による包摂がおかれている．自然が「そこから外」という外部的な世界の部分だけというより，むしろ決定的な意味で行為システムの一部になってきている点が重要視されている．つまり自然は外であるけれども，その知識は行為の内部的な環境の一部になってきていると理解できる．

　G-Iの相互交換では，要素レベルで行為システムから有機体システムへのアウトプットには，有機体の遂行能力に対する需要がおかれ，逆には行為パターンに対する受容力がおかれている．生産物レベルでは有機体システムから行為システムのアウトプットに行為のための有機的エネルギーが，行為システムから有機体システムには身体の管理がおかれている．ここでフロイトの考えを取り入れて，身体には人間個人を構成しているパーソナリティを含んでおり，また有機体には行為の一般システムの機能的な単位として，エネルギーの初期の資源を含んでいるとしている．

　LとGの相互交換では，人間中心的観点から人間の経験的世界の部分として，特に人間の生活部分として有機的生活の意味深い規範的状態の背景を扱っている．つまり，要素レベルでGからLへのアウトプットには人間的動機づけの有機的構成要素のパターンがあげられ，LからGへのアウトプットには審美的判断のカテゴリーがあげられている．前者は人間個人の道徳的秩序に焦点を合わせているところから生じ，後者も有機体として個人の判断に焦点を合わせている．両方とも分析的に重要であり，全体として人間的条件の文脈でみるとき，お互いに補い合っている．生産物レベルでは，GからLへは動機づ

け的諸資源の構造が，LからGへは動機づけ的諸資源に関する配分パターンがアウトプットされている．これは超越的に動機づけが，行為のより複雑な方向に入ってきていることを示している．

L-I相互交換では，再びカントのカテゴリーに依存している．LからIへのアウトプットにはカテゴリー上の命令がおかれ，IからLへのアウトプットには道徳的義務の受諾がおかれている．目的システムと行為システムの間に貫流しているものは何か，パーソンズはここにカント的な超越論的な構成要素をみている．つまりLからIへのカテゴリー的命令法であり，その性質と役割は「実践理性批判」の原則的な関係であるとしている．IからLへはカントの考えの強い道徳的強調がなされている．そして，この関係にはカントとデュルケームの間に著しい類似のある点が指摘され，「道徳的義務の受諾」はデュルケーム流の語句の使い方であることを明らかにしている．生産物レベルの相互交換では，目的システムから行為システムへは人間の道徳的責任の定義を，行為システムから目的システムへは正当化の感情をあげている．ここで正当化の感情は，肯定的と否定的の両方を含んでいる．つまり超越的な命令法に照らしてみると，人間である行為者は正当化（例えば信仰による正当化）と，否定的に非正当化（罪深い）の両方を含んでいるとみることができる（Parsons 1978：405-414）（図11-3）．

第4節　人間的条件システムにおけるメディアの性質

社会システムの一般化されたシンボリック・メディアの構成要素に価値原理と調整基準をおき，一般行為システムのそれに意味の型と価値基準をおいて検

	メディア	係留部門	コードの種類	
			志向のカテゴリー	評価の基準
L	超越的秩序	テリック・システム	超越性	批判
I	シンボリックな意味	行為システム	生成変形	解釈
G	健康	人間有機体システム	目的志向性	診断
A	経験的秩序	物理的化学的システム	因果律	説明の適切性

図11-4　人間的条件システムのシンボリック・メディア
Parsons, T., Action Theory and the Human Condition, 1978. P. 393 より作成．

討したように，パーソンズは人間的条件システムでは志向のカテゴリーと評価の基準をコードの種類において，各メディアの性質を検討している（図11-4）．

　パーソンズはここで，システムとして考えられている人間的条件のレベルにおいて，相互交換のメディアが常にシンボリックでありえないことを最初にあげている．その理由としてシンボリックな現象と関係が，人間の行為レベルに閉じ込められている点をあげている（Parsons 1978：394）．つまり人間的条件のレベルにおいてメディアとよばれるものすべてが行為システムに内在しており，そのうちのシンボリックなメディアだけが相互交換において，人間行為システムから発出されているに違いないとしているのである．

　具体的にみるならば，物理的-化学的システム（A）の経験的秩序メディアと，人間有機体システム（G）の健康メディア，目的システム（L）の超越的秩序メディアにおいてはシンボリック性を認めていない．そして行為システム（I）のシンボリックな意味メディアにだけシンボリック性が肯定されている．パーソンズは，社会システムと一般行為システムでメディアを「一般化されたシンボリック・メディア」とよび分析を試みてきたが，生身の人間を究極まで問いつめた人間的条件システムでは，メディアのシンボリック性をすべてのメディアに認めていない．

　しかしパーソンズは，人間的条件のシステムから考え出されるメディアについて"一般性（generalized）""相互交換（interchange）""媒体であること（media）"の性質は認めている．メディアの概念は，人間的条件の各システムの性質を異にした，また変わりやすい現象，傾向等において単に解消不可能なものを越えて関係しうるに違いないとして，そこにメディアの超越性を認めている．そして，この性質つまり性質を異にするものの関係に対する能力は一般性とよばれるかもしれない，とパーソンズは述べている．そしてメディアの機能は間接的であるとし，もしシステムのなかで利害関係から闘争が生じるなら回避したり調整して統合することができるかどうか，特にシステムの部分間で調整された，または組織された内部関係の範囲を拡大することができるかどうか，がメディアとして重要な問題であるとされた（Parsons 1978：395）．

　またパーソンズは，人間的条件のレベルで最も中心となるメディアは行為シ

ステムに係留するシンボリックな意味メディアであるとし，それは言語と関係があるに違いないとしている．しかし言語自体をメディアとして扱わずに，貨幣に関係した貨幣制度，権力に関係した権威と同じような立場，コードの一種に言語をおいている．すなわち言語という後ろ盾があってシンボリック意味メディアはうまく働くと考えた[2]．

シンボリックな意味メディアは，一人の行為者から他の行為者へ意味を伝達しうることから循環しており，貨幣が信用創造によって増大しうるように意味の供給も人間の行為によって増大あるいは進歩しうると述べている（Parsons 1978：396）．

図11-4をみるとコードの種類に「志向のカテゴリー」と「評価の基準」がおかれているが，前者は主にメディアが作用する機能的問題分野であるとし，後者はメディアを使用した結果の評価に接近する基準を示している．これは社会システムの価値基準と調整基準，一般行為システムの意味の型と価値基準に相当するものとみることができる．

(1) 各メディアの性質
[1] 経験的秩序

物理的-化学的システムには経験的秩序メディア（Empirical Ordering）がおかれた．我々が得ようとしていることは，知識と知ろうとする目的の関係を通っている秩序性から得られるとし，メディアは媒介物であるということから経験的秩序という用語が用いられた．ここで物理的世界の知識は外部世界の「所与のデータ」以上のもの，特に目的システムの超越的秩序メディアによって提供されるカントの意味の悟性のカテゴリーを要求しているとされている（Parsons 1978：397-398）．

つまり知識を得るための外部的な目的からのインプットは，でたらめなものではなく秩序づけられており，秩序のこの要素が人間的条件の構造を通して人間の心を動かしやすいものにしている，とパーソンズは主張している．

また経験的秩序メディアは，物理的-化学的システムの内部と人間的条件の他の下位システムとの関係から循環しているものと考えられ，その経験的秩序メディアの配分は継続的に交換が経験されているとしている．それらは交換価

値をもっており，物理的世界の秩序について直接にというよりもむしろ具体的な現象から，例えば「経験的な」事実から抽象化されるに違いないと主張している．このような過程から，経験的秩序メディアは固定された量ではなく，成長を含んだ様々な過程を通して変化していくと考えられた．

このメディアの志向のカテゴリーには，因果律がおかれた．これはカントの悟性のカテゴリーから1つを選択したもので，関係している現象の原因を理解するためにおかれた．このとき判断に対応している基準は，説明の適切性であるとされた．つまり秩序メディアを通しての経験と過程，その原因と結果の関係を知るには適切な説明が必要であると考えられた．

[2] 健康

人間有機体システムのメディアには健康（Health）がおかれた．今までメディアというと抽象的な表現が多かったが，人間的条件のGシステムにきてはじめて現実的な表現となっている．Gシステムにおけるメディアは人間有機体の外部と内部をつなぐもの，すなわち肉体と精神の統合や安定をはかるための基礎としての健康状態と理解することができる．

パーソンズは，メディアとしての健康の概念を全体として個人の状態に基づいており，器官，組織，あるいはそれらの複合体を良いまたは悪い健康状態の例として考えた．またメディアとしての健康は，他の人間特に健康サービスに従事する人を通して，よい環境が整えられるかぎり循環するとされた．そして良い健康状態のときに，多くの生産的活動がなされるという具合に，良い健康状態を維持するには有機体にとってインプットとアウトプットのバランスは重要であるとし，それは量的に固定されたものではなく，改善されうるものと考えられた（Parsons 1978：402-403）．

健康メディアの志向のカテゴリーには，目的志向性がおかれた．これはマリーの目的論（テレオノミー）の概念を採用したもので，健康メディアは目的論的な能力の形態とみなされた．また評価の基準には診断がおかれ，これによって健康状態が良いか病気かが判断されるとした．

[3] シンボリックな意味

行為システムに係留するメディアには，シンボリックな意味（Symbolic Meaning）がおかれた．そして，志向のカテゴリーには生成変形がおかれてい

る．これは言語学的にはチョムスキーの語法を借りたもので，具体的な文脈で意味を生み出すことと，文脈の表面的な構造がラベルづけすることにより深い構造に変形していくことを表している．チョムスキーは，言語を利用することによって新しい意味を形成する可能性が無限定的に大きいことを強調しているが，パーソンズはシンボリックな意味メディアについても，言語をコードの一種とすることによって，その供給は固定しているのではなく拡大する可能性があるとした．

　図11-4の第三欄，評価の基準には解釈がおかれた．例えば言葉による表現が感情を表すかどうか，また何を意味するかという解釈をさしている．ここでパーソンズは，この「解釈」(Interpretation) の用語は，ウェーバーのいう「理解」(Verstehen) のカテゴリーを適応させたものであることを明らかにしている．そこで「解釈」と「理解」との関連をより明らかにするために，パーソンズが受けたウェーバーの影響について少し詳しくみてみたい．

　パーソンズは自分が社会学科の学生として個人的な態度を見出し，また人間的行為の分析に対する理論的道具の発展に捧げたのはハイデルベルグ大学に留学したときであり，彼自身の方向を定めることを助けた人物に，マックス・ウェーバーをあげている．しかし，パーソンズはウェーバーを個人として直接には知らなかった．ウェーバーは，パーソンズがハイデルベルグに来る5年前，1920年に肺炎で亡くなっていたからである．しかし，彼の影響力はパーソンズが学生として日々を送ったときには，まだ非常に強く残っていたと述懐している．

　そこで行為理論におけるウェーバーの影響についてみてみたい．しかし，ウェーバーの著書を詳しく検討してはいないので，ここではあくまで概略である．

　パーソンズは歴史的にみてこれまでの行為理論に3つの特徴をあげている．第一はシンボル化およびシンボル化過程に関係するもので，態度あるいは行動との区別の最も重要な線としている．第二は主体-客体の関係に関するもので，現代世界では認識論から始められるとしている．第三はシステムの概念に関する点をあげている．このうち第一，第二の点とウェーバーが最も強く関連しており，第三番目については何か関連の強さが少なかったとパーソンズは主

張している（Parsons 1979：150-151）.

　そして歴史的にみてこれまでの行為理論に対するウェーバーの貢献の最も重要な特徴を，パーソンズは3つの異なったレベルで検討している．第一は方法論的なレベル，第二は哲学上のレベル，第三は社会学的なレベルである．第一の方法論的なレベルにおいて，全体の流れは不幸にも調査技術の方向に向かっているが，ウェーバーの場合，英語的な感覚でよりもドイツ語的な感覚でむしろ科学の哲学と密接している，とパーソンズはみている．彼の見解によると，このレベルでのウェーバーの最も重要な貢献は，〈自然科学〉と〈文化科学〉のディレンマの克服であったとされている．自然科学は非難を伴って一般化された概念を扱い，これに対して文化科学は特殊性に特に〈文化体〉（Kultureinheit）にかかわってきた．そこでドイツ人は，知的な伝統としてまちがったディレンマを構成してきた．この二分法の重要な結果として，科学論のすべてが事実に関して抽象的で選択的であるに違いないとウェーバーが主張し，両者の偏見を超越したとパーソンズは解釈した．

　第二の哲学上のレベルでは，ウェーバーは〈現実的要因〉（Realfaktoren）と〈観念的要因〉（Idealfaktolen）という2つのカテゴリーの用語を用いて，行為-現実のディレンマを克服していた．それは17世紀と18世紀の哲学的な革命以来，哲学的な構造と何か関係しており，観念論と実証主義の二分法で最高点に達した．そして行為論における二分法は，自然の世界から人間行為の世界へ現実的決定の概念の拡大であった．一方，観念論は関係の異なった秩序を強調していた．

　第三の社会学的なレベルでは，〈ゲマインシャフト〉と〈ゲゼルシャフト〉のテンニースの有名な二分法と関係している．つまり具体的な社会構造が〈ゲマインシャフト〉の場合か，あるいは〈ゲゼルシャフト〉の場合かという二分法である．パーソンズは，ウェーバーがこの方向にはあまり重きをおいていなかったと見ているが，しかしウェーバーの観点はこのディレンマを克服する方向を示唆しているともいっている．例えば市場経済は〈ゲゼルシャフト〉の典型的な例であり，血縁関係は〈ゲマインシャフト〉の典型的な例であるとされている．では家計は〈ゲマインシャフト〉現象か〈ゲゼルシャフト〉現象かを問うた場合，それは両方に属しているが，前者に属している方が状況を決定し

ている広い範囲で優位に立っている．このときウェーバーは，それは〈どちら〉とも，あるいは具体的な現象について〈疑問である〉ということから自由であるとみなす．

　第一，第二，第三のレベルにおいて，ウェーバーの方向は3つのディレンマのどれをとっても具体的な現象を拒否することと関係している（Parsons 1979：151-154）．パーソンズは注目してきた行為論の3つの柱のうち，最大の困難が生じるのは第二のレベル，すなわち主体となる側面と客体となる側面との間の均衡を維持することであろうと述べている．ここで議論は行為している個人としての主体に，すなわち〈行為者〉としての主体に焦点を合わせている．そこでウェーバーのとった形式は，行為している個人が理解の用語を取り扱うに違いないというものであった．すなわち彼の有名な〈理解〉（Verstehen）のカテゴリーであるが，それは行為しなければならない状況に関係して主体的に意図づけられた意味の用語である．この接近法に関係して非常に重要な問題は相互行為ということであり，ウェーバーは〈社会的行為〉の定義でそれを考慮に入れていた．パーソンズはこれをさらに発展させて，シンボリックな相互行為に焦点をあてた．

　さて主題におけるカテゴリーの役割についてみると，問題は〈理解〉が進行すると，カテゴリーの内容が特に行動している個人の主観的な状態に閉じ込められているかどうか，ということになる．この点についてウェーバーの最も重要な洞察の1つは，そのかぎりではなかったとパーソンズは述べている．そしてこの点でウェーバーは，デュルケームの社会学的な立場，フロイトの心理学的な立場と矛盾しない立場をとったとされている．

　さらに問題は内面化である．つまり個人に内面化された動機づけは行為者に特有化されてあるばかりではなく，目的，規範，シンボルにも通じている．目的，規範，シンボルは個人の行為者に特有なものではないが，しかし通常の文化の部分を構成している（Parsons 1979：154-155）．

　以上のようなウェーバーの考え方を，パーソンズはさらに発展させて人間的条件システムの評価の基準に解釈をおく基礎とした．

[4] 超越的秩序

　目的システムに係留するメディアには，超越的秩序（Transcendental

Ordering) がおかれた．秩序を「超越的」としたのは，物理的‐化学的システムの「経験的」秩序に対応させたもので，カントによって用いられた意味と同じくしている．この超越的秩序メディアは，人間のもつ思考や感情と目的システム内の生命に抵触する問題との間の関係を秩序づけるための，人間的条件の枠組みのなかでの能力と考えられている（Parsons 1978：403-404）．

　パーソンズは超越的秩序メディアにも循環性を認めている．「我々が人間の知識の目的としてつくりあげていることは，それ自体のなかのものではなく，それと同一化できない構成要素の組み合わせを情をこめてつくりあげることである」とし，もし超越的な秩序メディアがこの意味で循環しているなら，それは比較可能な異なったものをつくっているという意味で，価値尺度として機能していると主張している（Parsons 1978：404）．

　また超越的秩序メディアの量は固定的なものではなく，発見を通しての認識的革新，思考の独創力，宗教改革によって変化するとした．このメディアの志向のカテゴリーには超越性（transcendentality）がおかれ，評価の基準には批判（critique）がおかれている．ここでいう批判の用語はカントの意味で用いられており，「純粋理性批判」「実践理性批判」「判断力批判」の三著書から得られたものであるとしている（Parsons 1978：405）．

(2) シンボリックな意味メディアのインフレ，デフレ

　人間的条件システムのなかで，行為システムが一番中心になるシステムであるとパーソンズは述べているが[3]，すると行為システムに係留しているシンボリックな意味メディアが最も中心的な働きをするメディアということになる．そこで本節ではシンボリックな意味メディアのインフレ，デフレについて検討してみたい．

　人間が行為をする際にシンボリックな意味をもつものは何だろうかと考えてみると，それは信仰に結びつくのではないだろうか．信仰すなわち宗教に結びつくと思われる．パーソンズは宗教においてはプロテスタント派キリスト教を肯定している．そもそも四分割の「道具的（instrumental）」－「成就的（consummatory）」の軸は，禁欲的プロテスタンティズムを起源とした「道具的活動主義」から生み出されている．そしてアメリカの価値体系について，パ

ーソンズは最も一般的には道具的活動主義を志向していると主張している[4]（図11-5）.

　社会システム，一般行為システムでのメディアのインフレ，デフレの定義はシンボリックな意味メディアにも適用できると思われる．インフレの場合，行為者相互間に信用が増す，その背景に共通の信仰があれば，よりいっそう信用が推進されるのではないだろうか．デフレの場合，行為者相互間に信用が減少する，そのとき，心理的に共有するものが異なる場合，信用の減少する速度がはやくなるのではないだろうか．

　シンボリックな意味メディアの場合，意味の問題，すなわち人間の存在の意味，幸福や不幸の意味，善悪の意味など，宗教の中心的な問題となることがかかわってくると思われる．

　パーソンズはメディアについておだやかなインフレ状態が望ましいと述べているが，シンボリックな意味メディアについて考えてみると信仰，宗教，特にプロテスタント派キリスト教を肯定していることが改めて伺える．

　また宗教は個人的な問題として根本的な「意味の問題」に解決を与えることができるが，それは単に認識論的哲学的な問題ではなく，すぐれて実践的問題であり我々が日々の生活を行なう上での基本的な価値コミットメントの問題と結びつく．このことを考えるとシンボリックな意味メディアは，行為システムの外部と内部を結びつける働きをするのではないだろうか．それによって人間的条件における行為システムの均衡を保つ働きをしていると考えられる．

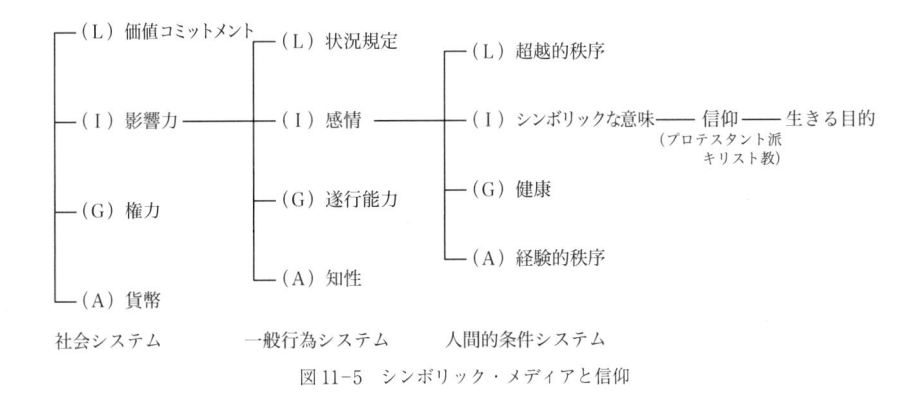

```
─（L）価値コミットメント─（L）状況規定    ─（L）超越的秩序

─（I）影響力──────（I）感情─────（I）シンボリックな意味──信仰──生きる目的
                                              （プロテスタント派
                                               キリスト教）
─（G）権力         ─（G）遂行能力   ─（G）健康

─（A）貨幣         ─（A）知性      ─（A）経験的秩序

社会システム    一般行為システム    人間的条件システム
```

図11-5　シンボリック・メディアと信仰

シンボリックな意味メディアが信仰と結びつき，生活上の実践的な価値コミットメントと結びつくとすると，シンボリックな意味メディアに関して一種の仮説命題であり実証性に欠けるという意見に対して，一つの風穴をあけることができると思われる.

第5節　結び

本節ではパーソンズ理論全体のなかでシンボリック・メディア論のもつ意味，人間的条件システムのメディアについて検討して結びにかえたい.

(1) パーソンズ理論全体のなかで，シンボリック・メディアのもつ意味

パーソンズ理論は，静態的な分析にとどまっているという批判に対して，社会システム，一般行為システム，人間的条件のシステムそれぞれの各下位システムに係留するメディアが，「循環性」をもっていることから動態的な分析もできると考えられよう.

具体的には，『アメリカの大学』(1973) のなかにその例をみることができる．例えば，1960年代に行なった大学紛争について，1964年時点では行動システムに係留する知性メディアと文化システムに係留する状況規定メディアの生産物と要素の相互交換が，非常によく作用してメディアのインフレ状態にあったとして，二重の矢印で表されている．それが1968年から1970年の紛争が生じた後での時点では，知性メディアと状況規定メディアにデフレ状態が生じたとして，その関係が破線で表されている．このことは，大学の危機を大学組織体の危機として構造的に捉え，メディアの循環性という動態的な性質を使ってその分析を試み，解決をはかろうとしていることがいえると考えられる.

(2) シンボリックな意味メディアについて

[1] シンボリックな意味メディアについては，人間が行為する際に，シンボリックな意味をもつものは何かを考えてみると，信仰，すなわち宗教に結びつくと考えられる．パーソンズの場合，宗教においてプロテスタント派キリスト

教を肯定していることが理解できる。アメリカの宗教について、パーソンズは、ベラーの「アメリカの社会的共同体は宗教をもっており、十分に信仰を伴って実践されている。それは市民宗教とよぶにふさわしく、キリスト教の型がより近い」という説を支持している。なお、アメリカの価値体系について、パーソンズはプロテスタント派キリスト教の考えを使って分析を行なっている。

今まで抽象的とばかり思い込んで現実から遊離しているかのようであったシンボリック・メディアがすぐれて実践的なことと結びついていたこと、すなわちシンボリックな意味メディアが、生活上の基本的な価値委託の問題と結びつくことを理解することができた。

［2］パーソンズは、社会システムには感情メディア（Affect）をおき、行為システムにはシンボリック意味メディアをおいている。そして、シンボリック意味メディアの志向のカテゴリーには、生成変形（Generativity）をおいている。ここでのGenerativityとは、生物が生きていく中での生命と制限力に抵触しており、フロイトの影響がみられる。

フロイトは、夢の研究から無意識のうちのエディプス的欲求に注目し、幼児期以来一貫する性的欲求をリビドー（libido）と名付けた。フロイトによると、リビドーは最も強力な本能的衝動であり、人間の根源的な欲求である。他の様々な欲望はみな、リビドーの変形や仮装にすぎないとしている。

一方、ベラーは『日本近代化と宗教倫理』（1966）のなかで、心学とその創始者として石田梅厳（1685-1744）をとりあげている。そのなかで梅厳は、学問という言葉に含まれる過程に関して、2つの主要な方向をあげていると指摘している。1つは悟り（見性、けんしょう）、すなわち「性を知ること」あるいは「心を知ること」に導くものをあげ、もう1つはその悟り、あるいは認識から生じる倫理的実行をあげている。

これらのことから、西洋、東洋を問わず、人間の行為を生み出す心的エネルギー源には、性—フロイトによるとリビドー（性本能、生命力）、石田梅厳によると悟り（見性）—が重要になっていることが理解できる。

［3］パーソンズはシンボリック意味メディアの評価基準に「解釈」をおき、M・ウェーバーのいう「理解」と密接なかかわりがあるとしている。

これは行為論の主体となる側面と客体となる側面との間の均衡を維持するこ

との困難性というレベルに関するもので，ウェーバーの場合，相互行為という観点から接近して，行為している個人としての主体が理解の用語をとり扱うに違いないとしたものである．

これに対してパーソンズは，ウェーバーの考えをさらに発展させた．すなわち彼は行為をする際の評価の基準にシステムという考えをとり入れ，相互理解，換言すれば行為をパターン別に捉え，システム的に相互に理解して解釈するという意味で，「解釈」という用語を用いたものと考えられる．

注
1) 図11-3について．A-G交換図における生産物と要素に誤りがあることを，松本和良先生より教示された．原書では (E)(H)(H)(E) となっているが，本書では (H)(E)(E)(H) と修正してある．
2) ヴィクター・リッズは言語について次のように述べている．
「パーソンズが確認している一般化されたシンボリック・メディアのすべてを発展させたものから，共通の母体として言語は扱われるべきである．また私は社会関係と相互行為に関するすべてのメディアの利用は，現代社会において言語の使用と密接に関係していることを証明したい」(V. Lids (eds.) 2005：330)．
3) 田野崎昭夫「晩期パーソンズの理論的展開」(社会学研究40) 1981, p. 110, pp. 117-118 においても確認されている．
4) 高城和義『パーソンズの理論体系』(日本評論社) 1986, pp. 301-304 で詳しく述べられている．

第12章
人間的条件のパラダイムについての検討
―その1―

第1節　はじめに

　第11章で人間的条件のシンボリック・メディアについて述べた．パーソンズは人間の存在にかかわる人間的条件をシステムの枠を超えて，より大きくパラダイムという捉え方をしている．本章では人間的条件のパラダイムについて導入，概略についてより詳細に検討することを目的としている．

第2節　人間的条件のパラダイムへの導入

　パーソンズは社会システムや行為の一般システムを概念化し，さらに人間的条件のシステム分析へと進んでいる．人間的条件の分野は哲学的である．パーソンズは人間の存在条件をも理論的に分析しようとしている．
　パラダイム（理論的枠組）という用語について1978年に『行為理論と人間的条件』が出版されたときに，トーマス・クーンの著書『科学的革命の構造』(1970) のなかで提案されているパラダイム概念との相違が論争点になったが[1]，パーソンズ自身はクーンのいう意味とは少し違って，オリジナルな立場で人間的条件の理論的枠組という意味で使用している．実際彼は『行為理論における作業論文集』(1953) のなかで，"四機能パラダイム" について，常に語ってきたとし，ロバート・マートンの論文「機能分析に対するパラダイム」（『社会理論と社会構造』1957所収）に刺激を受けたと記している（Parsons 1978：352）．
　行為の一般システムとよばれるようになってから，行為システムの境界の定義と境界の維持が決定的に重要になってきている（Parsons 1978：352）．概念

化に関して，境界をこえて同じ秩序がなぜ試みられるべきでないか．例えば社会システムと文化システム，社会システムとパーソナリティ・システムにおいて，前記のことが問題になってきている．

　パーソンズは，一般行為システムから人間的条件システムへと研究を進めているが，ここで1つ注意しなければならない点がある．それは，人間的条件システムにおける行為システムのAシステムに，行動システム（Behavioral System）をおいていることである（図11-2参照）（Parsons 1978：382）．パーソンズは1973年に出版された『アメリカの大学』のなかで，一般行為システムの構造の適応的下位（A）システムに行動有機体（behavioral organism）をおいている（Parsons 1973：435）．なぜ彼は行動有機体から行動システムへと名称を変えたのか．それは，チャールズ・リッズとヴィクター・リッズが1976年に出した論文「J・ピアジェの知性に関する心理学と行為理論におけるその地位」のなかで，行動有機体に相当するものを「行動システム」(behavioral system)とよび，分析的カテゴリーとしての有機体（organism）は，行為システムからまったく排除されるべきである（一相互浸透地帯を除いて一），そしてシンボリック・レベルにおける認識的有機体のシステム（the system of cognitive organization）は，行為の重要な部分としてとり扱われるべきであると提案した（Parsons 1978：353）からである．その提案はパーソンズに大きな説得力をもち，パーソンズは行動有機体を行動システムと変更した．この提案は行為と有機体の境界について，徹底した再考を促す契機になった．

　大部分の心理学者たちは，心理学を「有機体の行動」として単に定義することを拒否し，行為と有機体を区別することに反対した．他方，デュルケーム，ウェーバー，フロイト，ピアジェ，G・H・ミード等は，まったく正確に人間の"行動"（behavior）とよばれることのなかにシンボリック過程（Symbolic process）が巻きこまれることは区別するべきであると強調している．この関連においてパーソンズは，非常に重要な"有機体"（organic）と"精神的なもの"（psychic）との間の区別に関するフロイトの主張を参考にしている（Parsons 1978：353）．

　行為システムをめぐっては，他のシステムとの境界が問題になる．第一に

は，行為システムと有機体システムの境界についてである．

　パーソンズは，人間的条件のパラダイムを考察する際に，Ⅰに行為システム，Gに有機体システムをおき，これらの相互関連について理解するには，有機体側面の理論的な理解が必要であるとしている．すなわち人間の有機体的側面を生物学理論により分析し，(a)には生態学上の適応，(g)には表現型としての有機体，(i)には生殖個体群，(l)には遺伝子の継承を置いて（図11-2参照），生命システムにつながっていることを示している．

　第二には，行為システムとテリック・システムの境界が問題になる．テリック・システムは，"非経験的"分野として認識的に対応している分野で，パーソンズは残余範疇（residual category）という用語で対応している．この残余範疇に対して，パーソンズはウェーバーの『宗教社会学』(1922)から強く影響を受けている．1つの決定的な問題は，ウェーバーが「意味の問題」(problems of meaning)とよんだものに対応させて「志向」(orientations)の多様性を強調していることである．ウェーバーが『宗教社会学』のなかで強く主張している2つの立場を，パーソンズも支持している．

　第一には初期のカルヴィニズムと初期の仏教が，意味のある宗教的志向の変化の範囲のなかで対極にある立場のものとして扱われうるという議論である．第二にはウェーバーが志向を特徴づけるタイプに用いた二分法に貢献したという重要性である．一方では禁欲主義と神秘主義という区分，他方では"内部—現世的"と"来世的"志向という区分がそれである（Parsons 1978：355）．

　ウェーバーの立場を熟慮する一方で，パーソンズはこの分野においてカントからも決定的な影響を受けている．カントは"形而上学的"（抽象的論議，metaphysics）な方法で，認識とはなにかについて論じている[2]．

　パーソンズによると，カントは『純粋理性批判』(1781)のなかで空間と時間，あるいはものそれ自体として理解のカテゴリーを扱わなかった．経験的認識は，現象として知識に反対している．しかし，むしろ経験的な知識がつくられるかもしれないという見地から，彼の認識は"超越論的"枠組みであったものを構成しているために現象を支えているとし，その理由は『実践理性批判』(1788)『判断力批判』(1790)の2分野における抽象化への試みにも通じているとしている（Parsons 1978：355）．すなわち，カントは超越論的主観性とし

て人間理性を規定し，それは三批判書に通じているといえる．

また，パーソンズはカントが明らかに二重のレベルの用語を考えていたことを指摘している．すなわち，経験的知識の認識的事実と理解のカテゴリー，実践倫理の「問題」と「カテゴリー上の命令」，審美的「経験」と判断の規範がそれである．パーソンズはこの二重性に対応するものとして，言語学者の「深層構造」と「表面的構造」，生物学者の「遺伝子型」と「表現型」，サイバネティストの「高い情報」と「高いエネルギー」，そして実際，社会学者の「価値」あるいは「制度的パターン」と「関心」をあげている．そして，これらの各ペア（組み合わせ）の初めの語句は，メタ構造[3]を示すために用いられ，現象の一性質としてではなく，むしろ当該の現象が秩序ある方法において必ず思い出される条件の1つの超越的なセットであるとしている（Parsons 1978：356）．

特にサイバネティックな階統制が，人間の行為や存在にとって重要であるとパーソンズは主張している．その階統制の最高位に位置するのがLシステムであるが，パーソンズは人間的条件の場合，行為の境界を超えてテリック（目的）をおいている．テリックとは，アリストテレスの用語，"teleology"[4]（目的論）を修正して使用したもので，その使用には二人の科学者によって励まされたとしている．一人は，生理学者ローレンス・J・ヘンダーソン（Lawrence. J. Henderson）で，彼は『自然の秩序』（1917）のなかで，アリストテレスの問題は，人間の存在を考えたときに現代科学の思想から抹消されえないと述べている．二人目は，同時代の生物学者エルンスト・マイア（Ernst Mayr）で，進化や生物哲学を論じた論文のなかでテレオノミー（Teleonomy，目的論）の概念を導入していることである．

テリック・システムにおいて，第一に関連しているのは宗教的文脈である．メタ世界の存在が著しく宗教に関係しているに違いないとパーソンズは考えているが，これについてはカント[5]をひきあいに出している．またパーソンズは有機体，行為，テリックの世界の他に，物理的な世界をとりあげている．物理的な世界については，有機体の世界から物理的な世界を区別している生物学者たちの著書，例えばヘンダーソンの『環境への適応』（1912），『自然の秩序』（1917），マイア『人口，種そして革命』（1970），ルリア『生命：未完の実験』（1973）の影響を受け，物理的な世界が人間の環境について重要な構成要素を

なしていることを指摘している．特にヘンダーソンからの影響が大きく，『自然の秩序』のなかで「目的論的な」側面は，一様に物理的な世界の理論的な取り扱いに数えられるに違いないと記述されている点は，パーソンズが自然に対して仮定していることと同じであることを主張している（Parsons 1978：357）．

ヘンダーソンは「メカニズム」の大衆的な考えについて，それ自体が適切でないとし，概念をかなりの長さで精緻化して物理的な世界の最も重要な性質の1つに，秩序（order）をあげている．そしてヘンダーソンがしばしば用いる語句は，—秩序とほとんど同義語であるが—有機体（organization）[6]であるという（Parsons 1978：357）．

ここにおいてパーソンズは，物理的な世界にも目的があり，自然界にも秩序があるということを見通しているように思える．

『環境の適合性』のなかで，ヘンダーソンは生命有機体が依存している条件として，物理的化学的環境の特徴について論じている．これらは，地球の表面上に大気，ガスの構成物とともに温度を含んでいるとし，水（H_2O）の重要性について語っている．とりわけ空気と水の両方の循環，そして，それらの間の連続した相互交換，大気ガスの水分中の溶解性に基づいている．そのとき，条件のこのセットのなかにある水素（H），酸素（O），炭素（C）の3つの化学的要素の豊富さと影響されやすさの重要性を特に強調している．これらの要素は水の構成物すべてに含まれており，酸素（O_2）と二酸化炭素（CO_2）という自由な形のなかで，生命の大気環境の最も重要な構成要素を提示している．ヘンダーソンは水素，酸素，炭素が有機体の複雑性のなかで，1つの特別な秩序をつくっていると論じた．パーソンズによれば，それは生物化学レベルで生命有機体の特に重要な特徴の1つということになる（Parsons 1978：360）．

ヘンダーソンは複雑性というもとで，

	a		g
生命システムの物質的基礎	炭　素（H） 新陳代謝（H） 燃料物質（W） 土　（G）		酸化作用（H） 複雑性（H） エネルギー（W） 火　（G）
	水（H_2O）（H） 水　（H） 不活性物質（W） 水　（G）		酸　素（H） 調　節（H） 情　報（W） 空　気（G）
	l		i

図 12-1　物理的 - 化学的システム
Parsons, T. 1978, P. 382.

有機体について他に2つの主要な性質を論じている．第一の性質に，新陣代謝（metabolism）をあげている．新陣代謝の基礎的な化学的過程は，酸化作用（oxydation）でありH，O，Cの3つの要素と関連している．酸化は炭素（C）と他の物質を要求しており，酸素（O）が有機的に使用可能なエネルギーを生み出すことと組み合わさっているとしている．

第二の付加的な性質に，調節（regulation）をあげている．環境を伴った相互交換という新陣代謝過程を通して維持されている有機体の均衡は，それ自体環境システムの均衡と同じではなく，有機体にとって特有のものである．この調節は，遺伝子の相続財産のパターン化と伝達を秩序づけているといえる．パーソンズによると，ヘンダーソンは有機体生命や行為の世界に対して何かまったく無関係なものとして調節を捉えているのではなく，それらに対して比較的明らかで特別な関係を何か維持しているものとして調節を捉えている（Parsons 1978：360-361）．

以上のようにして，物理的-化学的システムには生理学者ヘンダーソンの説が大きく取り入れられている（図12-1）．パーソンズは，物理的-化学的システムに自然の秩序を見出しているといえる．

第3節　人間的条件のパラダイムの概略

パーソンズは物理的世界，有機体世界にとっても人間存在の重要性に注目しており，それは行為自体の世界に加えて"超経験的な"テリック世界に関係するものであった．彼は20年以上にわたって四機能カテゴリーに精通しており，一般行為システムのパラダイム[7]の拡大により，人間的条件の四機能パラダイムを提示している．

図12-2は人間的条件システムのパラダイムの最も単純な図式である．縦軸に人間的条件にとって外面的，内面的という2つの項目を置き，横軸に道具的，成就的という項目をおいて物理的-化学的システム，人間有機体システム，行為システム，テリック・システムという4つの主要なカテゴリーが導かれている．

パーソンズは，人間的条件のパラダイムにおいて明らかに人間中心の

	L 道具的	成就的 I
内面的 (人間的条件にとって)	テリックシステム	行為システム
外面的	物理的‐化学的システム	人間有機体システム
	A	G

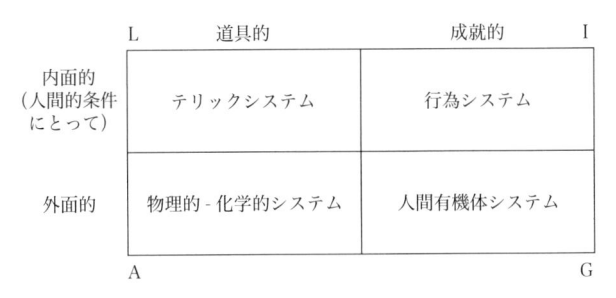

図12-2　人間的条件の一般的パラダイム
Parsons, T. 1978, P. 361.

(anthropocentric) 観点を想定している．彼は，パラダイムについてその様々な部分と側面の人間存在にとっての意味という用語で，人間の経験に接近できる世界をカテゴリー化している[8]と述べている（Parsons 1978：361）．このことは，人間的条件のパラダイムは実証に結びついているということを，強く暗示しているように思える．

　パーソンズによると，パラダイムそれ自体は，そのなかに関心をもつであろう他者による考察と評価に対して「知識に対する貢献」として認識的意味をもつとしている．そして「観察者の観点」は，現代の科学哲学のなかで重要になってきているが，例えばアインシュタインの相対性理論から同時代の社会理論の方法などすべてが，人間の行為システムに関連しているに違いないとみている．

　そのとき，第一の問題としてこの観点はパラダイムのなかに配置されていることをあげている．パーソンズはそれを，統合細胞（I）のなかに配置している．すなわち，知識の様々な構成要素を統合したり，ある種の意味ある全体を形づくっている人間的条件において，「世界」の他の3つのカテゴリーの人間の経験に関する他の側面を統合するのは，人間の心（human minds）であるとしている．しかし，この意味で1つの意味深い全体は，シンボリックな用語の標語で表現されるに違いないとしている（Parsons 1978：362）．ここにおいて，行為システムとは他の3つの世界を統合する働きをする人間の心であり，それはシンボリック（象徴的）[9]なものであることを強調している．パーソンズは，人間の心という形として直接につかみにくいもの，目にみえないものを

シンボル（象徴）と結びつけて表現しているといえる．この基準は行為システムにある．

　観察者（すなわち行為者）の観点のある行為システムでは，有機体の世界は除外されている．フロイトも行為者の観点を"精神的な"ものとみており，彼によると"本能（instincts）"（Triebe）は有機体の現象ではなく，むしろ精神に対する有機体過程の"後継者"（representatives）とされている．

　行為システムは，このように精神と物理的な世界（肉体）を統合する立場にあるが，この議論が受け入れられるなら，物理的な世界は適応的な立場（A）におかれるとされている．そして，物理的な世界は一般化された資源の究極的な源泉であるとされ，そこでは地球上の生命システムすべてが依存しており，生命システム機能の究極的な条件を提供しているとされている（Parsons 1978：362）．ここではヘンダーソンの『環境への適応』の考えが取り入れられている．

　次に有機体システムであるが，ウィーナー（Weiner）のサイバネティック[10]な階統性を取り入れるなら，以下のように問題が解決されるとしている．すなわち有機体システムは，サイバネティックにたぶんヘンダーソンのいう"調節"によって物理的システムの側面を支配し，そして順にある点において行為システムによって支配されている．それゆえ，有機体システムはパラダイムの目標達成システム（G）のなかに配置されている．有機体のこの位置とマイア（Mayr）の強調しているテレオノミー（目的論）との間に満足させる一致がある．マイアは，テレオノミーが目標を達成しようと努力する有機体システムの性質に関連していると主張している．

　最後のテリックについて，パーソンズはパターン維持細胞（L）にそれを配置するための合理的理由をあげている．第一に，テリック・システムはサイバネティックな視点から，行為システムに対して高い位置にあること．第二に，テリック・システムは"潜在的な"基準に適合していること．テリックは行為過程を通して，認識的過程を含んで定義されているに違いないと考えられている．第三に，テリック・システムは"緊張管理"（tension management）とよんできた機能と関連している．

　このように，人間存在に強い感情をおこしているテリック分野には，志向の

問題がある．ウェーバーが宗教と関連させて論じている苦痛や悪の問題が例としてあげられている（Parsons 1978：363）．

人間的条件のパラダイムの縦軸には内面的，外面的が提示され，内面的は上の列を，外面的は下の列を構成している（図12-2）．パラダイム（範式）が行為という観点に関係して形成されており，行為システムは内面的なものとして扱われている．フランスの哲学者デカルト（Descartes, René 1596〜1650）が『方法序説』（1637）のなかで，あらゆる知識の絶対確実な基礎を求めて一切を方法的に疑ったのち，疑いえぬ心理として「考える自己」を見出し，そこから神の存在を基礎づけ，外界の存在を証明して「精神」と「物体」を相互に独立な実体とする二元論の哲学を樹立したことを踏まえて，パーソンズは行為の外面的なものに物理的な世界をおいている．そのことは，行為の主体－客体関係にとって中心的であることを指摘している．パラダイムの外面的軸におけるもう1つの細胞には，有機体の世界あるいは生物の世界がおかれている．

パーソンズはもし行為システムが，人間的条件において内面的なものとして扱われるなら，それはテリック・システムにつながりテリック・システムも内面的な分野におかれるとしている．その理由として，人間の外面的部分と内面的部分との間に中心となっている重要な境界線は，シンボリックなレベルで意味の基準（the criterion of meaning）によって定義されていることをあげている．マイアは，テレオノミーの概念をシンボリックな過程の感覚よりも，より広い感覚で理解しているとしている．マイアは生物学において目的律的な（teleonomic）行動は，その目標指向性をプログラムの操作に負うものであると定義し，あらゆる生物学的「目的」のなかで最も一般的なものは，生殖による永続であると述べている（Mayr 1974, 1988, 八杉・新妻訳 1994：51, 74）．

生理学者ヘンダーソンは，『環境への適応』のなかで，このカテゴリーのなかにシンボリックな意味を含んでいることを，決して主張していない．パーソンズは，彼らが物理学や生物学がシンボリックな意味のレベルについて経験的なシステムから除外してきたとして，このことは人間だけが言葉をもっていること，そしてより重要なことには，人間だけが我々の感覚で文化をもっている，という結果を素通りしていると主張している．

パーソンズは，生命システムの間で人間だけがテリックの問題をもっている

とし，それを秩序[11]の問題と結びつけている．すなわち人間だけが生きる目的，生きることの意味や価値を考えることができるとして，自然界の秩序と関連づけているといえよう．そしてパーソンズは，シンボルを学習したり使用する能力やシンボルの意味が存在しないなら，テリックの問題は生じないだろうとし，シンボルとテリックを強く結びつけている．この議論について彼は，エデルソン（Edelson, M.）の『言語と夢』（1972）と関係づけて論じている．それは，夢を見ることは言語を仮定しており，意識の底に潜む無意識が両性の再生産に結びついているとするフロイトの研究に関しているものである．

このように，テリック問題を人間的条件にとって内面的な問題であるとし，人間だけがもつことについてパーソンズは，次のように説明している．

「もし人間行為が認識的理解の合理的な形に属するなら，そのとき，なぜテリックの分野が合理的に理解することに関して，この可能性から締め出されるべきかということについて説得力のある理由をもちえていない．反対に，人間の行為志向の重要なモードすべては，人間的条件のなかで彼がさらされている環境のすべてに対して行為者の志向として人間に関係している」（Parsons 1978：364）．

ここでパーソンズは，人間の行為が志向，すなわち心が一定の目標，目的に向かって働くことを指摘し，そのことは行為が合理的な判断だけで決定されるのではないと解釈することができる．ここにおいてテリックの分野と人間行為の目的が関連しているといえる．

人間的条件のパラダイムの横軸は，道具的-成就的とラベル化されているが，時間により密接に関係しているとされている．この軸の原型は意味-目的（means-end）関係であり，意味の適用は目的の達成に先行しなければならないということを含んでいる．道具的-成就的の軸の原型とされるこの関係は，合理的な関心の事例をこえて，特に非合理的な事例を含んで一般化することを意味しているとされ，目的を成就するには，そのことのもつ意味が重要であると理解できる．合理的なことにばかりではなく，非合理的なことにも十分に意味がある，行為それ自体の枠よりももっと広げて，人間的条件の枠組みを考えるにあたり，人が地球上に存在するとはどういうことかを，パーソンズは考えていたといえよう．

パーソンズは，かつて行為の準拠枠を議論した際に『社会的行為の構造』第2章（1937）のなかですでに行為の"意味"（meanings）と"条件"（conditions）の間の区別を吟味している．そのときの区別の基準は"外面的な"実在が行為者の支配（control）を受けやすいかどうかに関連するものであった．この基準によると，行為システムの観点から条件と意味が，行為システムそれ自体におけるのと同様に，人間的条件の物理的システムと有機体システムの両方に見出されるという（Parsons 1978：365）．かくして人間的条件のパラダイムにおいて，これらの関係は道具的という用語で表されている．パーソンズによれば，人間は神から道具あるいは手段としてこの世につかわされたものである．それゆえこの道具的という用語のなかには，"意味"が関連しているということができる．また，人間行為者にとって重要な如何なる対象にも意味のこれらのタイプの1つが与えられるとして，成就的な軸にも意味が関連しているとしており，物理的対象，有機体対象にも意味が関連しているといえる．例えば，自然の多くの現象（よく知られている日没など）にも意味があるとしている．そしてこのことは個人や集団に緊張が生じても最も小さいものであるとし，緊張の度合いを考えるなら，その次に有機体の対象がくるとしている．

　このようにして人間的条件のパラダイムの物理的-化学的システム（A）は，自然界の秩序につながっているといえる．またパーソンズによると，イデオロギー上の論争のこれらの点に関する関係はうちそこなわれないであろうとされ，この点についての言及は人間の労働を"商品"として扱う資本主義的扱いについてのマルクス主義の教義についてなされるべきであるとされている（Parsons 1978：365）．このA部分において，人間や自然を分子，原子のレベルにまで分解している．

　次に行為システムと有機体システムについてであるが，パーソンズは早くから両者の間を重要に分割している線を構成しているのは，シンボリックな意味であると主張している．

　マイアのテレオノミーの概念は，生物界における意味−目的関係の概念よりもより一般的で，人間の場合，非シンボリックな有機体レベルのなかに"努力すること"（strivings）を含んでいると彼は解釈している．なるほど人間には肉体と精神があり，精神に基づいて実際に動いているのは肉体であるので，有

機体のなかに"努力すること"を含んでもおかしくはないように思われる．

　有機体の世界と物理的な世界を区別する基準として，"テレオノミー"を使用することは，広義において正しいとパーソンズは考えていた．物理的な世界において各原子，分子はヘンダーソンの使用では"組織化"（organize）されているけれども，テレオノミックに（目的論的に）一様ではないという意味で，前記のように考えられたのである．

　最後に，道具的な側面の１つであるテリック・システムに関して，テリックについての考察は，実際に人間の最も重要な目的や他の様々なことを定義していると彼は主張している．ここで定義することは意味を明確にすることであり，テリックとは，人間の生きる目的を明確にすることにつながっている．

　そして，行為システムとテリック・システムを区別している要点として，"テリック・システムは行為しない"という意味を含んでいることを彼はあげている．それは，物理的システムが行為をしないということの他に，目的論的なものではないということと平行しているとしている．以上を考えると，人間的条件のパラダイムの道具的軸は行為をしない側，成就的軸は行為をする側と見ることができよう（図12-2参照）．この判断に対する原則的な理由に，彼は経験的な生命システムが２つの方向から"くくられている"ことをあげている．第一の方向として，行為システムが環境という物理的な条件と有機体構成の条件で取り囲まれていること，第二の方向として，行為システムが有機体や人間存在のテリックの条件，すなわち超越的，非経験的あるいはメタ条件によって囲まれていることをあげている．これらの条件は，お互いにサイバネティック・ハイアラーキーに関係して立っている（Parsons 1978：366）．

　パーソンズによると，サイバネティック・ハイアラーキーとは低エネルギー，高情報にあるものが，高エネルギー，低情報にあるものより上位に位置するというもので，四機能図式では低い方からA→G→I→Lの順になる．パーソンズはこのサイバネティックな秩序を人間的条件の発展方向において，最も重要な単一軸と考えており，それは物理的宇宙の発展，有機体生命の発展，人間行為現象の発展を含んでいるものである．

　また彼は，サイバネティックな秩序や発展の現象は，存在するすべてのものとしての"宇宙"の限定された概念のなかで制限されているに違いないとし，

もし宇宙が"1つに目的化された"のではなく"2つに目的化された"そして"循環している"と考えられるなら"秩序"の制限された概念の種類が1つではなく2つあるに違いないと考えた．あるいは"条件"に関して小さな相違がおかれているに違いないと考えた．"秩序"の制限された概念の種類は，"意味深長な"志向のそれであるとも述べている（Parsons 1987：366）．

第4節　結び

以下の2つに関して簡略に要点を述べて，結びにかえたい．

まず〈人間的条件のパラダイムへの導入〉について．パーソンズは一般行為システムの適応的下位システム（A）に『アメリカの大学』(1973) では「行動有機体」をおいていたが，『行為理論と人間的条件』(1978) では「行動システム」と変更している．これはチャールズ・リッズとヴィクター・リッズが行動有機体を行動システムとよび，有機体は行為システムからまったく排除されるべきである，そしてシンボリックな水準での認識的有機体のシステムは，行為の重要な部分として扱われるべきであると提案し，パーソンズが納得したからである．ここにおいて，行為と認識とシンボルが結びついてくる．

次に〈人間的条件のパラダイムの概略〉について．パーソンズは，行為システムが物理的‐化学的システム，人間有機体システム，テリック・システムの3つの働きを統合する人間の心に関係し，シンボリックなものであると強調している．そしてテリックの分野には志向の問題があるとしている．またパーソンズは人間有機体のパターン維持システム（L）に，マイアが「あらゆる生物学的な目的のなかで最も一般的なものは生殖による永続である」と述べていることを取り入れて，"遺伝子の継承"をおいている．パーソンズは，生理学者ヘンダーソンや生物学者マイアが触れてこなかった点として，シンボリックな意味のレベルで，人間だけが言葉や文化をもっていることを強調している．また彼は生命システムのなかで，人間だけがテリックの問題をもっている，すなわち人間だけが生きる目的や意味，価値を考えることができるとして，秩序の問題と結びつけている．

注

1) クーン（Thomas Samuel Kuhn, 1922～1996）アメリカの科学史家．科学理論の発展と転換の構造を説明するパラダイム概念を提出したが，後にこれを専門学問母体と言い換えた．

2) カントは，『純粋理性批判』(1781) のなかで，「我々の認識がすべて経験でもって始まるにしても，そうだからと言って我々の認識が必ずしもすべて経験から生じるのではない」と語り，「ア・プリオリ（a priori, 先験的）な総合判断」というものを考える．彼は，認識の要素は直観（感性）と概念（悟性）であり，その先験的諸概念を「カテゴリー」（範疇）とよんでいる．そして直観と概念を媒介するのが，超越論的構想力（想像力）であるとしている．

カントによると，我々が認識しうるのは，直観（感性）という形式を介して与えられる「現象」だけだということになる．その背後にあるかもしれない「物自体」は認識できない．

またカントによると，空間や時間は概念ではなく，我々の知覚に先験的（ア・プリオリ）に備わっている「感性的直観の純粋形式」(reine Formen sinnlicher Anschauung) であり，そこで（空間や時間のなかで）知覚される世界は，あくまで「現象」(Erscheinung) の世界になる．つまり空間や時間に関しては，超越論的観念性（transzendentale Idealitaet）を主張している．

3) メタ (meta) とは化学に関する用語で，ギリシャ語で「間に」「後に」「越える」の意の meta に由来する接頭語である．メタ構造とは，構造を説明するための構造と理解できる．

4) ギリシャ語では，teleonomy（テレオノミー，目的論）である．telos（テロス）とは目的・目標を意味し，目的論とは目的，目標志向的な行動，プロセスと解釈される．

5) カント（1724～1804, Immanuel Kant）は，認識というのは対象の模写ではなく，主観（意識一般）が感覚の所与を秩序づけることによって成立すること（コペルニクス的転回）を主張した．さらに彼は，超経験的なもの（不滅の霊魂・自由意志・神など）は科学的認識の対象ではなく信仰の対象であるとして伝統的形而上学を否定し，道徳の学として形而上学を意義づけた．

6) 「世界の永遠に神秘的なことは，その包括性（内に多くのものを含んでいること，comprehensibility）にある」というアインシュタインによる有名な声明は，ヘンダーソンのいう有機体の内容と関連しているように思える（parsons 1978：357-358）と，パーソンズは指摘している．

7) プラトンでは事物の範型としてのイデアを意味するが，後には一時代の支配的なものの見方をいう．科学史家 T. S. クーンによれば，パラダイムとは科学者集団が共通に活用する概念図式・モデル・理論・用具・応用の全体であって，科学研究の伝統をつくるものをいう．例えばニュートン力学など．

8) 分類する，範疇化するという意味．

9) シンボル (symbol, 象徴) について．象徴は symbol（フランス）の訳語であり，中江兆民の訳書「維氏美学」(1883) に初めて出てくる．語源であるギリシャ語のシュンボロン，ラテン語のシンボラス (symbolus) は，割符の意味である．

10) アメリカの応用数学者・電気工学者であるウィーナー（Wiener, Norbert 1894～1964）の生み出した概念．語源は「舵手」の意のギリシャ語に由来する．ウィーナーは 1930 年頃から神経生理学と共同研究に従事し，計算機械も生物における神経系も同じ構造をもつことを認め，その数学的論理としてのサイバネティックスを創始する．それは通信・自動制御などの工学的問題から，統計力学・神経系統や脳の生理作用までを統一的に処理することに関連している．ウィーナー『サイバネティックス』(1948)．

11) 物事の条理．物事の正しい順序・筋道．

第13章
人間的条件のパラダイムについての検討
―その2―

第1節 はじめに

本章では，人間的条件のメタ理論すなわち理論をさらに分析対象とし，その構造を解明していく理論について究明していきたい．人間的条件システムの構造的関係ばかりではなく，ダイナミック（動的）な関係あるいはプロセス的（過程的）関係についての検討が主になっている．

第2節 メタ理論の枠組［Ⅰ］

(1) 行為システムと他の3つのシステムとの関連

行為システムと他の3つのシステムとの関連をどのように考えていったらよいかについて，パーソンズは有機体システム（G）と物理的-化学的システム（A）との関係，物理的-化学的システム（A）とテリック・システム（L）との関係，有機体システム（G）とテリック・システム（L）との関係についてまず考えている．すなわち行為システム以外の他の3つのシステム相互の関連について検討している．

彼は一般行為システム[1]の枠組においては，シンボリックなものとして関係のメカニズムを扱ってきたが，人間的条件のシステムになると必ずしもすべてのシステムにシンボリックな関係を認めているわけではない．

パーソンズは，人間的条件システムにおいては行為システムのなかにだけシンボル性を認めている．彼によれば世界に対する人間の「志向」は，人間行為者にとってシンボリックに理解することのできる意味をもつ実在性（entities）から構成されており，このような実在物を「客体」（objects）とよぶにふさわ

しいとなる．すなわち行為する主体−客体関係の客体には，シンボリックに理解可能な実在物があり，人間の志向を反映していると理解できる．

　西洋思想の歴史のなかで，このような関係は通常「認識的」(cognitive) とよばれてきた．つまり，知る主体と知られる客体との関係であり，このことの古典的な学説が，デカルト[2]によってなされたとしている．デカルトは『方法序説』のなかで「コギトーエルゴースム」［われ思う，ゆえにわれあり．Cogito, ergo sum (ラテン)］と述べ，あらゆることを懐疑したあげく，意識の内容は疑いえても意識するわれの存在は疑いえないという結論に到達し，これを第一原理として確実な認識の出発点とした．西洋の認識論における最大の論争は，デカルトがよんだような「外部世界」の知識に対して，何がどのように貢献するかという問題について行なわれたという．

　経験主義者[3]たちは，認識を感覚的経験から生ずるとして，主体の外側からの貢献を強調した．しかし，カントは『純粋理性批判』(1781) のなかで，認識について「理解のカテゴリー（範疇）から感覚データ (sense data) を組み合わせているものとして考えねばならないと主張している．そして，パーソンズは認識についてカントの学説を支持している．

　カントは我々の認識の源泉は，感性と悟性と理性であるとしている．「感性」は「直観」の能力であり，時間と空間という形式をもつ．「直観」とは，カントの場合には見たり聞いたりする感覚的な直接知を意味する．「悟性」はドイツ語の「Verstand」の訳で，「理解する力」「常識」を意味する．その純粋な形式は，カントが「カテゴリー」とよぶ判断の論理的形式である．「理性」は，より高次の悟性の判断を総合的に関係づける推理の能力である．カントの場合，推理といえば，ほとんど三段論法をさしている．

　次に，ア−プリオリ (a priori) な認識とア−ポステリオリ (a posteriori) な認識の区別を押さえておく必要がある．ア−ポステリオリな (a posteriori ＝「より後のものからの」) 認識とは，経験に依存する認識である．これに対しア−プリオリな (a priori ＝「より先のものからの」) 認識とは，我々の「経験」に依存しない，従って普遍的な知識を意味する．

　経験的知識に対するカントの見方は，それがシンボリック（象徴的）であろうとなかろうと，主体と客体の間で二方向の関係の形式的要件に対応してい

る．パーソンズは，人間行為者と行為システムの外側の世界（行為システムの内側の客体と同じように）の間の関係様式として捉えるカントの知識についての考慮を採用している．そしてパーソンズは，人間行為者が知識を獲得するうえで最も決定的な人間行為システムの特質に，言語の所有をあげている．

パーソンズは言語の特徴について，それ自体知識の1つの形態というのではなく，言語を通して知識が獲得され客体とコミュニケーションを行ない，客体について対話しあうメディア（媒体）であるとしている（Parsons 1978：368）．すなわち，人間行為者は言語の使用によって認識的な情報が得られ，客体にコミュニケート（伝達）しうるというのである．しかし，彼は言語を一般化されたシンボリック・メディアではないとして，人間的条件次元のメディアにおいてコードの位置においている．

(2) 言語についての考察

ここで，言語を一般化されたシンボリック・メディアとして捉えていないことについて考察してみよう．

パーソンズは，言語をコミュニケーションや，さらには社会的統合にとって，最も一般的かつ基礎的なメカニズムであるとみている．言語の主要な機能に表現（expression）とコミュニケーションをあげ，コミュニケーションの機能の方が表現の機能より重要であるとしている．そしてコミュニケーションは主として社会システムにおける機能であり，表現はシステムとしてのパーソナリティの機能であるとしている（Parsons 1961，丸山訳 1991：38）．

パーソンズは言語を貨幣と比較することによって，言語にあてはまる特質を浮かび上がらせている．貨幣がもつ交換の媒体としての機能と価値尺度としての機能との区別は，言語においては，メッセージとしての機能とコードとしての機能との区別に対応させている．

パーソンズは，貨幣を用いると4つの自由度が考えられるとしている．

第一に，貨幣の受け取り手は，その同じ時点で特定の商品やサービスのためにそれを使うべく拘束されない．第二に，特定の供給者から商品やサービスを入手しなくてもよい．つまり，自由に色々なところで買い物ができるのである．第三に，特定の時点や一定期間内にお金を使う必要はない．使う時期を遅

らせるのは自由である．第四に，前もって特定の取引条件を受け入れなくてもよい．つまり，個別の状況やそのときどきの事情に応じて条件を設定することができるのである．以上の4つをあげている．

前述の比較を言語にあてはめてみると，言語的記号によるコミュニケーションと前言語的コミュニケーションとの比較になる．言語シンボルを用いなくても，本当の重要なコミュニケーションをすることはできる．しかし，もし意味を伝達する行為が標準化されたコードの枠内にあるのではなくて，特定の文脈での特殊な行動的，具体的な特性に応じて，その場その場で解釈されねばならないとしたら，言語によってもたらされるような自由度は存在しないだろうとパーソンズは述べている（Parsons 1961，丸山訳 1991：45-46）．

また，言語学者が「辞書的（lexical）」水準とよんでいるものについての問題に，彼は次の4つをあげている．

第一に，自己の言語レパートリーの一部として，このような辞書的シンボルをもっているからといって，話者は単語や語句の唯一の決まりきった用い方をすることにはならない．第二に，辞書的レパートリーの要素は数限りない相手から，すなわち，潜在的には，その言語の使用者すべてから反応をひき出すことができる．第三に，この辞書的レパートリーの使用は，時間的な限定を受けない．話者は自由に話す時を選ぶことができる．第四に，会話は一種の相互調整の過程であって，そこでは両当事者に共通の標準化された言語的用具が特殊なメッセージを伝えて個別具体的な理解を得るという，きわめて特殊化された目標にもあうように使用されうるのである．

標準化されたレパートリーと，特殊目的へのレパートリーの柔軟な適応性という2つの面の結合のおかげで，言語は前言語的記号によるコミュニケーションではとうてい到達不可能であるような自由度を獲得するのである（Parsons 1961，丸山訳 1991：46-47）．

以上のことから，パーソンズは言語について特定の文脈で，個別の立場に応じてのみ解釈されねばならないとしたら自由度は存在しない，標準化されたレパートリーと特殊目的へのレパートリーの適応が組み合わさってはじめて自由度を得るという．このことを考察してみると，言語においては標準化された意味が，行為者同士のコミュニケーションにおいて，同じ意味をもってやりとり

される場合と，異なる意味を帯びてやりとりされる場合とがあるように思われる．なぜなら行為当事者のみにしか通用しない言語もあると思われるからであり，言語のやりとり，対話においても，感情が作用して行為者同士で言語の意味の受けとめ方，解釈に差が生ずることも多分にあると思われるからである．それゆえ，言語については自由度がある場合とない場合があると考えられる．

またパーソンズは，言語における語法（phraseology）が社会システムにおける価値に相当しているように，言語における統語論的水準は，社会システムに制度化された規範に相当しており，さらにまた配分の規準としての貨幣に相当していると述べている（Parsons 1961，丸山訳 1991：50）．これを表にすると次のようになる（表 13-1）．

次に言語と文化のかかわりについてみてみよう．

パーソンズは文化システムの諸次元の要素を，コントロールのハイアラーキー，外的-内的軸，手段的-成就的軸の3つの主要な方法で分析しているが，これを言語にも適用している．彼は，言語が意味という範疇のもとで意味論的なシステムとして理解されるならば，前記の文化の分析方法に言語を全般的に対応させることができるとしている．コントロールのハイアラーキーについて，言語学者であるヤコブソンとハレの例を用いて，言語の形態素としての要素，語彙的要素，統語的要素そして語法的要素が，順次，より低次の水準からより高次の水準へと移行するハイアラーキーを成すとし，4つの機能的範疇［適応，目標達成，統合，パターン維持］にほぼ正確に対応しているとしている．

音韻論の分野においても同様のハイアラーキーが存在しているとして，デル・W・ハイムズ博士の例をあげ，低次から高次なものへと順に音，音素，音節，抑揚型（intonation patterns）という諸範疇の区別を採用している．ひとかたまりのパターンが，メッセージの要素を担っているという点で，形態素は

表 13-1 社会システムと言語

社会システム	言　語
価　値 規　範 貨　幣	語　法 統語論的水準

音声システムと意味システムとを結ぶ主要な接合点になっているとパーソンズは述べている．

さらにヤコブソンとハレは，それぞれ言語システムの組織化における2つの異なった側面の区別を強調しているとしている．ヤコブソンとハレは，次のような三組の対をなす用語を用いてこの区別をあらわしている．すなわち近接性（contiguity）−類似性（similarity），結合（combination）−選択（selection），そして換喩（metonymy）−隠喩（metaphor）という三組である．パーソンズは，近接性，結合，換喩とよんでいる組織化の軸は，外的−内的軸と非常に類似しており，類似性，選択，隠喩という軸は，手段的−成就的という軸と対応しているとみなしている．

前者の「外的−内的軸」との対応関係は，上位のコード（内的）によって具体的な語（外的）が結合され，組織化されるという意味にパーソンズは解釈している．後者の「手段的−成就的軸」との対応関係は，メッセージの目的（成就）に合わせて，その資源である類似の意味をもつ語（手段）が選択されるという意味にとることができると，パーソンズは解釈している．

このことはヤコブソンとハレが，語はそれが用いられている「文脈」によって，より正確な意味を引き出すのであると述べていることに関係している（Parsons 1961，丸山訳 1991：51-52）．

パーソンズは，これまでに言語を文化システムの原型とみなして考察してきているが，その際に用いた枠組みによってシンボルの概念を検討している．まずシンボルという用語は，客体として扱われたり「意味」のカテゴリーとして扱われたりして，曖昧に用いられてきたという．ここでパーソンズは専門用語としてのシンボル概念を，客体のカテゴリーに限定して用い，志向型のカテゴリーを指すためには用いていない．シンボルは，文化システム内のその位置によって正確に識別されるところの，きわめて特殊な部類の客体として扱われるべきであるとされている．それは，シンボルを生み出す前提としての意味システム内で一般性の特定最小限レベルの意味を伴った客体であるとされている．シンボルの意味が一般化されているがために，シンボルが特殊な文脈に限定されることから免れているという．

この観点に照らすと，言語の形態素や語彙的要素は，シンボルのシステムを

構成するが統語的要素や語法的要素はそうではない，とパーソンズは主張している．

　ある意味で客体のシンボルとしての地位は，その意味が客体自体の属性に基づく固有の意味から分離しているかどうか，ということにかかっているという．デュルケームが述べているように，シンボルの意味は客体のもつ固有の意味にさらに付加されたものでなければならないとしている．例えばシンボルとしての「父親」は，単に現実の父親と機能的に等価であるというのではなく，経験的な社会的範疇としての父子関係と比較して，その関係に特徴的でないものを表しているからこそ，一個のシンボルといえる．その相違点は，一般性の水準による違いである．行為理論の観点からすれば，現実の父子関係に見られる個別主義に対して，「父親像」のもつ意味は普遍主義的である．父親像は主体と個別的な関係にある必要はない．「父なる神」というシンボルは，「父親」という語をシンボルとして用いた原型的な事例である．神と現実に親族関係をもつことは不可能であるが，この関係のシンボル化が必要になり，またそれが意味をもつようになるのであるとパーソンズは言う．

　行為システムにおける言語の位置は，特に文化と社会システムとの関係のうちにある．ここで中心となる事柄は，言語は人間のコミュニケーションを媒介する最も一般化されたメカニズムである，ということである．文化システムは，社会システムに経験的知識を組織するためのより所となる文化的パターンをアウトプットし，社会成員の思考様式やコミュニケーション様式を社会システムからインプットする．言語は，この交換過程を媒介する基本的なメカニズムであるとしている．言語のもつパターン構造，つまり言語の志向的要素は主に文化的な働きであり，一方，言語シンボルの意味すなわち語彙的要素や音韻的要素は，主に社会的な働きであるとしている．

　さらに社会-文化史の面で言語の果たす役割に，言語学習と子供の社会化との関係を上げている．

　パーソンズは，言語を意味論と音韻論の面から分析的に捉え，一般化されたシンボリックなものとして把握することができるかどうかを検討している．その結果，意味論の面からの形態素としての要素，語彙的要素はシンボルのシステムを構成するが，統語的要素，語法的要素はシンボルのシステムを構成しな

い，としている．それは，前者2つはシンボルとしての意味を一般化することができるが，後者2つはシンボルとしての意味を一般化することができないと解釈することができる（表13-2）．

　パーソンズの一般化されたシンボリック・メディアには，彼独自の考え方，基準があるように思われる．それは，シンボリック性をもつメディアが普遍性をもつか否か，すなわち一般性をもつか否かを問うていると考えられる．言語の場合，意味論の側面で必ずしも一般性をもつとは限らないと，パーソンズは判断したと思われる．なるほど，私たちの日常生活において，言語はコミュニケーションの手段であるが，時，場所，状況によってそのもつ意味は一義的とは限らない．音韻論の抑揚（イントネーション）の面からも，そのときの状況によって言語のもつ意味は異なってくると思われる．

　言語の自由度についても，自由度がある場合とない場合がある．それゆえ，パーソンズは言語を自由度と普遍性という点から，シンボリック・メディアには入れないで，シンボリック意味メディアのコードに位置づけたのは，妥当のように考えられる．

　カッシーラー[4]は，人間を理性的動物（animal rationale）と定義する代わりに，象徴的動物（animal symbolicum）と定義し，シンボル（象徴）を操るものとしている．人間は，ただ物理的宇宙ではなく，シンボルの宇宙に住んでいるとし，そのシンボルに言語，神話，芸術，宗教をあげている．言語については，しばしば理性または理性の源泉そのものと同一視されてきたが，この定

表13-2　言語についてのコントロール・ハイアラーキー

	意味論	音韻論
A	形態素としての要素	音
G	語彙的要素	音素
I	統語的要素	音節
L	語法的要素	抑揚型（イントネーション・パターン）

〈ヤコブソンとハレ，ハイムズによる〉

義が全領域を覆いえるものではないと述べている．言語は全体の代わりに部分を示しているとし，その理由として概念的言語と並んで情動的言語があり，論理的または科学的言語と並んで，詩的想像の言語があることをあげている．そして一次的には，言語は思想または観念を表現せず，感情および愛情を表現するものであると述べている（Cassirer 1944, 宮城訳 1953, 1982：35-37）．

カッシーラーは，人間性を理解する鍵としてシンボルを捉え，前記のシンボルはそれぞれの網を織る様々な糸であり，人間経験のもつれた糸であるとしている．あらゆる人間の思想および経験の進歩は，これらのシンボルの網を洗練し強化すると延べ前記4つの他に，シンボル形式をとるものとして歴史，科学もあげている．

彼は神話，宗教の領域の検討から言語の領域に移り，言語さえも人間文化の最も固定的で保守的な力の1つであるとしている．しかし，この保守性がないならば，言語はその主要な任務であるコミュニケーションを完遂することはできないだろう，と述べている．言語的シンボルおよび言語形式は，言語を崩壊させ破壊させる時間的影響に抵抗するために，固定性と統一性をもたねばならない．それにもかかわらず，音声学的変化および意味論的変化は，言語の発達中に含まれた必然的条件であるとしている．この持続的変化の主な理由の1つに，言語が1世代から別の世代に伝達されねばならないという事実を，カッシーラーはあげている．そして言語獲得の過程は，常に積極的で生産的な態度を含んでいるとしている（Cassirer 1944, 宮城訳 1953, 1982：325）．

カッシーラーは，シンボル形式をとるものとして言語，宗教，神話，芸術を同列に捉えており，言語の主要な役割にコミュニケーションをあげている．ここにおいて，言語はシンボル形式をとるものであり，人と人とのコミュニケーションの媒介をなしているという意味でメディアであるといえる．

パーソンズは，あくまでも行為理論の枠組みで言語を捉え，言語が行為に与える影響，言語のもつ普遍性を問題にしている．言語を捉える視点が，カッシーラーとはやや異なっているといえよう．パーソンズは，メディアに主軸をおいて言語を捉え，カッシーラーは，シンボル形式に主軸をおいて言語を捉えているように思われる．そして，パーソンズの行為理論のなかで，言語と宗教は同列ではなく，宗教の方が言語よりも上位に置かれている．そこには，パーソ

ンズの生き方が深く反映されているといえる．

(3) 認識的志向様式とフロイト

　認識的志向様式は，文化的な現象科学としてその公式の地位を獲得した．それは17世紀，18世紀の偉大な認識論すべてに典型的である．そして認識以外の志向様式は，非物理的な客体に関係して比較的により重要な役割を演じている．

　認識的志向様式，認識以外の志向様式について，パーソンズはフロイトの説を支持しており，そのなかでもカセクシスを使用することが適当であると述べている．フロイトが『自我とイド』(1923) のなかで「客体」という言葉を用いていることが重要で，この文脈で客体は明らかに認識的意味から区別されたものとして，情緒あるいは感情と関係しているとパーソンズは指摘している．フロイトは，人間の集合体や非人間的客体を除外してはいないけれども，心のなかに人間個人を描いていた．

　人間個人における主体-客体関係が，認識的な場合におけるのと同じ構造をもっていることが重要である，とパーソンズは述べている．すなわち主体-客体関係において，一方的ではなく，二方向の関係があるというのがそれである．客体にカセクトする（心的エネルギーをふり向ける）時，人間行為者は客体から何かを受けとり，そして客体に何かを与えている．これらの構成要素の両方とも，行為という観点から言語学上の意味をもっている．行為者と客体は，認識的構成要素とカセクティックな構成要素の両方をもっている．すなわち，行為者は理性と感情をもっているということができる．

　さらに，パーソンズは行為者のカセクティックな関係のなかには，有機体にある優先性があるという．フロイトの主張している「エネルギー」は，カセクシスを確立して維持し，そのなかで使用されているというのである．つまり「リビドー」[5]は，有機体のなかにその主要な源泉をもっており，とりわけ性感帯のなかに有機体の確かな特徴をもっている，そしてカセクシスのために客体を構築するうえで，シンボリックな意味を獲得しているとしている．認識と物理的なものとの関係に並行して，カセクシスと有機体との関係にシンボルに関して優先性がある，とパーソンズは主張している．すなわち，客体の構造のな

かにカセクシスをおこす主要な源泉をリビドーがもっているというのである．

　ここで注意しなければならないのは，リビドーはフロイトの欲動[6]論であって，本能論ではないということである．本能[7]とは Trieb（欲動）の拙い訳である．パーソンズによれば，リビドーは本能というよりも精神，パーソナリティにおける組み合わせ的な現象で複合体である．リビドーを有機体エネルギー形態と捉えるべきではなく，有機体からのエネルギーの一構成要素であるというのである．

　ここにおいて，リビドーは性に関して人の心や感覚をつきうごかす内在的な力であるが生得的というだけではなく，学習によってある程度抑制できるものと理解することができる．

第3節　メタ理論の枠組み［Ⅱ］

(1) テリック・システムに関する考察

　テリック・システムに対する行為者の関係をカテゴリー化するという問題は，物理的‐化学的システムや人間有機体システムに対する関係とは，何か異なった次元の秩序の問題であるとパーソンズは述べている．しかし行為システムから，これら3つのシステムへの関係の特徴として，第一にシンボリック・レベルで構成している意味の形をとるということをあげている．シンボリック・レベルというのは，言語学上の用語であるが，それによって原則として定式化可能で伝達可能であるとしている．この意味でテリック・システムに存する「超越的な」実体は，例えば神のようにシンボル化されるけれども，それは「自然の力」の人格化でもなく，そのような実体の「真実の」性質を示すものでもない．また，そのような主体‐客体関係は，現実とシンボルを通した世界という構造の二元性を維持しているとみなし，テリック・システムの場合には次元が逆転して，シンボルを通した世界が重視されるべきであるとパーソンズはみている．典型的な例として，カントの理解のカテゴリー[8]をあげている．

　カントは経験的な知識と比較して，それらの立場を特徴づけるために「超越的」（transcendental）という用語を使用している．カントのような哲学者は，そのようなカテゴリーの必要性と役割を理解するようになるが，しかし彼がカ

テゴリーを「決定する」というのではない．感覚データが「外部世界」から生じるのと並行した意味で，カテゴリーは「外側」から人間の知識に到達する．それゆえカントのような人間行為者は，感覚データ[9]とカテゴリーを結ぶ一種の中間人であり，「結合者」であるとパーソンズは述べている（Parsons 1978：370）．

ここでパーソンズは，認識論的な事例から他の事例へとカテゴリーを一般化することを試みている．一般的な命題は，人間の各々の志向[10]様式にとって「条件」あるいは「仮説」に関係して，メタ－レベルがあるということを彼は主張している．ここで「条件」あるいは「仮説」は，志向にとって意味があり「感覚をなす」ために必要なものである．パーソンズは，このことをカントの『純粋理性[11]批判』に続く『実践[12]理性批判』『判断力[13]批判』の2つの批判書のなかに見出している．

感覚データ（感覚情報）が経験的認識のなかにあるのと同様に，その他の2つの分野においても人間の経験が利用可能あるいは与えられていると仮定して，カントは他の各々にとっての超越論的な構成要素を明らかにしたり，定義することを追求した．その2つの領域のなかで最もなじみのあるものは「実践理性」の領域であり，これは我々が通常，道徳と考えている領域であるとされている．この領域についてパーソンズは，自身のパラダイムの用語で人間行為者の間で意味のある関係の領域であるとし，換言すれば一般行為システムの一部であるとしている．

認識的領域における理解のカテゴリーの評価を，カントは彼の有名な定言的命法[14]のなかに見出している．これをパーソンズは，ある意味においてキリスト教の黄金律[15]の現代化されたものと解釈することができるとしている．

カントの「実践理性」とは道徳的領域であるが，それについてパーソンズは，一般行為システムの文化領域の道徳評価的シンボル化（i）に該当すると見ている．そしてカントの道徳的命法のなかに理解のカテゴリーがあるとみて，このことはキリスト教の黄金律に共通するものとパーソンズは捉えている．

パーソンズの一般行為システムの文化システムは，認識的シンボル化（a），表現的シンボル化（g），道徳評価的シンボル化（i），構成的シンボル化（l）

に分割されているが，それはカントの『純粋理性批判』『実践理性批判』『判断力批判』のなかで主張されていることと，うまくあてはまっている（図13-1, 表13-3）.

カントの「実践理性」は道徳に関係する領域であるが，パーソンズはこれを一般行為システムのなかで中心的な重要性をもっているとし，人間的レベルにおいて社会秩序の最も基本的に横たわっている前提あるいは仮説の焦点になっていると述べている（Parsons 1978：370）.

これは道徳問題のデータ（資料）としてではなく，そのようなデータを秩序づけている超越的規範的な条件として，明確に規定されるべきであるとしている．カントの道徳的要素についての哲学的立場は，近代社会の道徳的要素についてのデュルケームとウェーバー両方の扱いのなかに，明らかに横たわっているとしている．

次に『判断力批判』においてカントが美的判断の領域とよんだものを扱っているが，パーソンズはこの領域を文化システムの目標達成細胞（G）に関係づけている．それは人間の身体そのものを含む人間の志向に関して，とりわけ重

l	i
構成的シンボル化	道徳評価的シンボル化
認識的シンボル化	表現的シンボル化
a	g

図13-1　文化システム

表13-3　三批判書と文化システムの対応

カントの三批判書	文化システムの構成要素
『純粋理性批判』———————	認識的シンボル化
『実践理性批判』———————	道徳評価的シンボル化
『判断力批判』＜　美的判断力　———	表現的シンボル化
目的論的判断力	

要な位置を示している．『判断力批判』は，もう一方で「生と死」や「快楽」の多様さという目的論的な側面を含んでいる．パーソンズは，『判断力批判』にカントのいうように美的判断力と目的論的判断力を認めてはいるが，ここでの目的論的判断力は，あくまで（G）に位置づけ（L）には位置づけていない．

そして，パーソンズはカントが特別な批判を向けなかった領域として，超越的秩序という四番目の（L）領域をあげている．カントはこの領域に関して積極的に何かを言うという危険に身をさらすのではなく，神の存在の証明には否定的であるということに終始していた，とパーソンズはみている．カントは，神は存在しないというのではなく，神の存在を証明することは不可能であることを主張している．カントは，後に『実践理性批判』のなかで実践の立場から神の存在を要請し，さらに『判断力批判』のなかで，自然の合目的性について肯定的に論じている．すなわち，学問的には神の存在を証明することは不可能だが，もし神が存在しなければ我々の正しい行動も秩序ある認識も根拠を失う，だから神は存在するはずであるという立場をとっている．

パーソンズは，人間的条件のパラダイムにおいて，このL領域は潜在的な性質をもつ，すなわち超越的秩序の側面をもつとして，他の3つの領域とは明らかに異なるとしている．そしてデュルケームやウェーバーの研究，フロイトの研究は，人間の行為システムにおいて宗教の重要性を明示している，とパーソンズは指摘している（Parsons 1978：371）．

パーソンズは，人間的条件のL領域にベラーの提案を引用している．ベラーは宗教的シンボルが「何ものかを象徴している」すなわち，人間的条件のなかの経験的に知りうる客体である指示対象をもっているに違いない，と主張している19世紀末の不可知論[16]の考え方に異議をとなえた．この例として，神は「社会」をシンボル化しているというデュルケームの主張をあげている．ベラーは，ここで「シンボリック・リアリズム」（symbolic realism, 象徴的現実主義）という考えを提案している．ベラーによるシンボルの意味は，シンボルの外部で関係している客体のなかでその意味を見出されるというよりも，むしろシンボルそのもののなかに「内在している」として考えられるべきであると，パーソンズはいう．シンボリック・リアリズムというベラーの考えは，シンボルの1つの構成要素，つまりカントの意味で超越的構成要素ではなく「特

殊化された」構成要素に適用されるべきであるとしている.

　パーソンズは，異なったレベルでシンボルに2つの構成要素があることを主張している．そして宗教的シンボルの「特殊化された」構成要素とよんでいるものは，カテゴリーに対してではなく，経験的知識の感覚データに比較することができるとしている（Parsons 1978：372）．これは深層構造にではなく，言語発言の場合は音声に，遺伝子型にではなく有機体の表現型に，そして人間社会の制度的パターンにではなく利害構造に比較することができるとしている．

　ここで，パーソンズは人間的条件システムのL体系，すなわちテリック・システムにおいてはベラーの宗教的シンボルの考えを援用し，その「特殊化された」構成要素は2つあり異なったレベルにあるとしている．それは，言語を発生する場合の音声部分に，有機体の表現型に関係するとしている．

(2) 物理的‐化学的システム，有機体システム，テリック・システムの3つの相互関係

　次に人間的条件システムのうち，シンボリックな意味を含んでいない物理的‐化学的システム，有機体システム，テリック・システムの3つの相互関係についてみていこう．パーソンズは，人間中心の観点から行為システムにシンボリックな意味を与えているが，しかし客体（対象）に対して，このレベルで意味の理解とコミュニケーションをうけ負わそうとはしていない．彼は客体が何であるかを解釈しようとはしていないし，ウェーバーのよんだ「主体的観点」から解釈を試みているのでもない（Parsons 1978：372）．

　パーソンズの図式を考えてみると，行為システムのレベルまではシンボリック性は含まれていなかった．さらに大きな人間的条件のレベルになると，シンボリック性が出てきて，それが大きな意味をもつようになる．しかし，シンボルを通して客体の意味を解釈しようとしているのではない．ではシンボルをもち出すことによって，彼は何を言いたかったのであろうか．人間の身体と精神を繋いで行為へとかりたてるものとしてシンボルに思い至り，その志向は超越的なものへと向かっていく．パーソンズは，シンボルをあくまでも人間の行為の導き手として捉えているように思われる．

[1] 物理的 - 化学的システム（A）と有機体システム（G）の間の関係

　この2つのシステムの相互交換は，お互いに双方向的である．有機体は，物理的な環境との交換に関して「オープン」システムであると通常公式化されている．特に高等な有機体は皮膚や肺を通して熱が連続的に産出され，これは内部での酸化によって均衡を保っている．酸素は空気から摂取され，二酸化炭素が環境に排出される．栄養物質が環境から摂取され，老廃物が環境にもどっていく．同様のことは植物についてもいえる（Parsons 1978：373）．つまり植物は空気から二酸化炭素を摂取し，酸素を環境に排出している．このように動物，植物という生物にとって，酸素と二酸化炭素は循環している．

　パーソンズは，物理的 - 化学的システム（A）と有機体システム（G）との相互関係において，A→Gではヘンダーソンの環境への適合をあてはめ，環境は生命システムの機能にとって，任意の仕方で単なる「条件」ではないと主張している．生命有機体（living organism）の内部的な部分に，一組の物理的 - 化学的構成要素が存在している．パーソンズは生命を物理的世界の有機体の一様式として捉えており，物理的構成要素のあらゆる組み合わせが，様々な生命有機体にひとしく好都合であるわけではないとしている．それゆえ，人間行為の観点から有機体と物理的関係には多様な意味があると彼は主張している（Parsons 1978：373）．

　パーソンズは人間を生命有機体と捉えており，そこには生命学の視点も入っている．人間の身体は，物理的 - 化学的には酸素（O），窒素（N），炭素（C）等の元素という自然界の構成物質から成っている．人間有機体システム（G）から物理的 - 化学的システム（A）に向かっては適応能力が，反対に（A）から（G）に向かってはヘンダーソンのいう環境への適合があてはめられている．ここにおいて人間有機体は，環境や環境問題と結びついていく．

[2] テリック・システム（L）と物理的 - 化学的システム（A）の関係

　テリック・システム（L）と物理的 - 化学的システム（A）の2つは，行為システムの外側にあり，この2つの関係は，人間にとって"宇宙論的"問題としてしばしば語られるものの根拠を含んでいる．例えば，物理学の分野においてはコペルニクス[17]やニュートン[18]のみた最も広い夢をこえて拡大されているものと現在理解されており，今日天文学についての知識の巨大な発展へとつ

ながっている．他方，テリック分野においては，死の意味についての例をあげることができる．フロイトを含む様々な人々は，生命有機体の死を無生物（無機物）の状態，すなわち物理的な状態への同化—ある意味で「復帰」—として定義した．この現象から明らかに，人間の意味はある宇宙論的な問題と同じように，科学的な意味ばかりではなく，宗教的な意味をもっているとパーソンズは述べている（Parson 1987：373）．ここにおいて，有機体の生命物質基礎をなす物理的-化学的システムの領域は，宇宙の問題すなわち自然と結びつき，行為の意味の根拠をなすテリックの領域は，人間の死の問題と密接なつながりが生じ，宗教的な意味と結びついていることをパーソンズは主張しているといえる．

物理的-化学的システム（A）からテリック・システムへ向いた矢印には，自然の秩序があてられ，（L）から（A）へ向いた矢印には自然への理解があてられている．（A）から（L）へ，（L）から（A）への共通のキーワードは自然であり，人間の身体の粒子，および精神の究極的なものは，人類を超越したもの，すなわち神によって創造されたものであることをパーソンズは示唆している．

[3] テリック・システム（L）と人間有機体システム（G）の関係

行為を直接に含まない三番目に関係しているカテゴリーに，パーソンズはテリック・システム（L）と人間有機体システム（G）をあげている．ここには，ある意味で「生命についての諸事実」（facts of life）を含んでいる．つまり，有機体としての人間についての諸事実を含んでいるということであり，それらは生と死，人間の生殖，そして年齢や性による人間の相違等を含んでいることをさしている．生命に関するこれらの諸事実についての科学的知識は，行為システムの外側からの，すなわち「データ」（資料）や認識的カテゴリーの両方からのインプットに頼らなければならないとしている．

同様に生命の諸事実に関する宗教的な意味は，人間の経験や人間的条件やその成りゆきの宗教的意味がもつ本質的構造に基づいているに違いない，とパーソンズは主張している．

ここにおける宗教的意味の最も重要なカテゴリーに，認識的意味や宗教的意味ではなく，理性に対する「感情」（feeling）として言及している志向の次元（dimension of orientation）をあげている．そして，このことは行為を引きお

こす「感情」(affect) 概念の利用をなすことにふさわしい地点であるとしている (Parsons 1978：374).

つまり，宗教的意味のカテゴリーはシステムとしての人間的条件の構造においてはL体系に位置し，行為をひきおこす感情と結びついていく.

さらにこのカテゴリーについて，「快楽」と「苦痛」に分けるよりも，より適切な二分法として「幸福感−不幸感」(euphoric-disphoric) を彼は提唱している．これは「判断」(judgment) に関するカントの戒律に関係した主要な分野であるとしている．「判断」という語について，カントは後にフロイトによってもちいられた言葉—快楽（Lust）—をも使用しているけれども，「美的」(esthetic) という形容詞によって特徴づけようとした (Parsons1978：374).

結局，宗教的意味のカテゴリーは具体的なものではなく，抽象的なものを含んで分析的であることをパーソンズは強調している.

第4節　結び

以下の項目について，概要を述べて結びにかえたい．

(1) メタ理論の枠組み［I］について
[1] 行為システムと他の3つのシステムとの関連

パーソンズは人間的条件システムにおいては，行為システムにだけシンボル性を認めている．パーソンズによれば，人間の志向は人間行為者にとってシンボリックに理解することのできる意味をもつ実在性から構成されており，このような実在物を「客体」とよぶにふさわしいとなる．このような関係は，西洋思想史のなかで通常「認識的」とよばれてきた．パーソンズは，認識について「理解のカテゴリーから感覚データを組み合わせているものとして考えねばならない」（『純粋理性批判』1781）と主張する，カントの学説を支持している．

[2] 言語についての考察

また，パーソンズは言語を一般化されたシンボリック・メディアとして捉えていない．パーソンズは言語をコミュニケーションや社会統合にとって最も一般的で基礎的なメカニズムであるとみている．言語の主要な機能に表現とコミ

ユニケーションをあげ，コミュニケーションの機能の方が表現の機能より重要であるとしている．パーソンズは言語を自由度と普遍性という点から検討して，一般化されたシンボリック・メディアには入れないで，シンボリックな意味メディアのコードに位置づけている．

[3] 認識的志向様式とフロイト

認識的志向様式，認識以外の志向様式について，パーソンズはフロイトのカセクシスを使用することが適当であると述べている．行為において主体と客体の両方とも認識とカセクシスという両方の構成要素をもっている．パーソンズは，カセクシスと有機体との関係にシンボルに関して優位性があると主張している．すなわち，客体構造のなかにカセクシスを起こす主要な源泉をリビドーがもっているというのである．パーソンズによれば，リビドーは本能というよりも精神，パーソナリティにおける組み合わせ的な現象で複合体であるという．リビドーは，有機体からのエネルギーの一構成要素であるというのである．

(2) メタ理論の枠組み [Ⅱ] について
[1] テリック・システムとカント

パーソンズの一般行為システムの文化システムは，認識的シンボル化 (a)，表現的シンボル化 (g)，道徳評価的シンボル化 (i)，構成的シンボル化 (l) に分割されているが，それはカントの『純粋理性批判』『実践理性批判』『判断力批判』のなかで主張されていることに適合している．カントの『実践理性批判』は道徳に関する領域であるが，パーソンズは道徳を一般行為システムのなかで中心的な重要性をもっているとして，人間のレベルにおいて社会秩序の最も基本的に横たわっている前提ないし仮説の焦点になっていると捉えている．そしてカントの道徳的要素についての哲学的立場は，デュルケームとウェーバーの道徳の捉えかたにも横たわっているとパーソンズは主張している．

パーソンズは『判断力批判』にはカントのいうように美的判断力と目的論的判断力を認めているが，人間的条件の文化システムでは表現的シンボル化に該当するものとしている．そしてパーソンズは，カントが批判を向けなかった領域にテリック・システム (L) の領域をあげ，ここには構成的シンボル化

(constitutive symbolization)をあげている．超越的秩序という面をもつL領域に関して，カントは神の存在を証明することは不可能だが，もし神が存在しなければ正しい行動や秩序ある認識は根拠を失う，それゆえ神は存在するはずであるという．パーソンズは，人間的条件のパラダイムにおいてL領域は超越的秩序の側面をもち，他の3つの領域とは明らかに異なるとしている．そしてデュルケーム，ウェーバー，フロイトの研究は，人間の行為システムにおいて宗教の重要性を明示しているとパーソンズは主張している．

[2] 物理的-化学的システム，有機体システム，テリック・システムの3つの相互関係

物理的-化学的システム（A）と有機体システム（G）の関係について．パーソンズは人間を生命有機体と捉えており，そこには生命学の視点も入っている．人間の身体は酸素（O）窒素（N）水素（H）炭素（C）等の構成物質から成り立っている．人間有機体システム（G）から物理的-化学的システム（A）に向かっては適応能力が，反対にAからGに向かってはヘンダーソンのいう環境への適合があてはめられている．ここにおいて，人間有機体は環境や環境問題と結びついていく．

テリック・システム（L）と物理的-化学的システム（A）の関係について．物理的-化学的システム（A）からテリック・システム（L）へ向いた矢印には，自然の秩序があてられ，LからAへの矢印には自然への理解があてられている．AとLの相互浸透の領域では，自然が重要な位置を占めている．人間の身体を構成している元素，精神の究極的なものは人類を超越したもの，神によって創造されたものであることをパーソンズは示唆している．

テリック・システム（L）と人間有機体システム（G）の関係について．テリック・システム（L）から人間有機体システム（G）には審美的判断のカテゴリーがおかれ，反対にGからLには動機づけの有機的構成要素のパターンがおかれている．人間有機体システム（G）は有機体としての人間についての諸事実を含んでおり，それらは生と死，生殖，性や年齢による相違等を含んでいる．テリック・システム（L）には，宗教的意味のカテゴリーが位置し，そこでは行為をひきおこす感情と結びつく志向の次元が重要視されている．そしてこのカテゴリーについて，快楽と苦痛という分け方よりも，幸福と不幸とい

う二分法をパーソンズは提唱している．ここにおいて，アリストテレスが「ニコマコス倫理学」のなかで，人生の目的として幸福に生きることをあげていることとの共通点が見られる．

注

1) パーソンズは，一般行為システムのAシステムを『アメリカの大学』(1973) においては「行動有機体」としていたが，その後，リッズの提案をうけいれて『行為理論と人間的条件』(1978) のなかでは「行動システム」と訂正している．
2) René Descartes, 1596～1656. フランスの哲学者．近世哲学の祖，解析幾何学の創始者．あらゆる知識の絶対確実な基礎を求めて一切を方法的に疑ったのち，疑いえぬ確実な心理として「考える自己」を見だし，そこから神の存在を基礎づけ，外界の存在を証明し，「思惟する精神」と「延長する物体」とを相互に独立な実体とする二元論の哲学体系を樹立した．『方法序説』『第一哲学についての省察』など．
3) 経験論とは，認識の源泉をもっぱら経験に求める哲学説をいう．代表的なものは，17～18世紀のイギリス経験論（フランス・ベーコン，ジョン・ロック，バークリー，ヒューム等）であり，一切の観念は感覚的経験から生ずるとして生得観念を否定した．
4) Cassirer, Ernst. 1874～1945. ドイツに生まれる．新カント学派の哲学者．ユダヤ人迫害のためアメリカに亡命 (1941)．イェール大学教授 (1941～)．コロンビア大学教授 (1944～)．シンボルとしての記号を用いて意味を表現する人間のあり方に注目し，シンボルの哲学を打ちたてた．『シンボル形式の哲学』(1923～31)．『啓蒙主義の哲学』(1932)『国家の神話』(1946) など．
5) Libido はドイツ語であるが，本来はラテン語で欲望の意味．モル (Albert Moll, 1862～) によってはじめて用いられ，フロイトが精神分析に導入したものである．性的衝動を発動させる力をいう．人間の成長・発展を可能にする心的エネルギー源には，性的エネルギー（エロス Eros）と破壊的エネルギー（タナトス Thanatos）が含まれ，厳密には前者をリビドー，後者をモルティドー (mortido) という．精神分析の理論においては，人間の行動はすべてエロスとタナトスの相互対立物，または結合的作用であると考えられている．
6) 人間を行動に駆り立てる内在的な力．食欲・性欲・睡眠・運動・排泄欲など．
7) 生まれつきもっていると考えられる行動の様式や能力．生得力．
8) 語源はギリシャ語のカテゴリア．述語の意．存在の基本的構造を表す．さらに認識の基本的構造を表す．範疇．
9) sense data を感覚データと訳したが，意味的には感覚情報と解釈すると理解しやすいと思われる．
10) 心が一定の目標に向かって働くこと．哲学的な意味では，意識が何ものかに向かっていることをいう．
11) 後天的感覚を除いたア・プリオリな認識能力の全体をいう．「純粋理性批判」は，広義の理性の作用に関する反省の書である．
12) ア・プリオリな道徳原理によって意志を規定する理性．歴史的にはアリストテレスのプロネーシス（実践知）に由来する．
13) 哲学的には，特殊を普遍に包括されるものとして考える能力をいう．普遍的な法則（因果律）があ

りそれに特殊（咲いた花）が包括される場合（規定的判断力）と，特殊（花）がありそれを包括する普遍（美）が求められる場合（反省的判断力）とがあり，カントは後者を美的判断力と目的論的判断力とに分け，これらの能力を批判することによって美の問題と生命現象の問題を論じた．

14) カントの唱えた道徳的命法．すなわち意志を無条件的に規定する道徳法則．「幸福を目的とするならば，手段としてこの行為をせよ」と命ずる仮言的命法と異なり，行為そのものを価値ある目的として絶対的・無条件的に命令すること．例えば「汝殺すなかれ」．

15) Golden Rule．キリスト教倫理の原理．マタイ福音書7章12節「人からして欲しいと思うことのすべてを人々にせよ」を指す．

16) 哲学的には，意識に与えられる感覚的経験の背後にある実在は論証的には認識できないという説をいう．

17) Nicolaus Copernicus, 1473〜1543．ポーランドの天文学者，聖職者．肉眼による天体の観測とギリシャ思想とに基づいて，太陽中心宇宙説を唱えた．地球その他の惑星はその周囲をめぐるという地動説を発表して，当時定説であった地球中心宇宙説に反対し，近世世界観の樹立に貢献した．主著『天体の回転について』(1543)．

18) Isaac Newton, 1642〜1727．イギリスの物理学者，天文学者，数学者．力学体系を建設し，万有引力の原理を導入した．また微積分法を発明し，光のスペクトル分析などの業績がある．主著『プリンキピア（自然哲学の数学的原理）』(1687)．

第14章
人間的条件のパラダイムについての検討
―その3―

第1節 はじめに

　パーソンズは，人間的条件システムの物理的‐化学的システム（A）にギリシャ哲学者，ウィーナー，ヘンダーソンの考えを援用している．本章ではウィーナーとヘンダーソンの学説の物理的‐化学的システムへの適用，フロイトとパーソナリティ・システム，ウィーナー・カテゴリーの行為レベルへの適用について検討していきたい．

第2節　ウィーナーとヘンダーソンの学説の物理的‐化学的システムへの適用

　ウィーナーの著書『サイバネティックス』は1948年に出版され，ヘンダーソンの著書よりずっと後であった．生理学者ヘンダーソンの著書は，物理的‐化学的システム（A）と有機体システム（G）の間の境界関係に関連しているが，ウィーナーの著書は物理学から行為の理論へ，そして生物学も非常に多くを含んで科学の範囲全体に適用できる．
　ウィーナーの議論の大部分は，エネルギーと情報という2つの相互に補足的なカテゴリーとそれらの相互関係とに注意を制限している．パーソンズによれば中心的な命題は，適切に定義された条件のもとでエネルギーが高く情報が低いシステムは，逆のシステム，すなわちエネルギーが低く情報が高いというシステムに有効にコントロールされるというものである．
　例えば，設定されたサーモスタット（温度自動調整器）が最小限の物理的エネルギーを利用するだけで，温度が設定された値から僅かでもずれるとき，発

熱装置を回したり切ったりすることによって，閉ざされた空間の温度をコントロールすることができる．この場合，サーモスタットは情報量が大きく，発熱装置はエネルギーが高い．

現代社会において，例えば自動ドア，リモコン，予約タイマーのついた電気製品等，サイバネティックスの原理を応用していると考えられるものが多数ある．

ウィーナーの最初の研究が有機体の分野に，特に生理学の分野にあったので，高い情報の下位システムがそのようなシステムをコントロールする過程を，ヘンダーソンが扱った有機体の3つのカテゴリーの間の調節に含めることができるとパーソンズは言う．パーソンズは個人有機体にふさわしい調節に関して，3つの原則的なレベルがあるとしている．1つは酸素を通して細胞間レベルでの調節，2つ目は有機体全体のレベルで，血液の流れを通してホルモンやその他の構成要素の調節，3つ目は環境に関係して有機体の活動を調節するうえでの，神経システムを通しての調節をあげている（図14-1）．さらに調節に関して人間有機体の個体群や種のレベルで，遺伝子の情報コントロール過程を含んでいることに注目するべきであるとしている．

パーソンズは，物理的-化学的システムにおいてウィーナーとヘンダーソンの図式を援用しているが，両者の図式には共通して有機体領域内の諸関係，有機体と物理的領域との間の一連の諸関係に，秩序を含んでいることを主張して

a	物理的-化学的システム	g
炭素（H） 新陳代謝（H） 燃料物質（W） 土（G）	酸化作用（H） 複雑性（H） エネルギー（W） 火（G） （窒素—wald）	
水（H₂O）（H） 水（H） 不活性物質（W） 水（G）	酸素（H） 調節（H） 情報（W） 空気（G）	
l		i

生命システムの物質的基礎

①細胞レベル ——— 酵素を通して
②有機体全体のレベル（血液を通して）——— ホルモン，その他を通して
③環境に関係 ——— 神経を通して

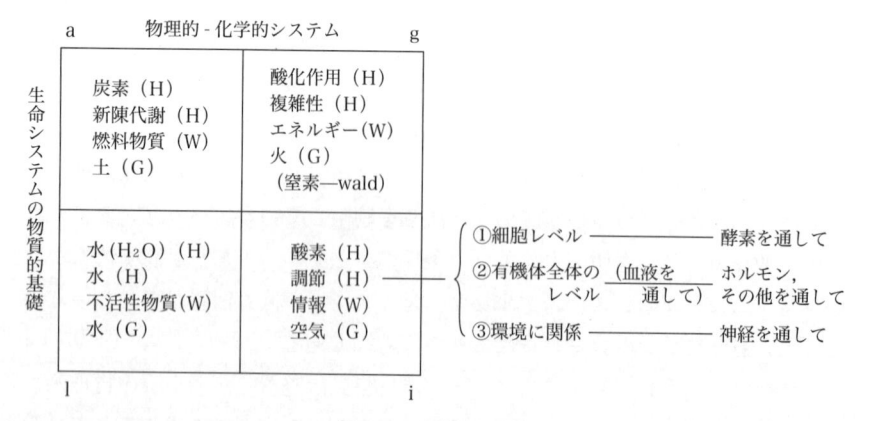

図14-1 調節のレベル

いる.

　すなわち，人間の身体は生物学的・生理学的に様々な機能をもっているが，そこには物事の道理，すじみちがあるというのである．パーソンズは人間の身体に関して，自然の摂理が働いていることを見通していたといえる.

　1つの生命有機体は，次の2点で独自の物理的-化学的システムであると彼はみなしていた．第一に，生命有機体は環境とは異なった内部秩序間のパターンによって特徴づけられ，特別に組織されているシステムであるということ．ヘンダーソンは内部秩序間のパターンについては，非常によく知っていた．第二にこのような相違は，有機体がその環境に対して境界をもっていることを含んでいる．それは，ヘンダーソンの用語では「調節」として特徴づけられ，ウィーナーの用語ではエネルギーを統制している情報を含む「メカニズム」によって維持されている.

　ウィーナーとヘンダーソン，二人の分析の背景にはさらに問題がある．ウィーナーの用語でいえば，内部秩序を調節して境界を維持し，他のシステムから分化する能力を考察するのに，物理的な性質だけで十分なのかどうかという問題である．というのは，物理的な性質を生じるために，物質はある種の化学的ないしその他の過程を通してエネルギーを生み出す原因となるに違いない，とパーソンズは考えたからである．そこでヘンダーソンの概念をとり入れている.

　ヘンダーソンは，有機体生命にとって物質からエネルギーを生み出す過程が，酸化を通して行なわれていることを見出した．一般的に，炭素化合物（C）は酸素（O）と混ぜ合わされ二酸化炭素（CO_2）を生み出している．炭素化合物はある意味で有機体エネルギーを生み出すために必要な燃料として考えられる．パーソンズはこの状態を，物理的-化学的システムの（i）に酸素を，（g）に酸化を，（a）に炭素を置いて対処している.

　しかし，この問題にはさらに2つの側面があることをパーソンズは指摘している．第一に，もし有機体の特性がかなりの期間続くならば，はじめは有機体の境界内に存在していたこの意味での燃料供給は，十分でなくなるであろう．この燃料は，ヘンダーソンが「新陳代謝」とよんだ過程で使い果たされている．この状態が続くならば，燃料は環境からのインプットによっておき換えら

れなければならず，同時に二酸化炭素のような新陳代謝による潜在的な生産物は，処分されなければならない．以上のように物理的-化学的にみた場合，有機体はその環境とともに，連続的な相互交換に約束されたオープン・システムに違いないとパーソンズは述べている（Parsons 1978：376）．

つまり，生命の物質的基礎をなしている人間の身体，有機体は酸素を吸って二酸化炭素をはき出すという環境（外界）との相互交換を絶えず行なっており，その意味でオープン・システムであると理解できる．一般的に，人間以外の動物や生物についても前記のことはいえる．

第二に，有機体に有益なエネルギーを生み出している酸化過程は，統制された過程に違いないというものである．それは，燃料が有機体（人間の身体）に入力された後に特別に処理されなければならず，それが「燃やされる」条件は，細部にまで調節されているに違いない．そして，より高等な有機体においてこのことは，ATP[1]複合体（アデノシン三リン酸複合体）を通して生じていると彼は述べている（Parsons 1978：376）．

数学者であり物理学者であるウィーナーの図式が「複雑性」のカテゴリーと出会うのは，まさしくこの点においてである．生理学者ヘンダーソンは，別の観点から「複雑性」をとりあげているが，それは物理的-化学的システムの（g）に位置づけられている．

有機体世界において，物質がエネルギーに変換するのに必要な過程である酸化は，生命システムを特徴づけている化学物質の枝状にわかれた房および諸過程の中心的な焦点であり，炭素の性質がその中心を担っている．炭素は，物理的-化学的システムでは（a）に位置づけられている．酸化は他にも蛋白質，酵素，ホルモン，RNA，DNA，そして多くの他の物質からなる生物化学のなかで，ある役割を演じている．

ウィーナーが最初に生理学上の問題に関心をもったとき，彼は有機体を「熱機関」（heat engine）と考えて生物化学問題に言及していた．しかし，彼が『サイバネティックス』を書いたとき，問題は大きく変化し，生理学者たちの主要な傾向は，有機体をとりわけ情報処理システムと考えるようになっていた．これは大きな変化であり，確かに人は現在，知的な事業を計画するのに適している．

前記のことは，現代の高度に発達した情報化社会についても，人を中心にみた場合にいえることである．

ウィーナーが高いエネルギー・システムと高い情報システムとの間に設定した関係の重要性は，行為レベルに明らかにあらわれているという．パーソンズは，例えば社会組織が文化的シンボルシステムによって統制される方法，そして個人的なレベルで動機的エネルギーが，客体の内面化と外部環境から受け取る情報とから引き出される非エネルギー要因によって統制される方法を，前記のような観点に基礎づけている．

第3節　フロイトとパーソナリティ・システム

個人的なレベルにおける動機的エネルギーと情報という文脈で，パーソンズはフロイトの自我とイドの関係をとりあげている．フロイトは，これらの人間のパーソナリティの2つの構造的な下位システム間の関係を議論しているが，馬と人間の乗り手の隠喩を導入している．イド (id) は馬の役割をなすとみて，自我つまり人間の乗り手よりも遙かに強く，まともに競争すれば容易に勝つであろうと述べている．そして，イドのもつより大きな強さは「高エネルギー」と読むことができる．もし馬（イド）が調教されるならば（「社会化される」と読む），そして乗り手が十分な技術をもっていれば，乗り手は馬の行動をある点で統制することができる——馬が乗り手をどこに連れていくのか，どんな速度でいくのかなど——．

フロイトの書『自我とイド』は，ウィーナーの書『サイバネティックス』より27年前に書かれており，フロイトはウィーナーの著書を知らないが，もし知っていたならば，ウィーナーの意味で，人間の乗り手は馬よりも「高情報」であるということに賛成したであろう，とパーソンズは記している．そして，フロイトを本能還元論者と解釈する今日の共通傾向という文脈からすれば，フロイトがこのような比喩を用いていることは特に重要であるとパーソンズは述べている（Parsons 1978：377）．

つまり，フロイトは夢の研究から意識の底に潜む無意識の発見，人間の行動を究極的に支配する要因に性的衝動を発動させる力としてリビドーを発見し，

本能還元論者と見られがちであるが，パーソンズはこの点について注意を払うべきであるとしている．

　フロイトは，パーソナリティを構成する心的機能を三領域——イド・自我・超自我（id, ego, super-ego）に分け，そのうちイドは心の最も深奥にあって，原始的・本能的エネルギーの源泉をなす部分とされている．その働きは無意識的であり，無道徳的衝動としてひたすら快楽原理に従い，リビドーの直接的・即時的充足を目指すとされている．自我は，本能や衝動から表すイドから発して外界の影響によって分化し，理性や分別の役割を演ずるものとされた．超自我とは，個人が両親や大人たちの禁止的態度，懲罰的態度，叱責的態度および叱正的態度などと同一化してこれを内面化したもので，道徳的な良心とも言われ，自我を監視し禁圧する心的メカニズムである．

　パーソンズは，一般的行為システムのパーソナリティ・システムにおいて，イドを(a)に，自我を(g)に，超自我を(i)に位置づけ，(l)には自我の究極目標として，人格同一化（人格の確立）をおいている（Parsons 1973：436）（図14-2）．

　フロイトによって，イドは馬にたとえられ，自我は人間の乗り手にたとえられている．ウィーナーの意味で，前者は高エネルギーをもち，後者は高情報を処理できると解釈される．性的衝動であるリビドーをもつイドは，高エネルギーをもっているが，人間は本能のままに行動するのではなく，高情報を処理できる自我を鍛錬することによってイドを制御できる．フロイトはこのことを見通していたと，パーソンズは言いたかったのではあるまいか．人間には，感性的欲求に左右されず思慮的に行動する能力，理性がある．古来，理性は人間と動物を区別するものとされている．フロイトのいう自我の鍛錬と理性の強化には，共通し

g		a
現実態への志向 （自我-エゴ）		動機づけの資源 （イド）
良　心 （超自我）		人格同一化 （パーソナル・ アイデンティティ） （自我の究極目標）
i		l

図14-2　パーソナリティ・システム
Parsons 1973, P. 436.

ているものがあるように思われる．

第4節　ウィーナー・カテゴリーの行為レベルへの適用

　パーソンズは，ウィーナーの諸カテゴリーを人間的条件のレベル，行為レベルにも適用可能なものと考えている．

　最初に，エネルギーについてみてみよう．ウィーナーは，はじめ物理的な意味でのエネルギー（例えば熱）について言及し，このモデルを有機体の現象に躊躇なく適用した．しかし，ヘンダーソンの著書において，ある意味で物質の変換を構成しているエネルギー生産の生理的あるいは物理的-化学的過程のなかで，生命システムにエネルギーを与えることは，一般的に物理的なエネルギー化ではなく，むしろその過程が生じうる特別な設定であるということが述べられている．その主だった事例として，パーソンズはATP複合体（アデノシン三リン酸）をあげており，ウィーナーやヘンダーソンはそれについて言及していないし，知ることはできなかったと述べている．

　そこで彼は，有機体エネルギーが物理的エネルギーと同じものであるかどうかという疑問をもち，検討した結果，答えは否であると主張している．関係している論理の中心点として，構造と過程のいかに機能的に重要な構成要素が，関連しているシステムのすぐ次の下のレベルの組織から引き出される構成要素や諸要因の組み合わせによって生み出されているか，を考えなければならない点にあるとしている．この点は，ヘンダーソンによって非常に明らかにされているとして，物理的エネルギーは変化を経験して性質上，組み合わせを作っていくに違いないとしている．その際，化学的要素の組み合わせから生じる化学化合物の発展が，このレベルでの原型であるだろうとパーソンズは述べている（Parsons 1978：378）．

　つまり，有機体エネルギーは物理的エネルギーと同じものではない．物理的エネルギーが変化を経験して，有機体エネルギーになる．そのときに，化学化合物の発展がこのレベルで作用しているであろうとし，具体的にはATP複合体などが働いているであろうと理解することができる．

　そこで，有機体の領域内でいかに膨大な分岐が生じるとしても，フロイトの

著作から最も重要な結論の1つが考えられる，とパーソンズは主張している．すなわち，フロイトの著作では有機体レベル（G）から物理的レベル（A）への変化が捉えられ，フロイト自身がそのような「心的なもの」への転換において，他に変化したり組み合わせ的な変化を生じるというのである．もしこの解釈が妥当であるならば，そのとき，リビドーに関するフロイトの概念を本能その他の形態等いかなる形態においても，有機体エネルギーと解釈することは正当でありえないという．リビドーの構成要素の1つは，有機体からの「刺激の流れ」であるとフロイトは強調している．しかし，これは構成要素の1つにすぎない．そこでパーソンズは，その他の重要な要素のなかで，人間レベルにおいてシンボリックな意味があることを提案している．後でこのことを立証しようとしている．

　リビドーは単なる有機体エネルギーではなく，パーソンズはそれを精神的・心理的要因と結合させて昇華し，人間的レベルでシンボリックな意味があると考えることを提案している．それは行為の源となる「生きる力」と結びついていると解釈できる．

　同じような関連を，行為システムとテリック・システムの間にも考察することができる．テリック問題については，ヘンダーソンやウィーナーの関心の外側に置かれていた．

　物理学という学問の外では，物質は絶対的であると想定されてきたので，「物質」という概念に同様の相対化を適用する必要があると主張することは，非正当的である．このような方向で主張を定式化するための鍵は，一定の種の有機体のもつ内部環境によって何が意味されるかという問題を提起することであると，パーソンズは述べている．ヘンダーソンやキャノンによって分析されたように，例えば哺乳類の有機体は外部環境と共通する多くの化学的構成要素と物理的特徴とを含む，物理的‐化学的システムである．しかし，明らかに同じ種や遺伝子をもつ他の有機体を除けば，外部環境とは異なった組織パターンをもつ．

　ウィーナーの「物質」概念の使用に関連して，このように組織された物理的‐化学的システムは，生命システムの外側で認識することのできる化学要素表と関連する，新しい種類の物質を構成していると解釈することは，道理にあわ

ないのであろうか．このことは，特にエネルギー創出の条件を考えるという観点からすれば真実であるだろうと，パーソンズは述べている．

　もし物理的エネルギーから区別されるものとして，有機体エネルギーの概念がある意味をもつとすれば，その物質的基礎は，単に1つの化学的要素にではなく組織された生物システム全体に関係しているに違いないとされている．

　つまり，物理的エネルギー（A）と有機体エネルギー（G）との関連は，単に物理的要素や化学的要素に関係しているのではなく，生命とも深くつながった生物システム全体と関係していると理解できる．

　このような議論を，サイバネティックス的連続体の次の主要な境界，すなわち有機体レベル（G）と行為レベル（I）の境界にパーソンズは拡張させている．彼が人間行為システムとよんでいるものを，生命システムの進化において新しく生じたレベルとして扱うことが正しいとすれば，そのとき同じシステムの外部環境とは関係しているけれども区別されるべきであるとする内部環境も進化してきていると彼は主張している．はじめてそう述べたのは，デカルト的伝統のなかで思考していたデュルケームであるという．デュルケームは，この環境についての知識の経験的構成要素を事実とよび，知識が構成される実態を社会的環境と表示した．これについてパーソンズはそれが一般行為システムに対して内部環境という仮定を構成していると論じている．実際『アメリカの大学』の一般行為システムの構造の図においても，AシステムとLシステムの間に内部環境が表示されている（Parsons 1978：436）．

　デュルケームの立場は，ウィーナーの立場と適合する形で，ウィーナーのいう物質の新しいレベルがここにあることを意味すると，パーソンズは解釈している．パーソンズは，有機体が物質的世界のカテゴリーであるが，人間行為の側面（彼はこれを主にシンボリックな意味から成るとしている）からも捉えようとする．ウィーナーの3つの基本的カテゴリー（物質，エネルギー，情報）が，物理的なレベルだけに限定されるのではなく，生物学的なレベルにも拡大できることを指摘している．この点についてウィーナー自身が，最初サイバネティックスの理論を社会科学の領域に拡張することに否定的見解を示していた．しかし後に，制御の基本原理をなすネガティブ・フィードバックは，自動

制御機械にのみ固有のものではなく,有機体,人間社会にも共通してみられる一般的な形態であるとの見解をもつに至り,サイバネティックスの社会現象への適用を積極的に評価するようになった.

パーソンズは,サイバネティックスの理論を行為レベルにも適用できるに違いないと考えた.そうでないとすれば,リビドーは熱や電気と同じように,単なる物理的エネルギーのための単なる用語になってしまう.彼は,フロイトが人間行為への理解に関して物理学者なのであろうかという疑問を投げかけ,フロイトは精神分析医であることに思い至る.そして,パーソナリティの精神分析理論に関して物理学の一般法則から学ぶこともあると述べている.

ウィーナーは,物質とエネルギー連結を中心とする古典的機械論に対して,情報連結による制御の問題の重要性を強調した.ミクロ生物学(A)のレベルから人間有機体(G)のレベルを通り,人間行為システム(I)のレベルへの段階は,多くの標準によれば,むしろ長い道のりである.パーソンズによれば,ミクロ遺伝学者たちは「言語の言語」を用いているという.つまり,彼らは遺伝子によって生体を読みとこうとしていると解釈できる.ミクロ生物学においては,DNA(デオキシリボ核酸)[2]とその活動は遺伝的コードによって理解されるようになってきている.DNA分子上の3つの隣接した遺伝子の連続体であるコドン(codon)は,言語にたとえると主語,動詞,述語として働く3つの項目をもった文章であるといえる.そのとき,コドンという文章のなかに具体化された情報は,RNA(リボ核酸)のうえに複写され,最終的には酵素の活動を通して行為は蛋白質の合成へと「翻訳」される(Parsons 1978:380).このように,パーソンズはミクロ生物学におけるDNAとRNAの遺伝子によって蛋白質の合成が行なわれることに,人間行為においてコミュニケーションの働きをつかさどる言語モデルを映し出して,生命システムの物質的基礎と行為システムを結びつけようとしている.そこには,人間を総合的に捉えようとする視点がうかがえる.

パーソンズによれば,シンボリックな意味は人間のパーソナリティ構造と関連しており,パーソナリティは,脳の生化学的過程の現象に還元されない.そしてウィーナーにとって「情報」概念の関連性は,有機体レベルでストップしているのではなく,科学の領域すべてをおおうものであったと述べている.

物質的システムにおけるサイバネティック・コントロールのメカニズムについて，ウィーナーの一番好きな例は，蒸気エンジンに装置された「調整器」であったという．このことは，とりわけ情報技術の分野に拡張している．特に電話，ラジオ，テレビの分野へと拡張される．ここで，そうした技術の人間にとって重要な機能は，ウィーナーの専門用語の意味で情報の処理と伝達に関係がある．

　すなわち，シンボリック・メディアからコミュニケーション・メディアという情報技術の流れにおいて，ウィーナーのいうサイバネティックス・コントロールが関係しており，電話，ラジオ，テレビ，そして現在では電子メディアといったマス・メディアの発達にも関係しているといえる．

　情報処理と情報伝達の最も顕著な例として，パーソンズはコンピューターをあげている．最も重要な点として，コンピューターが厳密な意味で機械的に作用しているというよりも，むしろ電気的に作用している物理的なシステムであるという点をあげている．コンピューターは人間の計画によって造られた人工的なものである．そして，人間の脳にたとえることができる．このことは通常の意味で物理的な現象ではなく，有機体システムの現象であるとパーソンズは捉えている．

　ヘンダーソンによれば，有機体はシステム概念に密接に関連しており，物理的側面をふくんで，自然界一般の秩序の重要な特徴をもっているという．パーソンズはその意見を支持している．ウィーナーもこの見解を共有していたという．また自然界について最も理解できるアインシュタイン[3]の有名な理論は，人間を理解することと自然を理解することはつながっていることに決着をつけるのにふさわしいかもしれない，とパーソンズは述べている．アインシュタインは，自然界の物理的な性質を考えていた．もし情報のカテゴリーが「自然の性質」(nature of nature) と何の関係もないとすれば，アインシュタインの声明は意味をもたなくなるのであろう，とパーソンズは述べている（Parsons 1978：381).

　これは人間を理解するには自然界も理解しなくてはならない，人間の存在は自然界の一部であると解釈でき，超越的神の存在をパーソンズは暗示しているように思われる．メタ理論，すなわち理論の理論は結局，自然界の秩序と結び

ついていくと考えられる.

第5節　結び

以下,概要を述べて結びにかえたい.

　パーソンズは物理的-化学的システムにウィーナーの考えを取り入れて,燃料物質(a),エネルギー(g),情報(i),不活性物質(l)をおき,他方ヘンダーソンの考えを取り入れて,炭素(a),酸化作用(g),酸素(i),水(H_2O)(l)を,さらに新陳代謝(a),複雑性(g),調節(i),水(l)をおいている.そしてウィーナー,ヘンダーソンともに有機体内部,有機体と物理的領域との間の関係に秩序があることを強調している.

　またパーソンズは,一般行為システムのパーソナリティ・システムに動機づけの資源(a),現実態への志向(g),良心(i)をおいているが,その根拠にフロイトのイド(a),自我(g),超自我(i)をあげている.そして(l)に自我の究極目標として,人格同一化をおいている.

　パーソンズは有機体エネルギーが物理的エネルギーと同じものであるかどうかという疑問をもち,検討した結果,答えは否であると主張している.

　フロイトの著作では,有機体レベル(G)のエネルギーから物理的レベル(A)のエネルギーへの変化が捉えられ,フロイト自身がそのような「心的なもの」への転換において,他に変化したり組み合わせ的な変化を生じるという.パーソンズは,フロイトの著作からリビドーを本能に基づく単なる有機体エネルギーと解釈することは正しくないという.フロイトは,リビドーの構成要素の1つは有機体からの「刺激の流れ」であることを強調しているが,パーソンズはその他の重要な要素として人間的なレベルで,シンボリックな意味があることを提案している.ここでフロイトの言うリビドーの構成要素のなかに,パーソンズによるとシンボリックな意味が加えられていく.

　物理的エネルギー(A)と有機体エネルギー(G)との関連は,物理的要素や化学的要素に単に関係しているのではなく,生物システム全体と関係していることがわかる.このような議論を有機体レベル(G)と行為レベル(I)の相互交換にも,パーソンズは拡張させている.さらに彼は,同様な関連を行為シ

ステム (I) とテリック・システム (L) の間にも考察している．テリックの問題にヘンダーソンとウィーナーは触れていないが，パーソンズは取り上げている．パーソンズは，人間の行為は主にシンボリックな意味から成るとしている．

そして，パーソンズはウィーナーの「サイバネティックス」の理論を行為レベルにも適用できるに違いないと考えて，理論を展開している．

注
1) Adenosine Tri-Phosphate の略．生体内のエネルギー代謝では，ATP（アデノシン三リン酸）がエネルギーの仲立ちをしており，ATP は全生物に共通なエネルギー物質である．ATP は，塩基アデニンと糖リボースが結合したアデノシンに，リン酸が3個結合したヌクレオチドの一種で，リン酸どうしの結合（高エネルギーリン酸結合）が切れて，ADP（アデノシン二リン酸）とリン酸に分解するとき，多量のエネルギーが放出される（1mol=507g 当たり7〜10kal）．このエネルギーが色々な生命活動に利用される．

    $ATP + H_2O \rightleftarrows ADP + $ リン酸 $(H_3PO_4) + $ エネルギー

2) DNA (deoxyribonucleic acid) デオキシリボ核酸 デオキシリボースを含む核酸．細胞核内の染色体の重要成分．遺伝子の本体として遺伝情報の保存・複製に関与．リボ核酸とともに，生体の種や組織に固有の蛋白質生合成を支酸する．

    RNA (ribonucleic acid) リボ核酸．リボースを含む核酸．デオキシリボ核酸とともに，蛋白質合成に関与．また RNA ウィルスでは，遺伝情報の保存・複製を行なう．

3) Albert Einstein. 1879〜1955. 理論物理学者．ユダヤ系ドイツ人．ナチスに追われて渡米．プリンストン高等研究所にあって，相対性理論の一般化を研究した．ノーベル賞受賞．相対性理論は，特殊相対性理論と一般相対性理論から成る．特殊相対性理論は1905年に提出され，光の媒質としてのエーテルの存在を否定．光速度がすべての観測者に対して同じ値をもつとし，また自然法則は互いに一様に運動する観測者に対して同じ形式を保つという原理をもとに組み立てられた．一般相対性理論は1915年に提出され，前者を一般化して，すべての観測者にとって法則が同形になるという要請から，万有引力現象を説明している．

第4部
パーソンズ理論における
パレート,キャノン,ヘンダーソン

附 录

第15章
パーソンズとパレートにおけるシンボル論

第1節 はじめに

第21章において筆者は,パーソンズのシンボリック・メディア理論が,経済学者・倫理学者であるアマルティア・センのいうケイパビリティ・アプローチ (Capability approach) と共通する点があることを見いだし記述している.

社会学者であるパーソンズと経済学者・倫理学者であるセンのそれぞれの理論,思想をたどっていくと,ある共通の人物にたどり着く.それは,マーシャル[1]とパレート[2]である.特に経済学者・社会学者であるパレートの残した功績を通して,パーソンズは行為理論を展開し,他方,センはパレート理論についてアロー[3]の一般不可能性定理 (general impossibility theorem) にヒントを得て,〈貧困〉に関する理論をうちたてて研究を進めている.

本章では,パーソンズとセンの関連,パレート社会学の主な諸概念,パーソンズによるパレート理論の把握について検討し,パーソンズがパレートから学んだ点について考察することを目的としている.

第2節 パーソンズとセンの関連

パーソンズが『社会的行為の構造』を著したのは1937年であり,最後の著書となった『行為理論と人間的条件』を著したのは1978年であった.40年以上にわたる研究のなかで,一貫して中心的テーマになっているのは,人間の「行為」についてである.

筆者はパーソンズのいう「一般化されたシンボリック・メディア」が,センのいう「ケイパビリティ」に含まれるのではないかと考えているが,本節では

パーソンズとセンの関連について考察していきたい．パーソンズはアマースト大学に進学後，生物学を専攻したが次第に経済学に興味をもち，イギリスにあるロンドン・スクール・オブ・エコノミックスに留学している．その後，ドイツに渡りハイデルベルク大学で経済学や社会学を学んでいる．1927年に彼はハーバード大学の専任講師になり，マーシャルの経済学に取り組んだ．1931年ハーバード大学に社会学部が創設され，パーソンズは経済学部から社会学部の専任スタッフになった．ここでパレート，デュルケーム，M・ウェーバーの著書を研究して書き上げたのが『社会的行為の構造』である．

センは『技術の選択』(1962)を著して以来，貧困・飢餓・飢饉の問題に取り組み，厚生経済学と社会的選択理論に対して顕著な貢献を残している．1998年にセンは，ノーベル経済学賞を受賞している．

経済学においてミクロ経済学の規範的アプローチを推進する分野を，厚生経済学(welfare economics)とよんでいる．厚生経済学は，国民の経済的福祉，厚生の改善について明らかにしようとする経済学の一分野で，福祉の経済学という意味をもつ．そのうち特に，あるべき経済の制度的仕組みを公理主義的に特徴づけるという課題と関連する分野を，社会的選択理論(social choice theory)とよんでいる．

厚生経済学の創始者は，ピグー(1877～1959)であるといわれ，彼の著書『厚生経済学』(Pigou, A. C. The Economics of Welfare, 1920)のなかで初めてこの研究分野に固有の名称がつけられた[4]．ピグーは，ケンブリッジ大学におけるマーシャル(1842～1924，イギリス)の後継者で，当時の多くの経済学者と同様に功利主義者であった．ひとびとがある経済メカニズムの帰結から受ける主観的満足(効用あるいは厚生)は，単に基数的な可測性をもつ．そして異なる個人間で大小比較することさえ，可能であると仮定されて個人間効用の社会的総和の大小が，経済メカニズムの性能の是非を判定する基準とされた．〈最大多数の最大幸福〉がこの立場のスローガンとされた．ピグーが創始した厚生経済学は，現在では〈旧〉厚生経済学とよばれている．

ロビンズ(1898～1984，イギリス)は，ピグーの主張に対して，効用の基数性と個人間比較可能性という理論的前提の〈非科学性〉を正面攻撃した．このことに触発されて，ピグーの功利主義的立場に基づく〈旧〉厚生経済学を放棄

し，パレート（1848〜1923，イタリア）の開拓した序数[5]的効用理論を拠りどころとした〈新〉厚生経済学が，1930年代後半に誕生した（鈴村・後藤2001：10-15）．

　セン（1933〜，インド）は，アローの一般不可能定理にヒントを得て〈貧困〉の研究を進め，正統派の厚生経済学が議論してこなかった所得や富の配分の公平性に関する経済学の倫理的側面について，独自の理論を構築している．

　パーソンズ（1902〜1979，アメリカ）の『社会的行為の構造』(The Structure of Social Action, 1937) の第一部書き出しの前に，ドイツ語で次のように記されている．

　「意味をもった人間の行為の究極的要素について考えてみると，それらはいずれもまず「目的」と「手段」の範疇に結びついている．マックス・ウェーバー『学問論集』149ページ」（稲上・厚東1976）．

　この著書のなかで，パーソンズにはウェーバーの言った人間の行為の究極的要素である「目的」と「手段」について，その内容と過程（プロセス）を明らかにすることが念頭にあったと思われる．「人間の行為は，合理的なものだけで決まるのだろうか．むしろ合理的でないことの方が行為の決定には大きく働くのではないだろうか」．このような問題意識のもとで，経済史さらには社会思想にさかのぼって，彼は『社会的行為の構造』のなかでホッブズ，マーシャル，パレート，デュルケーム，ウェーバーをとりあげている．彼ら（特にマーシャル，パレート，デュルケーム，ウェーバー）は，それぞれ異なった観点から近代の経済秩序——それは，資本主義，自由企業体制，経済的個人主義とよばれているが——の主要な特徴を解釈し，その解釈を通して人間の性質や特徴を捉えようとしているといえる．パーソンズは行為という観点から，4人に何か共通する概念があることに気づき理論的にまとめようとしたのである．マーシャルから，さらに約250年さかのぼってホッブズの社会思想にも言及している．

　以上のことをふまえて，パーソンズとセンの関連についてみてみると，二人に共通の経済学者がうかびあがってくる．それはマーシャルとパレートである．つまり，パーソンズとセンの理論の系譜をたどっていくと，ルーツが同じということになる．特にパレート理論の影響が大きいといえる．

　次節以降，パレート理論を中心に検討し，パーソンズがどのようにパレート

理論を解釈したのかについて考察を進めていきたい.

第3節　パレート社会学の主な諸概念

　パレートは，1906年に『経済学提要』を刊行し，1909年にローザンヌ大学を退職後，1916年に『一般社会学概論』[6]を著している．パレートによる社会学の目的は，「社会システムの動態的均衡分析」にあり，「経済システムの均衡分析」を社会システムに拡大したもの[7]とみることができる．彼は大学では数学や物理学などを学び，経済学ではワルラスの一般均衡理論の体系を継承している．

　パレートは経済学を〈論理-実証的〉(logico-experimental)[8]な方法で論じている．これは自然科学の論理的実験的な方法を，社会科学に適用したものである．経済システムの均衡分析については，ワルラスの方程式体系を推し進めて数学的理論を大成している．パレートは早くから社会学研究に関心を寄せていた．純粋経済理論を政策に，すなわち現実の具体的問題に適用する場合，人間行動の経済的側面以外の面（例えば，政治的，歴史的，宗教的側面など）を考慮に入れなければならないと，彼は気づいていたのである．

　パレートによる社会学の捉え方は次のようであった．

　「人間社会は数多の研究の対象である．これらの研究中の若干のものは法律・歴史・経済・宗教史等のごとく特殊の学科を構成し，他のものは未だ雑然とした事項を包括している．人間社会の一般的研究を目的とするこれらすべての研究の総合に，社会学という名称を与えることができる」(Pareto 1920 §1．姫岡・板倉1996：3)．

　パレートは法学，歴史学，経済学などの研究の総合（synthèse）に位置するものとして，社会学を捉えていた．そして彼は，純粋経済理論を実際に応用して政策として実施するには，人間行為における政治的，倫理的側面や社会現象の間に存在する相互依存的な関係が解明されなければならないと考えた．

　経済学においてワルラスによってはじめられ，パレートによって発展した「一般均衡理論」は，均衡を一群の連立方程式体系によって表現している．パレートは，社会システムの均衡もこのような方法によって表現されるのが望ま

しいと考えたが，現実にそれは不可能であった．なぜなら貨幣や物を変数とする経済システムと異なって，人間の感情や利害，言行にかかわることを変数として，それらの相互作用を定量的に現すことは不可能だったからである[9]．

本節ではパレートによる社会学の主な概念について記述することにする．箇条書きにすると次のようになる．

　　［1］社会システム
　　［2］社会均衡
　　［3］論理−実証的方法
　　［4］論理的行為と非論理的行為
　　［5］残基と派生
　　［6］社会的異質性とエリートの周流
　　［7］社会的効用

(1) 社会システム

パレートはワルラス[10]の一般均衡理論[11]を継承し発展させたが，ここでは経済的諸量（需要，供給，価格，労賃など）は相互依存の関係にあると把握されている．均衡論という考え方は，経済関係を因果的にではなく相互依存という関係に，すなわち関数的に捉えて展開されている．経済現象を経済システムの状態にあるものとして展開されている．

パレートによる社会システムの概念は，経済システムの概念を敷衍(ふえん)したものといえる．

パレートは社会システムについて，『一般社会学概論』（1916）第一章において，次のように記している．

「…集団のつぎつぎの状態は，前提された条件とともに作用するこれらの要素によって決定せられると想定してもよかろう．簡単にするため，我々はこの集団を社̇会̇シ̇ス̇テ̇ム̇（sistema sociale）とよび，そして紐帯とともに社会システムの諸点の位置を決定する一定の力が社会システムに対して作用していると言いうるであろう」（Pareto 1920 §51．松岡・板倉 1996：14-15）[12]（傍点筆者）．

社会現象や社会形態は諸々の要素から成り，これらの要素は相互依存関係に

あって1つのシステムを構成している．このような状態のシステムを社会システムと言うことができよう．この場合，経済システムは社会システムの一部である．

(2) 社会均衡

パレートの社会学の主な目的は，社会システムの動態的な均衡分析にあった．ここで「均衡の状態」について以下のように記されている．

「…動的にせよ，静的にせよ，システムの現実の状態は，その諸条件によって決定されている．システムの形態を人為的に変えると仮定しよう．変化する形態を現状に戻す傾向をもった反作用，いっそう正確に言えば現実的変化がもたらしたであろうと思われる状態に戻す傾向をもった反作用が直ちに起こるであろう」(Pareto 1920 §820．姫岡・板倉 1996：257)．

社会システムを構成している諸要素は，相互に依存し作用しあっている．経済における一般均衡理論は，均衡を一群の連立方程式体系で表している．社会システムにおける均衡（＝社会均衡）も同じような方法で表されるのでは，とパレートは考えて試みたが，それは実現困難であることがわかった．なぜなら社会システムを均衡に導く諸要素（変数）は非常に多く，それらを一律に定量的に表すことは不可能に近かったからである[13]．

社会均衡を決定している諸条件は多数存在しているが，パレートはこれらの要素（elemento）を以下の3つに分類している（Pareto 1920 §813．姫岡・板倉 1996：256）．

（一）自然的要素—土地，気候，植物系，動物系，地質，鉱物などの自然環境に属するもの
（二）外的要素—空間的に外部的なもの：例えば，ある社会が他の社会から受ける影響など．時間的に外部的なもの：例えばある社会が以前から保持してきた条件の与える影響など．
（三）内的要素—人種，残基，気質，利害，思考，観察の態度，知識の状態，派生など

社会均衡の研究について，パレートは（三）内的要素に注目し，そのなかの次の4つの要素 (a) 残基 (b) 利害 (c) 派生 (d) 社会的異質性とエリート

の周流をとりあげている (Pareto 1920 §925. 姫岡・板倉 1996：291). このうち, 残基と派生が最も重要であるとしている. 利害については, 本来残基に含まれるべきものとし, 物質的な財の他に地位や名誉のような非経済的な目的といわれうるものをも含めている. しかし, 利害の大部分は経済学の範囲に入るものとしている (Pareto 1916 §1207, §2010).

パレート社会学の主な研究の目的は, 社会均衡の決定におけるこれら諸要素の相互依存関係の究明にあったといえる.

(3) 論理－実証的方法

パレートは自分の方法を「論理－実証（実験・経験）的」(logico-expérimentale) な方法であると規定している. 彼は社会学においても, 化学や物理学やその他の自然科学のように実証的（実験的）な方法論を用いて『一般社会学概論』を展開している. そこでは経験と観察を案内者としている. なおパレートは, 「経験と観察」をあわせて「経験」とよんでいる.

ただここで, コントが自己の社会学につけた「実証的」という立場について, 独断的で宗教になっているとパレートは批判し (Pareto 1920 §6. 姫岡・板倉 1996：4), コントやスペンサーのいう実証的とパレートのいう実証的（実験的）とは意味が異なることを主張している.

パレートの場合, 社会学において, 実証（実験）すなわち社会的事実のなかにどのような斉一性（法則）(uniformità) があるのかを見ようとし, また社会的事実間にどんな相互依存関係があるのかを研究しようとしている. 彼は社会現象や人間行為の普遍性を追求しているという点で, 社会学を科学として扱おうとしていたといえる.

パレートのいう「論理－実証的」方法とは, 一方では「理論的」であること, 他方では「実証的」であることを意味している. 彼は理論と実証は独立しているのではなく, 相互に補完しあっている, 事実はデータで表され実証可能である, ということを『概論』のなかでくり返し述べている.

(4) 論理的行為と非論理的行為

パレートによれば, 行為は客観的観点から考察するか, 主観的観点から考察

するかによって相違する．彼による行為の論理性の基準とは，証明可能で内在的な「目的に対する手段の適合性」である．

　論理的行為（azioni logiche）とは，主観的にも客観的にも手段と目的とが論理的に結合している行為をいい，非論理的行為（azioni non-logiche）とは，それ以外の行為をいう．非論理的というのは，反論理的という意味ではない（Pareto 1920 §62．姫岡・板倉 1996：18）．

　行為の全体は，論理的行為と非論理的行為から成る．論理的行為は，その主な部分は推理の結果であり，非論理的行為は主に感情や無意識等，一定の「心の状態」から生じている．ここで「心の状態」とは観察可能な実在を説明するために導入された仮説上の実体である．パレートは「心の状態」を研究するのは心理学の役目であるとして，それ自体を深く追求しているのではない．

　パレートは，人間のたいていの行為は非論理的行為に属しているとして，主にその研究を進めていく．パレートによれば，非論理的行為は「行動」[14]（azioni, acts）B，「感情の表現」C，「心の状態」Aという3つの要素から成る．動物の場合，観察できる「行動」Bは，「心の状態」Aに結びついている．人間の場合，この「心の状態」Aは，「行動」Bによって表現されるだけでなく，しばしば道徳理論や宗教理論等に発展する「感情の表現」Cによっても表現される（Pareto 1920 §73．姫岡・板倉 1996：24）（図15-1）．

　つまり，人間にとって観察可能な事実は「行動」Bと「感情の表現」Cである．「心の状態」Aは観察不可能な仮説上の実体である．Bは顕示的行為であり，Cのなかには言語的表現が含まれている．「行動」Bと「感情の表現」Cを統合しているのが「心の状態」Aである．しかしAについては，深く立ち入って研究を進めてはいない．

　パレートはまた以下のように記している．

　「人間には，非論理的行為を論理的行為に転化しようとする傾向がはなはだ顕著であり，この傾向がBを，「原因」たるCの結果であると信ずるに到らしめる」（Pareto 1920 §73．姫岡・板倉 1996：24）．

　すなわち，論理的行為ならば「感情の表現」Cを「行動」Bの原因であるといえるかもしれないが，非論理的行為については，CがBの原因であるとはいえない．実際には3つの要素A，B，Cは，相互依存の状態にあるとパレー

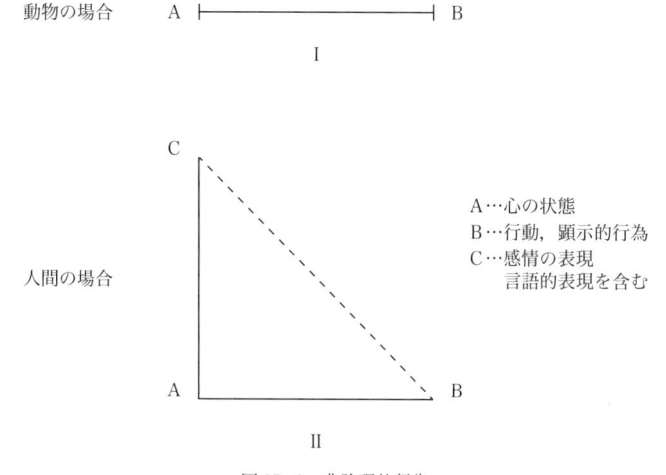

```
動物の場合   A ├──────────────┤ B
                     I


                C
人間の場合          A…心の状態
                         B…行動, 顕示的行為
                         C…感情の表現
                            言語的表現を含む

              A                B
                     II
```

図 15-1　非論理的行為
Pareto, V. 1920 §73. 姫岡, 板倉 1996：24

トはみていた．彼の関心は，A，B，C 間の関係にあった．行為が非論理的行為であるかぎり，より重要なのは A と C，A と B という 2 つの関係である．C と B の関係も存在しているが，それは人々の考えるほど多くはない．

(5) 残基と派生

パレートは論理−実証的科学の基準から偏向している理論を科学外的理論として，その内部構造を「abc の枠組」を使って「残基」と「派生」を定義している．ここで (4) で呈示した非論理的行為の準拠枠組である「ABC の三角形」と「abc の枠組」は異なるものであることに注意をはらわなければならない．「abc の枠組」において，「c：科学外的理論」は「派生体」とよばれる．派生体は，「a：感情や本能の表現」である「残基」と「b：論理的推論，誤謬，詭弁」である「派生」から成る．残基は恒常的な要素で，派生は可変的な要素である (図 15-2)．

「ABC の三角形」と「abc の枠組」とは内容に異なる区分が適用されており，両者は別のものと捉えなければならない．この同一視という誤りは，「ABC の三角形」の「C：感情の表現の言語的表現」と「abc の枠組」の「c：

科学外的理論（＝派生体）」が実質的に同じものを指しており（Parsons 1937．稲上他 1996：105-107），「Aとa, Bとb」を区別するに際して「ABCの三角形」で示された規準，すなわち論理−実証的な科学的方法の2つの要素「恒常的な要素」と「可変的な要素」を使用していることから生じている点が指摘されている（赤坂 1995：144）．

以上のことをふまえると，非論理的行為の「感情の表現：C」の構造は，「残基」（residui'; residue）と「派生」（derivazione; derivation）から成るといえよう．

「残基」とは，感情や本能の表現されたものである．しかし，感情や本能そのものではない．そして「残基は欲望・利益とともに，社会均衡決定の主要因である」とパレートは述べている（Pareto 1920 §360．姫岡・板倉 1996：114)[15]．残基は6つの綱に分類されている．第一綱：結合の本能，第二綱：集合体の維持，第三綱：外部的行為により感情を表現せんとする欲求，第四綱：社会性に関連する残基，第五綱：個人とその所属物の保全，第六綱：性的残基（Pareto 1920 §365．姫岡・板倉 1996：115-117）．このうち最も重要であるのは，第一と第二の残基であるとされている．

「派生」[16]とは，論理的推理や詭弁や派生するために用いられた感情の表現を包括し，それは人間の推理の欲求の表現である（Pareto 1920 §528．姫岡・板倉 1996：152）．派生は次の4つの綱に分類されている．第一綱：断言，第二綱：権威，第三綱：感情もしくは原理との合致，第四綱：言葉の上の証明（Pareto 1920 §536．姫岡・板倉 1996：156）．

次に残基と派生を取り出す順序についてみてみよう．

まず非論理的行為から「行動」（B）を取り除き，非論理的行為に含まれる「感情の表現」（C）の言語的表象（派生体）を分離する．次にこの言語的表象から論理−実証的基準と一致するものを取り除く．そして最後に残った要素を

```
c：科学外的理論 ─┬─ a：感情や本能の表現（残基）
  （派生体）      └─ b：論理的推論         （派生）
                      誤謬，詭弁
```

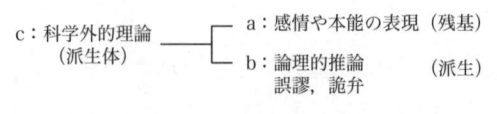

図15-2　科学外的理論の構造
赤坂 1995：144 を参考にして作成．

不変的な要素（残基）と可変的な要素（派生）に分離する（Pareto 1916 §798）.

社会システムは非論理的行為によってこそ維持される．それゆえに，人間行為の真の動因であり社会システムの均衡と変動を決定する残基が探求されねばならない．

(6) 社会的異質性とエリートの周流

パレートは，社会システムの均衡にとって最も重要な要素として（a）残基（b）利害（c）派生（d）社会的異質性とエリートの周流をあげている．

社会的異質性について，パレートは「人間社会は同質ではなく，諸々の個人は肉体的・道徳的・知的に異なっていることは事実である」と述べ（Pareto 1920 §791．姫岡・板倉 1996：248），現実の現象を研究するにあたって，この事実を考慮しなければならないとしている．

社会的異質性と種々の部分間の周流は，現実においては結合して現れる．

エリートについて「それぞれの活動分野において最も高い能力をもつ人々の階級をエリート階級（classe eletta）とよぼう」と定義している（Pareto 1916 §2031, 1920 §792）．パレートによれば社会は（一）下級階層と（二）上級階層，つまりエリートに二分され，エリートはさらに（a）政治的エリート（la classe eletta di governo）と（b）非政治的エリート（la classe eletta non di governo）に二分される．パレートは社会均衡の研究という立場から，政治的エリートに焦点をあてている．

パレートによるエリートの理論には，以下の3つの点が重要であると言われている[17]．第一に，社会はいくつかの階層に分けられているということ．第二に，社会は政治的エリートによって統治されているということ．第三に，社会の運営が貴族政治的であろうと民主主義的であろうと，またエリートの周流が急速であろうと緩慢であろうと，エリート階層の構成員が変わっても，エリートが支配することには変わりないということである．

(7) 社会的効用

パレートは社会的システムにおいて，どの時代にも認められている1つの特

質に，効用もしくは繁栄をあげている（Pareto 1920 §857. 姫岡・板倉 1996：269）．

「一国の経済的・道徳的・知的繁栄，軍事的・政治的力などと言われるもの，或いはそれらを要約した一国の繁栄乃至力という実体に留意すると，それらは増大したり減少したりするものであることが分かる」（Pareto 1920 §858. 姫岡・板倉 1996：269-270）．

そして，この実体が決定される規範に効用概念を考えている．

純粋経済学では経済均衡決定の条件が課題であった．純粋経済理論において均衡決定の条件は数式（偏微分の連立方程式）で表された．応用経済学（政策）の研究においては，社会的均衡決定の条件が課題となり，それは経済的要因以外の社会現象に見られる様々な要因から成っているので数式で表すことはできないものであった．

パレートは経済学における効用概念と社会学における効用概念を区別して用いている．

経済学の場合はパレート特有の語でオフェリミテ（ofelimità, ophelimité）[18]を，社会学の場合は効用（utilià）の用語を使用している．オフェリミテとは，経済的な側面からもたらされる満足をいい，個人の満足を基準にしている．効用とは経済的側面およびそれ以外のあらゆる側面からもたらされる満足をいう．パレートは社会学の議論においては，オフェリミテの概念ではなく，効用の概念を用いている．それは経済的要因以外に政治的，道徳的，宗教的など社会現象にみられる様々な要因から生じるものである．

社会的効用について，パレートは，社会にとっての効用と社会の効用を区別している．前者は社会の構成員一人一人の立場から見た効用をさし，後者は社会を1つの統一体とみなしての効用をさしている．パレートは，経済分野のオフェリミテの場合，構成員一人一人の立場からの効用が考察されるだけであるが，社会分野の効用の場合，構成員一人一人の立場からと，社会を1つの統一体として捉える立場からと二通りあることに留意するべきであることを強調している．

第4節 パーソンズによるパレート理論の把握

(1) 方法論

　パーソンズは，1927～1932年にかけてヘンダーソンがハーバード大学で開いていた「パレート・サークル」（Pareto Circle）[19]で，パレートの『一般社会学概論』に出会っている．本節ではパーソンズがパレート理論から学んだ点，特にシンボルに注目していく過程，なぜシンボルについて焦点をあてていくようになったのか，について考察していきたい．

　パーソンズは『社会的行為の構造』（1937）のなかで，社会学を科学として扱うパレートを取りあげ，社会システム，均衡の概念などパーソンズ理論の骨格をなす様々な考え方をパレートから学んでいる．

　パレートによる社会科学方法論は「論理−実証的」方法論で，それは物理学や数学など自然科学における論理−実験的な方法を，経済学や社会学に論理−実証的に適用しようというものであった．そこには，論理的推論と経験あるいは「事実」の観察という2つの重要な要素が含まれ，前者は後者に従属すると考えられている．すなわち，パレートにおいてふつうに使われる経験（esperienza, expérience）という用語には，検証可能性と観察者の主観的感情からの独立性を含意しており，彼は経験と観察を併せて経験と表している．

　パレートの場合，科学というのは自然科学の場合，実験的斉一性（実験上の法則）を求めることであり，社会科学の場合，実証的斉一性（uniformità，実証上の法則）を求めることをさしている．それゆえ社会学においても，社会的事実のなかにいかなる斉一性がみられるか，社会的事実間にどんな相互依存関係があるのかを研究しようとしている（Pareto 1920 §2. 姫岡・板倉 1996：3）．

　パレートの主張には，経験された事実には言語的表現について意味的側面が含まれているとパーソンズは主張し，この点について2つの重要な点をあげている．

　第一に重要な点として，パレートが議論の出発点において経験的事実としての「命題と理論」に言及している点を，パーソンズはあげている．ここで言語

や言語の表現についてパーソンズは次のように記述している．

「語られた命題あるいは書かれた命題が「同じ」命題（すなわち同じ事実あるいはより厳密には同じ現象）であるという場合，その同一性とは，それぞれにその命題のシンボリック・メディア（symbolic media，象徴的媒体）を成しているということである．(a)［語られた命題における］音韻の組み合わせや(b)［書かれた命題における］インクの跡，これらに共通している内在的諸変数の一般化に基づくものではない．重要な何らかの共通の要素が，内在的レベルでどの程度存在するか，という問題は難しい．二組のデータに共通するものは，ある具体的な意味における「感覚印象」("sense impression")ではなく，シンボルの「意味」("meaning")である．このように経験的事実あるいは観察可能な現象の領域に意味を包含するということは，たぶん事実に関するパレートの概念のうちで，注意しておくべき最も重要な点である．それなしには，命題は観察不可能なものとなる」(Parsons 1937：182).

ここで留意するべき点として，シンボリック・メディアという語が『社会的行為の構造』(1937)のなかで初めて用いられているという点である．話し言葉と書き言葉が同じ事実，あるいは同じ現象をさしているのは，2つのデータに共通しているものを「感覚」として受けとめるのではなく，そこに介在しているシンボリック・メディアが，同じ「意味」をさしているからである，というのである．シンボル（象徴）は，本来かかわりのない2つのもの（具体的なものと抽象的なもの）を，何らかの類似性のもとに関連づける作用をもっている．例えば，オレンジ色はあたたかい，黒色は悲しみを表すなどのように．

パーソンズは，経験的事実あるいは観察可能な現象のなかにみられる言語的表現が意味を含むということ，このことが事実に関するパレートのうちで最も重要な点であることを見出している（Parsons 1937：183）．パレートは『一般社会学概論』(1916)のなかで，はっきりとそのことを明示しているのではないが，パーソンズは非理論的行為の「ABCの三角形」等を吟味することによって，前記のことを読みとり重要視している．

パーソンズは『経済と社会』(1956)のなかで，社会システムの経済領域のなかで，貨幣をメディアとして捉えて以来，一般行為システム，人間的条件のシステムのなかに，次々に各領域にメディア（媒体）を生み出し[20]，それらは

正式には「一般化されたシンボリック・メディア」(generalized symbolic media) とよばれている．メディアとは行為者間の相互行為を促進したり規制するメカニズムに作用するものとして，メディアの働きに，情報を伝達し相互行為における「生産物」や「要素」の配合や結合を制御する点をあげている．パーソンズはメディアについての基本的な基準として，シンボリック（象徴的）という特徴を挙げ，このシンボリック性という一般的な見出しのもとで，さらにメディアについて［1］制度化［2］評価と相互交換における意味と有効さの特質性［3］循環性［4］信用創造によって付加価値が認められる，という4つの性質をあげている（Parsons 1975：95-96）．

　パーソンズは言語を自由度と普遍性という点から，一般化されたシンボリック・メディアには入れないで，シンボリック意味メディアのコードに位置づけたと考えられる．

　パーソンズは最初の著書『社会的行為の構造』(1937) のなかで，書き言葉と話し言葉が同じものをさしているのは，人々の間でそれらを感覚として受けとめるのではなく，それらの間にシンボリック・メディア（象徴的媒体）があり，同じ意味を表しているからである．そして言語的表現の意味は，パレートの考え方においては社会的事実，社会的現象においては同じ資格をもつということを強調している．

　パーソンズの後期，晩期に至って，一般化されたシンボリック・メディアを独創的に考え出していくのは，社会システム，一般行為システム，人間的条件システムというシステム観に初期から一貫した問題意識を追求していたと考えることができよう．

　また，なぜ一般化されたシンボリック・メディアを追求していたのかについては，論理-実証主義というパレートの考え方を受け継いで，理論を実証化する方法を探求していたと思われる．

　第二に重要な点として，パレートの著書において，経験的な事実はある具体的現象の全体を必ずしも体現しているわけではないとパーソンズは述べている（Parsons 1937：183）．

　パレートは『一般社会学概論』において「科学的法則とは経験的斉一性に他ならない」とくり返し述べ，社会学研究の目的に斉一性（法則）を求めること

を強調している．この場合，物理学や化学などの自然科学において，実験を通して法則を発見しているように，経済学や社会学などの社会科学においても，経験や観察を通して斉一性を見出そうとしている．それゆえ，認識よりも歴史的事実，神話説話など経験についての記述がまず行なわれている．

原始時代から近代に至るまでの歴史的事実，ギリシャ神話や説話にみられる人間の行為には理性外的，非論理的な感情，本能が普遍的に表れている．この場合の本能というのは社会的環境のなかでのみ出現するもので，個体の状態においてもみられる食欲等の本能は含まず，社会的本能というべきものをさしている．これらの人間行為に見られる感情や本能の表出が「残基」とよばれるものである．「派生」とは残基によってひき起こされた行為を正当化，「論理化」するための理論，観念，理念，表象等をさしている．派生は残基の指標であり，残基を表現しているといえる．

パレートは，人間行為には論理だけでは説明できない非論理的行為があり，その要素に残基と派生を見出し，それらの特質や相互依存関係をみようとしている．

パーソンズもパレートの意図を受けており，斉一性といってもそれは観察された具体的現象のある「側面」であって，こうした現象の必然的で具体的な行動を一般化したものではない，ということを述べている．

パーソンズは，パレートによる社会学を科学として捉えそれによる説明も近似的なもので決して完全なものではない，という点を支持し強調している．そこには人間は多様で複雑な存在であるということを，パーソンズは十分に意識していたと考えることができよう．

(2) 儀礼的行為

パレートは，行為の概念図式 ABC の三角形からさらに B を下位分類して D を置き，ABCD の四角形を試みている（Pareto 1916 §167．井伊 1939：91）．（図 15-3）

パレートによると，三角形 ABC に関してある点までは宗教上の礼拝の儀礼は B に，神学は C におかれ，礼拝と神学の両方とも一定の心の状態 A から生じるとされている（Pareto 1920 §76．姫岡・板倉 1996：26）．B の下位分類

Dを置いて，彼は次のように述べている．

「ギリシャの神々が侵入する以前，古代ローマの宗教はいかなる神学Cももっていなかった．それは祭祀Bに限られていた．しかし祭祀Bは，Aに作用することによって，ローマの人々の行為Dに強い影響を与えていた．しかしこれが話のすべてではない．BDの直接的関係が与えられるとき，それは現代の我々にとっては，誠にばかげたものに感じられる．しかしBADの関係も，ある場合には，きわめて道理にかなったものであり，確かにローマの人々にとっては有益なものであった．一般的に，神学Cの影響力はAに対してそれほど重要でないにしても，Dに対しては直接的な影響力をもっている」(Pareto 1920 §78. Parsons 1937：195. 稲上他 1986：102)[21]．

パーソンズはパレートの前述の箇所から以下のように考察を進めている．パレートはもとの図式Bつまり「顕示的行為」を「祭祀」と「その他の行為」に分けているが，祭祀Bとは通常「儀礼的」行為とよばれるものであり，またDはその「内在的な」(intrinsic, 本来備わっている) 意義を有する行為の範疇と考えることができるであろう，とパーソンズは解釈している．そして，新しい呼称Dを置いたことは重要なことであり，彼は非論理的要素によって規定された顕示的行為の中核に，儀礼を考えていたのかもしれないと述べている．いずれにしても，顕示的行為Bを考える場合，儀礼的行為は非常に重要な位置を占めるということ，パレートの扱う道徳理論，宗教理論等について大部分が儀礼的手段を用いれば解釈できるということをパーソンズは主張している．

パレートはABCDの四角形を考え出したが，その後分析上の関心が感情の表現Cだけに向かっていったので，これ以上立ち入って論じてはいない．

ここで，はじめてパレートの行為に関する帰納的研究が，すなわち個々の具体的事実から一般的な命題を導き出す研究の始まることをパーソンズは指摘している．パレートはまず最初に行為の論理的要素を抽象化して非論理的行為を分離する．次に非論理的行為のうちから顕示的行為B（或はBとD）を捨て去り，非論理的行為に含まれる言語的表現あるいは道徳的理論や宗教的理論などの理論のみを分離する．それゆえ総合的部分からまったく異なったものとして，パレートの著書の分析的部分の核心は，非論理的行為に含まれる道徳的理

論や宗教的理論あるいは言語的表現に関する帰納的研究ということになる（Parsons 1937：196）．パレートの非論理的行為に関する研究の核心は，感情の表現Cに含まれている道徳的理論や宗教的理論などの理論，言語的表現に関する帰納的研究にあることをパーソンズは強調している．

(3) 残基と派生について

　パレートは論理的行為については積極的に定義しているが，非論理的行為については残余範疇にあるとされ，その定義は消極的にされているだけである．パレートが扱う理論は，科学的基準に一致しないかぎりでの理論ということになる．パレートのいう科学的理論は，事実の言明と論理的推論という2つの要素から成る．彼はこの図式を帰納的研究の成果にも採用して，論理－実証的といえない理論も主に恒常的な要素と可変的な要素から成るとしている．

　パレートによれば，具体的な論理－実証的理論はCと記号化され，理論の主要な事実的要素と主要な前提のみから成るAと，Aからの論理的推論と他の重要でない事実的要素から成るBとで構成されている[21]．さらに感情がある役割を果たしている場合，すなわち経験にそれ以外のある物をつけ加え，経験以上に出るところの理論をcとし，恒常的要素をa，可変的要素をbで表している．aはある感情の表現から成る部分で，bは論理的推論や詭弁やその他aの推論を引き出すために用いられる感情の表現から成る部分である．aは人間の心のなかに存在する原理であり，bはこの原理の説明であり演繹である（Pareto 1916 §803．井伊1039：128-131）．aは残基，bは派生，cは派生体とよばれている．

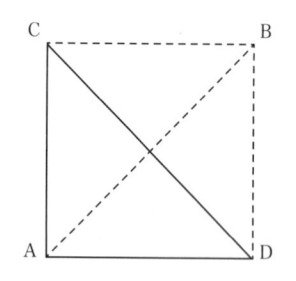

　パーソンズはパレートに関する初期の研究者の多くが，a：残基を前の図式のAと，b：派生を同じ図式のCと同一視しているのは非常に奇妙なことであると述べ，

A…心の状態
B…顕示的行為：祭祀―「儀礼的」行為
　　　　　　　その他の行為
C…感情の表現：神学
D…「内在的」意義を有する行為の範疇
　　（パーソンズによる呼称）

図15-3　Bを下位分類した場合の
　　　　非論理的行為
Pareto, V. 1916 §167．井伊1939：91．

例外としてホマンズとカーティス,ヘンダーソンをあげている.また彼は,パレートによる残基という言葉の用法には粗雑なところがある点も指摘している(Parsons 1937：199. 稲上他 1986：108).

(4) 非論理的行為の2つの構造的側面について

パレートは,行為の「理論」(道徳理論,宗教理論,その他の理論)を吟味し,それらが非科学的なものであることを立証したとされてきた.そして残基と派生を見出し,残基の基礎をなす中核的要素は「非合理的な」本能であると考えられている.

ここでパーソンズは,パレートの著書をより詳しく吟味して,パレートの思考には非科学的な(unscientific)側面ばかりではなく,科学外的な(nonscientific)側面も含まれていることを主張している.すなわち科学に反対の立場だけでなく,科学に対する消極的な否定の立場もみられるというのである.

パーソンズによると「理論」は,なぜある行為が行なわれたかを「正当化する」ものとその行為を成し遂げるための適切な手段と方法についての考えと二通りに分けることができる.科学外的側面が特に関係しているのは,前者すなわち正当化に関してである.パレートが多くの事例を通じて展開している議論の内容は,行為者が自らの行為について付与するかもしれない正当化というものを,それを誤りであると立証しうるような仕方では議論していない.むしろ正当化など全然念頭にないとか,あるいは検証に服しえないような正当化がなされているといった言い方で議論している(Parsons 1937：205. 稲上他 1986：117).

パーソンズは前記のように指摘している.すなわち行為者の行為についての正当化について,誤りを立証するという方法ではなく,正当化についてまったく考えていないとか,論理−実証的観点を基準とした場合に,その基準が不完全のまま正当化されているというのである.それがごく普通の例である.そこに含まれているのは,行為の正当化についてのあいまいさ,論理的あるいは事実認識の誤りという要素であることを,パーソンズは指摘している.しかし残基と派生の区別が重要になるのは,まさにこの点においてである,とパーソン

ズは言う．というのは，あいまいさや論理的あるいは事実認識の誤謬という要素は，主に派生に属し残基の特徴ではないとパーソンズはいうのである．

残基とは，一群の理論に共通する中心的命題ないし信念のことをいい，行為の基礎をなす原理である．いま論じているのは，行為の正当化に関連する「理論」であり，このような場合に非常に重要となる残基は「これが事態の望ましい状態であると思う」という形で一般的に述べられる感情の残基である．この言明は，科学的理論によっては正当化しえないような行為の目的を具体的に表現している．すなわちそのような言明は，他の目的に適合的な手段を述べたものではなく，それ自体目的として望ましいと思うことを述べたものである．パーソンズは，このような残基を規範的残基（normative residues）とよんでいる．パーソンズによる規範的残基，非規範的残基（non-normative residues）という分類の仕方は，パレート自身による残基の分類とぴったり重なるものではなく明らかに交差するものであると，パーソンズは述べている（Parsons 1937：206．稲上他 1986：118）．

パレートは残基の分類を試みているが，そのことは次の重要な定理を示唆しているという．第一に，残基は行為システムにとってランダムなデータではなく，反対に行為システムの明確な1つの要素を構成し，他の要素と理解可能な相互依存状態にあるという定理である．パーソンズによれば，この定理が認められるならば，規範的残基にも適用されなければならないという．そしてこのことは，目的のランダム性という功利主義の仮定とは明らかに矛盾するとパーソンズは言う．目的が独立した要素として残基の範疇に入ってくるかぎり，それらはランダムな目的ではなく他の目的や行為の他の要素とも実証的に説明できる関係になる．それゆえパレートの概念図式によって構成される具体的なシステムは，功利主義的システムでも極端に実証主義的なシステムでもありえないとパーソンズは主張している（Parsons 1937：206．稲上他 1986：119）．

第二に，パレートが論理的行為の概念を用いているのは，ある方法論的目的に対する区別の基準としてであることをパーソンズは指摘している．しかし分析的な観点からみると，このような行為や行為システムにふくまれるのは論理的行為の概念で定式化される要素のみではない．逆に論理的行為の概念で定義されるのは，目的−手段関係の特徴のみであり，しかもその場合，目的は与え

られていると前提されているようにみえる．

　分析的な意味で，目的の最も重要で他と区別する目安になっている1つの特徴は，それが必ず主観的な範疇であるということである．客観的な観点からだけでは，目的を一連の行動の客観的に観察可能な他の結果から区別することはできない．しかしパレートのいう残基には，非主観的要素もまた表出されている．

　パーソンズによれば，残基は客観的観点からみても検証可能な言明によっておき換えられたり訂正されたりすることのできないもの，検証不可能な命題である．そしてすべての規範的残基が非主観的な項目へ還元されるわけではないとするならば，そのかぎりで，パレートの理論体系は実証主義的な体系とはいえないという点を，パーソンズは重要な点として主張している（Parsons 1937：207-208．稲上他1986：121）．

　このようにパーソンズは，パレートの理論の科学外的側面について議論し，その議論の焦点が行為の経過の正当化にあることを見出して，パレートの理論体系は実証主義的な体系とはいえない，ということを主張している．

　次に，方法と手段にかかわる理論にも科学外的要素が同じように見出されるかどうか，換言すれば論理-実証的基準からの偏りが見出される場合，そのような偏りを無知と誤謬だけに還元することができるかどうかという問題である．この文脈で具体的な行為として現れてくるのが，儀礼的行為（ritual actions）である．パレートの議論のなかで儀礼的行為は大きな比重を占めている．非論理的行為が重要であるという彼の命題は，儀礼が広くあちらこちらにわたって出てくるところにある．

　パーソンズは，以下のことを提案している．

　「論理的行為に含まれる規範を，「内在的合理性」（intrinsic rationality）の規範とよぼう．内在的という用語を選んだのは，その反対語として「シンボリック」（symbolic, 象徴的）という用語が示唆されているからである」（Parsons 1937：210．稲上他1986：125）．

　目的に対する手段の選択には，論理-実証主義に合致するような内在的適合性とは別の見地に立つ選択的基準が含まれているとパーソンズは主張して，それを象徴的適合性の基準としている．象徴的適合性の基準には，規範的感情の

「表現」あるいは表出を含むものとしている．パレートの儀礼的行為に関する記述には，暗黙のうちに本来備わっているのではない別の基準があるとパーソンズはみている．それは抽象的な規範的感情を具体的に表現しているもので，パーソンズはそれをシンボリックと表した．儀礼的行為の目的-手段関係を支配する規範的側面は，科学的理論によって定式化されるような原因-結果（cause and effect）の関係ではなくて，むしろ象徴と意味（symbols and meaning）の関係に含まれる類の関係である（Parsons 1937：211．稲上他 1986：126）．ここにおいて儀礼的行為を通して，象徴と意味の関係がはっきりと主張されるようになってくる．

儀礼的行為の目的-手段関係に対する規範的要素の影響について，パレートの提示した合理的規範とは別の基準をパーソンズは見つけ出した．それが象徴的適合性の基準で，シンボル-意味図式（象徴と意味の関係）を表している．ここに，パレートを通してパーソンズのシンボル論の基礎をみることができると思われる．パーソンズは次の段階に，宗教におけるシンボリズム（symbolism, 象徴主義）の役割をめぐってデュルケームの議論を検討している．

象徴と意味の関係について，パーソンズによれば，パレート自身の概念化の作業にはシンボル（象徴）の意味が観察可能であるかどうかという問題について，いかなる態度決定も含まれていない．しかし彼の示唆していたのは，意味もまた観察可能な事実に包摂されるということである．

なぜそうなのか，パーソンズはさらに考察を進めている．パレートの中心的な分析上の課題は，行為に付随して起こる「理論と命題」（theories and propositions）を帰納的に研究することである．その際の彼の第一次的な関心は，それらを意味のある水準において分析し，それらの科学における地位，論理的一貫性，検証可能な事実の言明を含んでいる程度といった観点から理論と命題を批判することにある（Parsons 1937：212．稲上他 1986：127-128）．パーソンズは，こうした分析を完了した後にのみ，なぜこのような理論が多くの人々によって生み出され受け入れられるのかという問いが生じるという．

パレートの方法論のなかに，ある水準では象徴の意味（meanings of symbols）は，科学的理論のなかにある位置を見つけ出すことが可能な事実として，それゆえ検証可能な事実として取り扱われるのが正当である（Parsons

1937：稲上他 1986：128).前記のことをパーソンズはパレートの記述のなかに読みとっている.そして考察を続け,より深い水準において新たな問題が表れるという.行為が論理的であるかぎり,それは「推論の過程」(process of reasoning）から生じたものとして理解することが可能である.しかし行為が非論理的な場合は,それは「心の状態」(state of mind）から生じたものであるとパレートは述べている.パーソンズはこの点について分析を進める.そして方法論的にいえば,次のように言うことができるとしている.

「「言葉を知る」者にとっては,理論をつくりあげているシンボルの意味さえ理解すれば,顕示的行為の経過は,十分理解可能なものとなる.「心の状態」にさかのぼる必要はない」(Parsons 1937：212.稲上他 1986：128).

「心の状態」は,確かにシンボルの意味と機能的には結びついているが,しかし両者の区別を不必要にするほどには密接に結びついていないとパーソンズは主張している.

ここでパーソンズは,行為が非論理的な場合,それは「心の状態」から生じたものである,というパレートの先の言明を検討している.

非論理的行為を理解しようとする場合,シンボルの意味は手がかりとならず,行為の真の源泉は,それとはまったく異なった種類の要素に求められるとパーソンズは推測し(Parsons 1937：213.稲上他 1986：129),この推論は正当かについて ABC の三角形図式で考察している(図 15-1 参照).その図式において具体的現象の範疇としての C は,観察不可能で仮説的実体である A と俊別されていることから,推論の正しさは強く示されているとパーソンズは受けとめている.

換言すれば,C の要素である残基と A の要素であるだろう「感情」(sentiment)との関係を,パレートは「表出」(manifestation)という言葉で表しているが,この表出という言葉に含まれている意味は何かという問いが生じるとパーソンズは言う.

この問いに密接に結びついているのが,行為の規範的要素の地位はどのようになっているのかという問題である.規範が観察可能な事実であるとするならば,それはシンボルの体系という形式をとるほかはない.そして行為が規範に同調し,そのかぎりで行為が規範的要素によって決定されるものならば,A

(「感情」)とC(「残基」)を区別する必要はなくなる．そのかぎりで，理論は行為の真の規定因を適切に表現しているものとみなされる．このことは，パレートの意味における論理的行為にあてはまる．

行為が規範によって設定されたコースをはずれるような場合，行為を説明するためには他の要因を持ち込まなければならなくなる．A と C を区別する主要な理由の1つが，まさにここにある(Parsons 1937：213．稲上他1986：130)．つまりパーソンズは，ABC の三角形において A と C が区別されているのは，行為が規範によっては決定されない場合があるからであり，その行為を説明するには，シンボル体系以外に他の要因を考えなければならないとした．パーソンズはさらに続けている．

「行為の非論理性を特徴づける他の側面に，論理的行為という範疇には含まれていないが，論理的行為そのもののなかに依然として存在している規範的要素の一群がある．これらのうちの1つは，行為の究極的目的 (the ultimate ends of action) のなかに見出すことができる．ここに，行為の究極的目的というシンボル体系とは違う規範的要素の一群が考え出されている．もし残基が行為の究極的目的を定式化しているならば，なぜ残基が行為の真の規定因を適切に表現したものと考えてはいけないのか」とパーソンズは述べ (Parsons 1937：213．稲上他1986：130)，その理由をパレートの議論のなかに見出すことはできないとしている．

またパーソンズは，理論と実践との食い違いに関連して，シンボルが指示する実体の性質について言及している．

「論理的な行為の場合，シンボルの指示対象は行為者に外在する世界の事実であった．しかし非論理的行為の場合，行為の指示対象は行為者自身の感情である．A と C を区別することが必要なのは，C のシンボルのいくつかには科学的理論のなかにその位置を見出すことのできない要素を指示しているものがあるからである．それゆえ行為を規定するのは，推論の過程すなわち科学的理論を形式化しうる要素ばかりではない．それに加えて他の要素，つまり行為の究極的目的もまた行為を規定しているのである．この究極的目的は事実を言明したものではなく，それとは対照的に「感情を表出したもの」(manifesation of a sentiment) なのである」(Parsons 1937：214．稲上他1986：131)．

パーソンズは前記のように記述して，ABCの三角形の「感情の表出」や「残基」を意味するCにおいて「シンボル」と「行為の究極的目的」という2つの重要な要素を発見している．前者はデュルケムに，後者はウェーバーに続く内容をもつ要素であると考えることができる．

　さらにパーソンズは，究極的目的はより大きな複合体の1つの要素にすぎないとし，その複合体の核は価値的態度（value attitude）の体系であるという．そして，この価値的態度も感情のなかに含まれているとパーソンズは主張している．ここでパーソンズは「感情」というパレートの用語を，本研究のためには「価値的態度」という表現に置き換えるのが最良であると思われると述べて（Parsons 1937．稲上他 1986：214），感情を価値的態度と解釈している．そして究極的目的も儀礼的行為も，制度や芸術や演劇などの他の現象と同じように，究極的価値態度を部分的に表出しているものであるとパーソンズは主張している（Parsons 1937．稲上他 1986：260）．ここに行為における価値という要素が見出だされ強調されている．

第5節　結び─結論

　パーソンズは，パレートについて次のように記している．

　「パレートの業績は開拓者の仕事である．けれどもそれは，終始一貫してシステム理論の論理によって支配され導かれており，しかもそのようなシステムの構築に向かって大きな前進を遂げている．パレートの業績のうち，本研究の観点からみて捨て去られるべきと思われるものは，方法論および理論のいずれの水準に関しても，本質的には何一つ見当たらない」（Parsons 1937：300．稲上他 1986：264-265）．

　パーソンズはパレートのシステムは不完全な点はあるが，自らの行為論研究の目的からすれば，かえってそれは有用でもあるとして，パレートから実に多くのことを摂取している．以下，パーソンズがパレートから学んだことを記述して結論にかえたい．

　1．社会システムという概念
　2．社会均衡という概念

3. 社会的効用という概念
4. 方法論に関して—パレートは社会学を科学として捉え，論理−実証主義の方法をとっている．そして社会学研究の目的に社会的斉一性（社会の法則）をあげている．しかし，ここでの斉一性は近似的なものである．理論と実証は独立しているのではなく，相互に補完しあっている．事実はデータで表され実証可能である．パーソンズはこのようなパレートの見解を支持している．
5. シンボリック・メディア（象徴的媒体）という用語が『社会的行為の構造』のなかに出てきており，晩期で展開される一般化されたシンボリック・メディアの原型になる用語と思われる．このことから，パーソンズの行為に対する考え方には，初期から晩期に至るまで終始一貫したものがあったと考えられる．
6. 行為における目的に対する手段の選択には，内在的合理性の規準とは別に象徴的適合性の規準が含まれている．儀礼的行為の目的−手段関係を支配する規範的側面は，原因−結果の関係ではなく，シンボル（象徴）−意味の関係である．
7. 非論理的行為を理解しようとする場合，シンボル−意味関係とは別の規範的要素をうち出さねばならないとして，行為の究極的目的という要素を見出している．

6．と 7．はデュルケームとウェーバーの研究に続いていく．さらにパーソンズは究極的目的や儀礼的行為も他の現象と同じように，究極的価値態度を表しているものであると主張している．パーソンズは行為における価値という要素を見つけだしているといえる．

パレートの著書『一般社会学概論』『一般社会学提要』は難解である．パーソンズはパレートの取り出した残基をめぐって，パーソンズ特有の行為における規範的，非規範的要素という視点をとり入れ分析を進めている．パーソンズは，パレートの論理−実証主義の考え方を受け継いで，シンボルを媒体として実証化の方法を模索しはじめていたと考えられる．

現代社会において対人コミュニケーションや情報は，言葉や身振りなどの記号（sign）によって行なわれ，それは信号とシンボルという2つの側面をもっ

ている．そのうちシンボルは人間の認識を規定する要因として作用し，意識やイデオロギーの形成に大きな役割を果している．そのときにシンボルの意味や行為の価値は，重要な意義をもつ．パーソンズはパレート社会学を深く検討することによって，そこにパーソンズ独自の思考を展開し，シンボル−意味関係および行為の価値という非常に重要なものを見つけだしているといえる．

注

1) Marshall, Alfred. 1842〜1924. イギリスの経済学者．新古典学派の中心人物．主著『経済学原理』(Principles of Economics, 1890)
2) Pareto, Vilfredo. 1848〜1923. イタリアの経済学者，社会学者．無差別曲線に基づく選択行動理論の創始者．また，パレート最適（Pareto optimum）の概念を提示した．それは，他の個人の満足を減じることなしには，もはやいかなる個人の満足をも増加しえない状態をさし，新厚生経済学の発展とともに広く普及した．
3) Arrow, Keneth. 1921〜．アメリカの経済学者．「ミクロ経済学の父」と称される．特に数学のプログラミングを用いた規範的な経済学の確立に努め，一般均衡論を発展させたことで，1972年にノーベル経済学賞を受賞した．さらに不確定要因（リスク）の多い状況下での政策，意思決定，社会的選択，厚生経済学，情報の経済学での貢献が目立つ．
4) 厚生経済学の歴史的起源は非常に古く，ヒックス（1904-89．イギリス）は次のように述べている．「もし厚生経済学がピグー以前に存在したとすれば，それは別の名でよばれていたに違いない」(Hicks, J. R. "The Scope and status of Welfare Economics," Oxford Economic Papers, vol. 27, 1975)（鈴村・後藤 2001：11）．
5) 自然数には，物の個数を示す機能をもつ基数（十進法では0〜9までの整数）と物の順序を示す機能をもつ順序数があり，序数とは順序数のことをいう．
6) Trattato di sociologia generale, 2 vols., 1916, 2. ed., 3. vols., 1923. 抄訳：井伊玄太郎訳，『社会学大綱』白揚社，1939；戸田武雄訳『歴史と社会均衡』（現代思想全集第11巻）三笠書房，1939；北川隆吉・廣田明・板倉達文訳『社会学大綱』青木書店，1987；なお，門弟の編による要約書として Compendio di sociologia generale; Farina, G., 1920. が出版されている．姫岡勤訳，『一般社会学提要』，刀江書院，1941．姫岡勤訳，板倉達文校訂『一般社会学提要』名古屋大学出版会，1996.
7) 赤坂 2001：128 においても指摘されている．
8) logico-experimental は，邦訳『社会学大綱』(1987)『一般社会学提要』(1996) において論理的実験的と訳されているが，経済学，社会学などの社会科学においては，論理−実証的の方が意味を捉えやすいと考え，本章においてはそう訳すことにする．なお文脈によって experimental を実験的，経験的と訳した方がよい場合も多くある．
9) この点については，松嶋 1985：239-240，263 に詳しい．
10) Walras, Marie Esprit Léon. 1834-1910. フランスの経済学者，一般均衡論の創始者，メンガー・ジェヴォンズとともに近代経済学の祖．
11) 変動する現実を一定時点で切り，相互に依存関係をもつあらゆる商品の需要供給函数を同時にとり

あげて，その均衡価格の決定をもとめようとするもの．
12) 社会システムの特徴については，Pareto 1920 §819．姫岡・板倉 1996：257 に記されている．
13) この点については，松嶋 1985：238-240 に詳述されている．
14) パーソンズは『社会的行為の構造』のなかで以下のように記している．「行為（action）」という語をより広い意味で使っているので，ここで acts〔行動〕という用語を使うことは混乱を招くかもしれない．behavior〔行動〕という語の方が適切かもしれない．(Parsons, T., 1937：193．稲上・厚東・溝部 1986：99)．Pareto, v. 1920 §73 においては，動物の例もあがっているので，筆者はここでの〔azioni, acts〕を〔行動〕と訳すことにする．
15) 残基について井伊『社会学大綱』(1939) では，恒常態と訳されている．そして次のように記されている．レシデュ（residue）という言葉は，元来化学上の用語であって，種々の化学的動因の作用のもとに置かれて，あとに残ったものを指示する．なお，派生態となっている derivation という言葉は，水の流れを横に逸らす作用とその結果とを指示する．パレートの用語は自然科学上の，ことに物理化学上の言葉であることを吾々は注意すべきである（井伊 1939：3）．
16) 「派生体」(derivate; derivative) と「派生」(derivazione; derivation) は厳密に言えば異なるという点については，赤坂 1995：144-145 に詳しい．ただパレートの著書『一般社会学概論』(1916) において，「派生体」と「派生」があいまいに用いられている箇所のあることも指摘されており，松嶋 1985 においては「派生（態）」と記されている．
17) 日向寺 1982：18-19．W. J. Samuels, Pareto on Policy（New York：Elsevier Scientific Publishing Company）1974：92．
18) オフェリミテという用語は，「有用な」という語義をもつギリシャ語オフェリモス（ὠψέλιμος）からパレートがつくった新造語である（松嶋 1985：246）．なお日本で最初に出されたパレートの訳書『社会学大綱』(井伊 1939：329-342) においては，オフェリミテを「経済的功利」，utilità 効用を「功利」と訳してある．
19) この点については，赤坂 1993，1994 a. b．1995，吉原 1996，a. b に詳述されている．ローレンス・J・ヘンダーソン（Lawrence Joseph Henderson 1878〜1942）は，生理学および生化学の研究者として世界的に著名であったがパレート社会学に出会い，晩年は社会科学の構築に力を注いだ．パレート・サークル（ハーバード大学におけるパレート・セミナー）の主なメンバーには，ヘンダーソンの他に A. N. ホワイトヘッド，T. パーソンズ，G. C. ホマンズ，R. K. マートン，C. ブリントン，J. A. シュンペーター，F. クラックホーン，C. I. バーナード，E. メイヨー，F. レスリスバーガー，T. N. ホワイトヘッドなど，後に社会学，経済学，文化人類学，経営学の分野で活躍する人たちがいた．T. パーソンズは，1927 年にハーバード大学経済学科に講師として就任している．
20) 社会システムにおいては，貨幣，権力，影響力，価値コミットメント，一般行為システムにおいては，知性，遂行能力，感情，状況規定，人間的条件システムにおいては，経験的秩序，健康，シンボリックな意味，超越的秩序の一般化されたシンボリック・メディアが析出されている（松本・江川・大黒 2003：173）．
21) Pareto 1916 §803．この記号化は ABC の三角形図式とは異なっており，混乱を招きやすいことが，パーソンズによって指摘されている（Parsons 1937：197．稲上他 1986：106）．

第16章
「生命システム」と四機能パラダイム

第1節　はじめに

　タルコット・パーソンズの機能分析は，四機能パラダイムから始まる．パーソンズは『社会的行為の構造』(1937)『社会システム』(1951)『行為の一般理論に向かって』(1951)を著し，人間行為の機能分析に向けて研究を進めている．生物学，経済学を経て社会学の分野にきたパーソンズの分析図式には，その根底に生物学者，経済学者，生理学者，精神分析医などあらゆる方面からの影響がみられる．「生命システム」(living systems, 生命系) という用語については，『社会システムと行為理論の進化』(1977)のなかで初めてみられるが，そもそも機能を四分割している縦軸，横軸に生物学や生理学の影響がみられる．

　パーソンズは社会システム，一般行為システム，人間的条件システム，さらに生命システムと分析の対象を社会，行為，人間の存在条件，生命へと拡げてきている．そして前者3つはAGILに四機能分割し，さらにそれぞれの相互交換過程から「一般化されたシンボリック・メディア」を取り出している．しかし，生命システムについては分析してもしきれないと述べて，この世の動物，植物等，生のあるものすべてを含んでいる．

　本章では，「生命システム」概念の誕生，生命システムと四機能パラダイム，生理学者クロード・ベルナールから受けた影響について検討していきたい．

第2節　「生命システム」概念の誕生

　パーソンズは人間の行為を研究しているのであるが，最初の著書『社会的行

為の構造』において，マーシャル，パレート，デュルケーム，ウェーバーの著書を注意深く研究していく中で，彼らの思想や理論の背後に経済学的要素よりも社会学的要素という点で深く関連しているものがあることを見出していく．1932年から1933年にかけて，ハーバード大学でパレート社会学のセミナーを指導していたヘンダーソンに出会い，パーソンズは『社会的行為の構造』のなかのパレートとデュルケームの草稿をヘンダーソンに校閲してもらっている．そのときに得たパレートについての深い知識とヘンダーソンの考えが，パーソンズの理論構成に大きな役割を果していく．

ヘンダーソンによると，パレートの社会学に対する最も重要な貢献は「社会システム」の概念であったという．パーソンズはヘンダーソンのその意見を非常に重視すべきものと考え，数年後に出した本の題名にその語句を用いている．『社会システム』がそれである．

パーソンズによると，パレートのシステム概念は力学の理論で用いたものであり，パレートはそのシステムの概念を経済学と社会学の両方に適用しようとしたという（Parsons 1977：27）．パレートは数学と物理学を修め，経済学の領域において無差別曲線に基づく選択行動理論を創出しているが，さらに社会学の領域に進み，『一般社会学概論』（1916）を著している．そのなかで社会にみられる各事象にはつながりがあるとして，「社会システム」の概念を提示している．パレートの社会システムは，経済システムから生まれてきている．彼は社会システムの均衡を導く要素（変数）に残基，利害，派生，社会的異質性とエリートの周流を取り上げ，このうち残基と派生が最も重要であるとしている．パレートによるシステムの根底には物理学，力学的発想があるといえる．

他方パーソンズによると，ヘンダーソンが『パレートの一般社会学』（1935）で展開した彼自身の本来のシステムの原型は，物理的-化学的システムであり，ヘンダーソンはこれを生物学的なシステムと関係づけたと言う．そして，ヘンダーソンの著書にみられる中心的な考え方は，「内部環境」とその安定性の考え方であったと記述している（Parsons 1977：27）．

ヘンダーソンが取り組んだ研究内容は医学，化学，物理化学，生物学，生理学，生化学，科学哲学，社会学と多岐にわたっていたが，いずれの分野においてもすぐれた業績を残している．彼は『パレートの一般社会学』において，パ

レート社会学の特徴として社会システム，残基と派生，均衡，効用，宗教一般の効用の問題等を取り扱っている点をあげている．ヘンダーソンのシステムの観念は，もともと物理的‐化学的システムである．ヘンダーソンは，ウィラード・ギブスの物理‐化学システムとは単離した物質の総合体である，という考えを受け継いでいる．そしてヘンダーソンは，物質は物理的，化学的な構成要素から成り，構成要素の濃度，温度，圧力によってシステムはいっそう特徴づけられるとしている．

またヘンダーソンは，パレートの均衡の扱い方には重要な意味あいがあると述べている．

ヘンダーソンは，パレートが社会システムのもつ諸条件によって，その状態が決定されることに気づいているとし，生理学的な均衡の場合も同様であるとしている．彼は病気からの回復が問題であるとき，その回復過程は自然治癒力の結果として病気が治ったのであるといまだによく語られる，という例をあげている．この同じ点に関連して，彼は内部環境の均衡に関するクロード・ベルナールの著書，恒常性に関するキャノンの書物，バークロフトの書物[1]をあげている（Henderson 1935：45-46，組織行動研究会訳 1975：94-95）．ヘンダーソンは生理学の観点から，人間の体の「内部環境」の釣合い状態を，パレートの社会システムの均衡に照らして捉えようとしていたといえる．

パーソンズは，このようにパレートからの力学で用いられたシステムの概念と，ヘンダーソンによって展開された物理‐化学システムの概念とから「生命システム」という特別な性質をもったシステム概念へと変遷する．そして，この概念のある程度の基礎はこれらの初期の数年間に築かれたと記している（Parsons 1977：28）．ここにおいて「生命システム」の概念が誕生する．

パーソンズはその後，生物学者アルフレッド・エマーソンからも大きな影響を受けている．1952年頃から1957年にかけて，シカゴで開かれたシステム理論に関する研究会議において，パーソンズはエマーソンと知り合っている．

パーソンズは次のように記している．

「その頃ちょうど生じつつあったサイバネティックス的制御の概念に賛成して，それが生命システムのみならず，他の多くの種類のシステムにもあてはめることを考えた．結局，エマーソンは，有機体システムと生命システムとの間

に，基本的な連続性があるという私の信念を証明するのに大いに役立つことを提案した．それはエマーソンのいう遺伝子と「シンボル」の機能的等価という概念である．我々はたぶん，これらを種と有機体の遺伝学上の構成物（genetic constitution），および社会システムの文化の継承（cultural heritage）と言い直すことができるであろう」(Parsons 1977：28)．

　ここにおいてパーソンズは，生命システムの概念をどのステージ（段階）にも連続しているシステム，すなわち社会システム，一般行為システム，人間的条件システムという3つのシステムの背景につながっているシステムと考えていると思われる．そして遺伝子の働きに種と有機体の存続があげられるが，それと並行してシンボルの働きに社会システムの文化の継承をパーソンズはあげている．社会を構成しているのは，人間である．パーソンズが社会システムの機能を言うとき，その源に種の連続性の考えがあると思われる．

第3節　「生命システム」と四機能パラダイム

　パーソンズの四機能図式（four functions schema）は，1953年『行為理論の作業論文集』に始まる．パーソンズは生命システムという用語を，経済学者・社会学者であるパレートの力学的なシステムの考え方と，ヘンダーソンの物理的‐化学的および生理学的なシステムの考え方を合わせて用いている．

　ヘンダーソンに，パレートの『一般社会学概論』を読むことを勧めたハーバード大学の昆虫学者ウィリアム・モートン・ホイーラー（William Morton Wheeler）に『昆虫と人間の弱点』(1928)という著書がある．彼はそこに書かれている論文「有機体としてのアリのコロニー」のなかで"living"という語を用いている．その論文には次のように記されている．

　「我々は，これから有機体を非常に複雑で不安定な環境のなかで活動しているダイナミックな行為主体として扱わなければならない．それゆえ，有機体という語を使う際に私は形容詞の"living"をそれとなく用いるだろう．だから私は，塩漬けした動物や乾燥した植物を有機体とはみなさない」(Wheeler 1928：129)．

　ホイーラーはアリの研究を通して，小さな生き物から自己犠牲や自然の相互

依存性を学んでいる．またホイーラーの同僚に，ホワイトヘッドがいる．

　生態学者ドナルド・オースター（Donald Worster）は，著書『ネイチャーズ・エコノミー』（*Neiture's Economy* 1977）のなかで，ホイーラーの説を紹介した箇所において"living systems"という用語を用いている．それは翻訳書のなかで「生命体」と訳されている（Worster 1977：321，中山他訳 1989：387）．パーソンズの著書に living systems が出てくるのは，『社会システムと行為理論の進化』である．この本が出版されたのは 1977 年である．他方，オースターの『ネイチャーズ・エコノミー』が出版されたのも同じ 1977 年である．Living systems とは，生きているものはすべて相互依存の関係にあることを意味していると思われる（Worster 1977，中山他訳 1989，pp. 381-408 参照）．前記をふまえて，筆者は"living systems"を「生命システム」と訳していきたいと思う[2]（「生命システム」の訳語は，すでに p. 203, p. 238 で使用している）．

　パーソンズは，機能という概念が構造と相関的なものではなく，いかなる生命システムとその環境との間の関係をも理解するための枠組の主要概念であるという．そして，機能が遂行されたり機能的要件がみたされるのは，構造と過程が 1 つに組み合わさることによってなのであるとして（Parsons 1977：236），構造と過程を貫く概念として機能分析をうち出している．

　では，その機能分析を行なっている四機能パラダイムについてみてみよう．パーソンズは，『社会的行為の構造』（1937）の後，『行為の一般理論に向かって』（1951）『社会システム』（1951）を著している．『行為の一般理論に向かって』においてパターン変数を提示し，『社会システム』において，それをより精緻化し，『行為理論の作業論文集』（1953）においてパターン変数図式を再編成して，四機能図式（AGIL 図式）を提示している．パーソンズによれば，四機能図式に特に重要な影響があったのは，キャノンの『からだの知恵』（1932）からのものであったという．

　生物学，経済学を学び，社会学の領域へと進んできたパーソンズのそもそもの研究関心は，人間は経済合理的な事柄だけで行動するのだろうか，という問題関心であったと思われる．マーシャル，パレート，デュルケーム，ウェーバーを精緻に学んで，パーソンズは『社会的行為の構造』を著した．そのなかで

行為における手段−目的図式を表し,『行為理論の作業論集』において四機能図式を表すに至って,次第に「構造的−機能的」な立場とみなされるようになっていった.しかし,1953年から1954年にかけてケンブリッジ大学に招聘されてマーシャル記念講義を行なう際に,準備としてマーシャル,パレート,ケインズ,ヘンダーソンの著作を丹念に読んで学習していくうちに,パーソンズは考え方に転向点が表れたという.それは,社会システムとしての社会の概念について,機能の概念についてであるという.

　パーソンズは,パターン変数図式の再編成から四機能図式を生み出していくが,それはパーソンズ理論の一定の準拠点になっていく.この四機能図式から導かれることの1つに,社会システムおよび特に社会という概念について思いきった修正があるとパーソンズは言う.すなわち,諸社会を含むいかなる社会も一般行為システムに含まれる機能的下位システムの第一次的四範疇(カテゴリー)のなかの1つの部分とみなすこと,というのがそれである.

　この四機能図式に特に重要な影響のあったのは,『からだの知恵』(1932)からのものであったという.ロバート・K・マートンの有名な論文「顕在的機能と潜在的機能」[3]にもキャノンのこの著書が出てきており,パーソンズはマートンもキャノンの著書に大きな影響を受けているという.行為に関する研究が,手段−目的図式に中心を置く観点からシステムに関する機能的類型の分析へと移るなかで,キャノンの著書はデュルケーム,イギリス型の社会人類学の影響と並んで,かなり責任があったとパーソンズは述べている.そして,このことがパーソンズの研究を「構造−機能主義」としてラベル化する主要な根拠になっている,とパーソンズは述べている (Parsons 1977: 126-127).

　しかし,パーソンズは,自分はもはや構造−機能主義者ではないと主張している.そして,行為理論の発展の基礎は四機能パラダイム (four function paradigm,四機能範式) にあったという (Parsons 1977: 127).そのパラダイムの最初の理論的根拠は,パーソンズの論文「社会学における一般理論の諸問題」(1970) のなかで論じられている[4].

　パーソンズの行為に関するシステム分析は,社会システムから一般行為システムへとシステムのレベルを変換しているが,それに伴い四機能図式 (1953) から四機能パラダイム (1970) へと機能分析の土台も呼びかたが変化してい

る．またパーソンズは，四機能図式の相互交換過程から「一般化されたシンボリック・メディア」を導いているが，それはスメルサーとの共著『経済と社会』(1956) のなかで，貨幣をメディアという観点から扱ったことに始まっている．

次に，生命システムと四機能パラダイムとの関係について見てみよう．

パーソンズによれば，行為はとりわけ人間に関することであり，人間の行動の諸側面，すなわち文化的に構造化されたシンボリック・コード (symbolic codes，象徴的な情報伝達のための記号) に携わっていて，これらに制御されている面に関係している．例えば言語は1つの明らかな原型であるという．言語を使う「行為」は，相互行為の過程が共通の文化的コードの枠組のなかで行なわれることを含意している．すなわち，会話には共通の言語を必要としている (Parsons 1977：230)．

パーソンズはさらに続けて記述している．

「この意味における行為システムは，生命システムと呼んでもよい，より広い集合の一下位部類である．有機体の下位部類的な行動，それらの物質代謝過程，そして生物進化は生命システムの範疇のすべて重要な諸側面なのである」(Parsons 1977：230)．

パーソンズは行為を行なう人間を，動物と植物を含めた生物界の一部類 (class，綱) に位置づけている．

さらにパーソンズは，機能の概念があらゆる生命システムの理解にとって中心的なものであることを論じている．確かにこのことは，生命システムの概念の当然の結果であるのだが，第一にシステム－環境関係の，第二にシステムそれ自体の内部の分化の確かな特徴の輪郭を描いている．この提案は，2つの考察に基づいているとパーソンズは言う．第一にベルナールやキャノンの偉大な貢献以来明らかになってきているように，生命システムはその環境とは異なっていること，またその環境よりもいくつかの点でより安定していることの両方の面で組織化と機能というパターンを維持しているシステムであることをあげている．第二にこの特有で比較的に安定したパターンの維持は，環境から隔離されて生じるのではなく，環境との交換過程を通して生じているということをあげている．この意味で，あらゆる生命システムは「オープン」システムであ

るという．そして，生命システムの機能的な問題は，どのようにその特有のパターンを維持するのかに関係しているとパーソンズは言う（Parsons 1977：230）．

すべての生命システムにとって基礎的であるとして仮定されているシステムと環境の間のある種の差異は，生命システムそれ自体のなかに，媒介（mediation）に関して2つの特有の型があることを含意しているという．外部との相互交換を媒介しているものと，内部の結合を媒介しているものがそれである．環境に対する外部的な関係の軸と構成要素それぞれに対する内部的な関係の軸に沿ったシステムのこの差異は，四機能パラダイムがつくられている2つの主要な軸のうちの1つである（Parsons 1977：231）．

以上が四機能パラダイムの縦軸にとられた内的（internal）－外的（external）の軸の説明で，それはシステムと環境との外的な関係の軸，システムの構成要素間の内的な関係の軸と理解することができる．ここでのシステムを，生命システムとするとより理解しやすいかもしれない．

第二の軸は，以下のような生命システムに関する考察に基づいている．すなわち生命システムは，どのような時点においても様々な点でその環境と異なっているばかりでなく，時を越えて（それは無限である必要はない．一生物学的な死という現象を見よ）その特有の組織を維持している．この特有性を維持する過程は，時間がかかっている．例えば，栄養物の摂取は有機体のエネルギーを生み出す酸化という内部的な過程に先立たねばならない．エネルギーを必要とする行動という形において，環境へのアウトプットは，それゆえある時点で栄養上の摂取と酸化の両方によって先立っていなければならない．

時間的な連続の線に沿って，分化には1つの重要な基本原理がある．それは，ある一定の目標状態の達成に必要な諸条件とその達成の間には，単純な一対一の関係があるのではないという事実である．事態に関して同じ条件付きの状態が，多数の異なった目標状態の達成のための一条件であることが，しばしばありうる．これらの目標状態のあるものは，一連の諸条件が与えられたなかで，一対の目標状態の一方だけが現実的に達成可能であるという点で，互いに二者択一的である．それゆえ将来の目標状態の条件の確立に関係する過程と，そのような目標状態に接近するために，より究極的ないし「成就的」な過程と

が，生命システムにおいては分化されるようになる傾向がある．このことは，行為レベル（the action level）においては手段-目的関係を意味することがきわめて大きい．手段の獲得に関係する活動は，目標達成と関係する活動と論理的に区別できるばかりでなく，多くの場合，現実的にも異なっている（Parsons 1977：232）．

　ここにおいて，パーソンズは行為レベルを扱った四機能図式における手段-目的の軸を，生命システムを扱う四機能パラダイムにおいて，手段-成就の軸に対応させている，あるいは拡張していると解釈することができる．行為をする人間を，生命界全体のなかに位置づけていることを理解することができる．

　このようにしてパーソンズは，分化に関するこの軸を，一方ではシステムの目的の達成のための一般的な諸条件の確立，他方ではそのような諸条件に基づく行為から成るとしている．そして，第一の軸と交差している生命システムの分化の第二の基礎的な軸としている（Parsons 1977：232）．

　分化に関する2つの主要な交差軸に基づいた二分法の論理的帰結は，機能の四分類である．すなわち，四機能はパターン維持（内的-手段），統合（内的-目的），目標達成（外的-目的），適応（外的-手段）とよばれている（Parsons 1977：233）（図16-1）．

　この4つの機能のうち，パターン維持は次の2つの主要な点の両方において，安定性の焦点になっているので，特別な位置を占めているとパーソンズは述べている．すなわち，パターン維持は環境のより大きく変動している過程から隔離されているという意味で，外的というより内的であるという点，そしてパターン維持は長期間にわたって関係しており，複数の単位の器官に関する適応過程と目標志向過程が，内部の下位システムにおいて成し遂げているような連続している調節から隔離されているという点がそれである（Parsons 1977：233）．ここにおいて，パーソンズは生理学者キャノンの『からだの知恵』（1932）を参考に，この比較的に大きな安定性の特有の特徴を説明している．

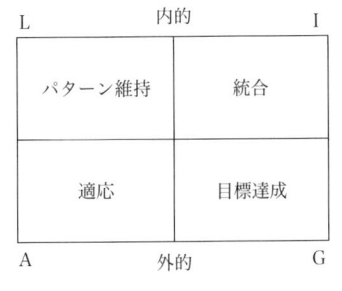

L	内的	I
パターン維持		統合
適応		目標達成
A	外的	G

図16-1　機能の四分類

パターン維持が安定性の焦点となっており，特別な位置を占めるというこの基礎的な不均斉（basic asymmetry）は，生命システムの理論の目的論的な特性の主要な根拠になっているとパーソンズは述べている（Parsons 1977：234）．

　パーソンズは続ける．

　「行為の分野における事実に基づく提案のレベルについて，有機体の分野におけるのと同様に，パターン維持の機能は生命システムの基礎的な不均斉のメカニズムと関係しているものとして選び出すことを良い例と長く考えられてきた．比較的最近になって，この点で生命システムの部類（綱）を超えて連続性があると主張することは道理にかなっているという論拠を，一般科学と生物科学両方の発展は強化してきた．それらの第一は，サイバネティックスの理論の発展であり，第二は「新遺伝学」の発展である．新遺伝学というのは，遺伝子は機能と作用過程がシンボリック・システムのそれらに類似しているコードのシステムであるという長所によっている」（Parsons 1977：234）．

　ここにおいて，第一の点のサイバネティックスの理論はアメリカの数学者ウィーナーによって開拓されたものであるが，生理学者クロード・ベルナールにその先駆があるといわれている．サイバネティックスは通信・自動制御などの工学的領域の問題から，神経系統や脳の生理作用まで適用できる．また第二の点について，昆虫の生物学者エマーソンは遺伝子と機能的に等価にあるものとして社会・文化的領域ではシンボルをあげている．

　そして，新遺伝学の大きな意義に，パーソンズは次の2つをあげている．第一に，それは生命システムが一般に，キャノンの恒常性（homeostasis, ホメオスタシス）という意味で，サイバネティックな制御過程を通して，その安定性を維持している根拠を強化していることである．そして第二に，それは，あらゆるもののなかで最も長期にわたって到達している安定性，すなわち種の遺伝子型の安定性は，そのようなメカニズムによって維持されていることを示している（Parsons 1977：235）．そのメカニズムは，シンボリック・コードの特性と等しい形式的特性をもつことがわかっている．ここでシンボリック・コードは，パターンの安定性に関して驚くほどの組み合わせをもっており，アウトプットを作業できるようにする無限の多様性と，プログラム化されたシステム

のパターン（システム準拠のより高次の秩序において，たぶん諸機能）維持という意味で，これらのアウトプットを適応的にする無限の能力をもっているものである（Parsons 1977：235）．

パーソンズは，次のことを強調している．

「四機能図式は，単細胞の有機体から最高度にある人間の文明まで，組織化と進化論的発達のあらゆるレベルにおいて生命システムの本質的な性質のなかに基礎を置いている．このことは，分化に関する2つの基礎的な軸に対して当てはまるし，分析の諸目的のために二分法としてそれらの軸を扱うことの意義に対して当てはまる．恒常性の生理学，新遺伝学，サイバネティックス理論，情報理論などの貢献は，次のような考え方に強さを与えている．すなわち，これらの基礎的な点において，生命システムの部類を越えて強い連続性があるということ，特に我々がパターン維持機能として特徴づけてきた諸過程の中心的な役割に関して，そうであるという考え方である」（Parsons 1977：236）．

ここにおいて，パーソンズは生物の発生の過程で，細胞・組織などが形態的・機能的に特殊化し，異なった部分にわかれるという生物学における分化の考え方を，2つの座標軸をつくる際に取り入れ，機能を四分割して四機能図式（後には四機能パラダイム）を作っていることを理解することができる．そして，パターン維持機能には生命システムの部類を超えて連続性がある，つまり動物，植物を含んだ生物界，生命界には，種の保存・維持が過去，現在，未来にわたって連続して行なわれているということがわかる．

パーソンズの機能の概念は，単にものの働きではなく生命の働きから説き起こされている．すなわち四機能図式の2つの座標軸は，生命システムと環境との関係，生命システム内部の手段と目的（成就）から考案されている．四機能のうち，パターン維持は種の維持ということから連続性が見られ，特に重要な位置を占めている．そこには生理学からの恒常性，新遺伝学から遺伝子の働き，サイバネティックス理論によるエネルギーと情報の関係など生命に関するあらゆる要素が凝縮されている．

パーソンズは機能が成し遂げられたり，機能的必要条件が生じるのは，構造と過程の1つの組み合わせのあるところによってであると言う（Parsons 1977：236）．それゆえ構造と機能が対応するのではなく，構造と過程が対応し

機能が貫くというのである．つまり，構造と過程はともに機能的という用語で分析されるとパーソンズは主張している (Parsons 1977：237).

　さらにパーソンズは，次のように記している．

　「どんな行為システムの最も重要な構造的構成要素でも，精微な適応的活動が行なわれるのに使用されるのは，シンボリック・コードである．この箇所でパーソンズは以下のような注釈をつけている．行為システムとして，行動有機体の構造の少なくとも最も重要な構成要素は，有機体の遺伝的な過程を通して与えられるらしい．しかしながら，パーソナリティ・システム，社会システム，文化システムの場合，それらは個人によって学習されている」(Parsons 1977：237).

　ここにおいて，パーソンズと生物学者エマーソンの考え方を参考にすると，行為システムのうちの行動有機体（後に行動システムと変更）のシンボリック・コードは遺伝子をさし，パーソナリティ・システム，社会システム，文化システムのシンボリック・コードはシンボルをさしていると思われる．

第4節　クロード・ベルナールからの影響

　生命システムの概念に影響を与えている生理学者には，クロード・ベルナール，キャノン，ヘンダーソンの三人をあげることができるが，本節ではクロード・ベルナールに焦点をあて，パーソンズがベルナールの著書から受けた影響について検討していきたい．

　パーソンズは社会理論と生物学理論との間の関係に関心を復興させる1つの状況に，微生物学，特に微視遺伝学で生じ発展していたある知識の獲得をあげている．それは，1969年にイタリアのベラジオで開かれた会議によるところが大きいという．パーソンズにとって1つの重要な認識は，有機体世界においてマクロ進化的水準での種や門から個体細胞や微生物のそれに至るものまで，ずっと「有機体」("organization"，生物体）に関して1つの特別な連続性があるということであった．パーソンズは生物学におけるこの考えを，人間行為における「個人と社会」の間の関係，マクロ集合体とミクロ集合体の間の関係にも当てはめて，それらには1つの特別な連続性があると考えるようになった

(Parsons 1977:7).そして，これらの考えに影響を与えたこととして生理学からの一定の観点をあげ，ここにフランスの生理学者クロード・ベルナール (Claude Bernard, 1813〜1878)，アメリカの生理学者ヘンダーソン (Lawrence J. Henderson, 1878〜1942)，キャノン (Walter B. Cannon, 1871〜1945) の名前が出てくる.

クロード・ベルナールは，19世紀にヘンダーソンやキャノンより約60年先に生まれて活躍した生理学の先導者である．ヘンダーソンは，ベルナールの亡くなった1878年に生まれ，ヘンダーソンとキャノンはハーバード大学で同僚であった．主著『実験医学研究序説』[5] (1865) はヘンダーソンやキャノンの著書のなかにも名前がみられ，その影響の大きさを知ることができる．なお，『実験医学研究序説』の英訳 (1927) の序文は，ヘンダーソンが書いている．

ベルナールによると，実験医学は生理学，病理学，治療学の基本的三部門を含んでいる．そのうち生理学は健康時における生命現象の原因の知識のことを指し，我々に生命の正規的条件を維持し，健康を保つことを教えるとされている．実験法とは，厳密にして完全に決定された経験を獲得する技術が，医学に応用される実験的方法の実験的基礎であるとし，いわばその実行部門であるとしている．ベルナールは，我々の唯一の目的は実験的方法の明白な原理を医学のなかに浸透させようとすることであるとし，生体における観察と実験を重視している (Bernard 1865, 三浦訳 1938:14-17).

ベルナールは，鼓索（顔面神経の一小枝）や胃液の研究，消化作用と肝臓での糖合成作用の解明，血管運動神経の発見，クラーレ（失毒）と一酸化炭素の作用の解明など，多くの研究と発見を行なった．これらは当時の生理学界に大きな衝動を与え，ベルナールは近代実験医学の基礎を確立した．

当時のフランスの生物学界，生理学界，医学界においては，「生気論」(vitalism) が主流をなしていた．生気論によれば，物質の力とは本質的に異なる，一種不可思議な生命の力が存在すると考えられ，そこに生命の特質があるとされた．それゆえ，生物現象は物理・化学的現象とは異なり，断定することも予知することもできず，人間がそれらを統制することはできないとされていた．そこには，生命の自発性という神秘力に帰する「非決定」の部分が常に存在していた．

ベルナールは自らの研究の成果に基づいて，このような非決定論に異議を唱えた．彼は無生物におけるのと同じように，生物体においても，すべての現象の存在条件は絶対的に決定されていると主張し，「絶対的決定論」[6]を生理学の領域にもちこんだ．

ベルナールは，生命現象に対する宿命論と袂を分かち，決定論を主張している．そして，実験医学は単に，健康時と疾病時にわたって生命現象の決定原因にさかのぼろうと努力している科学であるとしている．このようにしてベルナールは，生物の科学と無生物の科学との方法的な障壁を取り除き，生理学上の事実も厳然とした因果律のもとに置かれるようになった．当時このことは，革命的なことであり，生理学は確実に進歩することが可能となった．ベルナールはさらに次のように記している．

「我々の知識はきわめて不十分である．生物体に対して実験を試みることは，多くの困難を伴い，それには色々の理由がある．「内環境」と称すべきものがあって，これがために生物体はある程度まで「外環境」から独立しているのである．生物体全体は連帯的調和的な「全体」を形づくり，そこに少しでも狂いが生じると，遠くまで様々の影響を及ぼすのである」(Bernard 1865：三浦訳 1938：388-389)．

パーソンズ理論における内部環境，外部環境の着想は，もともとは生理学者ベルナールの著書のなかにみられると思われる．ベルナールは，物質的現象と生命現象との間の研究方法上の差別を取り除いたが，生命の事実を密接不可分の関係にある物質上の条件のみで説明しつくされるものではないと考えていた．ベルナールは次のようにも記している．

「生物体は生物体に固有の力をあわせもっている．それは立法の力，建設の力，組織の力と言ってよいだろう．物質力以外に自己を示すことのできるものはない．ただ物質力をいわば発揮している，指導していると考えられるものがある．「生命行為の驚嘆すべき従属関係や相互の整然たる調和」「各事物に前もって与えられた計画」，何か「目に見えない導き手」によって導かれているように見える発育現象の秩序ある連続など，特に生命的な働きは，みなこれらの指導力に属するものである」(Bernard 1865，三浦訳 1938：383-395)．

生物体は物質から成るが，その物質を動かす力，物質力があると彼は言う．

人間に限ると精神，あるいは精神力といえるだろうか．ベルナールは，物質力を指導している超越的な力を感じとっている．特に生殖過程など生命的な働きに，超越的なものがあると受けとめている．動物実験など数多くの実験を通して各臓器の働き，作用，臓器間の関係，生体における役割などを研究していく中で，ベルナールは何か神秘的な力を認めていたのであろうと思われる．

このようにベルナールは，一方において生命現象の決定論を主張するとともに，他方においては生命現象に不思議さもみていた．すなわち彼は，生命の現象を個々に観察するのではなく，相互関係においてみるとき，超越的な力があると洞察していた．

またベルナールは，実験的方法に対する姿勢について「真の科学的方法とは，精神を窒息させることなくしてこれを抱擁し，かつできるだけ単独にしておいて，最も貴重な性質である創造的独創力と自発性を尊重しつつ，精神を指導する方法であると信じる」と述べている（Bernard 1865, 三浦訳 1938：365）．そして彼は，人類のあらゆる進歩の本質的な条件に精神の独立と自由をあげている．

ベルナールの主張は生理学の領域のみならず，化学者・細菌学者であるルイ・パスツール（Louis Pasteur, 1822～1895）や自然主義文学者エミール・ゾラ（Emile Zola, 1840～1902）など19世紀後半のフランスの知識階級にも強い衝撃を与えた．

さらにパーソンズ理論のなかで重要な役割を果すようになるサイバネティックスの理論は，ベルナールにその萌芽があるといわれている．

パーソンズ理論におけるベルナールの著書からの影響を読みとろうとすれば，次のことをあげることができると思われる．第一に，四機能パラダイムの軸の1つである内的−外的の軸に関連する内部環境，外部環境（本書で使用した翻訳書，三浦 1938 においては，内環境，外環境となっている）の用語がベルナールの著書にみられる点．第二に，社会現象や行為現象の各項目を相互関係において捉えていく方法は，生命現象を相互関係のうちに見ていく方法に示唆を受けている点．第三に，パーソンズは現代社会における平等と不平等の均衡化を自由と拘束の均衡化と交差させて考える等，人間の幸福の根拠に自由をあげているが，ベルナールも人類の進歩の本質的条件に自由をあげており共通

している点である.

第5節　結び

　パーソンズは一貫して人間の行為を研究しているが，著述している範囲は経済，政治，家族，医療，教育，宗教など多岐にわたり，内容も難しい．これまで「生命システム」については，はっきりと解明されていなかった．本章で理解できたことは，生命システムの概念はパレートの力学的なシステム観とヘンダーソンの物理的-化学的および生物学的なシステム観を結晶させたものであるということである.

　生命システムと四機能パラダイムの関係については，次のことが明らかになった．四機能パラダイムの縦軸は生命システムと環境の関係を表している．生命システムの環境に対する外的な関係の軸，生命システムの構成要素それぞれに対する内的な関係の軸が，内的-外的の軸である．他方，横軸においては将来の目標状態の条件の確立に関係する過程と，そのような目標状態に接近するために成就的な過程とが生命システムにおいては分化されるようになる傾向があるとして，手段-成就の軸を置いている．このことは，行為レベルにおいては手段-目的関係を意味することが大きいとしている.

　クロード・ベルナールから受けた影響には，ベルナールが生物体には内部環境と外との関係として外部環境があると記していること，観察と実験を通して臓器の働きを相互関係のなかに見ていること，人類の進歩の本質的な条件に精神の独立と自由をあげていること等をあげることができる．パーソンズは前記のことを生命システム概念に取り入れていった.

注

1) Claude Bernard, *Introduction a l'etude de la medecine experimentale*, 1865.（三浦岱栄訳『実験医学序説』1938年，岩波書店）

　　W. B. Cannon, *The Wisdom of the Body*, New York, 1932.（舘鄰・舘澄江訳『からだの知恵』1963年，平凡社）

　　J. Barcroft, *The Architecture of Physiological Function*, Cambridge, England, 1934.

2) "living systems" を「生命システム」と訳すと，社会学において過去の遺物である「社会有機体説」を想起する読者がいるかもしれない．しかし，パーソンズは社会有機体説を唱えているわけで

はない(社会有機体説に近いとみることはできるかもしれないが).現代社会学では,構造機能主義の立場が社会有機体説に近いとされることがあるが,パーソンズは自らの立場を構造機能主義ではなく,構造機能分析であると主張している.

なお,『生物学辞典』(八杉龍一他篇 1996 岩波書店)の「生物的環境」(p. 762)の項目のなかに,生物的環境を生きている(living)という記述がある.

3) R. K. Merton, "Manifest and Latent Functions", *in Social Theory and Social Structure*, 改訂版, N. Y.: Free Press, 1957.(森東吾・森好夫・金沢実・中島竜太郎訳『社会理論と社会構造』1961 年, みすず書房)

4) "Some Problems of General Theory in Sociology", included in the volume edited by J. C. McKinney and E. A. Tiryakian, *Theoretical Sociology*, (N. Y.: Appleton-Century-Crofts, 1970).

5) 日本語訳の題は『実験医学序説』となっている.訳者三浦が序で記しているように正確な標題は「実験医学研究序説」(Introduction a l'etude de la medecine exprimentale)であるので,本稿ではそれを用いることにする.

6) 三浦岱栄の訳書(1938)では「絶対的デテルミニスム」となっている(同書 P. 388).ベルナールは,近接原因,決定原因にデテルミニスムという名称を用いるとしているが(同書 P. 353),聞き慣れない用語で理解しづらいので,本節では絶対的デテルミニスムを「絶対的決定論」と記すことにする(組織行動研究会訳 1975:125 参照).

第17章
「生命システム」における
W. B. キャノンの影響

第1節　はじめに

パーソンズの『社会システムと行為理論の進化』(1977) のなかの,「生命システム」(living systems) の箇所でベルナール, ヘンダーソン, キャノンの三人の生理学者の名前が出てくる. 本章では, ウォルター・B・キャノン (Cannon, Walter Bradford. 1871〜1945)[1] の『からだの知恵』(1932) を中心に, キャノンの言う生物体の恒常性, 社会の恒常性,「生命システム」におけるキャノンの影響について, 考察していきたい.

第2節　生物学的恒常性について

キャノンはアメリカの生理学者であるが, 医学生であった頃の最初の研究は嚥下 (えんげ) に関するものであったという. その後, 胃の運動の観察, 腸の運動の観察へと進み, 消化管に関する十年間の研究を『消化の機械的要因』(1911) としてまとめている. この本では消化作用の神経支配と感情的な条件が消化にどんな影響を及ぼしているかという問題につなげて終わっている. その後, キャノンは『苦痛, 飢え, 恐怖および怒りに伴うからだの変化』(1929),『心的外傷性ショック』) (Traumatic Shock) (1923) という本を出している. 感情的な興奮が副腎分泌に与える影響や, それに伴ってからだに起こる変化の研究をまとめたもので, 後者は自律神経系と心的外傷との関係を研究したものである. 前著について出版年次は『外傷性ショック』より後になっているが,

キャノンは飢え，渇きなどについての生理学的研究について外傷性ショックの研究より先に着手している．

キャノンはさらに1932年に『からだの知恵』を著している．この本のなかで，キャノンは自律神経系と生理学に関する自己調節作用との関係を明らかにしている．つまり，自律神経系とからだの安定状態との関係を研究している．このように見てくると，キャノンが従事してきた生理学上の研究は，キャノン自身が認めているように終始一貫している．つまり，感情（emotion）あるいは自律神経系とからだの生理学的作用の関係をキャノンは研究してきたといえる．『からだの知恵』の最終章エピローグにおいて「生物学的恒常性と社会的恒常性」として，社会の恒常性に言及していることも前記のことを念頭におくと理解しやすい．キャノンは生理学者であるので，体の恒常性と自律神経の関係を研究している．つまり感情，自律神経が体の内部にいかに影響しているかを，医学的に動物で実験をして究明している．社会の恒常性について言及することは，自律神経が体外のものや自分以外の他の人との自律神経と交渉したり，かかわっていくことを意味している．体内での1つの細胞を，体外での一人の人間と同格であるようにみなし，多数の細胞から成る一人の人間を，多数の人間から成る1つの社会集団とみなして，社会の安定の重要性を述べている．キーワードは感情，そのうちの医学的立場からみた自律神経（autonomic nerve）といえる．

筆者がこれまで検討してきたアダム・スミス（経済学者，affection），パレート（経済学者，社会学者，mind），パーソンズ（社会学者，affect），クロード・ベルナール（生理学者，内部環境），ヘンダーソン（生理学者，社会学者，mind），ウィーナー（数学者，mind）そしてキャノン（生理学者，emotion）の問題意識に通底しているのは，心，感情という用語であり，均衡，安定，恒常性という用語であると思われる．社会学の学問としての役割の1つは，社会の安定をはかる，社会生活を安定した気持で送るための科学である，ということができると思われる．

『からだの知恵』の「はじめに」で，キャノンはからだが外界と自由な変換をしている開放的な系（open system）であると述べている（Cannon 1932，舘訳1969：142）．またキャノンは，からだのなかに保たれている恒常的な状

態は，平衡状態とよんでよいかもしれないと述べている．しかしこの言葉は，既知の力が平衡を保っている比較的簡単な，物理化学的な閉鎖系に用いられているとして，生物の恒常的な状態について次のように述べている．

「生物のなかで安定した状態の大部分を保つ働きをしている．相互に関連した生理学的な作用は，非常に複雑であり，また独特なものなので—それらのなかには，脳とか神経とか心臓，肺，腎臓，脾臓が含まれ，すべてが共同してその作用を営んでいる—私はこのような状態に対して恒常状態（ホメオステーシス homeostasis)[2] という特別の用語を用いることを提案してきた．この言葉は，固定し動かないもの，停退した状態を意味するものではない．それは，ある状態—変化はするが相対的に定常的な状態—を意味するものである」(Cannon 1932，舘訳 1969：344).

キャノンは神経系について，次のように記述している．

「神経系は大きく2つの部分に分けることができ，一方は外界に向かって作用し，我々の周囲の世界に働きかけ，他方は内部に向かって作用し，生物のからだのもののなかに安定した定常的な状態を保つのを助けている」(Cannon 1932，舘訳 1969：345).

私たちの体は，心，感情，神経を通して体外の環境とつながり環境に適応して生きており，神経を通して体内の環境につながって，各器官はある一定の状態に保たれて機能している．

第1章「からだを満たしている液質」では，液質（fluid matrix）について述べられている．からだの生命の単位，すなわち細胞は，塩類，タンパク質，コロイド物質で濃くなった液体のなかにある．このからだを満たし，からだそのもののなかをめぐっている流れを液質とよんで，液質に血液とリンパ液をあげている．第1章では，恒常性と安定性が保たれるように，自律神経のうちの交感神経[3] が働いていると述べている．

またキャノンは，次のように記している．

「からだのなかに安定した状態をつくり出し，それを保つ上にきわめて大切な働きをしているのが，からだの内部環境，すなわち我々がからだを満たす液質（fluid matrix）と呼んでいるものであることを最初に取りあげたのは，偉大なフランスの生理学者クロード・ベルナールであった．すでに，1859年か

ら60年にかけて，ベルナールはその講義のなかで，複雑な生物には2つの環境—1つは，無生物にとってのものと同じもので，生物全体を取り囲んでいる一般的な環境であり，他の1つは，からだを作っている要素に最も適当な生存条件を与える，からだの内部にある環境—があることを指摘している」(Cannon 1932, 舘訳 1969：352-353)．

　ここでは，ベルナールが最初に唱えたからだの内部環境に該当するのが，キャノンらのいう液質であると述べている．そして，「生命を維持するに必要な機構はすべて，ただ1つの目的を有している．すなわち内部の環境に，生存のための条件を一定に保つことである」という，ベルナールの記述を紹介している．ベルナールによれば，生物に必要な一定に保たれるべき要素として水，酸素，体温および栄養物の補給（塩類，脂肪，糖などを含む）をあげているという（Cannon 1932, 舘訳 1969：353）．

　『からだの知恵』においては，第4章「血液中に含まれている水の量の恒常性」から第9章「血液中のカルシウムの恒常性」まで，血液中に含まれている水，塩分，糖，タンパク質，脂肪，カルシウムの恒常性についてネコ，イヌ等を使った実験結果から記述されている．

　第10章「充分な酸素の供給を維持すること」から第12章「体温の恒常性」までは，からだを流れている酸素について，血液の中性について，体温が一定に保たれていることについて記述されている．体温が微妙に調節されていることについては，からだのどこかにサーモスタット（自動温度調節器）があるという．そしてウサギの実験によると，調節装置のこのような部分が，脳の底部にある間脳に局在していることが明らかになった，と記されている（Cannon 1932, 舘訳 1969：454）．

　第13章「生物に自然に備わる防衛手段」では，からだを守る反射運動について，鼻，口，眼，皮膚，内蔵等の期間に関して記述してある．第14章「からだの構造と機能の安全性の限界」では，「生物の構造は節約を旨として準備され，作られているのではない．むしろ逆に，組織や作用機構が過剰にあることから，安全性が動物のからだの最終的な目標であることが，はっきりと示されている」(Cannon 1932, 舘訳 1969：472)．キャノンは14章で，我々のからだの様々な部分が広い安全性の幅をとって作られていることの例を多数あげて

いる．そして，「私のなしたことは，すべて，自然の治癒力に近代的な解釈を加えることであった」と述べ，「からだが充分自分のめんどうをみられるのなら，医師は何の役にたとう？」と記して，医師の務め（役割）に次の4つをあげている．第一に，よく訓練された医師は，からだの自己調節作用と，自己修復作用の可能性と限界をよく心得ている．医師はそのような知識を教えられ，彼自身の冷静な行動に役立てるばかりでなく，彼に助言を求める患者を励ます手段として用いる．第二に，自己調節作用を行なうからだの，驚くべき能力の多くが―修復作用はすべてこのなかにはいる―時間を必要とすることに，医師は普通の人よりもよく気がついている．第三に，医師は我々がこれまで考えてきたような生理的な自動復元作用や自己防衛作用を助けたり，置きかえたりする治療の方法を用いうることを知っている．第四に，医師の大きな務めは，患者に希望と激励を与えることである．このことだけでも，医師の存在は正当化される（Cannon 1932，舘訳 1969：472-473）．

　自然治癒力を知ったうえで，医師は医学的な知識をもって治療を行なうことができる．医師はからだの回復作用を多く見てきているので，患者に医学的見地から希望と励ましを与えることができるというのである．

　第15章「神経系の2つの大きな区分とその一般的な機能」では，神経系は2つに大きく区別することができるとしている．1つは，個体の周囲を取り巻く環境に関連して，からだの外部に向かって作用するものであり，他の1つは，からだの内部に向かって内臓に働きかけ，主としてからだの内部環境を支配するものである，としている（Cannon 1932，舘訳 1969：474）．キャノンの興味をひくのは，後者であるとしている．からだの外部に向けられた働きは外作動性で「随意神経系」，からだの内部に向けられた働きは内作動性で「不随意神経系」である．（Cannon 1932，舘訳 1969：477）

　「不随意神経」系は「植物性」あるいは「自律性」神経系としても知られている．「植物性」とよばれるのは，主としてそれが動物的な移動や補足よりも，からだの栄養に関係しているからであり，「自律性」とよばれるのは，それが大脳半球の指示によらず，自動的に作用するからである．自律神経系の役割は，内蔵の働きを調節してからだ全体の利益を図ることにある（Cannon 1932，舘訳 1969：478）．

キャノンは交感神経系によって起こされる興奮が，散漫で広範囲にわたることを，ネコを使った実験で確かめている．また，次のようにも記している．

「交感神経系の構造が，広範囲に神経興奮の波を送るようにできているという考えの正しいことは，交感神経が興奮すると副腎の髄質部からアドレナリンが分泌されることで確かめられる」(Cannon 1932, 舘訳 1969：480).

キャノンはまた次のようにも書いている．

「自律神経系が，生物体内の秩序の安定性と不変性，我々がこれまで恒常性と呼んできたものの維持に，非常に密接な関係をもっている」(Cannon 1932, 舘訳 1969：484).

第16章「恒常性維持に占める交感神経」では，次のように記されている．

「内部環境あるいはからだを満たす液質が著しく変化したときに生ずるひどい危険を見れば，それを安定に保つことがいかに重要なものであるかはっきりと知ることができる．クロード・ベルナールは，安定性の維持が自由で妨げられない生活の条件であることをはっきりと認めた」(Cannon 1932, 舘訳 1969：485).

キャノンは16章で，交感神経を切除した動物は危急の事態が生じたとき，内部環境の安定性を保つことはできないことを伝えている．

第17章「からだの安定性の一般的な特徴」でキャノンは，生物進化の特徴に細胞間を流れている液体の環境を統制する機能が次第に増加してきたこと，生物が安定性を保つには液質を同じような状態に保つことが大切であることを記述している．

キャノンは17章の最後の節で，次のように問うている．

「からだの内部環境が安定に保たれているかぎり，からだに悪影響を及ぼす内外の作用や条件が課す制限から解放される (freed) のだという事実を，キャノン自身は何度も指摘してきた．それは，バークロフトが問うているように，何のための解放か？」というのである．それに対して次のように記している．

「それは，主として神経系とそれに支配されている筋肉がよりすぐれた活動をするための解放である．大脳皮質を介して，我々は周囲を取り巻く世界と意識的な関係を保つ」(Cannon 1932, 舘訳 1969：507).

例として，大脳皮質を介して私たちは場所を移動したり，飛行機を作ったり，絵をかいたり，科学的な研究をする．友達と語ったり，同情を示したり，恋を語る等をあげている．大脳皮質の働きによって，私たちは人間らしいふるまいをするという．このように解放されていなければ，体外の寒さや体内の熱や，他の内部環境の要素の混乱が行動を妨げたりするであろう．あるいはまた，他のことをする暇がなくなるほど意識的な注意を払って安定を維持するために物質をたくわえ，体内で進んでいる作用の速さを変えねばならないだろう．…このような状態では，生物が充分発展することも，能力をあますところなく発揮することも不可能である．

したがって，まとめてみると生物がより複雑な社会的に重要な仕事をすることができるのは，それが自動的に安定な状態に保たれた液質のなかに生きているからである（Cannon 1932，舘訳 1969：507）．

「…安定性を維持するためのこれらの仕組みは，無数の世代にわたる経験のたまものである」（Cannon 1932，舘訳 1969：507）．

キャノンは人間の体の生理学のことばかりでなく，なぜ，何のためにを追求し，社会のなかで生きる人間について言及している．それは，『からだの知恵』のエピローグ（結びの章）として，社会的恒常性についての記述につながっている．

第3節　社会的恒常性について

キャノンは，エピローグ「生物学的恒常性と社会的恒常性」の最初に次のように記している．

「安定性の一般的な原理はないものだろうか？　安定な状態を保つために動物のからだに発達した仕組みは，他の場合に使われている，あるいは使うことができる方法の例にはならないだろうか？　安定作用の比較研究は意味深いものではないだろうか？　他の組織体―工業的，家庭的，あるいは社会的―をからだの構造という立場から調べることは，有益なことではなかろうか？」（Cannon 1932：287，舘訳 1969：508）．

キャノンは，からだの恒常性についての知識を社会あるいは社会生活が安定

するための研究に利用することができるのではないか，と考察を進めている．人間のからだを安定させる仕組みについての新しい見識は，社会組織の欠陥やそれを処理しうる方法を見抜く上に新しい力を与えてくれるのではないか？とキャノンは考えた．そして，人間のからだと社会組織の見かけ上類似している特徴のいくつかをあげている．

　まずキャノンは，「細胞が集団となって成長しても，細胞が生命の単位であることに，変わりはない」(Cannon 1932：288, 舘訳 1969：509) として，これら生命の単位に与えられた環境—内部環境—について，研究を行なってきた．そして，「個々の細胞内で進んでいる作用が，器官の働きと同じように局所的な自己調節作用を伴っていることは明らかである」(Cannon 1932：290, 舘訳 1969：510) と述べて，消化器官等の臓器にみられる自己調節の働きが，1つ1つの細胞にもみられることをあげている．

　また，キャノンは「我々の体において運搬と分配を行なう系 (system) を液性環境[4]として認める」(Cannon 1932：290, 舘訳 1969：510) と述べ，すばやく流れる血液とゆっくり移動するリンパ液をあげている．

　また器官の細胞については次のように記述してある．

　「血液やリンパ液の恒常性を維持するさい，それら細胞は，からだに不可欠な他の器官の細胞の利益のために働くと同時に，自分自身の利益のためにも働いている．簡単にいえば，それらは相互に依存している仕組みのよい例である」(Cannon 1932：291, 舘訳 1969：510)．

　例えば，腎臓という泌尿器官の細胞は，膀胱など他の器官の細胞のために働くと同時に，自身のためにも活動している．それらは相互依存のために調節している．神経系についても同じことがいえる．

　キャノンは次のように記している．

　「細胞が集まってからだをつくるように，人間がたくさん集まって集団を成したとき，はじめて，相互に助け合い，多くの人々が特定の個人の創意や技能の恩恵を受けることができるような，内部の機構を発達させる機会が生まれるのである．生物が進化して，より大きな複雑な生物が生まれるように，より大きな複雑な社会的共同体が発達してくるに従って，分業の現象はますます顕著なこととなる」(Cannon 1932：292, 舘訳 1969：511)．

キャノンは細胞の集まりから成るからだを，個々人の集まりから成る人間の集団に対応させている．社会が文明化していくと分業が進む．

キャノンは次の例をあげている．

「例えば，大きな都市工業の熟練した機械工は，彼の食物を栽培したり，衣服を作ったり，燃料を直接手に入れたりすることはできない．これらのことは，他の集団の人たちに依存しなければならない．…また生物のからだと同じように，社会組織においても，その全体と個々の部分とは相互に依存している．大きな共同体の利益とそれを構成している個人の利益とは，互いに恩恵を与えあっているのである」(Cannon 1932：292，舘 1969：511)．

キャノンは，社会の安定性，経済の安定性は，人間を多くの苦痛から解放するという．そして，うまくそのような安定性を完成している方法の例は，我々一人一人のからだの構造のなかに見出されるという．

人間のからだの体外の安定と体内の安定，それをつなぐもの，共通しているものは何だろうか．社会集団や社会組織の安定には，制度や仕組みが大きく働いており，そこには人間の感情，心が深くかかわっている．他方，体内の安定は血液やリンパ液などから成る液質によって保たれており，液質の安定は自律神経の１つである交感神経が関与している，とキャノンは述べている．ここにおいて感情，心，交感神経という共通なものが見えてくると思われる．

キャノンは，「生物の誕生以来，我々のからだが安定性を維持する仕組みを発達させてきた．それらの仕組みから，我々が考えなければならないものは何だろう」(Cannon 1932：293，舘訳 1969：512)と述べて，社会の仕組みに目を向けていく．

キャノンは，まず最初に注目すべき事柄として「社会それ自身，粗雑な自動安定作用らしき作用を示す[5]」(Cannon 1932：293，舘訳 1969：512)と記して，社会に自己調節の働きがあることを述べている．さらに，「動物のからだでは，調節された液性環境が恒常性を維持し，あらゆる場所の細胞を，不安の種から，それが体内からのものであれ体外からのものであれ，守っている．文明社会で，我々のからだのこの仕組みに相当する働きをしているものは，何であろう」(Cannon 1932：295，舘 1969：513)と記述して，社会の均衡を維持している仕組みに言及している．

キャノンによれば，それは「あらゆる種類の配分を行なう系統である」という．例えとして次のように記している．

「船やトラックや列車が走る運河や川や道路や鉄道は，血液やリンパ液と同じように，公共の運搬の役を果たすものである．卸問屋や，小売商は，配分系統の動きの比較的少ない部分に相当する．この巨大で複雑な流れの主流や支流は，多かれ少なかれすべての共同社会に達しており，財貨は他の地域へ運ばれるために，流れのなかへその源泉で入れられる」(Cannon 1932：296, 舘訳 1969：513-514).

さらに，キャノンは続ける．

「交換をやりやすくするために貨幣が用いられ，あるいは信用が一時的に貨幣の代わりに用いられる．貨幣と信用 (money and credit) が社会を満たす液質のなくてはならない部分となっている」(Cannon 1932：296, 舘訳 1969：514).

交通，通信，商業，工業など様々な配分の系統 (system) を行なうことに，貨幣と信用が必須であることを，キャノンは指摘している．社会組織の安定性に最低限必要な条件として，生命の維持に必要な物質が絶え間なく運搬されるよう保証されていること—例えば食物，衣服，住居，暖房，傷害や病気のときに与えられる援助など—，個人の労働に対する報酬が絶えず得られることなどを，キャノンをあげている．

「生物学的な経験に照らしてみれば，社会的な安定は固定し，かたまった社会組織のうちにあるのではなく，人間に根本的に必要なものが常に供給されるよう保証している，適応可能な産業的，商業的な活動のうちに求めるべきものである」(Cannon 1932：297, 舘訳 1969：514).

キャノンは，社会の安定は社会を構成している人間の産業上の働き，個々人がその立場での役割を果たすことから成ることを示唆している．社会組織が円滑に動いていくためには，時間と注意深い計画が必要であることも述べている．

キャノンは生理学者であるので，生体またはその器官や細胞などの機能を研究することを通して，「からだは，安定性が何はともあれ大切であることを示している．それは節約することよりも大切である」(Cannon1932：299, 舘訳

1969：515）として，あくまでも安定性の重要性を強調している．

　現代社会の複雑な相互関係のなかで，計画的な調節は産業と生産にあるというより，むしろ財貨の分配の仕組み，商業と貨幣の流通にあるようである（Cannon 1932：299，舘訳 1969：516）．キャノンは現代社会における安定性をはかるには，生産よりも分配の仕組みにあるとみている．また，キャノンは次のように記している．

　「生物のからだでは，予備の物質を貯蔵したり，放出したり，絶えず働いている作用を促進したり止めたりする力が与えられているのは，冷静に考えた適応を行なう大脳皮質ではなく，適当な警報がはいれば自動的に働く脳の下部の中枢であるということは，注目に値する」（Cannon 1932：300，舘訳 1969：516）．

　色々な臓器や器官の機能を自動的に調節しているのが自律神経である．呼吸，脈拍，血圧，体温，発汗，排尿，排便などを調節する．眠っていても生命が維持できるのは，自律神経がはたらいているからである．自律神経の中枢は，間脳の視床下部にあり，運動系や知覚系の神経と同様，脳幹・脊髄に入り，脊椎の椎間孔という穴から出て，からだの各部位に分布している．

　キャノンの前記の説明は，自律神経系の中枢は人では思考や言語など高次の機能を担う大脳の表層を形成する灰白質にではなく，間脳にあることを表現している．さらにキャノンは，生物と社会組織の違いについて，次のように記している．

　「社会組織と生物のからだとの間の著しい違いは，生物は必ず死ぬということである．…死は，社会から古くなった人々を取り除き，新しい人々に場所をゆずるための終末に思いをめぐらす要はない．それをつくりあげている単位は，絶えまなく更新されているのである」（Cannon 1932：301-302，舘訳 1969：517）．

　キャノンは生物の体の死を細胞の死と捉えている[6]．細胞が傷ついたり退化して，器官はその役割を果たせなくなり，からだ全体の働きはとどまる．他方，社会組織ではある人が死ぬと他の人がその役割を担っていくという具合に，続いていく．

　キャノンはまた社会医療の問題に人間の知性を適用して，ペストや伝染病の

ような恐ろしい伝染病がなくなったことをあげている（Cannon 1932：303，舘訳 1969：518）．このように知性を利用して，社会不安や社会生活における苦難を軽減することができることを指摘している．

さらに，「人間は心（mind）をもっており，そのためこれらの条件が単にこれまで考えてきたような基本的な要求を満たすばかりでなく，適度の欲望を満たすことが含まれるよう求めるであろう」（Cannon 1932：304，舘訳 1969：519）と記述している．この点は，パレートが人間の幸福に効用をあげているのと共通点があるように思われる．

「からだにおける安定性が保たれるかぎり，からだはその内外から加えられる悪条件による制限から解放されている」（Cannon 1932：304，舘訳 1969：519）．液性環境の安定によって臓器の安定がはかられ，からだは体内や体外からの困難事を克服し，自由になることができる．キャノンは，生産と分配に対する計画をあげている．そして次のように記している．「貧しい人々は，実をいえば，自由な人々ではない」イギリスの蔵相がこう述べて，アメリカ最高裁のある判事もそれを認めた[7]（Cannon 1932：305，舘訳 1969：519）．

キャノンは経済政策の特に分配に着目しており，これらが円滑に進められると，人を絶望で満たしている生活に対する恐怖，心配や不安から解放されるとしている．そして，働く意欲のある人々に自由を保障するために，経済の動きに統制を加えることは正当であるとしている（Cannon 1932：305，舘訳 1969：519）．

からだの恒常性は，からだを新しい条件に適応させる神経系の働きを解放して，ただ生存を続けるために必要な細々としたやりくりに，絶えず注意を払う必要をなくした（Cannon 1932：305，舘訳 1969：519）．

キャノンの記述から，からだの恒常性は臓器を支えている神経系（nervous system）の働きを解放する，社会の恒常性は個人を支える神経系の働きを解放すると述べていることがわかる．共通しているのは神経系の働きであり，それは皮膚を境界として体内と体外で作用している．ここでいう神経系とは自律神経のことであり，そのうちの主に交感神経をさしているように思われる．体内においては食物を摂取する，栄養分は液質（または液性環境）のなかの血液，リンパ液を通して各臓器にわたる，排泄する．その間に作用しているの

は，自律神経のうちの交感神経（sympathetic nerve）である．体外においては，人との交わり，交流，コミュニケーションにおいて交感神経が作用している．

キャノンはからだの恒常性から社会の恒常性について言及している．ここでいう恒常性は均衡，安定と同じ意味であると思われる．

「社会全体としての安定な状態は，それをつくり上げている個々の人々の安定な状態と密接に結びついている．個人が安定することは，さらに高度の自由，心の落ち着きと余暇を生み出すであろう．社会の安定は，健全なレクリエーションや満足のゆく爽快な社会的環境（social milieu）を見出し，秩序を守り，個人の才能を享受するために欠くことのできない条件なのである」（Cannon 1932：306, 舘訳 1969：520）．

キャノンは前記のように記して，社会の安定の重要性を述べている．

キャノンはからだの恒常性から社会の恒常性について述べ，社会全体の安定性から経済の仕組み，系統について言及している．そこには自律神経のうちの交感神経が作用していることを指摘している．

第4節　結び

パーソンズの人間的条件の生命システムの物質的基礎として，物理的‐化学的システムの枠内の項目を導く際に参考にした人物にギリシャ哲学者，ウィーナー，ヘンダーソン，ベラーの名前は出てくるが，キャノンの名前は出てきていない．しかし，生物体の恒常性が社会の恒常性につながっているというキャノンの考えは，生命システムの働き，機能の箇所において潜在的に影響している．

キャノンは一人の人間の体がうまく機能するには，液質をはじめとする体内の均衡（バランス）が働いてはじめてうまくいくことを見出し，主張している．このことを受けて，社会がうまく機能するには社会の安定が何よりも重要であるとして，社会の各系統の均衡の重要性をパーソンズはキャノンの著書『からだの知恵』から学んでいる．

またパーソンズのいう一般行為システムの内的環境は，ベルナールやキャノ

ンのいう体の内部環境に当てはまると考えられる．キャノンは，体の内部環境が液質によって恒常性を保つことを初めて見つけ出した．液質は，自律神経のなかの交感神経によって支配されている．個々人の集合から成る社会の安定（均衡）は，個人の交感神経が安定していることが重要となる．個人の心と体の均衡の重要性は，キャノンが十分に主張していることである．

注

1) Cannon, Walter Bradford, 1871～1945. アメリカの生理学者．ベルナールの内部環境の固定性の考えを実証的に発展させ，恒常性（ホメオスタシス）の概念を確立した．精神感動によるアドレナリン分泌，交感神経の神経伝達物質の発見などの業績がある．
2) ホメオ（homeo ギリシア語）は同一の，スタシス（stasis）は状態の意味．
3) 自律神経には交感神経と副交感神経があり，その中枢は脊髄と脳幹にある．
4) the fluid matrix を翻訳書 290 頁（エピローグ 3，エピローグ 5）においては液性環境と訳してあったり，液質と訳してあったり文脈によって異なる．その他の箇所，例えばエピローグ 7 では the fluid matrix を液質と訳してあることが多い．それゆえ，液性環境と液質は同じものと考えられる．
5) アダム・スミスが著書のなかで「見えない手」（invisible hand，見えざる手）の働きがあると記述したことに似ている．「見えない手」という表現は，スミスの著書では三度使われている．最初は青年期の著作『哲学論文集』において，二度目は『道徳感情論』（1759 年）のなかで，三度目は『国富論』（1776 年）において見られる．
6) アダム・スミスは死を理性の喪失と捉えている．
7) パーソンズも貧困を自由ではないことと結びつけて議論を展開している（Parsons 1977）．

＃ 第18章
パーソンズ理論におけるヘンダーソンの影響
―その1―

第1節 はじめに

タルコット・パーソンズは初めての著書『社会的行為の構造』(*The Structure of Social Action*, 1937) において，パレートとデュルケームの箇所をヘンダーソンに校閲してもらっている．ここにおいて，ヘンダーソンは科学という名において自然科学と社会科学をつなぐ役割を担っている．ヘンダーソンはもともと生理学者であるが，パレートの難解な社会学をパーソンズ等の社会科学者たちに伝授した功績は非常に大きい．本章ではヘンダーソンのパレート理解を通して，パーソンズの考え方の一端を構成したパレートの社会学理論をより深く理解していきたい．本章で見ていくのは社会システム，残基，派生の項目である．

第2節 ヘンダーソンによるパレートの『一般社会学概論』の解釈

ローレンス・ジョセフ・ヘンダーソン (Lawrence Joseph Henderson, 1878〜1942, アメリカ) は生理学者であり，生化学の分野できわだった業績を残しているが，50歳頃から周囲の反対をよそに社会学に取り組んでいる．ヘンダーソンは生理学をはじめ物理化学，生物学，生化学の領域の力を豊かにそなわえており，著書には『環境の適合性』(*The Fitness of the Environment*, 1913)，『自然の秩序』(*The Order of Nature*, 1917)，『血液』(*Blood*, 1928) がある．

ヘンダーソンは，1935年に『パレートの一般社会学：一生理学者の解釈』(*Pareto's General Socioligy: A Physiologist's Interpretation*) という本を著わし，パレートの社会学について解釈を記述している．ヘンダーソンの社会学への関

心は，1926年頃ハーバード大学の昆虫学者（特にアリ）W. M. ホイーラー (William Morton Wheeler, 1865～1937) に V. パレートの『一般社会学概論』を読むように強く勧められたのがきっかけである．彼は最初拒否していたが，しばらくして1928年にそれを読むとパレート社会学の強烈な支持者になった．ヘンダーソンの科学に対する接近法は物理化学的であり，パレートの社会学の捉え方も物理化学的であるので共鳴を覚えたようである．ヘンダーソンは1930年から31年にかけて，カリフォルニア大学（バークレー）の学部学生にパレートを教えはじめている．1932年から33年にかけて，ハーバード大学でパレート社会学についてのセミナー（パレート・サークル）を開いている（組織行動研究会 1975：126-127）．パーソンズは1927年にハーバード大学経済学科に講師として就任しており，パレート・サークルに参加している．他の参加者にはA. N. ホワイトヘッド，G. C. ホマンズ等がいる．

(1) 社会システムについて

ヘンダーソンは，パレートの社会学が経済学から生み出されてきたものであることを自ら述べているとして，次のように記している．

「パレートの社会システムは，経済的な現象を研究するにあたって，彼がもはや無視できないと考えた諸変数を導入することによって，彼の経済システムが修正されたものとして正しく定義づけられよう．これらの変数は，彼が残基とよぶ感情の表出，派生体とよぶ口頭による論述，そして社会的不均質性である」(Henderson 1935：93，組織行動研究会訳 1975：56)．

パレートの『一般社会学提要』(1920) の第一章において，社会システムの定義が出てくる．

「…集団のつぎつぎの状態は，前提された条件とともに作用するこれらの要素によって決定せられると想定してもよかろう．簡単にするため，我々はこの集団を社会システム[1]とよび，そして紐帯とともに社会システムの諸点の位置を決定する一定の力が，社会システムに対して作用していると言い得るであろう」(Pareto 1920 §51. 姫岡・板倉訳 1996：14-15)（傍点筆者）．

パレートは，また社会システムの特質として次のように記している．

「社会システムの特質．社会システムに存しうる特質のうち，どの時代にも

認められる1つの特質は，効用もしくは繁栄とよばれるものであり，もしこの語を社会均衡の決定のうちに導入しようとすれば，これを厳密に規定し，何らかの仕方で量的指数を似って事物に対応させねばならぬ」(Pareto 1920 §857, 姫岡・板倉訳 1996：269).

パレートは社会を社会システムとして捉えるとき，すなわち社会現象を原因・結果の関係ではなく，相互依存関係にあるとして捉えるとき，時代を越えて認められる特質の1つに効用をあげている[2]．つまり人々の満足をあげているといえる．そして効用を社会均衡，すなわち社会のつり合いを決定する際に取り入れるなら，これを厳密に定義して量的指数で事物に対応させなければならない，としている．そして，この節以降，効用についての記述を展開している．またパレートは，他の節でも社会的事実から得られる質的問題を量的問題として捉えることの重要性を説いている．

パレートが『一般社会学概論』を著した目的は，「社会事実間の斉一性（uniformita，法則）を発見することである」と，パレート自身記述している (Pareto 1920 §58, §60, 姫岡・板倉訳 1996：16)．そして，「たとえ計量器はなくとも，我々はできるかぎり質的考察を量的考察に換えるようにする．我々は事実そのものと増減する一定の指数によって，量を指示することに満足すべきであろう．この方法はどんなに不完全であっても，無いよりはましであろう」(Pareto 1920 §59, 姫岡・板倉訳 1996：16) と述べている．

ヘンダーソンは，パレートの著書から前記のことを読みとり，パレートが感情を量的に測定することを志向していることを指摘している．そして，その難しさも次のように記述している．

ヘンダーソンによれば，マキアヴェリの『君主論』(*The Prince*, 1532) 以来，パレートが『一般社会学概論』(1916) を著わすまで，人間問題に対する感情の影響について科学的に説明したり，論理的に分析することには，ほとんど進歩が見られなかったという (Henderson 1935：7, 組織行動研究会訳 1975：22).

パレート自身，『一般社会学概論』を書くにあたって参考にした書物にマキアヴェリの『君主論』をあげている．パレートによれば，「マキアヴェリは，君主がその権力を維持するのに何が一番有効な手段であるかを究明し，新君主

と世襲の君主との2つの仮定を検討した」と述べている（Pareto 1920 §748，姫岡・板倉訳 1996：233）．

　パレートはさらに「もし彼（マキアヴェリ）が現代人であれば，議会制度の研究をなしたであろう」と述べ，「彼の研究した具体的な特殊の場合から，今日社会学が考察する仮説運動の一般的問題にまで到ったであろう」と記している（Pareto 1920 §748，姫岡・板倉訳 1996：233）．この点に関して，パレートはマキアヴェリの唯一の偉大なる先駆者として，アリストテレスをあげている．

　ヘンダーソンによれば，パレートによる理論展開の主な特徴として，「社会システムにおける諸変数の相互依存の変動状態に関する分析」をあげている．そしてヘンダーソンは，パレートの社会学について，「それが経験による検証に耐えうるかぎり，歴史学，文学，経済学，社会学，法律学，政治学，神学，教育学など第一の部類のすべての学科目に応用されうるように思われる」（Henderson 1935：17-18，組織行動研究会訳 1975：44）と述べて，パレートが『一般社会学概論』という書名をつけた理由を記している．

　パレートは人間が行為をおこす感情（sentiments）について，残基と派生に分析している．そしてヘンダーソンは，感情という用語の定義等に関してはパレートに一致するように用いている．

（2）残基と派生への導入

　「パレートの社会システムは，経済的な現象を研究するにあたって，彼がもはや無視できないと考えた諸変数を導入することによって，彼の経済システムが修正されたものとして定義づけられよう．これらの諸変数とは，彼が残基とよぶ感情の表出，派生（体）[3] とよぶ口頭による論述，そして社会的不均質性[4]である」とヘンダーソンは述べている（Henderson 1935：93，組織行動研究会訳 1975：56）．

　ヘンダーソンは，パレートがマキアヴェリの『君主論』を参考にしていることをあげている．『パレートの一般社会学』において，彼はまず「感情」という用語の定義について，それからマキアヴェリのいう感情について検討している．

ヘンダーソンは，感情という用語をきわめて一般的な意味で用いており，またヘンダーソンの解釈によってパレートの用い方と一致するように用いている．それは仮定的な心的状態，あるいはそのような仮定的な状態のある部分ないし，ある局面に関連しているという．感情という用語の例は，次のような言いまわしによって漠然と示される仮定的なものであるとして，具体的に以下の例があげられている．
　「科学的な問題を解きたいという願い，正義が存在するという感覚，ある種の習慣と儀式に価値を認める気持ち，礼拝行動に参加したいという欲求，人格的な保全の感覚，社会に対する忠誠の気持ち，性的コンプレックスなど」(Henderson 1935：63，組織行動研究会訳 1975：16)．
　ヘンダーソンによると，感情はごく一般的な意味で用いられており，心理学的過程に関するものは，何も意味していないとされている．そして，それは願い，感覚，気持，欲求，コンプレックスなどを指して仮定的なものとされている．ここでは，感情は事実とは見なされず，人間の行為と表現が事実とされている．そして，ある場合にはこのような行為と表現が便宜的に感情の表現（＝感情の表出）とみなされている．
　感情は現実的なものとも非現実的なものともみなされず，この点に関して近代力学において諸力が考察されるように，感情が考察される．したがって想定された感情の存在は，経験によって証明もされないし，反証もされない．しかし，仮説の助けを借りて諸事実のなかにある一定不変性が発見される．そして，この場合には，その仮説はさらに利用するために保持される．一定不変性が発見されない場合，仮説は放棄される（Henderson 1935：63，組織行動研究会 1975：16）とヘンダーソンは感情を定義している．
　「感情という言葉をこのように仮定的な心的状態と定義する目的は，一方における観察と他方における解釈とを分離し，区分することにある」とヘンダーソンは言う．
　人間の行為や表現を通した諸事実のなかに，普遍的なものと普遍的ではないものがある．マキアヴェリが政治と倫理の問題を切り離して『君主論』を書き，パレートが行為と表現のなかに普遍的なものを見出そうとして『一般社会学概論』を書いている．ヘンダーソンはそれらを踏まえて，感情という言葉を

定義している．

　マキアヴェリについて，「マキアヴェリの悪評の主な源泉は，おそらく彼の著作の重要な性格である」とヘンダーソンは述べ，マキアヴェリの政治に関する著作の主要な科学的特徴に以下の点をあげている．

　　［1］人間の感情と利害と行為の相互関係についての研究であること．
　　［2］諸事実からの帰納を定式化しようとするものであること．
　　［3］(a) ある行為からは，たぶんある結果がもたらされるであろう．
　　　　(b) ある目的を達成するためには，ある行為がおそらく有効であろう，といったような法則を演繹しようとするものであること．

　そして，マキアヴェリは自らの結論が実際の政治家の要請にとって不適当であるということを，おそらく知っていたと思うと，ヘンダーソンは述べている（Henderson 1935：67，組織行動研究会訳，1975：19-21）．

　ヘンダーソンは，「マキアヴェリが『君主論』（1532）を執筆して以来，ヴィルフレド・パレートが『一般社会学概論』（1916）を著わすまで，人間問題に対する感情の影響について科学的に説明したり，論理的に分析するには，ほとんど進歩が見られなかった」と述べている（Henderson 1935：7，組織行動研究会訳 1975：22）．

　マキアヴェリの『君主論』以来，約400年間，感情を科学的に捉えたり，分析した書物は見られなかった点をヘンダーソンはあげているが，この点についてはパレートも自らそう述べている．

　ヘンダーソンは，パレートが『一般社会学概論』のなかに出てくる社会システムのなかで，感情ほど重要な要素は他にない，ということを示している点を強調している．そして感情を考察することは，我々は感情そのものではなく，感情の表現（＝感情の表出）だけを観察するので困難がつきまとうと，彼は言う．

　ヘンダーソンは，感情の特徴について次の点をあげている．
「第一に，社会システムにおける感情の存在は，力学システムにおける力の存在と同じように，1つの仮定であり，考えであり，1つの約束事なのである．第二に感情は明らかに現れないことが多い．感情は一般に言葉や非論理的な理由づけによっておおいかくされており，感情の表出は単独ではなく，全体とし

て起こる．第三に，我々自身のもつ感情が，他の人たちの感情の表出に関する偏見のない分析を妨げる．第四に，感情ほどやっかいなものはない．なぜなら，感情は事実上我々すべてに，人間行動における非合理的なものを，合理的なものと誤解させてしまうからである．パレートが様々な感情の表出の分類学的研究を初めて行なった人であるということの多くの理由のなかで，このことがおそらく最も重要なことであろう」(Henderson 1935：20-21, 組織行動研究会訳 1975：59-60).

　第一について，ヘンダーソンは社会を構成している個人という人間の感情を1つの仮定であるとしているが，仮定というより事実なのではないだろうか．人の行為を理性（知）によってではなく，感情あるいは感情の過程によってなされる心のなかの思いによって，私たちは行為している．それゆえ，行為と心はつながっていると考えられる．第二について，心は知識，感情，意志の総体であり，感情あるいは感情の過程も総合的なものと考えられる．第三について，我々のもつ感情あるいは感情の過程は一人一人異なるので，他の人たちの感情の表現に関する分析への理解の邪魔をすることもあるであろう．第四について，感情あるいは感情の過程は人間行動において非合理的なものを合理的なものと誤解させてしまうゆえに，感情ほどやっかいなものはない，とヘンダーソンは述べているが，このことは真実であろう．そして，パレートが，様々な感情の表現の研究を行ない，分類した初めての人であるということの多くの理由のなかで，このことがおそらく最も重要なことであろう，とヘンダーソンは指摘している．

　このような研究は精神分析者たちによってなされてきているとして，注記においてフロイトの例をあげている．フロイトによる心の分析は，精神分析学の立場からなされているが，パレートによる感情の表現の分析は，個人と社会（集合体）という視点で行なわれており，パレート以前にそのような分析を行なった人は誰もいなかった．

　それゆえ，ヘンダーソンはパレートの『一般社会学概論』を天才の書であると絶賛している (Henderson 1935：59, 組織行動研究会訳 1975：110).

(3) 残基と派生について

ヘンダーソンは,「パレートが行為を論理的行為と非論理的行為に分け,予想される直接的な結果が客観的にも主観的にも同一であるような行為を論理的行為であると定義し,その他のすべての行為は非論理的なものであるとしたこと」を述べている.そしてヘンダーソンは,「パレートにおいて論理的行為は,利害に対する関係においてのみ語られているにすぎないとし,非論理的行為は利害関係以外のものも含むこと」を指摘している (Henderson 1935:98, 組織行動研究会訳 1975:70-71).

ヘンダーソンは,パレートが『一般社会学概論』第二章において,非論理的行為の存在とその重要性を十分に論証しているとしている.そしてパレートが非論理的行為を生じさせる感情から残基と派生を導き,それぞれ分類している点を,ヘンダーソンは今まで誰もそのようなことを行なった人はいないとして,驚異をもって賞賛している.ヘンダーソンは次のように記している.

「残基とは感情の表出をいい,派生(体)とは非論理的な論議,説明,主張,権威への訴求,諸観念ないし諸感情の言葉での結合体である.残基と派生(体)は,人間の言葉で表現されたものと,それに伴う行為のなかに見出される.残基と派生(体)は,具体的な現象から分析と抽象によって得られる」(Henderson 1935:22, 組織行動研究会訳 1975:61).

パレートによれば,「残基」とは感情や本能の表現であり,感情や本能そのものではないとされている (Pareto 1920 §360, 姫岡・板倉訳 1996:114).パレートは歴史的事実,ギリシャ神話,説話にみられる人間の行為には,理性外的,非論理的な感情,本能が普遍的に表れているとして,歴史,神話などから例を引用し記述している.この場合の本能というのは社会的環境のなかでのみ出現するもので,個体の状態においても見られる食欲等の本能は含まず,社会的本能というべきものをさしている.これらの人間行為に見られる感情や本能の表現が「残基」とよばれるものである (松本他編 2004:113).それゆえ,残基のなかで用いられている本能というのは,第一次的欲求を満たす生物学的本能というより,社会的欲求を満たす社会的本能を示していると考えることができる.

派生についてヘンダーソンは,残基として表れる感情から引き出されたもの

としている.パレートによれば,「派生は,論理的推理や詭弁や派生するために用いられた感情の表現を包括し,それは人間の推理の欲求の表現である」と記されている (Pareto 1920 §528.姫岡・板倉訳 1996：152).

ヘンダーソンは,派生よりも残基の重要性を強調しているが,これはパレートと同じである.またヘンダーソンは,「残基の変化は緩慢であるが,派生(体)は急速に変化する」と述べている点もパレートと同様である (Henderson 1935：23-24,組織行動研究会訳 1975：62,Pareto 1920 §2410,北川他訳 1987：235-236).そしてヘンダーソンは,例として次のことをあげている.

「順応の本能は残基としてひろく表れている感情である.これは比較的不変的なものである.流行を追うことに関する無限に多様な行為と,それに付随し,この残基と(上品さ,美,尊厳さ,共同社会への参加などといった)その他の残基にかかわっている,同じように多様な説明は急速に変化する.このような説明が派生(体)である」(Henderson 1935：24,組織行動研究会訳 1975：62).

次いでヘンダーソンは,派生が一般にそして第一次的には,残基によって決定されるものであると主張している.ヘンダーソンは,また次のように記述している.

「人々の行為はまた,残基によって決定されることが多い.それゆえ,残基を提示することは,食べること,飲むこと,あるいは呼吸することと同じように,人間有機体の主要な一機能として認識されるかもしれない.したがって,残基の役割,あるいは理論的にいえば,それらの残基が明らかにする感情の役割は,少なくとも人々の論理的活動の役割と同じ重要性をもつということに注目しなければならない.事実,人々の行為において,最も崇高なものであり,最良のものであり,また最悪のものであるとみなされるほとんどすべての行為は,残基によるものである(すなわち,これが残基の一機能である)」(Henderson 1935：24-25,組織行動研究会訳 1975：63).

ここにおいてヘンダーソンは残基について,感情,心に関する本能をみていたと理解することができる.

ヘンダーソンは,パレートが行なったこととして,「複雑な諸現象の体系的な取り扱いに対して明確な識別と的確な論述を取り入れたこと,丹念につくり

上げられた論理的ならびに擬似論理的な推敲のいずれからも残基を分離したこと，残基が社会システムのなかで第一義的な重要性をもつということ，とりわけ残基の重要性は，それが論理から独立しているからといって決して減少するのではなく，むしろ増大するものであるということを論証したことである」という点をあげている．(Henderson 1935：25，組織行動研究会訳 1975：63).
パレートが行為をする個人の感情に焦点をあて，論理的な推敲から分離して非論理的な推敲より残基を取り出したこと，残基は論理から独立していることによって，その重要性を減じているのではなく，むしろ増していることを証明したことを，ヘンダーソンは強調している．

さらにヘンダーソンは，残基は通常，歴史的に連続している事柄において派生に先立っているとして，例をあげて次のように記述している．

「宗教の残基は，多くの場合，神学の派生（体）に先立っている．つまり，正義，人格的保全，共同体の繁栄などの残基は，これら抽象概念の構成，あるいは法律や法的概念，法的仮構の成文化にしばしば先立っており，同様に，合理化された戒律，行動準則，あるいは普通法のなかに最初はしばしば現われてくる慣習法は，後になって制定法に成文化されたのである．家庭や共同体に対する責任に関する残基，また正義，道徳性，親切や公明正大な態度の残基は，これらの抽象概念や倫理の体系的な派生（体）に先立っている．すなわち，これらの残基の多くは，実は，すべての言語概念を欠いているように思われる非常に種類の異なる動物の行為のなかに現れるのである」(Henderson 1935：25-26，組織行動研究会訳 1975：63-64).

残基は，感情や本能の表現であるとされているが，パレートは残基を導き出す際に，動物と人間を区別している．動物の場合，観察できる「行動」は，「心の状態」に直接結びついているとし，人間の場合には，この「心の状態」が「行動」として表現されるだけでなく，「感情の表現」によっても表現されるとして，感情の表現に言語的表現を含んでいる（Pareto 1920 §73，姫岡・板倉訳 1996：24).

残基と派生を取り出すには，まず非論理的行為から「行動」を取り除き，「感情の表現」の言語的表象（派生体）を分離する．次にこの言語的表象から論理－実証的基準と一致するものを取り除いて，最後に残った要素を不変的な

要素(残基)と可変的な要素(派生)に分離する(Pareto 1916 §798). つまり, 言語による表現から論理-実証的基準に一致するものを濾過して残基と派生が導かれている. 動物と人間の違いに, 言語の使用, 不使用がある. ヘンダーソンが残基の多くを, 実は動物の行為のなかに現れるとしているのは, 生理学者らしい見方であると思うが, 残基の導かれた過程をみると, パレートのいう残基の理解について, ヘンダーソンにはあいまいな点もあると思われる.

ヘンダーソンは,「行為の〈原因〉に残基をあげることは第一の接近として正しいとし, 行為に関して第二の接近に, 残基と派生(体)との相互依存性が観察されること」をあげている. 彼は,「残基を知り, それらが示す感情を利用することは最も偉大な将軍や支配者の幾人かが用いた術策の大きな部分を占めている」として,「例にシーザー(Caesar), ナポレオン, オーガスタス(Augustus), エリザベス」をあげている(Henderson 1935:28-29, 組織行動研究会訳 1975:65-66). そしてヘンダーソンは, パレート研究の基礎に, 残基と派生(体)の識別や特徴づけをあげるとともに, 残基の重要性を強調している. またヘンダーソンは,「論理的な原理, 方法, 観点は, システムが現れるいかなる科学においても, あらゆるシステムの取り扱いにとっておおむね共通するものであり, これに取って替わるような方法は知られていない」と述べている(Henderson 1935:96, 組織行動研究会訳 1975:68). 彼はパレートが『一般社会学概論』全体を通して, 科学的な方法について多くのことを語っているとして, 社会を社会システムとして相互依存の状態にあるとする捉え方について有益であると述べている. パレートにおいては, 力学システム, 経済システムの考え方を長い間用いてきており, そのような考え方が習慣になっていたと推察して, 社会についてもシステム的に考えることは必然であったと, ヘンダーソンはみている. さらにパレートが力学システムや経済システムを分析する際に, すぐれた技能をもっていた点も, ヘンダーソンは指摘している.

「パレートが『一般社会学概論』第二章において, 社会システムにおける非論理的行為の存在と重要性を十分に論証している, また残基と派生体を確立している」ことを, ヘンダーソンは述べているが, 他方では「『一般社会学概論』には明らかな矛盾の例が少なからずあるとして, このことはパレートが実際にはよく知っていた」と記している(Henderson 1935:100-101, 組織行動研究

会訳1975：73).

　「そうは言っても，パレートの重要な成果は，事実に取り組もうとする人たちにとって，それが役に立つということである．科学的な様式に従ったこの種の研究は，後の研究者にとって遂行されることができ，その結果として，その欠陥が次第に明らかにされ，その誤りが修正され，その結論がいっそう完全なものとされる」(Henderson 1935：103, 組織行動研究会訳1975：75) と記して，ヘンダーソンはパレートの試みが成功に導かれることを予見している．

　科学の最も一般的な特徴の1つに，「科学は抽象と分析によって前進するということ，そして抽象と分析は総合を伴うということ」を，ヘンダーソンはあげている．さらに「すべての科学において，抽象的な分析と総合は同じように，諸部分の相互依存と相互作用によって，大いに複雑なものとなる」として，社会学もその例外ではないことを，ヘンダーソンは主張している (Henderson 1935：105, 組織行動研究会訳1975：77).

(4) 残基と派生の分類
[1] 残基の分類

　パレートは残基について感情や本能の表現である，しかし感情や本能そのものではないと述べて，残基を次のように分類している (Pareto 1920 §360. 姫岡・板倉訳1996：115–117).

　　残基の分類
　　第一綱　結合の本能 (§366–389)

　　　I-α　結合一般 (§369–370)
　　　I-β　類似物または反対物の結合 (§371–379)
　　　　I-β1　類似一般または反対一般 (§374)
　　　　I-β2　稀なる事物，例外的な事件 (§375–376)
　　　　I-β3　恐ろしい事物と事件 (§377)
　　　　I-β4　善事と結びついた幸福状態
　　　　　　　悪事と結びついた幸福状態 (§378)

Ⅰ-β5　同様な性質の成果，稀には反対の性質の成果を生ずる
　　　同化された事物（§379）
Ⅰ-γ　ある事物，行為の神秘的な作用（§384）
　Ⅰ-γ1　神秘的作用一般（§382）
　Ⅰ-γ2　事物と名称との神秘的な連結（§383）
Ⅰ-δ　残基結合の欲求（§384）
Ⅰ-ε　論理的発展の欲求（§385）
Ⅰ-ζ　結合の効力の信念（§386-389）

第二綱　集合体の持続（§390-418）

Ⅱ-α　ある人と，他の人々及び場所との関係の持続（§398-406）
　Ⅱ-α1　家庭及び血縁集団の関係（§399-404）
　Ⅱ-α2　場所との関係（§405）
　Ⅱ-α3　社会階級の関係（§406）
Ⅱ-β　生者と死者との関係の持続（§407-409）
Ⅱ-γ　使者とその生存中所有せる事物との関係の持続（§410）
Ⅱ-δ　抽象観念の持続（§411-413）
Ⅱ-ε　斉一性の持続（§414）
Ⅱ-ζ　客観的実在に転化された感情（§415）
Ⅱ-η　擬人化（§416）
Ⅱ-θ　新しい抽象観念の欲求（§417-418）

第三綱　外部的行為により感情を表現せんとする欲求（§419-424）

Ⅲ-α　結合のうちに自己を表現している何物かを為さんとする欲求
　　　（§421-422）
Ⅲ-β　宗教的昂揚（§423-424）

第四綱　社会性に関連せる残基（§425-460）

Ⅳ-α　特殊的社会（§426）
Ⅳ-β　斉一性の欲求（§427-435）
　Ⅳ-β1　自己自身に作用することによって得られる斉一性（§428-430）
　Ⅳ-β2　他人に強課された斉一性（§431-433）
　Ⅳ-β3　新物恐怖（§434-435）
Ⅳ-γ　憐憫と残忍（§436-440）
　Ⅳ-γ1　他人にまで拡げられた自己憐憫（§438）
　Ⅳ-γ2　苦難に対する本能的嫌忌（§439）
　Ⅳ-γ3　無益な苦難に対する合理的嫌忌（§440）
Ⅳ-δ　他人の幸福のための自己犠牲（§441-446）
　Ⅳ-δ1　生命を賭けること（§443）
　Ⅳ-δ2　自己の財を他人に分けること（§444-446）
Ⅳ-ε　階層制の感情（§447-454）
　Ⅳ-ε1　優位者の感情（§449）
　Ⅳ-ε2　劣位者の感情（§450-451）
　Ⅳ-ε3　社会集団の是認を得んとする欲求（§452-454）
Ⅳ-ζ　禁欲主義（§455-460）

第五綱　個人とその所得物の保全（§461-497）

Ⅴ-α　社会均衡の変更に反対する感情（§462-466）
Ⅴ-β　劣位者における平等の感情（§467-470）
Ⅴ-γ　保全が傷つけられた人々に関係する行為による保全の回復（§471-490）
　Ⅴ-γ1　現実的主体（§486-487）
　Ⅴ-γ2　想像的または抽象的主体（§488-490）
Ⅴ-δ　保全の侵害者に関係する行為による保全の回復（§491-497）
　Ⅴ-δ1　現実的侵害者（§492-497）

Ⅴ-δ2　想像的または抽象的侵害者（§496-497）

　　第六綱　性的残基（§498-525）

　ヘンダーソンは，パレートが前記の分類について不十分なものであるということを知っていたという．
　パレートの『一般社会学概論』において，残基の各項目は詳しく分析され記述されている．パレートが人間の感情の利害得失，善意や悪意など様々なヴェールを剥ぎとり，残基を分類し説明している点は，まったく独創的である．それは価値観という価値判断の総体を取り除いて，力学的に行なわれている．
[2] 派生の分類
　パレートによると「派生は，論理的推理や詭弁や派生するために用いられた感情の表現を包括し，それは人間の推理の欲求の表現である．派生は2つの極限，すなわち純粋に本能的な行為と厳密に論理的実験的な科学においては存在せず，その中間の場合に現れる」（Pareto 1920 §528. 姫岡・板倉訳 1996：152）と記述され，次のように分類されている．

　　派生の分類
　　第一綱　断言（§537-548）

　Ⅰ-α　実験的事実または想像的事実（§538-542）
　Ⅰ-β　感情（§543-547）
　Ⅰ-γ　事実と感情の混合（§548）

　　第二綱　権威（§549-562）

　Ⅱ-α　一人または数人の権威（§550-551）
　Ⅱ-β　伝統・慣習・習俗の権威（§552-557）
　Ⅱ-γ　神的存在または擬人の権威（§558-562）

第三綱　感情もしくは原理との合致（§563-596）

　　Ⅲ-α　感情（§564-569）
　　Ⅲ-β　個人的利益（§570-580）
　　Ⅲ-γ　集団的利益（§581-582）
　　Ⅲ-δ　法的実体（§583）
　　Ⅲ-ε　形而上学的実体（§584-589）
　　Ⅲ-ζ　超自然的実体（§590-596）

　　第四綱　言葉の上の説明（§597-631）

　　Ⅳ-α　現実の事物を説明するための漠然たる名辞，及び名辞に対応する茫漠たる事実（§603-605）
　　Ⅳ-β　事物を指示し，付帯的感情を喚起する名辞，または名辞の選択を決定する付帯的感情（§606-607）
　　Ⅳ-γ　種々の意味を有する名辞と単一の名辞によって指示される種々の事物（§608-620）
　　Ⅳ-δ　隠喩・寓意・類推（§621-630）
　　Ⅳ-ε　何ら具体的なものに対応せぬ疑わしい漠然とした名辞（§631）

[3] 残基と派生に関する考察

　ヘンダーソンによれば，「パレートは残基を普通の程度に，派生（体）を非常に満足のできる程度に分類している」という（Henderson 1975：32，組織行動研究会訳 1975：78）．

　残基は大きく6つの種類に分類され，さらに細分化されている．ヘンダーソンは，パレートと同じように，「第一綱の結合の本能と第二綱の集合体の持続性の二種類の残基がすべての残基の働きをなしている」とみて，「第三綱から第六綱の四種類の残基は，現実を有効に分類するための標号を提供するが，その他の目的にはほとんど役に立たない」と述べている（Henderson 1935：33，組織行動研究会訳 1975：79）．

第一綱の本能について，パレートは「人が'何らかのことを為そう'とすると，ある事柄をある行為に結びつけようとする」(Pareto 1920 §353, 姫岡・板倉訳 1996：112) とその特徴を記している．そしてヘンダーソンは，残基について「パレートがこのような分類が適切なものではないということを知っていた」と述べ，「しかし分類がまったくないのに比べれば，分類があることは，はかり知れない利益がある」と主張している (Henderson 1935：34, 組織行動研究会訳 1975：80).

　派生の分類と説明について，パレートの研究全体のなかで最も完成された部分であると，ヘンダーソンはみている．「派生（体）に関して，その主要な考え方のいくつかはフランシス・ベーコン (Francis Bacon, 1561～1626) の『イドラ』(Idols, 偶像) その他の研究から生まれてきているが，しかし，このすばらしい研究の確固たる中身は，パレート自身のものである」として (Henderson 1935：34, 組織行動研究会訳 1975：80)，ヘンダーソンは派生の分類に譛辞を惜しんでいない．

　またヘンダーソンは，「システムとよぶ概念的枠組と分類とよぶ概念的枠組は，我々の経験を秩序づけ，表示する際の手助けとして，等しく欠くことのできないものである」(Henderson 1935：109, 組織行動研究会訳 1975：90) と述べて，システムと分類の重要性を説いている．そして「変数を利用するためには定義が必要であり，事実が複雑である場合には，定義のために分類が必要である」とヘンダーソンは述べている (Henderson 1935：109, 組織行動研究会訳 1975：90).

　パレートは『一般社会学概論』の前半において，社会をシステム的に考察し，ソクラテス，プラトン，アリストテレスといった学説史上や歴史にみられる非論理的行為から感情を取り出して力学的に分析していく．感情を残基と派生に分析し，それぞれを分類して特質を描いていく．後半においては，ギリシャ，ローマ，フランス，ドイツ等の歴史において残基と派生という視点から社会均衡を考察している．

　またヘンダーソンは「パレートの研究のなかで，最も価値ある成果の1つは，最も精密な科学の場合を除いて，人々の著作には派生（体）がほとんど例外なく不変的に存在していることを論証したことであった」(Henderson

1935：43，組織行動研究会訳1975：92）と述べている．派生は大きく断言[5]，権威，感情もしくは原理との合致，言葉の上の説明に分類されているが，ヘンダーソンによると「言葉による証明という第四の種類の派生（体）が『一般社会学概論』の第十章の全部を占めている」という．「この第四の種類の派生（体）は，ベーコンの『市場のイドラ』（Idols of the Market Place）を包含している」という（Henderson 1935：37，組織行動研究会訳1975：82）．

またヘンダーソンは「派生（体）に関するパレートの研究においては，会話，弁論，論争などほとんどすべての発言は派生（体）に満ち満ちており，そして最も正確な科学的著作と具体的で感覚的な経験に関する精彩を欠いた言説とを除いたほとんどすべての書きものも，派生（体）に満ち満ちている」（Henderson 1935：39，組織行動研究会訳1975：84）と記している．

私たちの生活は，パレートの言う非論理的行為，つまり理性よりも感情によって支配されることが多いと思われる．ヘンダーソンがいうように，論理的行為と非論理的行為は完全に異なった2つの種類に分けることはできないのかもしれない．ヘンダーソンはその理由に，「すべての行為は複合的であり，それらの特性は連続的に変化するからである」（Henderson 1935：101-102，組織行動研究会訳1975：74）をあげている．行為は本能の表現といわれる残基をオブラートで包み，現実には派生といわれる断言や権威や感情との調和，言葉による証明で表れているのかもしれない．特に表に現れる形としては，言葉に表される形が多いのであろうと思われる．ヘンダーソンは，また，次のように記している．

「ブルジョアジーやファシズムについてのカール・マルクス（Karl Marx）の見解と同様に，それらに関するパレートの見解について一般に説明されていることは，派生（体）以外の何ものでもない．ムッソリーニ（Mussolini）氏が彼の社会主義を放棄した理由を，パレートの教えに帰していることは事実であり，そしてパレートの研究が，より熱狂的なファシストたちによって必ずしも理解されているとは限らないが，パレートの研究がイタリアとドイツにおいては高く評価されているといわれている．しかし，彼の著作はイタリアやドイツに劣らず，フランス，イギリス，アメリカ，ロシアにも適用が可能であり，パレート自身は他のすべての政体よりも，スイスの小さないくつかの州の政体

を好んだのである」(Henderson 1935 : 45, 組織行動研究会訳 1975 : 94).

　ヘンダーソンは，ファシズム（fascism, 集団主義）に関するパレートの意見について言われていることは派生である，とみている．またパレートのいう連帯（solidarity）[6] は，個々人のつながりが集合体になったときに，考え方が1つあるいは同様であるような集合体をイメージしていると当時のイタリアの政治家ムッソリーニには受けとめられていると思われる．このことがパレートとファシズムがつながっているように見える要因と考えられる．パレート自身，当時のイタリアの政治に参加しており，ファシストであると誤解を受けている面もある[7]．

第3節　結び

　これまでヘンダーソンを通して，パレートのいう社会システム，残基，派生について理解を深めてきた．本節ではパーソンズがパレートをどのように吸収していったのかを述べて，結びにしたい．

[1] 社会システムについて

　ヘンダーソンは，それまで曖昧に捉えられがちであった社会をパレートが社会システムとして捉えている点をパレート社会学の大きな特徴の1つにあげている．パーソンズはそれを受けて，1951年に出した著書に『社会システム』という名前をつけている．パーソンズは社会の各領域は相互に関係しあっているとして，社会システムを経済（a），政治（g），社会的共同体（i），信託システム（l）に四分割している．さらに，この社会システムは行動システム（a），パーソナリティ・システム（g），社会システム（i），文化システム（l）の四分割からなる一般行為システムにおいて見られるように，i 体系に位置づけられている．それまで漠然と捉えていた社会の概念を体系だてて捉えることには，パレートの考え方がもとになっているといえる．

[2] 残基について

　パーソンズは『社会的行為の構造』のパレートの箇所で，ケイパビリティ（capability, 潜在能力）のことに触れている．パレートは残基を感情や本能の表現であるが，感情や本能そのものではないとして，大きくは第一綱　結合の

本能，第二綱 集合体の維持，第三綱 外部的行為により感情を表現せんとする欲求，第四綱 社会性に関連せる残基，第五綱 個人とその所得物の保全，第六綱 性的残基の6つに分類している．ヘンダーソンが派生よりも残基の方を重要視し，残基の変化はゆるやかであるが，派生の変化は速いとした点はパレートと同じである．そして，パーソンズは残基をケイパビリティの一種と捉えている．

ヘンダーソンが例としてあげている順応の本能の残基に，流行を追うことに関する無限に多様な残基と，上品さ，美，尊厳さ，共同社会への参加などといったその他の残基とを述べている箇所について言及したい．

アマルティア・センのいう人間の機能（human functionings）の説明に，ヘンダーソンの残基の例にあげたこの箇所と非常によく似た記述がある．センは基本的な人間の機能に適度な栄養状態にあること，健康であることなどをあげている．さらに複合的であるが，多くの人が評価する人間の機能に自尊の達成，共同体の生活への参加をあげ，さらに功利主義的な意味での幸福などもあげている（Sen 1990：52，川本 1991：79）．人間の機能の組み合わせの集合を，センはケイパビリティとよんでいるので，残基はケイパビリティの一種と考えられるであろう．なお，ヘンダーソンの『パレートの一般社会学』は1935年に出版され，センの論文「社会的コミットメントとしての個人の自由」は1990年に公表されている．

パレートが最初に提示した残基に関して，ヘンダーソンを媒介にパーソンズとセンはそれぞれに理論を発展させている．

注

1) 姫岡・板倉 1996 の訳書において，sistema sociale は 15 頁では社会系，269 頁では社会体系と訳されているが，本書では社会システムと記すことにする．なお，パレートの著書『一般社会学概論』(1916) はあまりに厖大であるため，手頃な頁数に減縮されたのがファリナによって編集された"per cur di Giulio Farina" *Compendio di sociologia generale*, Firenze, 1920. である．本書では，そこからの引用を Pareto 1920 と記している．日本語の訳書は姫岡勤訳，板倉達文校訂『一般社会学提要』として 1996 年に出版されている．

2) Pareto 1920 §859, 姫岡・板倉訳 1996：270 には次のように記されている．「純粋経済学は個人の満足を規範として選び，個人をば満足の唯一の裁判官として成功している．そのようにして，経済的効用乃至実利 ofelimita* は規定されている．」（*訳注として，実利の特徴は主観的効用と言って

もよかろう，と記されている.）

　さらに Pareto 1920 §860，姫岡・板倉 1996：270 には次のように記されている.

　「効用．だから個人または社会集団が接近すると想定される限界の状態の決定に際し，我々が喜んで従う規範を確定する要がある．この限界の状態におおよそ近似的な種々の状態に対して，この限界に最も近い状態は最も遠い状態よりも大きな指数をもつという風に，種々の指数が与えられた以上，この指数は状態 X の指数であると言おう．…そこで我々は類似によって右に規定した実体 X を効用 utilita と呼ぶ」．

3) derivation について姫岡・板倉の訳書（1996）においては，「派生」と訳されている.「派生体」（derivative）と「派生」（derivation）は厳密にいえば異なるという点については，赤坂 1996：144-145 に詳しい．筆者は検討の結果，derivation を派生と訳すことにする．ヘンダーソンの著書（1935）では derivation と記されており，組織行動研究会の訳書（1975）において derivation は「派生体」と訳されている．それゆえ，本書では組織行動研究会の訳文を引用する場合には，派生（体）と記すことにする．

　ただパレートの著書『一般社会学概論』において，「派生体」が曖昧に用いられている箇所のあることも指摘されており，松嶋 1985 においては「派生（態）」と記されている．また北川隆吉，廣田明，板倉達文訳『社会学大綱』青木書店，1987 年において，derivation は派生体と記されている．

4) derivation, social heterogeneity を組織行動研究会訳では，派生体，社会的不均質性と訳されているが，Pareto 1920 §925．姫岡・板倉訳では，派生，社会的異質性と訳されている．

5) Affairmation の訳であるが，組織行動研究会訳 1975 では，確信と訳されている．

6) デュルケームは連帯（solidarity）について，人と人とのつながり，一人一人のつながりの重要性を主張しているが，必ずしもそれが集合体全体につながっているとは述べていない．この点がパレートとデュルケームの連帯についての考え方の違いであると思われる．

7) 新明正道は，パレートについて，「ファシズムへの傾向とも一致する」要素が存することを否定してはいない．しかし，パレートが「積極的なファシズムのイデオローグではなかった」ことも明らかにしている（「ヴィルフレド・パレート」初出 1939 年，現在『社会学的機能主義』誠信書房，1967：323-335．松嶋 1985：10）．

第19章
パーソンズ理論におけるヘンダーソンの影響
―その2―

第1節 はじめに

本章ではヘンダーソンを通してパレート社会学をより深く多面的に理解し,それがパーソンズによってどのように捉えられているかをみていきたい.項目は社会均衡,効用,デュルケームについてである.

第2節 社会均衡について

パレートによれば,社会均衡については次のように記述されている.
「…動的にせよ,静的にせよ,システムの現実の状態はその諸条件によって決定されている.システムの形態を人為的に変えると仮定しよう.変化する形態を現状に戻す傾向をもった反作用,いっそう正確にいえば現実的変化をもたらしたであろうと思われる状態に戻す傾向をもった反作用が直ちに起こるであろう」(Henderson 1920 §820.姫岡・板倉訳 1996：257).
「社会均衡を決定する主要な要素の1つは,個人における第一網と第二網の残基の割合である.この場合は,3つの観点から考察できる.すなわち(一)異なった国々の住民一般間,或は同一の国の時代を異にした住民一般間の比較(二)社会階級間,とりわけ支配階級と被支配階級の間の比較(三)一国の住民のエリートの周流に関係して(Pareto 1920 §1036.姫岡・板倉訳 1996：330).パレートはギリシャ,ローマなどの歴史の分析を通して前記のことを検証している.
ヘンダーソンは,社会システムの均衡を生理学的な均衡と同様にみている.生理学的な均衡を扱っている例に,クロード・ベルナールの内部環境の恒常性

に関する書物，キャノンのホメオスタシスに関する書物，バークロフト（Barcroft）の書物をあげている[1]（Henderson 1935：47，組織行動研究会訳 1975：95）．

　ヘンダーソンは，物理的，化学的な状況における均衡と人体においてホメオスタシス（恒常性）という形でみられる生理学的な均衡は同じ種類に属するとみており，さらにこれらと社会システムにおける均衡は論理的には同一であると捉えている．パレートによる社会システムの均衡の定義は，物理学，力学的な考え方を社会現象に適用したものとみることができるが，ヘンダーソンはこれに生理学的な見方を加えている．

　パーソンズもヘンダーソンと同じく，社会システムの均衡と生理学上の均衡を関連づけて考察している．そして彼は，社会の安定に社会均衡の重要性を主張している．

第3節　効用について

　最初にパレートの効用を見てみると，次のように区分けされている（Pareto §2115，北川・廣田・板倉訳 1987：27）．
　　（a）個人の効用
　　　　（a-1）直接的効用
　　　　（a-2）個人が集団の一員であることによって得られる間接的効用
　　　　（a-3）他の個人の効用と関連した個人の効用
　　（b）集団の効用
　　　　（b-1）他の集団から切り離されて考えられた，この集団の直接的効用
　　　　（b-2）他の集団の影響によって得られる間接的効用
　　　　（b-3）他の集団の効用と関連した所与の一集団の効用

　つまり，パレートは効用を個人の効用と集団の効用に分け，前者を1．直接的効用，2．間接的効用，3．一個人の効用，後者を1．直接的効用，2．間接的効用，3．集団（集合体）の効用に分けている．そして個人の場合，前記（§2115）で示された三種類の効用を計算すれば，個人が享有する全体的効用が得られると述べている．（Pareto §2115，北川・廣田・板倉訳 1987：29）

　もし我々が，これらの効用の指数をもちえたならば，それらを加算すること

によって，個人あるいは集団の全体的効用を得ることができよう．（Pareto §2120）またパレートは次のように述べている．

「もし我々が効用に関する指数を見出すなら，個人は部分的効用の指数，全体的効用の指数を手に入れることができる．そして所与の状況において，個人が享有する効用を評価することができる」．

先に，質的な形で提出された問題（§1867，§1897以下，諸理想と社会的事実との関係）は，すべて量的な問題になり，極大値の問題に帰着する（Pareto §2122）．

つまり，個人の効用は同質的なものではなく，異質的なものである．それゆえ，個人の効用の全体的な量，総和を出したいと思うならば，同質的な量に基づく手段をうみ出すことが必要になってくる．パレートはこのように述べている．

個人の効用（満足，幸福）は，何を基準とするかで異なってくる．パレートは科学から倫理をひき離すという考えのもとで，人間の存在の問題について，それ以上は言及していない．それゆえ，異質的な量を同質的な量に変換する手段を見出してはいない．パレートは，また集合体に関する効用について，集合体の効用（utility of a collectivity）と集合体にとっての効用（utility for a collectivity）とを区別している．パレートは次のように記している．

「理論経済学においては，一集団（一集合体）を一人物とみなすことは不可能である．しかし，社会学においては，一集団をたとえ一人物としてではなくても，少なくとも一統一体とみなすことが可能である．一集団のオフェリミテ[2]なるものは存在しない．厳密に言えば，一集団についてはその効用を考えることができるだけである．それゆえ，理論経済学においては，一集団にとってのオフェリミテの極大値—これは存在しない—と混同する恐れはない．しかし，社会学においては，一集団にとっての効用の極大値をその集団の効用の極大値と混同しないように注意することが必要である．というのは，両者ともに存在するものだからである」（Pareto 1916 §2133, 北川・廣田・板倉訳 1987：35）．

パレートは，効用のうちでも，経済的な効用，経済的満足をオフェリミテと称して一般的な効用と区別している．集合体の解釈には，一人一人からなる集

合体，統一体としての集合体があるとして，効用についても前者を集合体にとっての効用，後者を集合体の効用と区別している．経済学の場合，集合体にとってのオフェリミテは存在するが，集合体のオフェリミテは存在しない．社会学の場合，集合体にとっての効用と集合体の効用の両方が存在するので，注意が肝要である，とパレートは述べている．集団の効用の極大値を求めるか，集団にとっての効用の極大値を求めるのか，これらを選択する基準は感情だけである（§2135），とパレートは述べて，感情の分析へと進む．その結果出てきたのが，残基と派生（体）である．

またパレートは，集合体の効用を考える場合，ある政党という1つの例をあげている．この場合，具体的には19世紀イタリアにあった社会主義政党を念頭において考察を進めている．

パレートは，効用をもたらす感情を分析して残基と派生（体）を導いているが，残基や派生（体）を，歴史をふまえて物理的・力学的に考察を試みている．そして，次のように記している．

「効用の問題は量的な問題であって，人々がふつう信じているような質的な問題ではない」（Pareto 1916, §2155，北川・廣田・板倉訳 1987：56）．

パレートは効用の問題について，質的な問題を量的な問題に置きかえることができると信じていたと思われる．しかし，人々の効用は異質である．異質な効用を同質な効用にどう置きかえるか，パレートはそれ以上その事を進めなかった．なぜなら，彼は物理学的・力学的思考を基にしているので，人間の存在の問題をつきつめて考えることはしなかったからであると思われる．パレートの残基と派生（体）についての特質は，歴史や神話をひもといて『一般社会学概論』の後半において記述されている．

前記のパレートの効用についての考えをふまえて，ヘンダーソンは社会学の視点からパレートの考えた集合体の効用に焦点をあてている．

ヘンダーソンによれば，パレートは四半世紀前にヨーロッパの社会主義政党がそこに存在した集合体の効用に対するそれらの政党の関係を分析しているという．そして，パレートが次のような結論に到達しているという．すなわち，ある政党の党員として，党員の地位に関する規律（discipline）が，それらの政党の多くの労働者階級の党員の自尊心（self-respect）と自制心（self-control)（これは個人の保全という第五番目の種類の残基である）を大いに増進させたというのである．そしてパレートは，このことがある集合体の福祉（welfare）にとって非常に好ましい．すなわち，ある集合体にとって〈存在価値〉（survival value）をもつと信じているという．

　他方パレートは，社会主義政党における党員資格が与える影響，ならびに中産階級の党員に対する影響と同じ作用を低く評価しているという．彼は，この相違の原因を，それら2つの場合に関係のある異なった残基に帰しているという（Henderson 1935：50，組織行動研究会訳 1975：98）．

　集合体の福祉という目的に関するパレートの分析は，彼の概念的枠組を用いたよい例であるとヘンダーソンは述べて，パレートの主張を認めている．それ以上は言及していない．

　またヘンダーソンは，パレートが具体的な社会システムにおいて，宗教と道徳が果たす役割について，一定の明確な結論に到達していることを指摘している．ヘンダーソンは次のように記述している．

　「パレートは宗教一般の効用の問題を検討している．…パレートは，一般大衆の大多数が「これらの戒律を容認し，遵守し，尊敬し，そして自発的に敬愛」すべきであるということは，社会にとって有益であると結論づける．ところで，これらの戒律のなかでは，道徳の戒律と宗教のそれとが第一の順位を占める．しかし，結局のところ，最も重要な点はこれらの派生体ではなく，集合体の持続性の残基，社交性の残基，保全の残基なのである．道徳や宗教と関連づけられているこの種の残基はいわば社会結合上のモルタルの本質をなすのであり，したがって道徳と宗教とが，社会の本質にとって本質的なものと考えられるのである．一般に，これらの効力が弱まると，社会が衰退するということが観察される．しかし，パレートの見解では，この重要性は決して特定の道徳体系あるいは特定の宗教に帰せられるべきではない」（Henderson 1935：55，組織行動研究会訳 1975：101）．

　パレートは，宗教や道徳の規範の遵守と幸福の達成との関係という項目で，宗教や道徳について検討している（Pareto 1920 §728，姫岡・板倉 1996：222）．これは個人または社会集団が，宗教や道徳の規範に従うことによって，自己の幸福を実現したかどうかを，人々はいつの時代も考究したとして，パレ

ートが検討していることである．このことは，ある社会の一部の成員は，一定の理想を目標として行動するものであると仮定し，このようにして為された行為の性質と結果，および行為と色々の効用との関係を考察した延長上に，パレートは考察している．

パレートは常に，個人の効用と集団の効用の関係を考えている．そして，理想あるいは目的をTとして，Tを絶対的な性質をもったT，実在的なものとして実現された想像上のTに分け，社会はこうした目的がなければ，存続しえないと予言できる，と彼は主張している（Pareto 1920 §713, 姫岡・板倉訳 1996：217, Pareto 1920 §886）．

パーソンズも社会を1つの統一体とみたとき，社会に目的があるとしている．それは，「地上における神の国の建設」と表現されている．また一般行為システムの場合，Lにテリック・システム（目的システム）を置いている．

パレートは効用に関して，次のようにも述べている．

「人間が事実をその真の観点から観ることは，自己にとっても社会集団にとっても有益であると考えて，人は「真理」と「効用」とを混同する．「真理」ということが，経験との合致という意味であれば，こうした命題は間違っている．もし反対に，著作家のもうろうとした観念との合致の意味に真理が解されるなら，この命題は経験に近づいたり，経験から離れたりしうる」（§671以下）．

「真理」以外の他の理想が効用と混同されることがある．そのうちでも，「正義」と効用とが混同されることが，はなはだ多い．例えば真なるもの，正しいもの，道徳的なもの等だけが有用であると主張される（Pareto 1920 §712, 姫岡訳，板倉枝訂 1996：222）．

パレートは，（宗教や道徳の規範の遵守と幸福の達成との関係において：§728.）広汎な問題の理想Tは，単に宗教や道徳の規範の遵守のみを包括するだけではない，Tは一般に信仰または生気ある感情によって勧告され要求されるものであるとして，効用を幸福の特殊の形式とみなしている．

幸福な人間とは，ある原理を遵奉する人のことであるとすれば，この原理を遵奉する者は幸福な人間であるのは明らかである．同じことが，社会集団や国家にもくり返されうる（Pareto 1920 §734, 姫岡・板倉訳 1996：225）．

パレートは事態を分析して記述を進めていくが，効用についても個人の効用から集合体や国家の効用を絶えず考えている．また訓告について，次のように記している．
　「…支配階級以外の多数の者が，彼らの所属する社会に行なわれている訓告を承認し，遵法し愛好することは，社会にとって有益である．こういう訓告のうち，顕著なものとして「道徳」の訓告，「宗教」の訓告，またはいっそう正確にいえば，宗教とふつうよばれる集合体の持続のみならず，他の多くの類似のものを含めた「諸宗教」の訓告がある．道徳と宗教という2つの力が，社会の利益のために大いに有効であり，有力であるのは，こうしたことによる．それは，両者がなければ社会は存続しえず，通例，道徳と宗教との衰微は，社会の凋落と符号するほどである」(Pareto 1920 §741, 姫岡，板倉訳 1996：228)．
　パレートは訓告の顕著な例に，道徳と宗教をあげ，社会の存続にとってこの2つの力はなくてはならないものとしている．また，集合体の持続の残基を宗教と結びつけている．
　パレートはローマ史をふり返りながら，宗教について言及している．
　イタリアがなぜ分割され，どうして征服されてしまったかについて，イタリアでは結合の本能が集合体維持の本能を遙かに凌いでいたからであるという点をパレートはあげている (Pareto 1916 §2531, 北川・廣田・板倉訳 1987：300)．
　マキアヴェリが集合体維持の本能を宗教と述べていることをパレートは指摘し，パレートも集合体維持の本能，すなわち第二種の残基を宗教と捉えている．そして，マキアヴェリの『ローマ史論』を読んで，ローマ史の精神において，宗教がどんなに役立ったかがわかるとして，ローマの偉大さを軍事制度に由来するものより，宗教論議によって由来される感情から由来したものの方が大きいと，パレートは自らの意見を述べている．
　パレートは道徳についても功利道徳，神学的道徳，形而上学的道徳，禁欲的道徳を区別し，個人の功利をもたらす利己的目的について，つまり効用と目的（目的と効用）について言及している (Pareto 1920 §717, 姫岡・板倉訳 1996：218)．

第4節　デュルケームについて

　ヘンダーソンは，デュルケームについてどのように捉えていたのだろうか．
　人間の問題に対する感情の影響についての科学的な説明と論理的な分析において，デュルケームがパレートの先輩であったと多くの人たちに思い出されるであろうとヘンダーソンは記述している．しかし，彼は多くの人たちがそうみることに異議を唱えている．そして，ヘンダーソンはデュルケームが事実とみなすものについて言及している．デュルケームの次のような記述を引用している．
　「…我々は，ここにきわめて特殊な性格を示すある種の事実をもっている．すなわちそれらは個人にとっては外的な行動，思考，知覚の様式からなり，そしてそれらは，ある強制力をもち個人にそれを課するのである」(Durkheim1918：8, Henderson 1935：69-70，組織行動研究会訳 1975：25-26)．
　「…社会学的諸現象の本質的な特徴は，個人の意識に対して外部から圧力を加えるというそれらの力にあるのであり，そのような特質が個人の意識から出てくるのではないということ，したがって社会学は心理学の必然的な結果ではないということでなければならない」(Durkheim 1919：124, Henderson 1935：70，組織行動研究会訳 1975：26)．
　デュルケームが，ある種の事実は個人にとって外在的であり，行動，思考，知覚の様式からなり，ある強制力をもっていると記述していることに対して，ヘンダーソンは意味のない論述であるとしている．なぜなら，ヘンダーソンは思考や知覚を，個人の部分である神経系の活動，あるいはそれと結びついた活動と考えているからである．そして，ヘンダーソンは次のように記述している．
　「個人の活動，思考，知覚は，社会ならびにその諸部分の現在の状態，過去の状態，変化の割合などに依存しているという言葉の方を好む．それらはまた他の要因，例えば年齢，性別，血液中のアルコール濃度，体温，外部の温度，天候，精神的なコンプレックス，特に幼年時代にうけた条件づけなどに依存している」(Henderson 1935：70-71，組織行動研究会訳 1975：26)．

デュルケームは事実あるいは事実の特質は個人の意識から出るのではなく，外部からの力による．それらの力は個人にとって外在的で拘束力があるとしている．いわゆる集合表象の影響を述べている．これに対してヘンダーソンは生理学者らしく個人の意識（思考や知覚）は，個人の神経（系）と結びついて生まれるものであり，それは社会や現在，過去の状態，幼年時代にうけた条件づけなどに依存している，という表象をとっている．

　確かに神経と思考や知覚を生み出す意識（心）は結びついていると思われる．医学的立場からみれば，ヘンダーソンの表現の方が当をえていると思われるが，神経と心が結びつき，心がどう捉えるかによって神経にも影響してくると考えれば，デュルケームの述べていることも間違いとは言い切れないと思われる．しかし，判断して行動していくのは行為主体としての個人というか自分であるから，筆者としてはヘンダーソンの意見に賛成である．

　ヘンダーソンはまた，『自殺論』(1930) を参考に次のように記述している．

　「デュルケームは，統計的な相関関係を発見し，それらの相関性は統計学と確率の論理の逆用によって，独特の解釈をもたなければならないと考えている．デュルケームは因果関係について，ものごとは原因から結果へ進むと信じている．デュルケームは y が x の関数であるがゆえに，x は y の関数たりえないという特別な場合を主張しているのである．これは不合理である」(Henderson 1935：71，組織行動研究会訳 1975：28)．

　ヘンダーソンは前記のように，デュルケームの行なっている説明について科学的な説明ではないし，論理的な分析ではないとして，デュルケームを評価していない．

　パレートはデュルケームについてどう捉えていたのであろうか．

　デュルケームは 1897 年に『自殺論』を出版しているが，パレートは 1898 年「社会科学雑誌」(Zeitschrift fur Sozialwissenschaft) にその書評を 2 ページにわたって載せている．1898 年当時，デュルケームは 40 歳，パレートは 50 歳であった．

　『自殺論』の書評では，この著作の簡単な要約，統計処理の仕方に関する批判，一般的な方法論に対する批判が記されている．統計処理の仕方について，「現代の非常に多くの社会学的著作に見られる特徴」であって，デュルケーム

もまた統計データの偶然的な比較を,あたかも厳密な証明であるかのように示しているとパレートは言う.そしてパレートはデュルケームの統計データの扱い方に関する問題点を指摘している.データの古さ,少なさ,データの一面的把握,制度的要因の無視と平均処理の誤りなど(Zeitschrift fur Sozialwissenschaft, 1, 1898, 佐藤 1990:P. 12).

デュルケームの一般的方法論に対して,パレートは次のように批判している.

「デュルケームは形而上学的抽象観念を現実の現象の原因として示しているように思われる.この抽象観念のもとにはいくつかの現実が隠されている可能性がある.著者はその現実を別の事実で説明しようとしているが,著者こそその現実を引き出して,それがどんな事実なのかを,我々に知らしめるべきである」(Zeitschrift fur Sozialwissenschaft, 1, 1898 §80, 佐藤 1990:12).

佐藤によれば,前記の「形而上学的抽象観念」とは,デュルケームのいう「あらゆる個人意識が結合し,組み合わされて形づくられる基体」のことを指すという.そして,ここでの基体(substract)が,デュルケームの,いわゆる集合意識または共通意識(la conscience collective ou commune)であることを指摘している[3].そして佐藤は続けて次のように記述している.

「デュルケームは,このような社会的意識とそれに基づく行為が,これまで指摘されたことのない「新しい種類」の事実であって,これらの事実に対して「社会的」という呼称が与えられるべきだと主張していたのである」[4](佐藤 1990:22).

つまり,パレートはデュルケームが集合意識を現実の社会現象の原因としていることに異議を唱えている.そこ(集合意識)には,個人の意識の利害が隠されている可能性があるというのである.その集合意識のもとにある現実を引き出して,それがどんな事実なのか,つまり集合意識のもとにある個人の意識こそ明らかにすべきなのである,とパレートの主張を解釈することができる.

パレートは,1904年9月7日に哲学国際学会の「道徳と社会学」部会で「個人的ということ,社会的ということ」という題で報告を行なっている.この報告書を読んだだけでは,デュルケーム批判が行なわれているかどうかはわからない.しかし,佐藤によるとデュルケーム批判が婉曲に表現されているこ

とが指摘されている．この報告書でパレートは，次のことを主張している．①個人と社会の定義②個人的，社会的という用語のあいまいさ③ある集団の一部を個人，他の一部を社会と称し，前者は少数者，後者は多数者であることがある．そして後者の場合，偽りの他者の場合が多いという傾向がある．④人間の行為は感情によって規定されている．パレートは感情を科学するという立場を強調している．

　事実の斉一性を求めるには，個人的，社会的の言葉が実際には何を表しているのか，これらの言葉が使われている似非推論のなかに何が隠されているかを追求する，とパレートは主張している．そして事実が示す斉一性，すなわち事実の法則を認識するには，これ以外に法則はないとして，この法則にだけ社会科学の対象があるとパレートは強調している（佐藤1990：22）（Pareto, V., L'individuel et le social Œvres comple`tes, t. Ⅵ, Gene`ve, 1966）.

　パレートは，次のように主張していると思われる．デュルケームのいう社会的，個人的というのは漠然としており，利害がその用語のなかに包みかくされている．事実が示す斉一性，つまり事実の示す法則にだけ社会科学の対象がある．

　また，パレートはデュルケームのいう連帯を批判している．パレートは連帯についても言及している．個体の利害だけを考えてとる行動は，昆虫の社会ではみられると想定されるが，人間の社会では歴史をひるがえって，過去においても現在においても現れていないというのである．このことは，パレートも認めている．パレートは次のように記述している．

「古来，理論家たちは，社会的集合体の異なったいくつかの部分の利害対立を，否定したり消失させたり，あるいは少なくとも和らげたりする試みを行なってきた．…問題は次のような装丁で立てられている．個人の真の幸福というものは，《社会》に役立つことを行なうところにあることが明らかにされ，そこから出発して，これと異なった行為をする個人は，すべて偽りの幸福を追求しているにすぎないのだから，他人や，われとわが身に害を与える，そのような行為ができないようにしてやる必要があると主張される．プラトン以来，これと同じような推論が，ありとあらゆる形をとって提供されてきた．連帯という現代の学説は，いずれにせよ，この形のぎこちない改訂でしかない」（佐藤

1990, 20).

　集合体を構成する個人のある部分と他の部分との対立は，往々にして個人と《社会》の対立と称される．このようにして，社会の道徳的，知的，宗教的統一の実現を望む人々は，その社会の代表をつつましやかに自任することによって，彼らに対立する者が《秩序を乱す個人》に他ならないと宣言する．だが後者のなかには，前者も同類だとする者がいる．というのは，そうした者もまた，自分たちの考えを自発的に受け入れない《秩序を乱す個人》に，その考えを押しつけることによって社会の統一が，同じように実現されると思っているからである（佐藤1990：20）．

　佐藤によれば，個人よりも社会を強調しているように見受けられるデュルケームの立場，その道徳主義的傾向を，パレートは批判の対象としていたという．そして，それらは婉曲なかたちで指摘されているという（佐藤1990：15）．

　パレートによって哲学学会で報告がなされた1904年には，デュルケームの『社会分業論』（1893年）『社会学的方法の基準』（1895年）『自殺論』（1897年）は，すでに出版されていた．デュルケームは『社会分業論』のなかで，次のように記している．

　「法と道徳とは，我々を相互に，そしてまた社会にむすびつけ，諸個人の群衆を一個の凝集的集合体につくりあげる諸連鎖の総体である．「道徳は，連帯のすべての源泉である．それは人間に他人を考慮し，自らの利己主義の衝動とは別のものに基づいて，自らの行動を律することを強制する一切のものである」」（Durkheim 1893, 井伊訳1989：261）．

　「分業が道徳的価値を与えている．それは，分業によって，個人が自己の社会への存在状態を再び意識するからであり，分業から個人を抑制し服従させる力が生じてくるからである．要するに，分業は社会的連帯のすぐれた源泉となるから，同時に道徳的秩序の基礎ともなるのである」（Durkheim 1893, 井伊訳1989：265）．

　デュルケームは分業によって，人々の間にそれまでの無機的連帯ではなく，有機的連帯が生じるという．その連帯を支えるのが道徳であるというのであるが，デュルケームのいう道徳とは，利己主義とは別のものに基づいて，自らの

行動を律する一切のもの，他人を考慮するものとされている．また，道徳性の諸源泉は人間のあまりにも深いところにあるとも述べている．

パレートの科学の捉え方は物理学・力学的であり，社会科学においても自然科学の方法を踏襲している．そして彼は，社会学においても人間のおりなす社会的事実を対象としているが，事実の斉一性（法則）を見出すために価値，道徳をそぎ落として分類したり分析していく．それゆえデュルケームの社会的事実の捉え方とは相容れないものがあったのであろう．パレートはデュルケームの連帯，道徳主義的傾向に腕曲ではあるが批判をしている．

他方，デュルケームは哲学国際学会に招聘を受けたが，欠席したという（佐藤1990：15）．それゆえ，パレートとデュルケームの討論（意見交換）は実現しなかった．デュルケームにしてみれば，パレートの科学としての社会学の捉え方は異質であり，自分の主張を理解してもらうことは困難であると考えたのかもしれない．

パレートは1904年の「哲学国際学会」の組織委員長であったクラパレードと何度か文通している．そのなかで，「個人的なこと，社会的なこと」という題で報告を引き受ける旨を記したうえで，次のように述べている．

「ただし，お知らせしておかなければならないことは，この主題にかんして，私がE. デュルケーム氏と［意見の］一致を見出せないおそれが十分にあるということです．しかし，いずれにしても，そうした不一致そのものは討論にとっては有益なものとなりうるでしょう」[5]．

学会での両者の討論はデュルケームの欠席によって実現はしなかった（佐藤1990：15）．

ヘンダーソンとパレートはデュルケームを評価していないが，パーソンズはデュルケームを評価している．この点は，ヘンダーソン，パレートとパーソンズの大きく見解のわかれるところである．ヘンダーソン，パレートは社会科学における科学を，自然科学における科学と同じように捉えて，社会科学においても価値観や存在の問題をそぎ落として科学として捉える．パーソンズは社会科学において，価値観や存在の問題を含めて，科学として捉えていると思われる．

第5節　クローチェのパレート観

　ここでパレートをより深く理解するために，哲学者クローチェによるパレート観についても述べておきたい．

　クローチェ（Benedetto Croce, イタリア，1866～1952）はパレートの科学論と経験主義の立場について，パレートの実証主義的立場の限界に関する鋭い洞察を行なっている．クローチェとパレートの論争は，1900～1901年にかけて『経済学者雑誌』（Giornale degli economisti）誌上において，また私信を通じてなされていたという．佐藤は次のように記している．

　「両者の基本的対立は，クローチェが人間の認識行為のなかで反省や基本的原理などの観念が果たす役割を重視したのに対し，パレートはそれらの観念を形而上学的実体と見なして，あくまでも否認し続けた点に集約される．二人は自由主義的心情を共有しながらも認識論をめぐる立場については，最後まで容認し合うことはなかった」（佐藤1993：28）．

　クローチェによると，パレートは経済的事実を力学的に扱っているが，経済的事実は一つの感情に基づく行為であり，意識的な決断の結果であること，したがって，それは人間的行為に関する事実であることを主張している（佐藤1993：33）．つまり，クローチェはパレートの実証主義には，人間行為における意味や価値が入っていないことを指摘しているといえる．

　クローチェは経済的事実に関して発言しているが，パレートの社会的事実の捉え方も力学的である点では経済学の立場と変わっていない．それゆえ，クローチェの指摘は，社会的事実の場合にもあてはまるといえるであろう．

　パレートは形而上学を否定しているが，クローチェによると，パレートの「実体否定の立場」そのものが，実は1つの「形而上学」に他ならないという．佐藤によると，これはパレートの実証主義的立場そのものが，一定の価値判断を現していることを衝いているという（佐藤1993：38）．パレートはクローチェによる指摘をあまり気にとめていなかった．

　パーソンズはパレートの『一般社会学概論』を詳しく調べて，パレートの理論には行為における意味や価値が落とされていることに気がつく．そしてパー

ソンズは人間行為には意味や価値がやはり落とせないとして，行為をシステム的に捉えていく際に意味や価値を十分考慮に入れて分析している．その意味では，クローチェの立場に近いといえる．

第6節　結び

　ヘンダーソンは，パレートの『一般社会学概論』について，マキアヴェリの著作が与えてきたのと同じ影響をある人たちに与えるとして，その理由の主なものに次のことをあげている．

　マキアヴェリとパレートが，ともに「人間が何をするかを書いているのであって，人間が何をすべきかを書いているのではない」ということである (Henderson 1935：57, 組織行動研究会訳 1975：108)．

　マキアヴェリが『君主論』を書いたのは1532年，パレートが『一般社会学概論』を著したのは1916年である．1500年代当時のイタリアは分割されており，マキアヴェリはイタリアの統一のため，君主がその権力を維持するのに何が一番有効な手段であるかを論じた．その際，マキアヴェリは，政治を宗教・道徳から分離して，感情の表現ではなく事実の観察の結果として科学的解決を提唱した．

　パレートは，イタリアはなぜ分割されていたのかを考察しており，イタリアでは結合本能が集合体維持の本能を越えていたから，換言すれば集合体維持の本能が不足していたからと述べている (Pareto 1916 §2531, §2532, 北川・廣田・板倉訳 1987：300)．

　他方，パレートは経済学の均衡分析から社会学に移り，人間の行動（行為）には感情が重要な働きをなしているとして感情を分析し，社会の均衡，個人の効用と社会の効用について，歴史や神話を通して考察している．その際，人文科学を科学的に扱うために，自然科学と同じように扱っている．すなわち，人間の価値観や存在の問題を切り離して，それ以上に深く追求することを止めて，社会的事実，社会均衡，効用の問題を物理的，力学的に考えている．

　ヘンダーソンは，マキアヴェリとパレートについて，人間のすることを書いているのであって，人間がするべきことを書いているのではないと記してい

る．そこには人間がなしてきたことの分析を通して，どうしていったらよいのかを書いているのであり，人間がするべきことと言った概念が先に立って書いているのではないことを，ヘンダーソンは述べている．

ヘンダーソンは，次のように記している．

「『一般社会学概論』というこの書物は，開拓者としてのパレートの基礎研究の偉大さにまったく負うている．…しかし，パレートの誤りと手抜かりは，もしもこのような研究が継続されるなら明るみに出るだろうし，そしてこの種の研究は，それが科学的なものであるなら，他の人々によって継続されうる．このようにして，遅かれ早かれ，パレートの研究は，それを基礎とし，それに依拠する研究によって取って替わられるであろう．このことをパレート以上によく知っていた者はいなかったし，彼は自らの社会学が取って替わられるのが早ければ早いほど，その成功はますます大きいと好んで述べていたのである．ともかくも，パレートの『一般社会学概論』は欠くことのできない書物なのである」(Henderson 1935：58-59，組織行動研究会訳 1975：109-110)．

パレートは人間の行為を論理的行為と非論理的行為に分け，非論理的行為を司る感情に焦点をあてる．感情を残基と派生（体）に分け，残基の分類，派生（体）の分類を試みている．パレートにとって科学とは，斉一性を見出すことであり，自然科学の場合には実験を通してそうしようと考えた．しかし，社会科学の場合においてもパレートの捉え方は力学的であり，人間の存在の問題を横において深くは追求しなかったので，理論（概念）を実証化する方法にはつながらなかったと思われる．そこでパレートは歴史や神話を残基や派生（体）という視点から分析して，社会均衡，個人の効用，社会の効用との関係を記述していく．

またパレートは，人間が行為するのは最終的には幸福を求めて行為しているとして，デュリュイ（Duruy, Victor）[6]がポニエ戦争後のローマ社会の変化を説教の題材に取り上げて記述したものを参考に，このすばらしい比喩から結論をひき出すとすれば，として次のように記している．

「善良かつ有徳であれ，そして勤勉であれ，ということである．さすれば諸君は，幸福な生を送るであろう」(Pareto 1916 §2356，北川・廣田・板倉訳 1987：207)．

ヘンダーソンは生理学者であるが，パレートの『一般社会学概論』に共鳴し，パレートのいう社会的事実の斉一性（法則）を見出すために理論から実証化への方法を発見することができる，と信じていたと思われる．

　ヘンダーソンは著書『パレートの一般社会学』最後の補遺（postcript）で，パレートの『一般社会学概論』は天才の著作であると述べている（Henderson 1935：59，組織行動研究会訳 1975：110）．

　また，ヘンダーソンは晩年に『具体社会学入門』(Introductory Lectures in Concrete Sociology) を著した．しかし，ヘンダーソンの原稿を読んだハーバード大学の社会学関係者たちが，パレート社会学の一部を単に変えたものにすぎないのではないかという低い評価をなし，ヘンダーソンのその書は未完のままに終わっている[7]．

　パレートはマキアヴェリの唯一の偉大なる先駆者として，アリストテレスをあげている．そして彼は，アリストテレス，マキアヴェリを天才と称して，その異常な力に驚嘆している（Pareto 1920 §748，姫岡・板倉訳 1996：233）．

　ヘンダーソンもパレートの著作を天才の著作であると述べている．確かに人間の感情を物理や力学を使って表し，その感情を分類し神話や歴史を通して分析した人はそれまで誰もいなかったし，パレートの著作は独創的である．険しく高くそびえ立っている山のようである．またヘンダーソンも指摘しているように，パレート自身，著作には間違いもあるだろうと自覚し，誰かにその研究の実証化実現を望んでいたようである．

　パーソンズは，パレートの難解な著作から多くを学んでいる．しかし，パレートが行為における意味や価値をそぎ落として，あくまで力学的に分析していることに気がつき，パーソンズは人間行為を分析していく際に意味や価値を落とせないとして，それらを考慮にいれていく．ともあれパレートの研究は，ヘンダーソン，パーソンズ，センとつながっていく．

注

1) C. Bernard, An Introduction to the Study of Experimental Medicine, New York, 1927. 三浦岱栄訳『実験医学序説』[第5版改訂]，岩波書店．1970.
　　W. B. Cannon, The Wisdom of the Body, New York, 1932. 舘，舘澄江『からだの知恵』
　　J. Barcroft, The Architecture of Physiological Function, Cambridge, England, 1934.

2)『経済学講義』(Pareto, 1896-7) では，効用という用語にまつわる多様性をさけるために，ギリシャ語に由来するオフェリミテ (ophelimite) なる語が導入された．オフェリミテとは，財が我々の欲求を満足させるところの便益を意味する主観的概念である．

　オフェリミテ (ofelimita, ophelimite) の用語は，「有用な」という意味をもつギリシャ語オフェリモスからパレートが作った新造語である（松嶋1985：246）．オフェリミテの意味は，経済的な面からもたらされる満足をいい，個人の満足を基準にしている．効用は経済面およびそれ以外のあらゆる面からもたらされる満足をいう．

3) 佐藤は次のように注釈している．

　「ここで集合意識というのは「同一の社会の普通の成員が共有している信念と感情の総体」という意味である．パレートにとって道徳理論というのは，こうした「信念と感情」からなる集合意識を正当化する理論のことであった」（佐藤1990：12）．

4) Durkheim, E., Les regles de la method sociologique. (septieme edit) Paris, 1919. デュルケーム『社会学的方法の規準』(岩波文庫) 1984.（佐藤1990：12）．

5) Pareto, V., Les systems socialistes t. Ⅰ, Ⅱ (Euvres completes, t. V, Geneve, 1978)

6) デュリュイ，Duruy, Victor. 1811～1894. フランスの歴史家，政治家．ローマ史を専攻．パリ理工科大学教授．

7) この点については Henderson 1935, 組織行動研究会訳 1975：142-143 に詳しい．

第20章
「生命システム」におけるヘンダーソンの影響

第1節 はじめに

パーソンズ理論におけるヘンダーソンの影響は，初めての著書『社会行為の構造』(1937) から最後の著書『行為理論と人間的条件』(1978) に至るまで通底しており，かなり大きかったと思われる．ヘンダーソンの著書『生命と物質—環境の適合性—』(1913, 梶原訳 1953) の訳者，梶原三郎によれば，彼は異色の生理学者，「ずばぬけた」学者であり，静観のできている人であると記されている（梶原訳 1953：308）．パーソンズは，生理学，生化学から50歳近くで社会学の分野に移ってきて，他の研究者から畏敬の念をもって接しられていたヘンダーソンに対して，どこか敬遠していたようである．

本章では『環境の適合性』(1913) から，ヘンダーソンが主張したかったこと，パーソンズとヘンダーソンの接点，パーソンズの「生命システム」の構想とヘンダーソンの影響について考察をしていきたい．

第2節 『環境の適合性』について

ヘンダーソンは，1913年に『環境の適合性』(The Fitness of the Environment: An Inquiry into the Biological Significance of the Properties of Matter) という本を書いている．この本は副題に'物質の性質の生物学的な重要性に関する研究'とあるように，物質と生命の関連について述べている．

この書物は，第1章 適合性，第2章 環境，第3章 水，第4章 炭酸，第5章 海洋，第6章 三元素の化学，第7章 論証，第8章 生命と宇宙，から成っている．まずこの書物において，ヘンダーソンが述べたかったことについてみ

ていきたい．

　緒言において，次のように記されている．

　「ダーウィンの適合性は，生物と環境との間の相互関係から成り立っている．ここで環境の適合性は，生物がその進化の過程において現してきた適合性と同等に，本質的な構成要素を成している．そして現実の環境は，その本質的な特性において，生命に最も適合せる住居なのである．かくのごときが，この書物が設定しようとする主題である」(Henderson 1913：v，梶原訳 1953：1)．

　ヘンダーソンは，『環境の適合性』の主題を環境が生命に当てはめる住まいになっている，つまり環境と生命との関連を追求することにおいている．ここで環境とは，自然の環境をさしている．環境の本質的な構成要素（C，H，O）と，生物の物質的な構成要素（C，H，O）には共通点があることに，ヘンダーソンは注目している．

　ヘンダーソンは，前記の書物が上辞される 15 年ほど前から，簡単な物質の物理的化学的物質と，それを利用している生体機能との間の関係に興味をもちだしており，生体内部の中性またはアルカリ性反応に関する問題に向けて研究を進めていた．その理由に，血液または原形質内におけるこの得意な平衡状態が，燐酸塩溶液の特性と炭酸ガスを含んだ燐酸塩溶液の性能とに関係していることが見つかったことをあげている．このような系における科学的平衡を量的に記すことができるようになったとき，燐酸と炭酸とが中性反応の自立的調節に対して，最も優れた性能を有することが明らかになった，とヘンダーソンは述べている（Henderson 1913：vi，梶原訳 1953：2）．

　ここでは，生体内における科学的平衡を量として記述できるようになったとき，中性反応の自立的な調整にとって，燐酸と炭酸が優れた性能をもつということがわかったという．ヘンダーソンは，1928 年，50 歳のときに『血液：一般生理の研究』(Blood：A Study in General Physiology) という本を出している．彼の取り上げた血液の生理学におけるホメオスタシス（恒常性）の問題についての研究は，門弟たちに受け継がれ第二次世界大戦において血しょうを使用して負傷者の生命を救ったという（Henderson 1935，組織行動研究会訳 1975：123）．

　またヘンダーソンは，水の得意な熱学的性質が生物に対して重要であるとい

うことにも気づいていたという．そして，ついにダーウィンの適応性の相対性を覚るに至って，困難の全部は一時に氷解してしまったという（Henderson 1913: vii, 梶原訳1953: 3). 各章において炭素，水素，酸素の化合物，特に水と炭酸ガスについて説明してあり，実証による結論を根拠として，それぞれの一般的特質が述べられている．最後には，科学に対する哲学的問題の理解へと達している．

次に筆者が『環境の適合性』を読んで，気のついた点をいくつかあげてみたい．

(1) 水について

ヘンダーソンは生命の基本的特性に，複雑性（complexity），調節，新陳代謝をあげているが，それはウォーレス著『宇宙における人間の地位』を参考にしている（Henderson 1913: 34, 梶原訳1953: 39). 水が生命に対して，最も不思議なほど適合していることを発見している（Henderson 1913: 69, 梶原訳1953: 71).

ヘンダーソンは，古代ギリシャの「タレス（Thales）が，水こそはあらゆる物の本源であるという確信をもって，哲学と科学を建てしめた」と述べている．「後にエムペドクレス（Empedocles），アリストテレス（Aristoteles）が，気象学的ならびに科学的見解の寄与によって，水を元素のなかに入れることになった」と記し，「土地，空気，火，水のうち，水のみが科学的結合体の単体であるということになったのは，特記に値する」と述べている（Henderson 1913: 72-73, 梶原訳1953: 74-75). さらに「その熱学的特性のみからしても，水が生物学的に観た宇宙進化の過程におけるその役目に合致した唯一の物質であるといっても過言ではないであろう」として，生命にとっての水の特殊性について述べている．以上のように，水の重要性を強調している．

(2) 海洋について

「海洋の適合性は水と炭酸との物理的適合性の化身であり，これらおよびその他の自然現象の直接にしてかつ必然的なる結果なのである．そしてそれは生命を宿すところとなり，地球上における生命の初期発達の媒体となった」

(Henderson 1913：220，梶原訳1953：184)．ヘンダーソンは前記のように述べて，生物界全体にとって海の重要さ，恵みの深さを指摘している．

(3) 物質とエネルギーと生命の関係

環境の適合性と生物の適合性は，完全に相互的である（Henderson 1913：271，梶原訳1953：262）．物質とエネルギーならびに生命が，その機構であるに対しての必要条件がそなわっていれば，固体からなる雰囲気も事実において生命に対する最好適の環境たりうる（Henderson 1913：273，梶原訳1953：263）．

ヘンダーソンは物質とエネルギーと生命の関係を前記のように述べ，さらに生命と宇宙の関係について言及している．ヘンダーソンは，次のように記している．

「どうしてこれらの多くの物質のおのおのが，また全部が生物機構に有利的であり，宇宙を生命に適合するようになすのであろうか．この問いに対する答えは，「手がかりなし」である」「この複雑さに対する手持ちの切り符は，ただ1つである．すなわち，順応現象においては生命現象と物質の特質との間に，思いもよらぬ関係が存していることの証拠，宇宙進化の過程は不可分的に生物の基本的特性と結合されていることの証拠，論理的には，ある不分明な仕方において，宇宙進化と生物進化とが1つであることの証拠がそれである」(Henderson 1913：278，梶原訳1953：270)．

「簡単にいえば，ある見方において考えうる宇宙並びに生物の発生，あるいは進化的過程は，1つの秩序ある発展であって偶然的に結果を挙げて行くだけではなく，人間の行動において我々が目的であると認めるところに似て結果を挙げて行くという仮定へと導かれているようである」(Henderson 1913：279，梶原訳1953：270)．

ヘンダーソンは，なぜ宇宙のなかの多くの物質が生物の仕組みに有利に働き，生命が自然環境に適合していくのかを問うたとき，解の糸口はないという．その理由に，ヘンダーソンは「大きな困難として，宇宙と生命の間に対等に作用する可能性のないことをあげている．太陽系において少なくとも環境の適合性は，生物の存在に著しく先んじてあった」という（Henderson 113：

278, 梶原訳 1953：298). つまり，宇宙は万物を包容する空間であり，生物はその後で生まれた宇宙の一部なのであろう．

そしてヘンダーソンは，前記の問いに対する最も有力な返答として，ただ一つをあげている．つまり，宇宙の発生と生物の発生，それらの進化の過程とが1つであるというのである．そこには秩序ある体系としての宇宙，すなわちコスモス（cosmos）を彼は想定していたのであろうと思われる．

さらにヘンダーソンは，宇宙や生物の進化の過程が偶然に結果を出すだけではなく，人間が行動する際に目的をもって行動することに似て，結果を出すという仮定にもつながっているという．

このようにしてヘンダーソンは，生物学的な立場からみて，環境の諸特性が生命の諸特性にみられるところと等しい適合性を示すことを発見している．そして，環境の特性，生命の特性，どちらにおいても，適合性は少なくとも部分的には進化過程の成果である，とヘンダーソンは見なしている．さらに進化過程の発端である生命の起源と宇宙の起源について考察することは，科学的行為であるよりも哲学的行為であるとヘンダーソンは述べている．したがって，適合性の起源に関して推測することも同様であると彼は考えている．

第3節　パーソンズとヘンダーソンの接点

パーソンズとヘンダーソンの接点について，本節では概略を記すにとどめたい．

ヘンダーソンは，1935年に『パレートの一般社会学：一生理学者の解釈』を出版している．パーソンズは，1933〜1935年にかけて，ヘンダーソンの主催するパレート研究セミナーに参加するなどして，ヘンダーソンと知り合っている．パーソンズはヘンダーソンに，『社会的行為の構造』の原稿を，主にパレートとデュルケームの章を詳細に検討してもらっている．そして，パーソンズがハーバード大学に留まれるようになったのはE. F. ゲイ，E. B. ウィルソン，ヘンダーソンの推薦があったことによる．とりわけヘンダーソンは，パーソンズの人事のことについてコナント学長に直接話し合いに行っている（Parsons 1977：29）．

ヘンダーソンは生理学，物理学，化学を通して，科学について多大な知識をもっており，特に化学の哲学に関する面と理論の本質とのレベルに関して博学であった．この頃パーソンズは，人間の行為システムの有機的世界と物理的世界との両方に対する関係に関心をもっており，ヘンダーソンの『環境の適合性』(1913) と『自然の秩序』(1917) を徹底的に再読している．これらの2つの書物のなかに，パーソンズが関心をよせてきた進化的発展の主要なパラダイムの基礎があったとパーソンズは述べている．

　パーソンズは次のように記している．

　「ヘンダーソンが，物理的世界と有機的世界との間の推移を取り扱ったことは真実である．しかしながら，特に有機的生命 (organic life) が生じることのできるという条件を定義する観点から『環境の適合性』という彼の概念において，彼は進化的問題の1つの中心的な側面を明らかにしている点で，同時代の人たちの誰よりもさらに進んでいた．この点において，ヘンダーソンの立場の本質は，有機的生命 (organic life, 有機体の生命) と無機的環境 (inorganic environment, 無機物の環境) との間の適応性の相互関係 (mutuality) という彼の主張であるように，私には思える」(Parsons 1977：30)．

　ヘンダーソンは『環境の適合性』に，物質の特質の生物学的意義に関する研究という副題をつけている．そのなかで，物質の構成要素は主に炭素，水素，酸素であり，生物の構成要素も主に炭素，水素，酸素である．そして物質の概念を宇宙にまで拡大している．生物が自然環境に適合しているのは，構成要素間で相互関係があるからであるとしている．そして，宇宙の始まり，生命の始まりは謎であるという．宇宙，生命は目的をもって動いており，そこに傾向 (tendency) を仮定することによって，メカニズムを適切に解釈できると，ヘンダーソンは述べている．つまり，新しい目的論を唱えている．ここで傾向というのは，造物主の働きと解釈してよいように思われる．ヘンダーソンは結論として，宇宙の進化と生物の進化の全過程は1つであり，生物が中心になっていることを主張している．

　パーソンズは，人間の行為から進んで人間の存在を進化の過程において，どのように位置づけたらよいのか苦慮しており，前記のヘンダーソンの考えに納得して大いに取り入れている．パーソンズはさらに，次のように記している．

「進化の過程における次の実に主要な推移は，我々がこれらの用語を定義しているように有機体レベルから行為のレベルへというものである．ヘンダーソンが有機体－無機物の境界について述べた本質的な原理は，適切な修正を行なえば有機体－行為の境界に適用されるというのが我々の主張である」(Parsons 1977：30)．

ヘンダーソンが有機物から成る生物と無機物から成る環境の間に相互関係があると主張したことを応用して，パーソンズは有機体である人間と人間がおりなす行為との間に相互関係を見出しているのだと思われる．

パーソンズは，このことがヘンダーソンに恩義を感じている最も重要な事柄であるが，今まで述べてきたことに含まれていなかったという．そしてパーソンズは，自らの理論的思考の発展に対するヘンダーソンの顕著で重要な貢献を，十分に適切な承認をしてこなかったことを率直に打ち明けている．さらに，最も手におえない人物の場合におけるように，ヘンダーソンに対して隠された反発があった，とパーソンズは記している (Parsons 1977：30-31)．

第4節　パーソンズの「生命システム」の構想とヘンダーソンの影響

(1) パーソンズの「生命システム」の構想

パーソンズは1950年代前半にはシステム概念が他の領域にも利用できることを考えており，生命システム概念の基礎となる下地は研究の初期にあったという．ヘンダーソンによれば，社会学に対するパレートの最も重要な貢献は「社会システム」の概念であったという．パレートのシステムに対する概念は力学 (mechanics) 的であり，パレートはそれを社会学と経済学に適用しようとした．ヘンダーソンの初期のモデルは，物理的-化学的システムであり，彼はこれを生物学システムに関連づけている．パーソンズはパレートの力学的なシステム概念とヘンダーソンの物理的-化学的および生物学的なシステム概念を合わせて，"生命システム"という特別な性質をもつシステムに移り変わっている．

パーソンズの生命システムは，社会システム，一般行為システム，人間的条件システムのように四分割して表示されてはいない．生命システムは，社会シ

ステム，一般行為システム，人間的条件システムを包括するところに位置し，宇宙と適合して共存しており，機能分析をするにも分析しきれないからであると思われる．

(2) 物理的‐化学的システムから見た「生命システム」の特質

パーソンズは社会システムから一般行為システム，さらに人間的条件システムへと研究が進められているが，人間的条件システムへと進んだ状況において，有機体の生命システムが出てくる．パーソンズは，人間の条件システムのA機能に物理的‐化学的システムを置いており，そこは生命システムにとっての物質的基礎と記されている．人間も生物（有機体）すなわち生命システムの一種類であり，身体の物質的基礎は化学的構成物から成っているので，そのように書かれているのだと思われる．

物理的‐化学的システムはさらに四分割され，新陳代謝（a），複雑性（g），調節（i），水（l）が置かれている．これはヘンダーソンの『環境の適合性』から引用して，あてはめている．

ヘンダーソンは前記の書物のなかで，適合性は生物（organism）と環境（environment）との間の協同的あるいは相関的関係である．そして，環境と生物（体）の境界は皮膚であると記している．また，生命は1つの機構（mechanism）であると述べて，生命に3つの特質をあげている．

［1］複雑性（complexity）

生命には物理学的に，化学的に，生理学的に複雑性がある．

［2］調節（regulation）

生物は，またそれ以上に生物の協同体は永続している．しかし，メカニズムの複雑性と永続性とは，内部条件と外部条件とが一定である場合においてのみ可能である．それゆえ，環境の自律的調節と生物体内部条件の調節とが可能であることが，生命にとっては必要なのである．少なくとも環境と生物体との温度，圧力，化学的組成のおおざっぱな調節が，生命にとって実際に必要であることは確かである．

［3］新陳代謝（metabolism）

生物は活動的でなければならない．したがって新陳代謝のために，物質とエ

ネルギーとが供給されなければならない。それゆえに，環境との間に物質とエネルギーとの交換がつねになければならない（Parsons 1977：31-32，梶原訳 1953：35）．

またパーソンズは，ヘンダーソンがいうところの生物体（organism, 有機体）の特質を次のように記している．

人間有機体の表現型において，パーソンズはAに新陳代謝，Gに複雑性，Iに調節を置き，そしてLに遺伝子の継承を置いている．パーソンズによれば，ヘンダーソンは遺伝子について言及していないということであるが，なるほどヘンダーソンの著書に遺伝子に関する記述はみられない．パーソンズも指摘しているように，ヘンダーソンは遺伝子については記していない．生命システムとは，パーソンズが生物体をシステム的に解釈したものであり，パーソンズは，その特質をAGILにあてはめている．そして，生命システムの性質に関するこのような分析を，パーソンズは社会-文化的レベルへと拡張している．

パーソンズは次のように述べている．

「最も重要なことの1つは，言語とそれに関連したシンボリックな体系（symbolic systems）の出現を通して，生命過程における決定因子の二重性が人間の社会-文化的レベルで発達したという考えである．この二重性は，生物科学で十二分に確立されている二重性に，すなわち一方では種の遺伝学的構成およびそれらの構成要素である個人としての有機体と，他方では生物学者が有機体の表現型的レベルとよぶものとの間の二重性に，1つの強い理論的類似点をもっている．無生物環境の詳細な特徴と他の種と直接に相互作用して現れるのが，表現型である．20年前，生物学者アルフレッド・エマーソン（Alfled Emerson）はこの関係を示すために，遺伝子とシンボルの等価性について簡潔な公式を公表した」（Parsons 1977：119）．

パーソンズは，ヘンダーソンが自然環境と生命（生物）との間には，相互作用が行なわれているという主張を参考に，1つの生命体（生物体）において遺伝子とその環境が相互作用していると述べている．

エマーソンは，個人（あるいは個体）や有機体の表現型の相互関係にみられる遺伝子と，社会的および文化的システムの相互関係に見られるシンボルとが相当する，と述べている．

パーソンズは生物の進化論において，一種のふるい分けとなる自然淘汰（natural selection）の現象と，人間のシンシボリックな段階における社会−文化的システムで作用している「制度化」の状況は類似しているとしている．制度化における成功や失敗の過程と生物学理論における自然淘汰の過程には，多くの類似点があるとパーソンズは主張している．

　そして，おそらく生命システムの有機体としての型と社会−文化的レベルにおける型との間の比較可能性の見込みに対する最も広い基盤は，サイバネティックスにあるとパーソンズは述べている（Parsons 1977：120）．

第5節　結び

　ヘンダーソンは『環境の適合性』のなかで，自然環境と生命との関係について，それらの主な構成要素が炭素，水素，酸素で共通していることから物理的な自然環境と生命は相互浸透していると主張している．パーソンズはヘンダーソンのこの主張を受け入れて，生物の進化から人間行為の進化へと論を拡大している．さらにパーソンズは，ハーバード大学の生物学者であるジョージ・ワルド（George Wald）の意見から，環境と生命に関する前記3つの構成要素にチッソ（N）を加えている（Parsons 1978：387-388）．

　パーソンズは人間的条件システムの物理的 - 化学的システムにヘンダーソンの著書からの意見を受け入れている．そこには炭素（a），酸化作用（g），酸素（i），水分子（l），そして特徴として新陳代謝（a），複雑性（g），調節（i），水（l）があてはめられている．このようにパーソンズは自然環境における生命の位置づけを考える際に，ヘンダーソンの考えを大きく取り入れている．

　また，人間有機体の表現型のlシステムにパーソンズは遺伝子の継承を置いているが，ヘンダーソンの著書には遺伝子は扱われていないので，遺伝子に着目している点はパーソンズとヘンダーソンの大きな違いであるといえる．パーソンズは生命の物質的な構成要素の究極に，遺伝子を置いている．

　ヘンダーソンが，生物と環境の主な構成要素に一致がみられることから，生物と環境の相互関係を発見していること，そしてパーソンズがこのことを人間有機体にみられる行為に応用しようとしていること，この点についてパーソン

ズがヘンダーソンに恩義を感じている最も重要な点であるという．
　つまり，パーソンズは生物における進化過程を行為における進化過程に適用している．その際に，ヘンダーソンは遺伝子については触れていないので，パーソンズはエマーソンが有機体の遺伝子に相当するものに，社会文化的段階ではシンボルを挙げている点を採用している．そして生物進化論における自然淘汰と，シンボルが社会文化的段階で作用しているとする「制度化」は似ていることを，パーソンズは述べている．
　この生物進化論と社会進化論の比較や類似に関しては，今後大いに検討の余地があると思われる．

第 5 部
パーソンズ理論とセン理論とシンボル

第21章
アマルティア・センのケイパビリティ・アプローチとシンボリック・メディア理論

第1節 はじめに

　本章では経済学者・倫理学者であるアマルティア・セン（Sen, Amartya. 1933～）のいうケイパビリティ[1]・アプローチの説明，well-being（善き生）をめぐってパーソンズのシンボリック・メディア理論とセンのケイパビリティ・アプローチの捉え方の相違について検討していきたい．なぜなら，パーソンズが一般行為システムから導き出した知性，遂行能力，感情，状況規定のメディアは人間のもつ潜在能力の一部と考えることができ，センのいうケイパビリティ・アプローチと専攻分野に違いはあるけれども，人間の生きる目標を問うている点では共通する点があると思うからである．センのいう well-being と社会学でいうところの生きることの意味や価値，それが同じことを主張していると思われるからである．センの理論とパーソンズの理論の相違，そしてシンボリック・メディア理論が well-being を実現していくために，どのように運用されていったらよいのか，本章においてはその点について考察を進めていきたい．

第2節 センによるケイパビリティ・アプローチの展開

　アマルティア・セン[2]は経済学者，倫理学者であり，飢饉の研究から伝統的な功利主義を批判し，経済学においても倫理が重要であると指摘した．そして社会状態を評価するにあたりケイパビリティ（capability，潜在能力）アプロー

ーチをうちだした.これはパーソンズにおける一般行為システムと人間的条件システムにおけるシンボリック・メディア理論と符号する点があるように思える.本節ではセンの考え方,パーソンズとの捉え方との相違,そしてどのようにしたらシンボリック・メディアを経験的調査に応用することができるかについて考察をしていきたい.

センは10歳のとき(1943年)に目撃したインドのベンガル地方の大飢饉が経済学を志した原点になっている.死者300万人もだしたこの大飢饉について,その後30年以上たって研究してわかったことは,ベンガル地方の食糧供給の総量が飢饉の期間中とりわけ低下していたわけではないということ,死者たちは手の届くところにあった食料を購入する資力に欠けていただけなのだということであった(Sen 1990,川本訳 1991:69).つまり飢饉が発生した原因には食糧の供給量ではなく,それを分配する社会制度,仕組みに問題があったというのである.そして有効な対策として ①飢えている人たちの食糧購買力を取り戻すために,公共事業をおこして雇用を生み出すこと ②政府にすみやかな飢餓対策をとらせるために,複数政党制,報道の自由といったデモクラシーの作動が重要である,という点をあげている(川本 1999:11).すなわち経済的観点からの政策と民主主義の重要性をあげている.

センは伝統的な功利主義—ベンサム(Bentham, J.),ピグー(Pigou, A. C.)—すなわち正統派厚生経済学に対して,次の2点で批判を展開している.

[1] 正統派の理論が前提する合理的な個人行動の仮説は,人間行動の動機に関して著しく視野が狭い.そこでは人間は単一の選好順序をもつと想定され,必要が生じたときにはその選好順序が彼の利害関心,厚生を表し,彼の考えを要約的に示し実際の選択と行動とを描写するのだと考えられている.選好,選択,利益,厚生といった本来はまったく異なった概念の区別を問題にしないできた経済人—合理的な愚か者(rational fool)—(大庭・川本訳 1989:145-146),これを理論の基礎におくアプローチにセンは強い批判を行なっている.人間の行動に関係する共感やコミットメントのような他の異なった諸概念が働く余地のある理論上の構造が必要なのであるとする.

[2] 正統派の規範的経済学は,社会システムに対する評価の形成に際して著しく不適切な情報的基礎にたっている.よい社会システムとは,よい帰結をも

たらすシステムのことだと考える立場―帰結主義 (consequentialism) に立脚している. アロー (Arrow, K. J.) は合意の形成機構に対して民主主義の必要条件を形式化した一群の要求を課せば, それらを全部満足する機構は論理的に存在しえないことを論証した. これがアローの「不可能性定理」とよばれる重要な命題である (鈴村訳 1988：142). べつの読み方をすれば, アローの「不可能性定理」とは狭い情報的基礎にたつ限り, 意義深い社会的厚生関数を形成することは不可能であるという定理である (鈴村 1999：22). すなわち有意義な規範的経済学には, 効用あるいは自己利益の追求といった面からの狭い情報だけでは不十分で, 広範囲の情報的基礎が必要であると解釈することができる.

前記の功利主義に対する批判にはセンの他に, ジョン・ロールズ (Rowls, J.) の正義論 (1971), ロバート・ノジック (Nozick, R.) の権利論 (1974) がある. センはロールズとノジックの論について詳しく検討しているが, 本章では省略する.

そしてセンが到達した基礎概念は, 機能 (functioning) とケイパビリティというものである. ひとの善き生 (well-being) について理解するためには, ひとの「機能」にまで, すなわち彼／彼女の所有する財とその特性を用いて, ひとは何をなしうるかにまで考察をおよぼさねばならない, としている. センによると, 機能とは「ひとが成就しうること―彼／彼女が行ないうること, なりうること―である」と定義されている (Sen1985, 鈴村 1988：22). つまり機能とは, 資源を利用することによって個人が選択的に実現する行ないや在りようと理解できる. 具体的には, 基本的な機能に栄養状態にあること, 健康であること等をあげ, さらに複合的だが多くの人が評価する機能に自尊の達成, 共同体の生活への参加, 幸福であることという功利主義的な機能等をあげている (Sen 1990, 川本訳 1991：79).

ケイパビリティとは「彼／彼女が達成しうる機能の様々な組み合わせ (ありかた) を反映するもの」と定義されている (Sen 1985, 鈴村 1988：26). つまりケイパビリティとは生き方 (機能) を通して人があることをなしうる能力である, と理解できる. このケイパビリティの概念を導入することにより, センは途上国の貧困の問題だけではなく, 先進諸国で生じている諸問題にも対応で

きるとしている．そして基本的ケイパビリティ（basic capabilities）とは「人が基本的な事柄をなしうる能力」をいう．例えば身障者の例では身体を動かして移動する能力，その他に栄養補給の必要量を摂取する能力，衣服を身にまとい雨風をしのぐための手段を入手する資力，さらに共同体の権能といった能力もここに含めることができる，としている（Sen 1982, 大庭，川本訳225, 253）．

ケイパビリティとは人が行なうことのできる様々な機能の組み合わせを表していることから，ケイパビリティは「様々なタイプの生活を送る」という個人の自由を反映した機能のベクトルの集合として表すことができるとしている．そして機能空間における「ケイパビリティ集合」は，どのような生活を選択できるかという個人の「自由」を表しているとしている（Sen 1992, 池本他訳 1999：59-60）．自由とは個人が価値あると思う生き方を選択する自由である．ここにケイパビリティと自由の概念が結びつく．ケイパビリティを発揮することは，自由の拡大を意味しているといえる．センはそのような自由を「善き生への自由」（well-being freedom）と「行為主体としての自由」（agency freedom）の2つに分けている．前者はより善き生を追究する自由であり，後者は自己の行為や状態に関する自律的な選択を妨げられないことから，選択の自由ということがいえよう．2つの自由はどのように合わせられるべきか，そこでセンは「ケイパビリティの平等化」という概念をあげる．その目標は，個々人が選択可能な機能の集り，すなわち獲得の実質的機会（the real opportunities）を平等化することにあった．つまりケイパビリティを生かして，選択可能な機能（生き方）を獲得する機会を平等化することであり，現代の先進諸国においてもケイパビリティによって機能を獲得する機会が不平等である（ケイパビリティの不平等）という問題が依然として残されているとしている．

センは行為主体（agency）をきわめて重視している．人々が勇気と自由をもって世界に直面することが大切であるとし，こうした力や行動の主体を行為主体としている．開発に関していうならば，一般大衆を援助や開発のおとなしい受け手ではなく，変化への積極的参加者としてみるべきだとしている．その理由として「人間は自らの運命を形成する機会を与えられ，活発にそれに関与するものと見られなければならない」をあげている．また「理性」（reason）

についても，センは強調している．人間が理性によって自らを「変えうる，変わりうる」（changeable）という信念である．そしてセンはスミスが人間の潜在能力の改善可能性について，大きな確信をもっていたことも強調している（Sen 1999，石塚訳 2000：347-348）．

第3節 ケイパビリティ・アプローチとシンボリック・メディア理論の共通と相違

まず，2つの方法論の相違点について述べてみたい．

センは経済学，倫理学の視点から善き生を求めて研究を進め，パーソンズは社会学の視点から社会の統合を求めて研究を進めている．センは最終的にはケイパビリティの概念を思いつき導入している．パーソンズの一般行為システム，人間的条件システムのシンボリック・メディアはセンのいうケイパビリティの一部をなしていると考えることができるように思われる．センは機能を人間にひきつけて解釈し，現実に対応しようとしている．一方，パーソンズは機能について社会システムから入り，一般行為，さらに人間の存在に近づき，システムと構造を結びつけて分析的に捉えている．

また，2つの方法論について共通点をあげることができる．第一に，セン，パーソンズともに最終的には人間の善き生を求めていることである．第二に，ケイパビリティ，シンボリック・メディアともに量ではなく，序数的に捉えられるとしている．第三に，ケイパビリティ・アプローチ，シンボリック・メディア理論はともに未完成である．センはこの点について次のように述べている．

「評価が必ずしも完備順序を生まないからといって，そのような評価が内容空虚であるわけではないということである．…経済的・社会的な関係の多くは，本来的に部分的かつ不完全なものだという点を認識することは重要である」（Sen 1985, 鈴村訳 1985：47）．

センの考え方の根底には人間の多様性（human diversity）というものがある．人間は多様で複雑な存在であることが改めて認識させられる．

2つの方法論の共通点から相違点をあとづけてみよう．

センは善き生について，次のように述べている．

「ひとの善き生とは彼／彼女がどんな生き方をしているか，また彼／彼女がその'やり方'や'生き方'においてどんな成功をおさめているかにかかわる事柄であるはずだ．ひとの'やり方'や'生き方'を反映する機能ベクトルをなんらかの方法で評価するという形式を取る他はないのである」(Sen 1985，鈴村 1988：44)．

これは社会学その他でいわれる生命の質（quality of life，生活の質）すなわち生きることの意味，価値につながるものであると理解でき，センはこれらをなんとか計測しようと試みている．一方パーソンズはこれらを観念的に捉え，具体化する方向には行なっていない．パーソンズにおいて，人間的条件とは人間の存在にとって信仰をもって生きることが大切であるということであり，それが善き生につながっている．彼はプロテスタント派キリスト教を信仰しており，その目標は「地上における神の国の建設」であったと主張している．またセンは重要なケイパビリティの現れとして，具体的には平均寿命，識字能力，死亡率の低さなどをあげているが，これは換言すれば暮らしの質（life quality）と同じものをさしている．センのこの考え方は国連開発計画（UNDP）が1990年に考案した人間開発指標（HDI, Human Development Index）において，国民所得の他に平均寿命，教育水準の形で盛り込まれ反映されている．

第4節　結び

本節ではパーソンズとセンの善き生をめぐる立場や方法の違い，人間の存在と行為をめぐる両者の相違点をあげて結びにかえたい．

第一に，パーソンズはよりよい社会の実現をねらいとしているが，暗黙のうちに中産階級の市民を前提としていると思われる．一方，センは貧困のうちでも最も貧しい階層，すなわち社会システムに参加できない貧困層をなんとかしたいというのが，そもそもの研究の動機である．パーソンズの目指すところは，一人一人がよい人生を送ろうとするところの社会の統合，つまり人の価値や規範に基づいた秩序を重視した社会の統合である．そこでは一人一人の生活

や感情が見えにくく，システムのなかに埋没しがちとなり，また人の価値や規範が一元的になりがちであるという傾向があるように思われる[3]．一方，センの目指すところは一人一人の善き生を実現できる社会であり，特に社会の統合をいっているわけではない．センの言うよい人生とは生き方を強制されるのではなく，価値があると思う生き方を選択できる人生をいう．そのために生活や在りよう（機能）を通して，ケイパビリティによる計測を提唱している．ケイパビリティといっても個別の例をあげるのではなく，自由を実現する力と総合的に捉えている．

　第二に，パーソンズは社会システム，一般行為システム，人間的条件システムと行為から人間の存在へと進み，よりよい社会の実現に対して，宗教による魂の救済を求めたといえよう．そこには人間の存在に対して，真理を追究する姿勢がみえる．他方，センは最も貧しい人たちの存在を救いたいということから，存在から行為へと進んでいるといえよう．そして，自由という人間の生活に密着しているところの精神の自由を実現しようとしている．

　第三に，パーソンズは観念的であり，センは実践的である．二人の究極的な哲学上の基礎をみてみると，センはアリストテレスの「ニコマコス倫理学」[4]に立脚し，パーソンズは人間的条件システムのシンボリック・メディアにおいては，カントの「純粋理性批判，実践理性批判，判断力批判」に立脚している．またパーソンズは人間的条件のテリック・システム（L）のテリックの語句について，アリストテレスの用語"teleology"（目的論）を修正して使用しており，そこには人間の生きる目的をおいている．さらに，彼は人間的条件システムの物理的‐化学的システム（A）にアリストテレスの四元素説[5]も取り入れている．以上のように，パーソンズは哲学的にはカントとアリストテレスに拠っているとみることができるが，センとはアリストテレスが共通しているといえる．それでは相違点は何なのか．センとパーソンズの人間の存在と行為についての究明は，実践的に捉えているか，宗教をも分析の対象に入れて理論的・観念的に捉えているかでわかれている．それは現実的救済か，魂の救済かと言えるかもしれない．

　第四に，パーソンズのシンボリック・メディア理論と実証との関連について検討してみると，シンボリック・メディアを量的ではなく序数的に測ることを

考慮に入れて，例えば社会システムでは貨幣−国民所得など，権力−投票率など，一般行為システムでは知性−教育水準など，遂行能力−労働力率など，人間的条件システムでは健康−平均寿命，成人病死亡率などが該当し，実際の調査に適用できるのではないかと考えられる．

注

1) 経済学において Capability は現在，潜在能力と訳されている書物が多いが，Capacity（一般に「受け入れる」能力）と Ability（「行為する能力」）の複合語という点から人が潜在的にもっている行為能力と考えられ，本章ではケイパビリティと記すことにする．
2) 1933年インドのベンガル地方で生まれる．カルカッタ大学とケンブリッジ大学で経済学を学び，1959年経済学博士号取得．1998年ノーベル経済学賞を受賞．M. ドップからマルクス経済学，K. アローから社会的選択理論，J. ロールズから規範倫理学を摂取しながら，経済学の問題に倫理的な次元の重要性を主張している．
3) パーソンズはアメリカ社会の価値については業績志向（achievement orientation）と普遍主義（universalism）をあげている（Robertson, Turner（eds.）1991，中・清野・進藤訳 1995：59, 67）．
4) アリストテレス（Aristoteles, B. C384～B. C322）は古代ギリシャの哲学者・科学者でプラトンに師事した．『ニコマコス倫理学』は実践学的著作の代表作といわれ，そこにおいて人間活動の目的は善であり，最高善とは幸福であるとされている．彼は幸福こそ人間活動の究極的目的であるとし，それを実現する政治の大切さを説いている．幸福な人とは究極的には倫理的卓越性（徳）に基づいて活動できる人をいい，どのような状態で倫理的卓越性（徳）が実現できるのかについて，アリストテレスは「過超」と「不足」によって失われ「中庸」によって保たれると主張している．
5) アリストテレスは地上の物質は4元素の組み合わせによって作られるとし，物理学では火・水・土・空気を基本的な4元素として考えた．またギリシャ自然哲学の祖といわれるタレス（Thales, B. C. 640年頃～B. C. 546年頃）は「万物は水からつくられる」といい，すべての物体は水が離合集散して生じたと考えた．パーソンズは，これら古代のギリシャ哲学者の考えを採用している．つまり，人間的条件システムにおける生命システムの物質的基礎に土（a）火（g）空気（i）水（l）を取り入れている．

第22章
「生命システム」の機能と「ケイパビリティ」

第1節　はじめに

　タルコット・パーソンズは社会システム，一般行為システム，人間的条件システムと機能分析を通して行為理論の解明に努めている．パーソンズは人間の存在を自然界の一部，宇宙のなかの「生命システム」(living systems) の1つと捉えて人間的条件システムを展開している．そして，パーソンズの「一般化されたシンボリック・メディア」を究明していくと，パーソンズは社会を構成している人間に焦点をあて，人間の機能，人間のはたらきを分析的に捉えていると思われる．

　本章では，まずパーソンズの機能の概念を見て，次に「生命システム」の機能，「生命システム」の機能分析，そしてケイパビリティについて検討していきたい．

第2節　パーソンズの機能の概念

　パーソンズはマートンが「構造-機能主義」(structure-functionalism) のよび方に反対して「機能分析」(functional analysis) のよび方が適当であると表明したとき，それに支持を寄せている（Parsons 1977：100）．パーソンズは「構造」と「機能」の両概念は同等ではないと主張する．

　パーソンズは「構造」について，次のように記している．

　「構造とは相互に区別可能なシステムの諸要素の何でも記述できる配置のことである．そしてそのシステム諸要素の特性や関係は，ある特定の分析の目的にとって，一定不変のままであると仮定できる．構造は存在論上の実体ではな

く，研究目的に厳密に関係しており，そして予想されるものである．それは有機体の科学と行為の科学との間に連続的である」(Parsons 1977 : 236)．

　パーソンズはその根拠として，社会システムは一般行為システムの分析的に抽象された一下位システムであることを確かめ，行為システムは「生命システム」というもっと大きな範疇の1つの下位部類であるとして，生命システムの分析へと進んでいる．この場合，生命システムの範疇には，有機体の分化以前の行動，それの物質代謝過程，生物進化などのすべてを含んでいる（Parsons 1977 : 230)．このとき，機能の概念が生命システムの理解にとって中心的なものであることを論及している．

　この生命システムの機能についての考えは，マートンがフランスの生理学者クロード・ベルナールに由来し，アメリカの生理学者キャノンの影響を受けて発展させた論文「顕在的機能と潜在的機能」のなかのシステム－環境関係にヒントを得ている (Parsons 1977 : 101)．

　「過程」については，次のように記されている．

　「過程とは，所与の研究目的にとって意味のある区切られた時間のなかで，「状態の変化」を経るシステムの理論的に意味のある側面から成り立っている．相関的なのは構造と過程であって，構造と機能ではない．構造も過程も両方とも，機能という用語で分析される」(Parsons 1977 : 237)．

　パーソンズは，行為はすぐれて人間的なもので，人間の行動のうちの文化的な面での構造成分であるシンボリック・コードを含んでいて，それらに制御されているという．

　パーソンズによれば，人間の場合，過程 (process) には2つの状態があげられている．1つはコミュニケーションであり，もう1つは意思決定 (decision) つまり相互交流と決断力があげられているである (Parsons 1977 : 237)．

　機能の概念は，構造と相関関係にあるのではなく，どのような生命システムとその環境との間の諸関係にとっても適した枠組の主要概念なのである．機能が成し遂げられたり，あるいは機能的要件が満たされるのは，構造と過程の1つの組み合わせに対して行なわれるのである (Parsons 1977 : 236)．

　パーソンズによれば，「構造」概念は機能概念と同じ水準 (level, レベル) に位置しているのではなく，より低い分析的水準に位置している．構造概念

は，機能ではなく「過程」概念と同系統である (Parsons 1977：101-102).
　すなわち，機能は構造と過程を貫く概念とパーソンズは主張している．

第3節　「生命システム」の機能

(1)「生命システム」の機能
　社会システムが生命システムのように，その環境と相互交換を行なっていることから本来はオープン・システムであることを指摘したうえで，パーソンズは機能について次のように指摘している．
　「ここで栄養を摂取することや呼吸することは，その物理的環境における有機体の依存の原型となっている．このことは機能が社会システムに適用しているものとして，またあらゆる他の生命システムに適用しているものとして，機能の有名な概念の本質的な基礎である」(Parsons 1977：180).
　ここにおいて，生命システムにとって機能の概念の本質的な基礎に，生命体を維持するための働きをパーソンズはあげている．
　生命システムの様々な環境を考えていくことは必要である．なぜなら，各々そのような環境はシステムと相互交換関係にあるからであり，そしてこれらの諸関係の特殊化された性質は，システムの内部分化の最も重要な基礎として役立っているからである．例えば，一有機体の栄養摂取や排泄システム，呼吸システム，そして運動システムはこの基礎において互いに分化したものである．注目されているように，このことは論争上の（生物科学ではなく，社会科学において）機能の概念の本質的な意味である．分化にとって基礎は機能的である．というのは，機能はその様々な環境とシステムのインプット－アウトプットの関係にあり，そして，それに続くシステムそれ自体の分化している部分の間の内部的な関係にあるからである (Parsons 1977：181-182).
　パーソンズは，生物が発生の過程で細胞や組織などが形態的に特殊化し，異なった部分にわかれるという分化の基礎を機能的であると主張している．この生命システムの機能の考えについて，マートンがキャノンの著書『からだの知恵』を参考に発展させた論文「顕在的機能と潜在的機能」のなかのシステム－環境関係に，パーソンズはヒントを得ている．

(2)「生命システム」の性質

パーソンズは社会システムの研究から始めて社会システムは行為システムの部分的なものであることを示し，さらに行為をなす人間を存在と行為という点からより広く捉えて，人間的条件のシステムを展開している．人間的条件のシステムは物理的 - 化学的システム（A），人間有機体システム（G），行為システム（I），テリック・システム（L）から構成されるとしている．パーソンズは物理的 - 化学的システムを生命システムの物質的基礎として，ヘンダーソン，ウィーナー，ギリシャ哲学者のタレスなどの考えを援用して分析している．パーソンズは生物としての人間，意識をもった人間を生命システムの一部を成すものとして捉えている．

生物学理論を社会学理論にとり入れるという考えは，パーソンズによると1969年イタリアのベラジオで開かれた会議に端を発している．そのときの成果は，『ディドゥルス』誌に「近代科学の創造」（"The Making of Modern Sciences", 1972）として刊行されている．

生物学理論を社会学に適用できるという考えは，パーソンズによればヘンダーソンの『環境の適合性』（The Fitness of the Environment, 1913）に影響を受けている．ヘンダーソンは，生命システムが境界によってその環境から区別されるという仮定のもとで，生命システムの性質に複雑性，調節，新陳代謝の3つをあげている．人間の場合，皮膚が内部と外部との境界とされている．

生命システムのこれら3つの特質を，パーソンズは人間的条件パラダイムの物理的 - 化学的システムのなかに新陳代謝（a），複雑性（g），調節（i）として取り入れている．

第4節　「生命システム」の機能分析

(1)「種」と人間「社会」の対応

パーソンズは，生命有機体のおりなす現象と人間のパーソナリティや社会や文化の現象との間に十分な類似があるのは，基本的には生命システムの異なった類型に共通した特徴と連続性にかかっているからであると述べて（Parsons 1977：110），「社会」概念と「種」概念の類似を検討している．これには生物

学者エルンスト・マイアの『個体群，種および進化』(1970) を参考にしている．マイアは前記の書において，種を3つの主要な焦点あるいは側面をもつものと規定している．第一に，種は生殖作用をもったコミュニティ (a reproduction community) である．というのは大部分，同じ種の成員 (メンバー) のみが相互に交配する．言い換えるなら，種は生殖機能に関して境界づけられたシステムなのである．第二に，種は縄張りをもったコミュニティ (a territorial community) である．それは生息地ないしは適所をもっているが，大部分は他の種と縄張りを分けあっている．しかし，同じ種の有機体の分布は領域のなかで決して無規則ではない．この観点からも，種は境界づけられたシステムである．第三に，種は共通の遺伝子のプール (pool，貯蔵庫) を共有している遺伝子のコミュニティ (a genetic community) である (Parsons 1977：110)．パーソンズは，人間社会を構成する人間にはただ1つの種しかないというすべての人間生物学者の意見を参考に入れて，人間社会を種に対応させている．

第一に，種の生殖作用をもったコミュニティの類似に，社会は人間種の下位区分である人口を組織していることをあげている．それは，マイアを含む生物学者たちが「個体群」とよぶものの水準 (レベル) においてであるとされている．第二の縄張りをもったコミュニティ (領域) には，例えば「政治的に組織された」会をあげている．第三の遺伝子のコミュニティに類似しているものとして，1つの社会は1つの共通の文化によって特徴づけられていることをあげている (Parsons 1977：110-111)．

そしてパーソンズは，社会が境界づけられたシステムとして機能しているメカニズムは，有機体の種が機能しているメカニズムとは異なっているが，それらの機能は明らかに比較できると主張している．前記の考えは，人間的条件パラダイムの人間有機体システム (G) の機能分析に反映されている．

(2) 「生命システム」の機能分析

パーソンズはさらに，生命システムの2つの部類 (classes) すなわち，種と社会の間には他にも重要な類似があるという．それは，適応と統合という概念に対してである．適応はダーウィン進化論の数少ない鍵概念の1つで，個々の有機体であっても種であっても，生命システムの外部環境に対する関係を表

している．統合は諸部分から成るシステムにとって相互に内部的な関係にかかわっており，内部環境の発想と深く関係している．システムの統合とは，内部環境に対してシステムの諸部分が適応していることをいう（Parsons 1977：111）．

以上のようにパーソンズは適応と統合の機能について，有機体の生命システムと社会文化的な生命システムとの間に，非常に一般化された類似があるとみている．

四機能のうちの目標達成について，長い間比較心理学者の間で論争の的であったが，現在では生命有機体の行動において，目的性の基本的重要性について意見の一致の方向にあるという．このことは，目標達成の概念が心理学と生物学の境界を越えているという．マイアによれば，進化段階の低い種すなわち下等生物において，目標志向性は比較的に未発達であるが，より高級な種すなわち高等生物において，それはきわめて中心になっていることが指摘されている．すなわち，生物には目的志向性のあることが確かめられている．

最後にパーソンズは，種と人間社会のパターン維持機能について言及している．これは四機能のうち，最も重要なものであるといえる．パターン維持の概念は，生物学の面でその類似は分子遺伝学の進歩によって直接に強化されてきた．パーソンズは1967年に開かれた学術会議で，生物学者エマーソンの発言にヒントを得て，議論を進めている．エマーソンの公式とは，人間行為の領域にあるシンボルは，有機体領域にある遺伝子に類似しているというものである．パーソンズはエマーソンの発言を行為の科学に適用して，文化のパターンは種の遺伝子の遺産に類似していると解釈した．このことは文化システムと社会システムを注意深く区別することを意味し，生物学者が遺伝子型と表現型とを区別するのに相当している（Parsons 1977：112-113）．

言語学について，パーソンズは次のように記している．

「個々の有機体の発達，あるいは社会的諸単位の発達の制御に関して機能的観点からみて類似があるということは，言語学の劇的な発展によって非常に強化されてきた．言語学の場合，発話によるシンボリックなコミュニケーションは，言語学者が言語コード（linguistic code）とよんだり，チョムスキーが「深層構造」（deep structure）とよぶものの作用を通して可能になる．そのよ

うなコードはそれ自体意味のある言葉ではなく，むしろ意味のある言葉が述べられる内側にあるシンボリックな準処枠なのである」(Parsons 1977：113).

言語学の場合には，シンボリックな枠組みにある言語コードを通して，音声言語によるコミュニケーションをとることができる，とパーソンズは述べている．

(3) 遺伝と情報

有名な生化学分子DNA（デオキシリボ核酸）は，ミクロ遺伝学者たちによってまったく同じ視点から，遺伝コード（genetic code）[1] およびより詳細な「プログラム」(program) を具体化したものであるとみられている．遺伝コード，「プログラム」では，生命細胞の生化学的成分，特にたんぱく質の合成過程を調節している（Parsons 1977：113).

パーソンズは種の形成や進化の理論に通じるミクロ生物学の水準から言語，人間社会そして文化に至るまで，この種類の現象の底流にはサイバネティックスと情報の関係が働いていると考えている．つまり一方における遺伝コードや遺伝子プールと，他方における言語コードや人間文化の他の側面との間に共通していることに，生命過程を制御しているサイバネティックな機構（メカニズム）があることを主張している．パーソンズの解釈によると，サイバネティクスの公式とは，適当な条件のもとでは高い情報・低いエネルギーをもつシステムは，高いエネルギー・低い情報をもつシステムを制御することができるというものである．これは1947年頃，アメリカの数学者ウィーナーによって提唱された概念であるが，1800年代に活躍したフランスの生理学者クロード・ベルナールの研究に先駆をもっている．サイバネティックスは自動制御などの工学的問題から，神経系統や脳の生理作用まで統一的に処理する理論体系であると言われている.

パーソンズは次のように記述している.

「生物学過程にある遺伝子要素（genetic factors）は主に情報内容に中心が置かれ，酸化という新陳代謝過程によって放出される有機体エネルギーのようなエネルギー要素は，このような遺伝子要素によって制御されうるし，実際に制御されていることで生物学界に一般に意見の一致があるようにみえる．実

際，生物学者たちは，自分たちがこのことを真剣に受けとめていることを特徴づけるために言語学の専門用語を採用している．例えばDNA（デオキシリボ核酸）はRNA（リボ核酸）に「転写された」情報を運んで伝え，順にRNAは酵素の働きを通して細胞レベルにおけるタンパク質の合成に「翻訳して」関与すると言われている．さらに，DNAの3つの連続する遺伝子はコドンとよばれ，ミクロ生物学者たちによって「主語」「動詞」そして「述語」と称されてきた」(Parsons 1977：120)．

　パーソンズは言語学が生物学と社会－文化的科学との間に，きわめて重要な知的橋渡しをしていると主張している．そして，こうした全体の概念の基礎をなしていることに，生命システムがある種の比較的に一定した「コード」あるいは「プログラム」と有機体の表現型的レベルにおいては遺伝学上与えられたパターンを実行する諸シンボルの他の組を必要としているという事実を，パーソンズは強調している．同様に社会－文化的分野においては，文化のパターンと生物学上の有機体とは制度化という過程を通じて相互作用している，と彼はいう (Parsons 1977：120-121)．

　以上のことから，パーソンズは種の源である遺伝子に行き着き，遺伝コードおよび遺伝子プールと人間文化をなしている言語コードおよび他の側面に共通していることに，生命過程を制御しているサイバネティックスの機構をあげている．

　ここで遺伝コード，言語コードとして出てくるコードとは，遺伝や言語を表現する際のシンボリックな準拠枠である．生命システムが有機体の表現型レベルで遺伝的なパターンを実行するには，コードの他に諸シンボルの他の組を必要としている事実を，パーソンズはあげている．一方，遺伝子の本体DNAは遺伝情報の保存・複製に関与している．そしてDNAは生命細胞の生化学的成分であり，タンパク質の合成過程を調節する遺伝コード，プログラムを具体化している．シンボリックな準拠枠の1つである遺伝コードに神経や免疫，タンパク質生合成などの遺伝情報を伝えて種は再生産され，その種のパターン維持が行なわれる．ここにおいて，遺伝子と遺伝情報の深い関係を理解することができる．

　遺伝コードを制御している機構にサイバネティックスの原理をみることがで

きるので，この点でサイバネティックスと情報理論につながりがあると考えることができる．またパーソンズは，生物学と社会-文化的科学との知的な架け橋にあるとして，言語学に重要性をみている．

　サイバネティックスに関して機能分析に直接にかかわりのある点として，パーソンズは次のことをあげている．生命システムの機能的に特殊化されたり分化された諸部門は，相互に関連してサイバネティックな階統的制御の順序にあるということである．このことは，広く多様性に富んだ理論的問題を解決する場合に助けになるという．

　さらに，人間の社会-文化的類型と生命システムの有機体類型の間に，もう1つの類似をパーソンズはあげている．それは「制度化」と「自然淘汰」である．最も一般的にみると，制度化とは文化的源泉のうちの規範的な要素を社会システムの構造に組み入れることである．例えば一定の法秩序のパターンがそうである．

　自然淘汰の原理は以下のように説明されている．

　「ある種の遺伝子プールに一定の遺伝子が存在しているという単なる事実は，表現型上の有機体を生み出すという生殖における遺伝子の役割の十分な決定因子ではない．というのは，このことが生じるためには遺伝学上所与のパターンが，その環境にある種の生活の性質によって規定される一連の差し迫った必要性と統合されねばならないからである．そのような緊急事態に出会ううちに変異ないし突然変異として生じた，あるいは新しい組み合わせから生じたいくつかの遺伝学上，所与のパターンが種やその成員たちの実際の構造のなかにつくられていくのであろう．だが一方，他のものは自然淘汰の過程で除去されていく．同様に社会的な問題において，社会変動の過程で生じるいくつかの文化的な価値や規範は，現実に具体的な社会構造の構成要素となる．制度化の問題は，これらの差異のある結果を生じる緊急事態（exigencies）や機構を理解するという問題なのである」(Parsons 1997：114)．

　以上のように，パーソンズは生物学理論における自然淘汰の過程と制度化における成功や失敗の過程には，多くの類似性があるとみており，それらの事柄を理解する基盤にサイバネティックスの原理が作用していると主張している．

第5節 パーソンズの記したケイパビリティ

　行為理論の領域において，さらにもう1つの理論的な発展があるという．パーソンズによれば，それは機能分析の中枢的部分をなしているもので「相互交換の一般化されたシンボリック・メディア」（"generalized symbolic media of interchange"）とよぶものの行為過程における役割である．

　例えば，貨幣は高度に発展し分化した経済システムにおいて重要な役割を果たしている．しかし，貨幣は情報では高くエネルギーではきわめて低い現象の1つの典型的な例である．それは本質的には，シンボリック・コミュニケーション（symbolic communication）の一現象なのである（Parsons 1977：115）．

　パーソンズは，機能分析の中枢をなすものとして「一般化されたシンボリック・メディア」の研究を進め，社会システムでは貨幣，権力，影響力，価値コミットメント，一般行為システムでは知性，遂行能力，感情，状況規定，さらに人間的条件システムでは経験的秩序，健康，シンボリックな意味，超越的秩序を析出している[2]．

　パーソンズによれば相互交換のシンボリック・メディアは，社会システムや他の行為システムの異なった単位構成要素の間で，相互行為の交換の流れを調整するメカニズムとして本質的に作用している．そして，それらのメディアはサイバネティックの準拠枠にきわめて明確に適合している．なぜなら，それらのメディアはエネルギーの交換ではなく，情報の交換にとって一様にすぐれたメカニズムだからである．そして，例えば要素と産出物の配分や統合を制御する機能をもっているからである（Parsons 1977：116）．

　シンボリック・メディアは，情報交換のメカニズムをもっているとして重要視されていたと理解することができる．

　そして，メディアを機能的視点から見ることができなければ，それらを明確にし分析道具として使用することはできない，とパーソンズは述べている（Parsons 1977：116）．

　前記のことから，彼は一般化されたシンボリック・メディアを社会構造や過程の機能分析にとって有効な分析道具として使用できると考えていたと思われ

る.

　パーソンズがシンボリック・メディアという語を初めて用いたのは,『社会的行為の構造』(1937) においてである. パーソンズはその著書のなかで, 書き言葉と話し言葉が同じものを指しているのは, 人々の間でそれらを感覚として受けとめるのではなく, それらの間にシンボリック・メディア (象徴的媒体) があり同じ意味を表しているからである. そして言語的表現の意味は, パレートの考え方においては社会的事実, 社会的現象においては同じ資格をもつということを強調している.

　パレートは人間行為には論理だけでは説明できない非論理的行為があり, その要素に「残基」と「派生」を見出し, それらの特質や相互依存関係をみようとしている. パレートによれば, 残基とは本能に対応するもの, また感情と本能の表出をさし, 派生とは残基によってひき起こされた行為を正当化, 論理化するための理論, 観念, 理念, 表象等をさしている. パレートは歴史的事実, 神話, 説話にみられる人間の行為には理性外的, 非論理的な感情, 本能が普遍的に表れているとして, そのなかに経験的斉一性 (法則) を見ようとしている. この場合の本能というのは, 社会的環境のなかでのみ出現するもので, 個体の状態においても見られる食欲等の本能は含まず, 社会的本能というべきものをさしている[3].

　パーソンズが一般化されたシンボリック・メディアを追求していたのは, パレートの考えを受け継いで人間行為の斉一性を科学的に研究し, 理論を実証化する方法を探究していたからであると思われる. パーソンズは, パレートによる社会学を科学として捉え, それによる説明も近似的なもので決して完全なものではない, という点を支持し強調している. そこには人間は多様で複雑な存在であるということを, パーソンズは十分に意識していたと考えられる.

　またパーソンズはライオネル・ロビンズの書いた『経済学の本質と意義』(1932) に関して,『社会的行為の構造』(1937) の前に 1934 年に *The Quarterly Journal of Economics* に「『経済学の本質と意義』に関する書評」という論文を書いている[4].

　パレートのいう残基を分析していったものが, 一般化されたシンボリック・メディアとみることができる. 特に一般行為システムにおいてそうである. パ

ーソンズは『社会的行為の構造』のなかで，パレートのいう残基について次のように述べている．残基の基礎をなす中核的要素とは「非合理的な」本能に他ならない，とパレート研究者によって考えられている．パレートは，一昔前に流行した思考様式である本能心理学のいま1つの学説を提唱した人物と考えられている．彼の思考のなかからより一般的な概念枠組みを識別して抽出しようとすれば，そこに見出されるのは実証主義的で反-主知主義の枠組みであるということになる（Parsons 1937：204，稲上他2，1986：115）．

また非論理的行為については，次のように記している．

「非論理的行為―それをパレートは残基の範疇として定義しているが―には，構造的要素の2つの主要なグループが含まれている．すなわち，一方では非主観的体系，特に遺伝と環境によって定式化することのできる要素であり，他方には価値複合によって定式化できる要素が含まれている」（Parsons 1937：268，稲上他2，1986：215）．

ここでの要素は，ともに感情のなかにふくまれているとパーソンズは述べている．そしてパーソンズは，価値的態度と価値要素は等しいとも述べている．

残基と感情との関係については，以下のように記している．

「残基と感情との関係，論理的に定式化された目的と価値的態度との関係には「不確定」な要素がある．この点をパレートが強調しているのは正しい．けれどもこのことは，ここでの基本的な論旨を何ら損うものではない．残基はいかに不適切であるにしても，感情すなわち1つの価値的態度を表現している．その関係（残基と感情の関係）は，前述のケースとはまったく異なっている」（Parsons 1937：271，稲上他2，1986：220）．

この箇所でパーソンズは次のように記している．

> たぶん，意味のあるシンボルによって"表現"されるこのケイパビリティは，遺伝と環境から区別されるものとして，1つの"価値"要素の最適で唯一の基準であるだろう（Parsons 1937：271）．（下線，筆者）

ここにおいて，パーソンズは残基を構成している意味あるシンボルによって表現されるものを，ケイパビリティと認識していたと考えることができる．さ

らにパーソンズは，ケイパビリティについて，遺伝と環境から区別されるものとして1つの価値要素であり，唯一で最上の基準であるだろう，と述べている．

第6節　結び

パーソンズのいう機能の概念は，構造と過程を貫く働きであるといえる．パーソンズは機能分析をするにあたり四機能パラダイムを用い，社会システム，一般行為システム，人間的条件システムへと進んでいる．そして彼は生物としての人間を生命システムの1つと捉えている．この「生命システム」の性質に新陳代謝，複雑性，調節があげられている．さらに人間的条件システムのなかの人間有機体システムでは，パターン維持機能に遺伝子の継承が置かれ，この有機体領域の遺伝子に類似するものに行為の文化的領域のシンボルがあげられている．パーソンズは，機能分析の中枢部分として「相互交換の一般化されたシンボリック・メディア」をあげている．

そして，アマルティア・センが1985年に発表したケイパビリティ・アプローチのケイパビリティの用語は，パーソンズの著書『社会的行為の構造』(1937)のパレートに関する章［271頁］に現れている．

注
1) 遺伝情報は一次的形質としてタンパク質に翻訳され，このタンパク質（酵素）の働きで二次，三次形質が発現される．この一次的形質であるタンパク質のアミノ酸配列の情報は，DNA上に配列されており，これを遺伝コードまたは遺伝暗号・アミノ酸コードという．このコードの問題は，1954年ガモフによりトリプレットコードの仮説として提唱された．
2) 拙稿「シンボリック・メディア理論と Well-Being（善き生）」参照（松本他編 2003）．なお，パーソンズは『アメリカの大学』(1973)のなかで記した，一般行為システムの遂行能力，感情，状況規定のシンボリック・メディアを自我の能力，集合感情，集合表象と改訂していることを1978年の講演で明らかにしている（パーソンズ／倉田編訳 1984：93-94）．
3) 拙稿「パーソンズとパレートにおけるシンボル論」参照（松本他編 2004）．
4) センも同じ雑誌に1967年「孤立，保証，社会的割引率」という論文を書いている．

第23章
センとパーソンズの「ケイパビリティ」と「コミットメント」の概念

第1節 はじめに

　経済学者・倫理学者であるアマルティア・センは，人間の幸福は経済的尺度だけでは測れないとして，人間の機能という考えを示し，ケイパビリティ・アプローチを提案して，計測尺度を研究している．センのケイパビリティの考えは具体的には，1990年に国連開発計画（UNDP）の人間開発指標（HDI）において一人当たりGNP，平均寿命，教育水準の形で社会指標として採用されている．社会学者パーソンズは行為理論を研究しているが，その源泉をたどると経済学者パレートの非論理的行為についての考えを受け継いでいることが理解できる．パーソンズはパレートの考えに欠けているものとして規範的要素に着目し，それを取り入れて分析的に研究を進め行為についての計測尺度を追求していたと考えられる．

　またセンが倫理学者であると言われるゆえんは，道徳的基盤として共感とコミットメントという2つの概念を，人間行為の思考のなかに取り入れているからであると思われる．そして，この2つの概念は社会学的視点にも通底している概念である．コミットメント（commitment）という用語には，関与，委託，約束，義務，責任，献身，かかわりあい等様々な意味があり，日本語に訳しづらい英語なので本書ではコミットメントとカタカナで表記することにする．

　本章では，まずセンのいう人間の機能（1990），ケイパビリティの概念を検討し，それらがパーソンズのいう生命システムの基本的機能（1977），ケイパ

ビリティの概念（1937）に非常によく類似していることをみていきたい．次にセンのいうコミットメントの概念はどのような意味をもち，実際に政策の理念としてどのような有効性を発揮しているのかについて検討していきたい．筆者は，センのいうケイパビリティとパーソンズのいう「一般化されたシンボリック・メディア」は関連していると考えており，センとパーソンズの考え方には共通している点を見ることができると思われる．また，パーソンズは社会システムから析出されるシンボリック・メディアの1つに価値コミットメントをあげている．それゆえ，センのいうコミットメントとパーソンズのいう価値コミットメントの相違についても明らかにすることを目的としている．

第2節　センのケイパビリティ概念

(1) 人間の機能，ケイパビリティ概念が生み出された経緯

アマルティア・センの不平等，貧困，飢饉に関する研究は，アローの「一般不可能性定理」（general impossibility theorem）に始まる．アローの不可能性定理をさらにおし進めて「パレート的自由主義の不可能性定理」（The Impossibility of Paretian Liberal, 1970）をセンは証明した．それは，パレート基準こそ個人の自由の表現だと長い間考えられてきたが，3つ以上の選択肢においてその基準は，とてもリベラルであるとはいえない帰結をもたらしうるというものである（Sen 1982，大庭・川本1989：11）．すなわち，全員一致の原理から成るパレート最適と個人的自由の容認は，選択肢が3つ以上になると互いに矛盾するというのである．

センによると効用をもとにした基準と非効用情報に基づいた状態には，相容れないものがあるという．センの研究テーマは不平等と貧困，飢餓についてであり，彼はそれらの評価を計測する尺度を求めようとしている．

センは1976年に論文「合理的な愚か者」（Rational Fools）を書いて経済理論における行動上の基礎を批判した．経済学のなかでは，どの行為者も自己利益のみによって動機づけられており，効用を最大にするように合理的行動をとるという人間観，すなわち〈ホモ・エコノミクス〉（経済人）を仮定にしている．この仮定は，需給関係の様々な一般的特性を導き出し理想的な観察の条件

であった．しかし，人々の日常的な行動には矛盾性があり，利己主義の問題は完全に未解決であるとセンはいう．人は家族や友人など，人とのつながりのなかで生活しているからである．

　経済学において抽象的に仮定されている「非共感的な孤立」からどう離反するのかをセンは考え，「共感」と「コミットメント」の概念を導入している．

　不平等の問題については，論文「何の平等か？」（Equality of what？ 1979）のなかで「基本的ケイパビリティ（basic capabilities）の平等」という概念をうち出している．基本的ケイパビリティとは，人がある基本的な事柄をなしうる行為能力をいう．例えば身障者の場合，身体を動かして移動する能力が関連しているものの1つだが，その他に栄養補給の必要量を摂取する行為能力，衣服を身にまとい風雨をしのぐための手段を入手する資力，さらに共同体の社会生活に参加する機能といった能力もここに含めることができるとしている（Sen 1982，大庭・川本 1989：253）．

　他方，飢饉については『貧困と飢饉』（Poverty and Famines, 1981）のなかで，食糧の絶対量は飢饉をまぬがれるだけ十分あるにもかかわらず，当該地域の住民が交換についてのエンタイトルメント（entitlement，権原）を確立できないことから生じているとした．飢饉を解決するのにセンは，食糧の分配が公平に行なわれる社会制度や民主主義の重要性を指摘している．

　1985年に書かれた『財とケイパビリティ』（Commodities and Capabilities）のなかで，センは厚生経済学の基礎，特に個人の「善き生」（well-being，よい人生，福祉）と優位さ（advantages）の評価について言及している．善き生を評価するアプローチに［1］効用アプローチ［2］富裕アプローチ［3］機能アプローチをあげている．［1］効用アプローチでは効用をそれぞれ「満足」，「欲望充足」，「選択の実数値表現」とみる立場によってわかれる．［2］富裕アプローチは「実質所得の評価」に基づくものである．センは［1］［2］は善き生への適切なアプローチとは認め難いとして［3］機能アプローチをとっている．これは後にケイパビリティ・アプローチ（Capability approach）とよび方が変更されている．

　センは，善き生を評価して計測する方法を追究しており，ここにおいて機能とケイパビリティの概念が生じてくる．1980年代からセンは，この2つの概

念を中心に論究している．

(2) センのケイパビリティ概念

センは，人の「善き生」を判断するのに，その人のもつ財および財の特性を分析するだけではできないとして，人の「機能」（'functionings' of persons）にまでたち返らなければならないと，さらに考察を進めている．ここで人の機能とは，その人のもつ財とその特性を用いてうまく行ないをなしていくことをいう．

そして，例えば同じ財の組み合わせが与えられても，障害のある人は健康な人がそれを用いてなしうる多くのことをなすことができないかもしれないことに，我々は注意しなければならない，と述べている（Sen 1985：10）．

機能については，次のように記している．「機能とは人が成就しうること—彼／彼女が行ないうること，なりうること—である」（Sen 1985：10, 鈴村 1988：22）．

 "A functioning is an achievement of a person : what he or she manages to do or to be."

すなわち，人の機能とは財や資源を用いて選択的に実現する人の行ないや在りようについての精神の働きと理解できる．そして，人が達成しうる機能の様々な組み合わせの集合をセンは「ケイパビリティ」とよんでいる．

貧困について経済学の研究を始めたセンが，1980年代に行き着いた基礎概念は「機能」と「ケイパビリティ」であるが，それは人間の存在や生き方にかかわる哲学的な思考からきている．1990年代になると，それまで人をpersonと記していたのが，より具体的にhumanという表現になっている．

善き生を求めるにあたってセンは人間の多様性を出発点にしており，基本財はあくまでも自由の手段にすぎないとしている．善き生を実現するために，個人が保有する基本財や資源に注目するのではなく，人間の機能（human functionings）からなるところの，人々によって選択可能な現実の生活に焦点を絞ることは可能であるとしている．そして，基本的な人間の機能に適度な栄養状態にあること，健康であることなどをあげている．さらに複合的であるが，多くの人が評価する人間の機能に自尊の達成，共同体の生活への参加，幸

福であることという功利主義的な機能などをあげている.これらをどれくらい重視するかは,個人によって大いに異なるとされている(Sen 1990:52, 川本 1991:79).つまり善き生は,自由と結びつけて考えられている.

機能については,また次のように記されている.

「人の善き生とは,人の機能の指標としてみるのが最適である.財の特性を人の機能の成就へと移す転換は,個人的・社会的な様々な要因に依存している.例えば栄養を摂取するという成就の場合,それは以下のような諸要因に依存している.①代謝率②体のサイズ③年齢④性(そして女性の場合,妊娠しているか授乳中か)⑤活動水準⑥医学的諸条件(寄生虫がいること,いないことを含む)⑦医療サービスへの接近方法とそれらを利用する能力⑧栄養学的な知識と能力⑨気候上の諸条件.

社会的行動を含む機能の成就や友人や親戚をもてなすという機能の成就の場合,機能は次のような影響力に依存しているであろう.①人が生活する社会で開かれる社会的会議の性格②家族や社会における人の立場③結婚,季節的な祭りのような祝いの催し,葬式などの他の行事への出席・欠席④友人や親戚の家庭からの物理的な距離など」(Sen 1985:25-26).

人の機能とは,物事を行なったり,ある状態に転換していく精神の働きをさしているものと思われる.それは行為や存在そのものに作用していく.

センは人の機能に関して重要な点として,次の2点をあげている.1つは,人の機能について善き生を評価する1つの尺度として考えていることである.つまり,人の機能の指標が善き生というわけである.その根拠に,人の善き生は彼／彼女が人生においてどんな生き方をしているか,また彼／彼女が「やり方」や「生き方」にどんな成功を収めているかという事柄に関連しているに違いないという簡単な事実に基づいていることをあげている(Sen 1985:28, 鈴村 1988:44).人の善き生を判定する作業は,何らかの方法で「行ない」や「人生」を判定している機能ベクトルを評価する形をとらねばならない(Sen 1985:28),センはそう主張している.

もう1つは,善き生に対する評価,つまり機能概念を通しての評価は完備した順序を生み出すものではない,不完備なものだということである.経済的・社会的関係の多くは,本来は部分的で不完全なものである点を認識することは

重要であると，センは指摘している（Sen 1985：31）．なぜなら，人間はもっている特性，環境などが一人一人異なっていて多様だからである．

　人の機能の組み合わせの集合を，センはケイパビリティとよんでいるが，ケイパビリティを規定する要因に，個人の特性の他に社会の制度にも注目している．善き生を求めることは，自由の獲得につながっているが，個人の自由に社会的コミットメントが加わってくると，ケイパビリティは促進される．そして善き生を評価するには，ケイパビリティの他に情報も必要となることをセンは強調している．

　センのケイパビリティ概念について，ヌスバウム（Nussbaum, Martha C. 1947〜）は次のような問題点をあげている．第一に，センはケイパビリティ・アプローチを表明する際にマルクスとアリストテレスの両方に時折，それとなく述べているけれども，ケイパビリティの概念を形づくるときにどの思想家が中心的な役割を果したのかについては，明らかではないという点をあげている．第二に，最も重要なこととして，センは主要なケイパビリティの一覧表（list）をつくってはいないという点をあげている（Nussbaum 2000：13）[1]．

　また経済思想史研究の坂本は，次のように述べている．

　「センはスミス，マルクス等と大立者をよく列挙するがケインズはいない．センはケインズを無視している．これはおもしろい点である．理由は不明だが，ケインズのエリート主義はセンには合わないのかもしれない．理性の役割を説くセンの主張は，ケインズの方と親和性がありそうでもある」（坂本2004：115）．

　経済思想史の面から見て，センがケインズを無視していることには不思議さがあると坂本は指摘している．

　パーソンズの生命システムの基礎的な機能として，栄養をとること，排泄，呼吸，運動をすることといった第一次的欲求を満たす働きがあげられている．センのいう基本的な人間の機能（1990）は，パーソンズのいう生命システムの機能（1977）と同じようなことを述べていると思われる．

　ケイパビリティという用語について．ケイパビリティは，意味あるシンボルによって表現されたものである．そしてケイパビリティを，遺伝と環境という要素から区別されるもの，1つの価値要素の最適で唯一の基準としてパーソン

ズは捉えている (Parsons 1937 : 271). このようにセンの使っているケイパビリティの用語は，パーソンズの『社会的行為の構造』(1937) のなかに出現している．

ケインズに関して，パーソンズは，ケインズの提唱した貨幣のインフレーション，デフレーションの概念を，一般化されたシンボリック・メディアのインフレーション，デフレーションに応用している．

第3節　センのいうコミットメント

(1) コミットメントの定義と特性

センは，初期 (1950年代半ば) から貧困，飢餓の解消をテーマに経済学の研究を進めているが，70年代，80年代と時代を経るにしたがって経済的行為を行なう人間についても考察を進めるようになる．そして経済と倫理，政治，社会に相互関係のあることを強調している．

センは，エッジワース (Edgeworth) の言葉である「経済学において抽象的に仮定される非共感的孤立 (unsympathetic isolation)」から離脱するにはどうしたらよいかを考えて，(ⅰ) 共感と (ⅱ) コミットメントの2つの概念を提起している (Sen 1977 : 91)．この2つの概念は，アダム・スミスの『道徳感情論』(1759) に基づいて提起されている．『道徳感情論』のなかで共感については，行為の適正性に関係して記述されているが，コミットメントについては直接にその用語は見当たらない．センはこの書物にみられる公共精神 (public spirit)，公共的な徳 (public virtue)，公共的利益 (public interest) などからコミットメントを提起していると思われる．

センは，コミットメントを定義づける1つの方法として次のように記している．

「コミットメントを定義づける1つの方法として，ある人が自分にとってさらに役立ちうる選択よりも，自分にとってより低いレベルの個人の福祉をもたらすであろうと確かにわかる行為を選択する，ということをあげる事ができる．比較は福祉のレベルの間で行なわれており，それゆえコミットメントのこの定義は単に結果を予見することに失敗したことから生じる自己利益 (self-interest）に反する行為は除外している」（Sen 1977：92）．

　センは，狭い自己利益的な行動から離れるとき，共感とコミットメントという2つの概念をいい，両者を区別することが重要であるとしている．共感とは，他者への関心が直接にその人の福祉（welfare）に影響する場合に対応している．例として，もし他人の苦悩を知ったときに，あなたの具合が悪くなった場合，それは共感の一例であるとしている．もし他人の苦悩を知ったときに，あなたは個人的にいっそう悪い状態になったと感じないけれども，あなたは他人が苦しむことをよくないことと考えて，それをやめさせるために何かをする準備があるとすれば，それはコミットメントの一例であるとしている（Sen 1977：91-92）．

　センはまた，別の例をあげている．

　「極貧の人がいる．もし彼の極貧があなたを大変悲しくするから，その極貧の人を助けるのであれば，それは共感に基づいた行為であるだろう．しかし，もし極貧の人の存在があなたを特に悲しませることはないが，あなたが不正だと考える制度（system）を変えたいと決意させるのならば，それはコミットメントに基づいた行為であるだろう」（Sen 1999：270）．

　このようにみてくると，コミットメントとは何か事が生じたときに，個人あるいは個人の内面だけで対処するのではなく，社会や制度にかかわっていこうとするものと理解できる．

　コミットメントの特性として何があげられているだろうか．第一に，コミットメントは非－利己的な（non-egoistic）な行為である点があげられている．共感に基づいた行動は，ある重要な意味で利己主義的（egoistic）であるとセンは言う．なぜなら人は他人の喜びに自分自身の喜びを感じ，他人の苦しみに自らも苦しみを感じるからであり，その人自身の効用の追求が，このように共感的な行為によって助長されているからであるという（Sen 1977：92）．

　この意味で非利己的であるのは，共感よりもむしろコミットメントに基づいた行為であるという（Sen 1977：92）．すなわち，コミットメントは自分がなすことのできる選択肢よりも，より低いレベルの個人の福祉をもたらすことがわかっている行為を選択するので，その人の効用はコミットメントによって助長されるとは限らない，利己的ではないと解釈できよう．

予想された福祉に関して，不確実性の問題に言及してみよう．この不確実性の問題を導入すると，共感の概念は影響を受けないが，コミットメントの概念は定式化し直すことを必要とするという．その際に必要な修正は，人々の不確実性に対する反応にかかっている．最も単純な事例に「くじ」をあげることができるが，くじについて個人の利得の観点からその個人の考え方は，個人的福祉の「期待効用」によって表現される．この場合，全部の議論は個人的福祉を期待される個人的福祉と置き換えることによって再定式化される．そのときコミットメントは，実際に選択できる行為よりも，より低く期待される福祉を生み出す行為を選択することに関係しているという (Sen 1977：93).

コミットメントの特性の第二に，反—優先的な (counterpreferential) な選択を含んでいる点をあげることができる．センによれば，近代経済学理論の用語において，共感は「外部性」(externality) の1つであるが，コミットメントはまさに現実的な意味で反優先的な選択を含んでいるという．そのことが意味するのは，選択された選択肢はそれを選んだ人にとって他の選択肢より望ましいに違いないという，決定的な前提を破壊することである．このことは，モデルが本質的に異なった方法で決定化されることを確かに要求する (Sen 1977：93). つまりコミットメントは，必ずしも優先的ではない選択を含んでおり，従来の経済学理論モデルの選択と優先的な選好を同一視するという前提をこわすものであるという．

そしてコミットメントは，その人の道徳 (moral) と密接に関係しているという．ここでの道徳とは，宗教的な影響から政治的なそれに及ぶまで，不十分に理解されているものから十分に議論されたものに及ぶまで，多様な影響力を含んだ非常に広い意味での道徳をさしている (Sen 1977：93).

コミットメントの特性の第三に，個人的な選択と個人的な福祉との間にくさびを打ち込んでいるという事実をあげることができる．伝統的な経済理論の多くは，個人的な選択と個人的な福祉を同一とみなしてつくられてきた．コミットメントが選択の構成要素として認められると，伝統的な経済学モデルにおける選択行動と福祉を成就する間にある基本的なつながりは，すぐに切断されるとセンは言う (Sen 1977：94). センによれば，個人の選択と個人の福祉，すなわち個人の幸福は同一ではないという．選択行動に関して，個人は自分のこ

とだけを考えて行為しているのではなく，他人への配慮を考えて行為することが多くある．なぜなら人は他者とのかかわりのなかで，つまり社会のなかで生きているからである．このことは，アダム・スミスが著書のなかでも指摘していることである．

　コミットメントの特性の第四に自己犠牲（self-sacrifice）を伴うかもしれないことを，あげることができる．自分の感じる共感に反応することには，自己利益あるいは善き生の犠牲を伴わない．（もしある人の極貧があなたを苦しめるならその人を助けることは共感による行動で，あなたを幸福にするかもしれない）．これに対して，コミットメントによる行動は自己犠牲を伴うかもしれない．というのは，あなたが助けようと試みる理由は，その人自身の同情に基づく苦しみを取り除くというよりも，その人の不正義（injustice）に対する認識だからである（Sen 1999：270-271）．すなわち，人は社会全体の幸福を保障する秩序を実現し維持するという正義を期待しており，その期待に反した状況にあったときに不正義を感じる．そのとき，コミットメントによる行動がとられるであろうと理解できる．

　またセンは，次のようにも述べている．

　「しかし自分のコミットメントの追求には，まだ「自己」（self）の要素が含まれている．というのは，コミットメントは自分自身のものだからである．さらに重要なことは，コミットメントによる行動が自分の個人的な有利さ（あるいは善き生）の促進に通じるにせよ，通じないにせよ，そのような行動は，その人の合理的な意志（rational will）のどんな否定も含まないということである」（Sen 1999：270-271）．

　つまりセンは合理的な意志を肯定したうえで，コミットメントに基づく行動を考えているといえる．このことをセンは，アダム・スミスが社会において利己的な個人の共存の理論を求めたことから学んでいると思われる．

(2) コミットメントに基づく行動について

　センは従来の経済学的モデルに，コミットメントに基づく行動を認めることが，なぜ必要なのか，なぜその帰結が重大なのかもしれないのかを示そうとしてきた．今までの経済学のモデルにおいて，合理性（rationality）とは行為を

自己利益の観点から正当化しうる可能性と等置されてきた．この合理性のアプローチには［1］帰結主義，すなわち行為を結果だけから判断するという見解，［2］規則評価ではなく，行為評価というアプローチ［3］行為を評価するときに考慮されるべき唯一の結果は，行為者自身の利益にかかわる結果だけによるとする見解という3つの要素が含まれているという（Sen 1977：104）．

　センはこれらの要素が「理性を使用しうる力」という辞書的な意味での合理性の概念の必要な部分であるという主張に，異議を唱える．なぜなら，自己犠牲を払っても他者の幸福に資するというコミットメントの行動の場合，この3つの原則のいずれにもあてはまらないからである．コミットメントはときには結果を問題としない責務の感覚と関係しているという．また個別的ななかでの個人的な利得の不足は，行動の規則の価値を考慮することによって受け入れられるという（Sen 1977：104）．

　センはこの時点で，行動（behaviour）と行為（acts）を区別して使用している．行動の規則（rules）の価値をとり入れたものとして，行為という用語を使用している．この点では社会学の視点における行為と一致しているように思われる．

　センによれば，帰結主義，行為評価，自己利益という3つの構成要素から成る合理主義は，非常に狭い定義であるという．コミットメントを行動の一部として認めることは，合理的に推論された評価が，行為の基礎になっていることを否定しないという（Sen 1977：105）．すなわち，コミットメントを認めることが理性からの逸脱を意味するわけではなく，コミットメントを行動の構成要素として適合させる必要のあることを，センは強調している．

　人間は多くの人間のなかで生きている．自分自身とあらゆる人の中間にある集団（例えば階級，コミュニティ，家族，企業，学校など）で生じる行為はコミットメントとかかわりをもってくる．コミットメントに基づく行為がある以上，行為における選好概念の拡大が必要であり，その方法としてメタランクづけという方法をセンは提示している．それには情報が必要であり，内省やコミュニケーション，討論が必要であるという．

　センによれば，利己主義を斥けたからといって行動の基礎として普遍化された道徳性を受け入れるものではないという．つまり，利己主義を斥けないから

といって，普遍化された道徳性を受け入れないとは限らないと理解できる．このことは，アダム・スミスが個々人の利己的性質を否定しないで，近代社会で自由と平等をもった人間の共存を求めた姿と軌を一にするものといえる．そして，センはコミットメントを行為の一構成要素として認識していく．

(3) 人間と社会

センによる共感とコミットメントの概念は，アダム・スミスから学んだものである．スミスは「明確な是認の感情に対する効用の効果について」(『道徳感情論』第4部)のなかで効用（utility)[2]と人々の性格と行動について論述している．そして「人々の性格は，個人と社会の双方の幸福を，促進するのにも妨害するのにも，ともに適合させられうる」として，「どんな統治の機関が，人類の幸福を促進する傾向をもちえたのだろうか」(Smith 1759，水田訳2003：下31)を問うている．「なぜ効用が喜びを与えるか」については，ヒューム[3]の説明である「どんなものの効用も，それが促進するのに適合している快楽または便宜を絶えずほのめかすことによって，持主を喜ばせる」(Smith 1759，水田訳2003：下12)ことをあげている．

ヒュームは，効用があるという外観の結果として，「徳に対する我々の明確な是認」をあげる．スミスはさらに考えをおし進めて，「明確な是認の感情は常にそのなかに，効用の知覚とまったく区別された適宜性（適正性）の感覚をふくむ」(Smith 1759，水田訳2003：下34)として，議論を展開する．

スミスは「人間愛，正義，寛容，公共精神は，他の人々にとってきわめて有用な諸資源である」として「人間愛と正義の適宜性（propriety of humanity and justice）はどこにあるか」について説明している．スミスによると，「それは行為者の諸意向と観察者たちの諸意向との一致に多く依存している」とされている（Smith 1759，水田訳2003：下38)．

センはスミスのこの点をとりあげて，スミスの合理的人間像（rational person）は，その人物がしっかりと他者との交わりのなかにいることを，あげている．そして，その人の評価も行為も他者の存在をよび起こすのであり，個人は「大衆」(the public)から切り離されていないことを述べている（Sen 1999：271)．

スミスはホッブズの著書『リヴァイアサン』(1651) から，人間は孤立した存在ではなく，社会のなかで生きていることの認識を得ており[4]，そしてセンはスミスの著書から個人と大衆がまったく切り離されたものではないと把握している．

センは，スミスのいう正義，寛容，普遍的仁愛（universal benevolence）からコミットメントの概念を提起し，コミットメントの概念を公共精神の行使という点で，公共政策（public policy）に結びつけている[5]．

センによれば，スミスが相互に利益になる交換を求める動機に彼が「自己愛」（self-love）とよんだもの以外は，必要としないと指摘した点は，確かに正しいという．このことは，交換が経済分析の中心になっているので，決定的に重要であるという．しかし，他の問題（分配と平等，生産的な効率を生みだすために規則を守る問題）への対処について，スミスはより広い動機づけを強調したという（Sen 1999：271-272）．

そして，センも経済的行動をとる人間の動機に着目していくようになる．動機に関連して，センの主張していることを，いくつかあげてみたい．

第一に，行動は自己利益の追求のみに依存しているのではなく，価値が個人の行動に大きな影響を及ぼしていることを主張している．具体的には信頼性，信用，商取引における正直さなどをあげている．

第二に，価値（value）と規範（norm）の役割を強調している．具体的には，労働倫理，ビジネス道徳，汚職，公共の責任，環境的な価値，ジェンダーの公平，適正な家族規模などの問題についても，価値と規範の重要性を述べている．また効率と公平，あるいは貧困と服従の除去の問題を分析する際にも，価値の役割が決定的に重要であると述べている．さらに，公共の政策決定においても規範と価値の重要性を示している．公共政策については，具体的には若い女性の思想と行動の自由，特に識字能力と学校教育の拡大，女性の雇用，稼得能力，経済的に力をつけることなどの向上を通して，それらが自由に関連していることをあげている．さらに公共政策に関係して，新聞やメディアの果たす役割の大きさをあげている．

第三に，大衆を指示や与えられた援助の受動的で従順な受け手としてよりも，変化への積極的な参加者としてみる考えを強調している．すなわちセンは

大衆を行為主体（agent）として捉えている．

　センの主張している前記の考えは，社会学のなかで行為を研究している理論の問題と十分に共通しているとみることができる．行為理論の研究者としてパーソンズをあげることができるが，パーソンズも行為は価値と動機から成ることを，すでに1951年の『社会システム』のなかで見出している．また価値と規範の重要性についても指摘している．彼は最初の著書『社会的行為の構造』（1937）において，人間の行為について自発的，意志的であるという特徴から行為の主意主義的理論（voluntaristic theory of action）を強調している．さらに晩年の著書『行為理論と人間的条件』（1978）のなかで，パーソンズはテリック（telic，目的）システムのなかに究極的行為主体（ultimate agency）をおいている．

　センはスミスから共感とコミットメントの概念を導いて使用しているが，パーソンズも価値コミットメントという形で，コミットメントについて考察している．次にパーソンズのいうコミットメントについて述べてみたい．

第4節　パーソンズのいう価値コミットメント

　パーソンズは社会システムを経済，政治，社会的共同体，信託システムに四機能分析し，それらの相互交換過程から「一般化されたシンボリック・メディア」をうみ出している．貨幣，権力，影響力，価値コミットメントがそうである．

　価値コミットメントの概念が初めて提示されたのは，論文集『社会学理論と現代社会』（1967）においてである．センの場合，コミットメントは具体的に記述されているが，パーソンズの場合，シンボリック・メディアの1つとして価値コミットメントが折出されているので，抽象的に捉えられている点に注意を払う必要がある．

　価値コミットメントは，A, G, I, L（適応，目標達成，統合，パターン維持）機能のうち，Lのパターン維持機能に係留し文化にも関係している．価値についてパーソンズは，マックス・ウェーバーとアメリカの文化人類学者クラックホーンから影響を受けたとしているが，ここでは主にクラックホーンとの

かかわりで述べてみたい．パーソンズによれば，価値コミットメントにおける価値は具体的事物の範疇またはその特性ではなく，人類学的な意味を用いるならば「パターン」(型) である．そしてパーソンズは価値について，クラックホーンと同じく 'desirable' という単語を用い，「望ましいもの」としている．価値とは文化的レベルにおけるパターンであって，それは制度化によって経験的な社会過程の決定因子になることができるとされている (Parsons 1969：440)．すなわち，社会システムの構成にかかわる価値は，社会成員によって支えられ，社会の望ましいパターンの概念であると理解できる．

メディアとしてのコミットメントは，価値実現に影響を及ぼす一般化された能力と信用できる約束と定義されている．その基準となる構成要素として準拠している社会の道徳的権威があげられている．その伝達内容は，本質的には関連がある価値パターンへのコミットメントの主張内容であって，それは一定の明確にされた義務を引き受ける約束（我々は，これをしばしばコミットメントと明示している）のように，価値の実行を目指す行為に暗に含まれた諸要素の形をとるだろうとされている (Parsons 1969：456)．つまりメディアとしてのコミットメントは，抽象化されたもので，価値を実行する際の能力および義務を引き受ける約束と理解できる．

価値コミットメントは，価値を実行する過程にあり文化的および動機づけに関係しているといえる．価値コミットメントの活性化には，道徳的裁定が背景にあるとされ，そして価値コミットメントの実行には，道徳的責任が重要視されている．

また，メディアとしての価値コミットメントのインフレ，デフレについてもパーソンズは言及している．価値コミットメントのインフレーション傾向とは，価値を実行する際にコミットメントが過剰になることであるとされ，そのときには過度な警告や批判が表れる．デフレーション傾向とは，価値を実行する際の望まない方向への傾向であるとされ，それは自由の範囲を定める度合いに関係しているとされている．

第5節　結び

　まず，ケイパビリティについて述べてみたい．

　センとパーソンズは，ともにパレート理論から出発しており人間の幸福を測る基準を追求していたと思われる．センは実践的に研究を進め，パーソンズはシステム的に分析的に研究を進めている．センのケイパビリティ概念から，社会指標として一人当たりGNP，平均寿命，教育水準が導かれている．パーソンズは残基を機能的に分析することによって，一般化されたシンボリック・メディアを導いている．そしてパーソンズは残基を構成している意味あるシンボルによって表現されるものを，ケイパビリティであると記している．それゆえ，パーソンズのいう一般化されたシンボリック・メディアは，社会指標に適用できるのではないかと考えられる．

　センとパーソンズが共通に用いているケイパビリティ概念を，様々な角度から捉えて一人当たり国民所得，平均寿命，教育水準以外の基準（尺度）を見出していくことが，今後の課題となると思われる．

　次にセンとパーソンズのコミットメントの概念について，気のついた点を二，三あげてみたい．

　第一にセンとパーソンズの理論は，ともにパレート理論に深く関係している点をあげることができる．センは近代経済学理論の前提になっている自己利益の追求に疑問をなげかけて，経済行動の動機には，自己利益の他に共感やコミットメントの要素のあることを提起している．それらの概念はアダム・スミスを参考にして導いている．センは「パレート的自由主義の不可能性」を証明して，理論を発展させている．パーソンズは，パレートの非論理的行為の研究に不足している点に注目して，行為理論の研究を進めている．すなわち，行為における意味や価値という規範的要素に注目して理論を展開している．コミットメントについても価値コミットメントという形で言及している．パーソンズの場合，社会システムのI機能に係留する影響力メディアに，アダム・スミスを参考にしたことが記されている．価値コミットメント（L機能）は影響力（I機能）と相互に浸透しあっている．センとパーソンズのコミットメントの定義

は異なるが，それは両者の方法論の違いから生じているといえるかもしれない．なぜならセン，パーソンズともにスミスの『国富論』の第四部「明確な是認の感情に対する効用の効果について」から考えを導いているからである．

　第二に，センよりも先に，パーソンズがコミットメントの用語を用いている点をあげることができる．センは 1972 年にコミットメントの概念を提起しているが，パーソンズは 1967 年に価値コミットメントの概念を提起し，1970 年の論文「現代社会における平等と不平等」において，価値コミットメントをより現実にあわせて記述している．1970 年のパーソンズの論文には，アダム・スミス，道徳，連帯，ルソー等の用語がみられ，それらは 1972 年のセンの論文にもみられる．

　第三に，セン，パーソンズともに，コミットメントの概念を価値や規範，道徳や文化に関係したものと見ており，さらにそれが自由に通じていると主張している点をあげることができる．またセンは選好のメタランクづけを行なう際に情報が必要であり内省とコミュニケーションが重要であると述べている．パーソンズも理論の理論をメタ理論として四機能分析のもとの形を提示している．そして行為の相互交換には情報が必要であり，シンボルとコミュニケーションの重要性を主張している．コミットメントの概念について，センは具体的，実践的に捉え，パーソンズは抽象的，理論的に捉えている点は大きな相違である．

注

1) ヌスバウムは，人間の機能的ケイパビリティの一覧表として次の項目をあげている．①寿命②身体の健康③身体の保全④感覚，想像力，思考力⑤感情⑥実践的理性⑦協力関係⑧他の種⑨遊び⑩自分の環境についての統制（Nussbaum 2000：78-80）．
2) 幸福，満足の意味．
3) ヒュームは，スミスのグラスゴウ大学勤務時代の先輩であり友人である．スミスは彼のことを，独創的で気持ちのいい一人の哲学者と称している（Smith 1759, 水田訳 2003：下 12）．
4) Smith 1759, 水田訳 2003：下 335-336 を参照．
5) この点については，Smith 1759, 水田訳 2003：下 38-41 を参照．

第24章
ウィーナーの「サイバネティックス」と
シンボル

第1節 はじめに

　生物学者エマーソンは，有機体の遺伝子に相当するものとして，社会文化的段階においてはシンボルをあげている．パーソンズによれば，生命システムの有機体としての型と社会文化的レベルにおける型との間を比較できる広い基盤は，サイバネティックスにあるという．
　本章ではウィーナーの『サイバネティックス』(初出 1948) を手がかりに，サイバネティックスの用語の成り立ち，フィードバックについて，ウィーナーの主張した社会を明らかにし，サイバネティックスから見たシンボルについて記述していきたい．

第2節 サイバネティックスの用語の成り立ち

　サイバネティックス (cybernetics) とは，機械であろうと動物であろうと，制御 (control) と通信 (communication) 理論の全領域をさしていう．これは'舵手'を意味するギリシャ語 (κυβερνήτης) からつくられた語である (Wiener 1961：11，池原他訳 1962：14-15)．ノーバート・ウィーナー (Dr. Norbert Wiener)[1]は数学者であるが工学，統計学，医学等各分野の研究者らと研究会を開いて交流をもっていく中で，純粋数学，統計学，電気工学，神経生理学の各方面からの研究が同時に行なわれ，同じことにそれぞれ別の名前がつけられており，重要な研究成果が別個にまとめられていること，またある部

門では古典的とさえなっている結果が，他の部門ではあまり知られていないという状況等に気づいていった．

　第二次大戦の初期の頃，すなわち1940年頃からウィーナーはマサチューセッツ工科大学の同僚の教授たちと飛行機の未来の位置を予測する方法等，戦時研究に従事することになった．ウィーナーは，ビゲロウ（Julian H. Bigelow）と一緒に予測理論とその理論を具体化するための装置製作の共同研究を行なった．彼らは，飛行機の位置を予測するために人間の知能の働きを知る必要があった．そこで，ウィーナーとビゲロウは飛行機を操縦する人間に注目し，人間の随意運動を機械になぞらえた場合，制御工学の分野で'フィードバック'（帰還）とよばれているものであることに行きついた．

　ウィーナーとビゲロウと神経生理学者のローゼンブリュート博士（Dr. Rosenblueth）は，ある種の随意運動の仮説について，最も重要な仮説を見出していく．つまり，中枢神経系はもはや感覚から入力を受けて筋肉に放出するだけの独立の器官ではないというものである．それとは反対に，中枢神経系のきわめて特徴的なある種の機能は，循環する過程としてのみ説明できるというものである．この循環する過程は，神経系から発して筋肉にいき，末梢神経か別の特殊な感覚であるかを問わないが，いずれにせよ感覚器官を通して再び神経に戻ってくるものである（Wiener 1961：8，池原他訳 1962：10）．

　ウィーナーら三人は，中枢神経系が受容器から刺激を受けて筋肉へ連絡し，末消神経ら感覚器官を通じて，また神経にかえるという循環をなしていることを発見した．そして，このことは単に神経やシナプス（synapse）の単純な過程ではなく，統合された全体としての神経系の実行に関連している神経生理学のその方面の研究に新しい段階を示すものであると，ウィーナーらは考えた．

　前記のことがわかるだいぶ以前から，ウィーナーとビゲロウは，制御工学（control engineering）と通信工学（communication engineering）の問題が互いに切り離しえないこと，またこれらの問題が電気工学の技術のみに関するものではなく，むしろ通報（message）という，遙かに基本的な概念に関するものであるということに気づいていた．ここでいう通報とは電気的，機械的な方法あるいは神経系などによって伝送されるもの一切を含むものである．そして通報は時間的に分布した測定可能な事象の分離した，あるいは連続的な系列を

なしており，この系列はちょうど統計学者が時系列（time series）とよんでいるものである（wiener 1961：8，池原他訳 1962：11）.

ウィーナーによれば，通報の将来の予測はその過去にある種の演算子（operator）を施して行ないうるが，この演算子は数学的な計算または数学的か電気的な装置によって実現されるという.

ここで通報と訳されている message は，生化学においては遺伝コードの単位という意味もある．また言語その他の記号（コード）によって伝達される情報という意味もある．パーソンズはコードとメッセージによってシンボリック・メディアの特徴を表しており，ここにおいてメッセージの将来予測をする場合，遺伝子のコードによって伝えられる情報が，数学的な計算やコンピューターによって表すことができると思われる.

1948 年の『サイバネティックス』が書かれる 4 年前— 1944 年ころには，ウィーナーとローゼンブリュートとまわりの科学者のグループは，通信と制御と統計力学（statistical mechanics）を中心とする一連の問題が，それが機械であろうと生体組織内（living tissue）であろうと，本質的に統一されうるものであることに気づいていたという（Wiener 1961：11，池原他訳 1962：14）.

そこで，これらの問題を含む分野に共通の術語がないことに不自由を感じて，科学者がよくするようにギリシャ語から 1 つの新造語を造ったという．それが‘サイバネティックス’（cybernetics）という語である．このようにサイバネティックスという言葉は，1947 年の夏より前にはなかった[2]．しかし，この分野の初期の発達について述べるときにも，この言葉を用いた方が便利であるとウィーナーは記述している.

1942 年頃から，この分野の研究は色々な方面から進展し始めた．第一にビゲロウ，ローゼンブリュート，ウィーナーの共同研究の概要が，1942 年ニューヨークに開かれた神経系の中枢性制止（central inhibition）の問題の会合でローゼンブリュートによって発表されたことである.

この時期に，サイバネティックスの歴史に繰り返しあらわれる論理数学の影響が入ってくる．ウィーナーによれば，科学史のなかからサイバネティックスの守護聖人を選ぶとすれば，ライプニッツ（Leibniz）[3]であるという．ライプニッツの哲学の中心は，普遍的記号法（a universal symbolism）と推理の計算

法（a calculus of reasoning）の密接に関連した2つの概念であるという．これらの概念から，今日の数学の記号法（mathematical notation）と記号論理（symbolic logic）が生まれたという．算術がそろばんか卓上型計算機を経て現代の超高速計算機に至るまでの計算機の構想の根幹をなしているのと同様に，ライプニッツの'推理計算法'（calculus ratiocinator）は'推理機械'（machina ratiocinatrix）の萌芽を含んでいたという．事実，ライプニッツ自身，彼の先駆者パスカル（Pascal）[4]同様，金属部品で計算機械をつくることに興味をもっていたという（Wiener 1961：12，池原他訳 1962：15）．

今日降盛して活躍しているコンピューター（電子計算機）の考えの源が，今から約350年前にライプニッツの推理計算法にあるのを知ることができる．

またウィーナーは次のように記述している．

「数学の証明が我々のたどりうるものであれば，それは有限個の記号（symbols）で書きあらわせるものであるはずである．これらの記号法（symbols）は，例えば数学的帰納法における場合のように，実は有限個の過程を積み重ねればすむのである」（Wiener 1961：12，池原他訳 1962：16）．

ここにおいて，symbol という単語が出てくる．社会学等文科系領域では symbol を象徴と訳されることが多いが，数学の領域では記号と訳されている．それゆえ，文科系と理数科系を共通に理解するための土台として，以後 symbol をシンボルと表記したいと思う．

論理数学の分野からサイバネティックスの研究に転じた若い研究者にピッツ（Walter Pitts）がいる．ピッツはマッカロフ博士（Dr. McCullch）の影響を受けることになり，2人は神経繊維がシナプスによって結びつけられて系をなし，全体としてある機能特性をもつに至るまでについての研究をいち早く取りあげた．彼らはシャノン博士（Dr. Shannon）[5]（ベル電話研究所）とは独立に，本質的には継電器回路の問題に帰しうる問題の研究に論理数学を適用したのである（Wiener 1961：13，池原他訳 1962：17）．

1943年夏に，ウィーナーはボストン市立病院のレットヴィン博士（Dr. Lettvin）に会っている．レットヴィンは神経の機構に非常に興味をもっていた．レットヴィンの紹介によってピッツが1943年秋にマサチューセッツ工科大学にきて，ウィーナーはピッツを研究グループに迎え入れている．ピッツは

ウィーナーとともに研究し，数学的基礎を固めて，サイバネティックスの研究をすることになった．しかし，このときにはこの新しい科学は生まれていたけれども，まだ名前はついていなかった．

当時，ピッツは論理数学と神経生理学には精通していたが，工学の方面とはあまり接触していなかった．特に彼は，シャノンの研究を知らなかったし電子工学によって可能となる色々なことも知らなかった．それゆえ，ウィーナーが最近の真空管の見本を示して，ニューロン系[6]の等価回路を実現するにはこれが理想的なものだと説明したとき，彼は非常に興味を感じたようであった，とウィーナーは述べている（Wiener 1961：14，池原他訳 1962：18）．

さらに，ウィーナーは次のように記している．

「このとき以来，我々に明らかになったことは，次々にスイッチの操作を行なう超高速計算機が神経系に生ずる問題をほとんど理想的にあらわす模型になりうるに違いない，ということであった．ニューロンの神経興奮の発火[7]は，起こるか，まったく起こらないかという悉無律に従う性格（all-or-none character）をもつが，これはちょうど2進法で0か1かの数字の1つを，二者択一的に1回選ぶのと同じことである．そして計算機には2進法をもとにするのが一番よいとは，我々が前から考えていたことであった．またシナプスは，他の特定のニューロンからの出力のある組み合わせが，次のニューロンの神経興奮を発火させるにかなった刺激であるかどうかを決定する機構に他ならない．計算機の機構でも，ちょうどそれに対応するものがなくてはならない．動物における記憶の本質とその多様性を説明する問題は，計算機械のなかに記憶装置を人工的につくる問題に対応するものとなる」（Wiener 1961：14，池原他訳 1962：18）．

ここにおいて，神経細胞について神経興奮の発火が起きるかまったく起きないかという性質は，2進法で0か1かの数字を決定する際に1回選ぶのに似ているとウィーナーらが考えていたこと，さらに神経細胞の接続部であるシナプスや動物において記憶をつかさどるものは，計算機械に装置としてそれぞれ人工的につくって対応する問題である，と彼らが考えていたことを理解することができる．

ウィーナーによると，技術者の語彙はまもなく神経生理学者や心理学者の術

語と混合していったという．1943年から1944年にかけての冬，プリンストンで今日サイバネティックスとよんでいる分野に興味をもつ人々の会合が開かれ，技術者，生理学者，数学者をそれぞれを代表する人々が出席した．会議が終わったとき，明らかになったことは主に次の3点である．[1] 異なった分野に働いている研究者の間にも，実質的に共通な考えの基盤があるということ．[2] どの分野の人でも，他の分野の人によってすでに発展させられている概念を利用できる場合があるということ．[3] 共同の語彙をもつよう何とかしなければならないということなど．

1947年春に，ニューヨークでアメリカ数学会と統計数学会の連合大会が開かれ，サイバネティックスに密接な関係のある分野の立場からみた確率過程の研究発表があった．

ウィーナーは1945年，メキシコに約10週間滞在しローゼンブリュートとキャノン博士とともに研究を行なっている．それは一方においては，てんかんの強直性（tonic），間代性（clonic）および単相性（phasic）の収縮と，他方においては心臓の強直性けいれん，搏動（はくどう），震顫（しんせん）の間の関係を調べるというものであった．心臓筋肉は鋭敏な組織であって神経組織と同様に伝導機構の研究に役立つものであり，さらに心臓の筋肉繊維の吻合（ふんごう，anastomoses）と十字交叉（decussations）とは神経シナプスの問題よりも現象としては単純であると我々は考えた，とウィーナーは記している（Wiener 1961：17，池原他訳 1962：21）．

ウィーナーらは研究に2つの方向をとっている．すなわち，二次元あるいはそれ以上の次元をもつ均一な伝導媒質における伝導度と遅延（latency）の研究，もう1つは伝導繊維の不規則な網状組織の伝導特性の統計的研究である．前者から心臓搏動の基礎理論が導かれ，後者は震顫を理解するためのいくらかの助けとなった，とウィーナーは記している（Wiener 1961：17，池原他訳 1962：22）．この両面の研究を，ウィーナーとローゼンブリュートは発表している．

第 3 節 フィードバック（帰還）について

ウィーナーによると，1946 年春にマッカロフはフィードバックに関する第 1 回の会合をニューヨークで開催する準備を整えたという（Wiener 1961：17，池原他訳 1962：22）．フィードバック（帰還）とは，電気回路で出力の一部が入力側にもどり，それによって出力が増大または減少することをいう．

ウィーナーは第二次大戦の初期において（1940 年頃）戦時研究に従事することになり，ビゲロウとともに飛行進路の曲線の予測の理論と，その理論を実際に応用する装置製作の研究にあたっている．このようにしてウィーナーは，第一に複雑な計算の遂行，第二に未来の予測という人間特有の頭脳活動を入手するための設計をするために，電気機械系の研究に再び従事している．このうち第二の点の未来の予測について，人間のある種の機能の動作について研究するようになる．飛行機を操縦しているのは人間であり，その人間の動作特性を研究するようになる．ウィーナーは次のように記している．

「ビゲロウと私とが得た重要な結論は，随意運動において特に重要な要素は制御工学の技術者が，'フィードバック'（帰還）とよんでいるものであるということであった」（Wiener 1961：6，池原他訳 1962：8）．

つまり，ウィーナーとビゲロウは人間においてある行動の結果により，結果に含まれる情報を原因に戻って考え，その後の行動を修正したり調節しているという行動特性に気づいていったといえる．そしてウィーナーは，神経細胞と神経細胞を接合しているシナプスの研究よりも，フィードバックの研究の方が単純であると述べ，フィードバックの重要性について述べている．

『サイバネティックス』（第 2 版 1961 年，第 1 版は 1948 年）の第 4 章に「フィードバックと振動」という章がある．そこでは，フィードバックの原理の生理学への重要な応用として'恒常性'について記されている．ウィーナーは，生命体においては生理現象にある種のフィードバックが出てくるだけでなく，それが生命の連続に絶対必要である多数の例が見出されると述べている．そしてウィーナーは，高等動物の生命，特に健全な生命が持続される条件は非常に限られているとも述べて，次のような例をあげている．

「体温が摂氏で2分の1度ちがっても病気の特徴と考え，5度の変化が長期間続けば，生命はほとんど保てない．血圧の浸透圧とその水素イオン濃度とは，一定の限界内に厳格に保たれなければならない．白血球と感染に対する我々の科学的防護作用とが，適切な水準に保たれなければならない．また脈搏と血圧は，高すぎても低すぎてもよくない」など．

要するに，我々の体内の経済は巨大な科学工場にも匹敵するほどのサーモスタットや水素イオン濃度の自動調節器や調速器などがなければ，成り立たないのである．これらが，総体的に恒常作用として知られているものである (Wiener 1961 : 114-115，池原他訳 1962 : 137)．

ウィーナーはキャノンの発見した恒常性（ホメオスタシス）を，前記のように記述している．恒常性は哺乳類では，自律神経と内分泌腺が主体となって行なわれる．

ウィーナーは，こうした恒常性のフィードバックについて，随意的および姿勢的フィードバックとは一般的にちがった点が1つあるという．それは，恒常性のフィードバックがだんだんゆっくりしたものになっていく傾向があるという点である．この生物体におけるフィードバックは，速度が一定に調節できる機械におけるフィードバックとは大きく異なる点であるといえる．

したがって，恒常作用のための神経繊維は（それが交換神経系であっても，副交感神経系であっても）無髄性神経繊維が多いが，このものは有髄繊維よりもかなり遅い伝達速度をもつことが知られている．平滑筋や分泌腺のような恒常性の代表的な効果器も，随意活動や姿勢活動の代表的効果器である横紋筋に比べると同じく動作が遅い．恒常作用系の通報の多くは，神経系でない伝送路を通じて送られる．例えば心臓の筋肉繊維の直接吻合，ホルモン，血液中の炭酸ガスなどの科学的な媒体をあげることができる．心臓の場合を除いて，これらも一般に有随神経繊維よりは遅い伝達様式をもっている．この作用の個々の場合は，文献にかなり詳しく論じられている (Wiener 1961 : 115，池原他訳 1962 : 137-138)．

ここで参考にした文献に，キャノンの『からだの知恵』(1932) とヘンダーソンの『環境の適合性』(1913) があげられている．

人体のなかの恒常性を保つ過程においては無随性神経繊維が多いが，それら

は有髄神経繊維よりも伝達速度がかなり遅いということ,神経系でないホルモンや血液中の炭酸ガスなども有髄神経繊維よりは伝達速度が遅いということが『サイバネティックス』のなかに記されており,理解することができる.人体の不思議というか,様々な作用で生物体の体内環境は外部環境の変化,主体的条件の変化などに応じて均衡を保って活動しているのであろう.

第4節　サイバネティックスと社会科学の関係

　サイバネティックスというのは,生物分野と機械分野に見られるコントロールとコミュニケーションの現象を共通の語で表現した用語といえる.このとき,コントロール（control）コミュニケーション（communication）という語は,生物分野ではそれぞれ調整,意思の伝達と表現され,その意味で用いられ,機械分野ではそれぞれ制御,通信と表現され,その意味で用いられている.

　マッカロフ博士とフレモント＝スミス博士（Dr. Fremont-Smith）は,サイバネティックスの領域が心理学や社会学にも密接な関係のあることを見抜き,数名の一流の心理学者,社会学者,人類学者を推薦して研究グループに参加させたとウィーナーは記している（Wiener 1961：18, 池原他訳 1962：23）.

　また,ウィーナーは,「社会学や人類学についていえば,情報や通信は,個人の研究においてもそうであるが,共同社会の場合においていっそう組織のメカニズムとして重要な意味をもつことは明らかである」（Wiener 1961：18, 池原他訳 1962：23）と述べている.

　ウィーナーは,1946年夏に神経生理学者であるローゼンブリュートと共同研究を続けるために,メキシコに戻っている.ウィーナーとローゼンブリュートは,今度は神経の問題を直接フィードバック（feed-back）の立場からとりあげ,実験動物に猫を選んで実験を行なっている.

　この実験の最も注目すべき点として,ウィーナーは,神経筋回路（neuromuscular arc）の色々の部分を通過して1つのインパルス[8]が伝導するときに得られるデータを用い,乱調を起こすフィードバック系の発振周波数を決めるのに制御工学技術者がすでに発展させた方法を使って計算してみると,

間代けいれん (clonus) の実験の周期に非常によく合った数値が得られることであった，と述べている (Wiener 1961：20, 池原他訳 1962：26).

また，ウィーナーは次のように述べている.

「メイシーの会合で考えられたことから提示された研究の方向の1つは，社会組織における通信の概念と技術との重要性に関するものである．社会組織も，個人の場合と同様に確かに，通信系によって結びつけられた1つの組織であり，フィードバックの性質をもった環境過程を主体とする一種の力学によって支配されている．これは人類学と社会学の両分野一般についても，経済のもっと特殊な分野についてもいえる」(Wiener 1961：24, 池原他訳 1962：30-31).

ウィーナーは，ベイトスン博士 (Dr. Bateson) とマーガレット＝ミード博士 (Dr. Margaret Mead) から，現代のような混乱時代では社会的・経済的問題がひじょうに緊迫しているから，サイバネティックスのこの面の討論に精力をもっと集中するようにと要請された，と述べている．しかし，この種類の問題が，彼らや他の有能な研究者たちによってとりあげられることを望むものではあるが，私がこの方面の問題を真先にとりあげるべきであるとする彼らの考えかたには賛成できないとして，サイバネティックスが人類学や社会学や経済学の分野にも有効であると，述べるにとどめている．

また，次のようにも記している．

「人間の科学は，数学の新しい手法の効果をためすには，ひじょうに都合の悪い分野である．…安全な結果を得るための一定の数値計算方法がなく，社会学的，人類学的，経済学的量を評価するにあたって，専門家の判断力という要素がひじょうに大きくきいてくるために，専門家になれるだけの豊富な経験をもたない新人には何ともできない分野でもある」(Wiener 1961：25, 池原他訳 1962：31-32).

ウィーナーは，サイバネティックスが社会科学の分野に有効なことはわかっていたが，自らはその分野に深入りしなかった．数学や統計学を得意とする彼は，サイバネティックスと社会科学の分野の関連については，その方面の専門家に委ねたいと思ったのであろう．

第5節　社会の恒常性と情報の重要性

ウィーナーは次のように記している．

「共同社会の情報の有効量に関連して，社会政治に関する最も驚くべき事実の1つは，有効な恒常作用（homeostatic process）が極度に欠けていることである．多くの国で通用している1つの信仰がある．この信仰は，アメリカ合衆国では公式の信仰箇条にさえ祭り上げられている．それは自由競争がそれ自体恒常作用をもっているということである．すなわち，自由市場で取引をする個人個人ができるだけ安く買って，できるだけ高く売ろうとする利己主義が，結果としては価格の安定化を招来し，また最大多数の利益となるというのである」（Wiener 1961：158，池原他訳 1962：191）．

このことは，アダム・スミスが『国富論』（1776）のなかで，自由主義経済においては"見えざる手"（invisible hand）が働いている，と記していることと同じことを述べていると思われる．しかし，ウィーナーは続ける．

「ところが遺憾なことに，事実はこの単純な理論とはまったく反対である．市場はそれをまねて"モノポリー（独占）"という家庭ゲームがつくられているが，実際1つのゲームなのである．それは，フォン＝ノイマン（Dr. von Neumann）とモルゲンステルン（Dr. Morgenstern）が展開したゲームの一般理論に厳密に従うものである．この理論は次の仮定のうえに立っている．すなわちゲームをする人は各自，それぞれの段階で得られている情報に基づいて，可能な最大の報償の期待値を保証するような手を完全に理詰めに打つという仮定である」（Wiener 1961：159，池原他訳 1962：191-192）．

ウィーナーは，「完全に理詰めで，完全に無情な人間として描かれたフォン＝ノイマンの遊戯者の像は事実の抽象であり歪曲でもある．まったく頭がよくて，しかもまったく節操のない人たちだけが大勢あつまってゲームをするというのは稀なことである」（Wiener 1961：159，池原他訳 1962：192）と述べている．また，次のようにも記している．

「幸いなことに，これらの嘘つき商人や，だまされやすい人たちを搾取する連中も，万事が完全に彼らの思いどおりになるようなことにはなっていない．

それは誰もまったくの愚者でも，まったくの悪者でもないからである．ふつうの人は直接自分の関心を惹くことには相当に頭をはたらかせるが，自分の眼前に公衆のためになること，あるいは苦しんでいる人が現れれば，他の尽くそうという気持になるものである．…他人を出し抜こうとばかりする者は世論の重圧を常に感じ，しばらくの間には，その重圧はどこにでもあって避け難いもの，制約を与えるわずらわしいものとなり，自己防衛のために彼はその社会を去っていかなければならなくなるであろう」(Wiener 1961：160, 池原他訳1962：193).

ウィーナーは，社会の政治や経済に関する恒常作用はそれほど簡単には成立しないという．なぜなら，ウィーナーによれば市場は，フォン=ノイマンとモルゲンシュテルンが創始したゲームの一般理論 (the general theory of games) に従うという[9]．ゲームの一般理論とは，利害対立を含む複数主体の間の行動原理をゲームの理論で一般化した理論である．

ウィーナーは，成員の間の結合が密接な小さな共同社会では，高度の教育をうけた人たちの社会であろうと野蛮人の部落であろうと，相当な程度の恒常作用があるという．そして，無常なやり方が最高の水準に達しうるのは，大きな共同社会における場合だけであるという．大きな共同社会において，恒常作用に反する諸因子のうち報道手段の統制が最も効果的で，また重要なものであるという．そして，次のようにも記している．

「本書で学んだことの1つは，どのような組織体でも，情報の獲得・使用・保持・伝達のための手段をもつことによって，恒常作用が営まれるということである」(Wiener 1961：161, 池原他訳1962：194).

そして，ここでの手段には本や新聞などの出版物，ラジオ，電話通信網，電話，郵便，劇場，映画，学校，教会などがあげられている．

ウィーナーは自然科学と社会科学の違いを次のように述べている．

「社会科学においては，我々の調査が統計学的なものであっても力学的なものであっても，その結果の数字は最初の二，三桁しか信用できない．要するに我々が自然科学でいつも得られるものと比較しうるほど確実で意味のある情報は得られないのである．…我々が好むとこのまざるとにかかわらず，専門的な歴史家に用いられている"非科学的"な，説話的な方法にたよらざるをえない

ものが，そこには多く残されているのである」(Wiener 1961：164，池原他訳 1962：198)．

物理学，化学，天文学等自然を対象とした科学は，数学や統計学を用いた数学の調査結果で状況を判断できるが，経済学，文化人類学，社会学等，人間を対象とした科学は数字だけで状況を判断することはできない．社会科学にとって，物語を知るという科学的ではないように見える方法をやめることはできないことを，ウィーナーは私たちに伝えている．

第6節　ウィーナーの目指す社会

さらにウィーナーは，サイバネティックス的な考え方によって，実際に役に立つようなことをやってみたいと思う分野として次の2つをあげている．1つは失くなった手足，あるいは麻痺した手足の補綴術である．今1つは次のことは注目に値しようとして，以下のように記されている．

「私にはだいぶ前からわかっていたことであるが，現在の超高速計算機は，原理上，自動制御装置の理想的な中枢神経系として使用できる．その入力と出力とは，数学や図形などである必要はなく，光電管や温度計のような人工感覚器官の読み，あるいはモーターやソレノイドの動作であってもよい．歪計や類似の装置を使ってこれら運動器官の動作を読み，また中枢制御系に報告，すなわち'フィードバックする'ことによって人工の筋肉運動知覚を実現するとすれば，我々はほとんどどのような精巧な動作でもなしうる機会を人工的に作製できる状態にある．'長崎'よりずっと前，すなわち一般の人が原子爆弾のことを知るよりだいぶ前に私が気づいたことは，我々は善悪を問わず未曾有の重要性をもった社会革命に当面しているということであった．自動工場，すなわち工具のいない一貫組立工場は，今までのところ実現されてはいないが，その実現を阻んでいるものは，ただ我々が第二次世界大戦中に，例えばレーダーの技術の進歩にそそいだ程度の努力をしていないからにすぎないのである」(Wiener 1961：26-27，池原他訳 1962：33-34)．

上の文は『サイバネティックス』第2版1961年の序章に記されているが，もとは1945年10月，11月に出版された雑誌 Fortune, 32 にのったものであ

る．それゆえ，ウィーナーは1945年より以前に，サイバネティックスの制御と通信の技術を用いて，'フィードバックする'という人間の動作特性をおりこんで，現在では普通にみられるオートメーション工場の到来を予期している．

ウィーナーは，機械万能の時代がやってきても，人間の価値を尊重する社会をつくることの重要性を主張している．そして，新しい科学，サイバネティックスが戦争や搾取など悪い面での力の結果を助長することになるかもしれない，という危険が仮にあるとしても，サイバネティックスを使用することによって人類と社会の理解を深めることができるという善い成果があがり，その方が危険よりもずっと大きいという希望をもつ人々もいると述べて『サイバネティックス』を上辞している．

第7節　結び

ウィーナーは数学者である．工学領域での通信・自動制御作用と統計力学，さらに人間の神経系統や脳につながる生理的作用との間に共通性を見つけて，サイバネティックスと名前をつけた．

サイバネティックスの特徴の1つにフィードバック（帰還）がある．機械のフィードバックと人間の神経が織り成すフィードバックには，明らかな違いがある．機械のフィードバックは調節でき，入力と出力が常に一定に反復するが，人間の恒常作用における神経のフィードバックは不随意筋によって行なわれ，遅くなるという．

そして，機械が様々の物事に有効になる時代が来ても，人間の価値を尊重する社会は重要であることをウィーナーは強調している．

さらにウィーナーは，人間の政治や経済に関する恒常性は，簡単には成立しないとみている．結合が密接な成員数の少ない社会では，相当な程度の恒常性がみられるという．しかし，成員数の多い大きな社会では，恒常性に情報が重要な役割を果たすことを指摘している．

なるほど，結合が密で成員が少ない社会では情報がゆきわたり，コミュニケーションが行なわれて社会の安定が導かれやすい．しかし，成員数の多い社会

になると情報が行きわたらなくなり，コミュニケーションが疎になる．社会の安定には，情報も大切な役割を果たすと考えられる．

最後に筆者がウィーナーの『サイバネティックス』から学んだことを記してまとめにかえたい．

[1] 脳波のなかには，周波数が存在するということ（Wiener 1961：ⅩⅤ，池原他訳 1962：Xiii）．周波数は現在では様々な測定法がある[10]．

[2] ウィーナーによれば，人間の心（human mind）は人間の神経システム（human nervous system）と捉えることができるということ（Wiener 1961：125，池原他訳 1962：150）．

[3] シンボルを目に見える形で現すとすれば，神経生理学の立場から見ると，脳波の周波数と考えることができるのではないかと思われる．

注

1) Nobert Wiener, 1894～1964. アメリカの数学者．マサチューセッツ工科大学教授．確率・計算機械・自動制御の理論やサイバネティックスの開拓者．
2) その後，ウィーナーが自ら述べているように，厳密には'サイバネティックス'という言葉は，ウィーナーが 1947 年にはじめて使ったのではないという．電気学で有名な物理学者アンペール（Andre-Marie Ampere, 1775～1836, フランス）が，科学の分類に関する哲学的研究に，"Cybernetigue" という語を，人間を操縦する意味で使っていることが記されている（池原他訳 1962：244）．
3) Gottfried Wilheim Leibniz, 1646～1716. ドイツの数学者，哲学者，神学者．微分積分の形成者．
4) Blaise Pascal, 1623～1662. フランスの哲学者，数学者，物理学者．
5) Claude Elwood Shannon, 1916～2001. アメリカの電気工学者・数学者．マサチューセッツ工科大学教授．情報理論の基礎を確立した．
6) ニューロン：神経元，または神経単位，神経細胞とそれから出る神経繊維を含めていう（池原他訳 1962：245）．
7) 発火：1つの神経細胞の突起は，他の特定の神経細胞の大部の表面に接続している．この接続部は特定の構造と機能をもつので，特にシナプスとよばれる．第1の神経細胞から信号（神経興奮）がシナプスにとどき，その信号がある条件を満すと，第2の神経細胞の細胞膜に急速な一過性の電圧変動が生ずる．この電圧変動を動作電圧とよび，動作電圧を生ずることを fire するという（池原他訳 1962：245）．
8) impulse, 刺激を加えた結果，神経を伝わる興奮．活動電圧として検出される．
9) ウィーナーは数学者であるので，このように表現している．つまり，市場はゲームの一般理論に従う．それゆえ政治や経済について恒常作用の成立はそう簡単なことではない．情報が重要になって

くる，とウィーナーは言う．経済学者のアダム・スミスは，『国富論』(1776) のなかで市場は"見えざる手"(invisible hand) に従うと記して経済領域における恒常的な働きを示唆している．また新古典学派経済学者たちは，経済・合理的な考えから行動する人間を，ホモーエコノミックス (homo oeconomicus（ラテン），経済人）と表現している．

10) 脳機能活性度計測法 DIMENSION (Diagnosis Method of Nauronal Dysfunction)（脳機能研究所開発）など．

第25章
シンボルの根源

第1節　はじめに

　シンボリック・メディアを追求していくなかで，筆者はシンボルとはそもそも何だろうかという問題にうちあたった．私たちは何となくシンボルという言葉をわかったような気持で使用しているが，実は正確には理解していないのではないかと思ったからである．シンボルの根源や本質を知ることは，パーソンズのシンボリック・メディアをより深く理解することにつながると考えられる．そこで，シンボルの根源について検討していきたい．

　社会科学の領域において，シンボルを提起している最初の人として，エンルスト・カッシーラー（Ernst Cassirer, 1874〜1945）[1]をあげることができる．カッシーラーは『シンボル形式の哲学』（1923〜1929）という著書を書いているが，彼は「シンボル形式」という概念の源泉に，美学と物理学をあげている．

　美学についてカッシーラーは，ゲーテのシンボル概念に強い関心を示しているが，シンボルという概念を直接学んだのは，フリートリッヒ・テオドール・フィッシャー（Friedrich Theodor Vischer, 1807〜1887）[2]の「シンボル（Das Symbol）」（1887）という論文からである，と『シンボル形式の哲学』を訳した木田元はあとがきで記している．カッシーラーは，フィッシャーのシンボルの概念を拡張して，人間精神の諸形式を美学だけではなく，言葉や神話的・宗教的世界の形式までをも，この概念によって捉えようとした．

　物理学については『シンボル形式の哲学』の構想に，ハインリッヒ・ヘルツ（Heinrich Rudolph Hertz, 1857〜1894）が『力学原理』（1894）で提唱したシンボル理論の貢献が大きいという．19世紀から20世紀初頭にかけての物理学

の発展，つまりヘルツの力学的自然観からアインシュタインの相対論的自然観への革命的な発展と，この発展過程についての認識批判的な考究が，このシンボル形式概念の形成を促す1つの大きな動機であったという[3]．

さらにカッシーラーは『認識問題』(1907)のなかでライプニッツを取り上げている．本章では美学からみたシンボルとしてフィッシャーを，物理学・数学からみたシンボルとしてヘルツを，そして哲学からみたシンボルとしてライプニッツを取り上げ，シンボルの根源について検討してみたい．

第2節　美学からみたシンボル

美学について，フィッシャーのいうシンボルをみていきたい．本節では，ルカーチ[4]の書いた論文「カール・マルクスとフリードリッヒ・テオドール・フィッシャー」(1934)[5]を参考に，フィッシャーのいうシンボルの概観を記してみよう．

マルクス[6]は経済学者・哲学者であるが，最初ヘーゲル左派に属しており，その後，弁証的唯物論によって科学的社会主義を唱えている．フィッシャーは，1840年代からのドイツの自由主義的ブルジョアジーの代表者である．フィッシャーは哲学のうえではヘーゲル[7]から出発し，主観的な観念論の立場とることからカント[8]に近くなり，カントからさらに非合理主義的な実証主義となっていく．マルクスは経済学の前には美学の問題に熱心に取り組んでおり，1850年代後半にフィッシャーの美学を読んでいる．それは，『資本論』を準備していた頃，また『経済学批判』を書きあげる寸前であったとされている（ルカーチ著作集7, 1987：28）．ルカーチはマルクス主義の立場から，マルクスのフィッシャー抜き書きの内容やフィッシャー美学等について記述している．

ルカーチによると，マルクスはイデオロギー的諸問題の，また美学的問題設定や解決の摘要をフィッシャーから第一に受け取ったという．第二に，フィッシャーの美学に対するマルクスの関心を決定した主な観点は，「美」の成立における主観の活動的関与の問題であったという．ルカーチは，マルクスのこの関心について，フィッシャーの美学の本来の「主観的な」節，すなわち想像力に関する節に限られないことを指摘している（ルカーチ著作集7, 1987：29）．

さらにルカーチによると、マルクスは自然美の問題（ここでは金と銀の美的属性の問題）を、『経済学批判』後には、『資本論』において人間および自然の関係一般を扱うのに用いたと同じ唯物弁証法によって扱っているという。他方、フィッシャーは観念論的なヘーゲル学派として、どうしても自然現象を人間およびその実践から引き離すか、あるいは主観的要素を、主観とは無関係であることをその本質とする現象が明らかに問題となっている場合にも運びこまねばならないとしている。そして、フィッシャーが「無批判的実証論」と「無批判的観念論」におちいっているとして、この問題がフィッシャーをヘーゲルからカントへ、またカントから非合理主義へと導いた動機の1つとなっているとルカーチは主張している（ルカーチ著作集7，1987：32）．

フィッシャーは、ヘーゲル中央派につらなり、ヘーゲル哲学の中立的な歴史的紹介者の一人とみられている。つまり彼はヘーゲルから歴史性を継承した19世紀後半の人々の一人で、第2世代のヘーゲル学派であるとみられている。後にフィッシャーは、ヘーゲルから歴史性を取り除いていくようになる。

フィッシャーの「美」は資本主義の調和的体系における教養の位置を理想としていたが、次第に美的なものの主観性の問題に移っていく。フィッシャーは次のように書いている．

「美学は直観する主観の…関与なしに美なるものがあるがごとき仮象をすでにその第一歩において無くしなければならない．…要するに、美はたんに一定種類の直観なのである」（フィッシャー『批判論集』第4巻：224，ルカーチ著作集7，1987：71）．

美学とは、美を対象とする学問的考察をいう。美の本質を問い、その原理を究明する形而上学としての美学の他に、様々な美的現象を客観的に観察し、これを法則的に記述しようとする科学的美学がある．

19世紀からの近代美学では、感性的認識によって捉えられる現象としての美、すなわち「美的なもの」（das Ästhetische）が対象とされる。この「美的なもの」は理念として追求されるものではなく、あくまで我々の意識に映ずるかぎりの美である．つまり、美意識につながっていく．

フィッシャーは、ここで美は一定種類の直観であるという．つまり、美についてある決まった種類の精神が対象に直接に知的に把握する作用であるとい

う. 彼は, 美学において直観する主観を問題としている.

　ルカーチによれば, フィッシャーの場合, ヘーゲル美学は, 弁証法的諸範疇から抽象的・形式理論的な諸範疇に変わっているという. そして, そのことの特色に二点あげている. 1つは, ヘーゲル美学を有効なものにしよう, 当時の自由主義的なブルジョワジーの要求に適合させようとしたという. 2つめに, フィッシャーが行なっている本質的改造は, 歴史的・社会的現実の全体を自然美の範囲内に含めるものだという. それゆえ, フィッシャーは自然美に関して, 自然および社会の現実全体を芸術の対象として取り扱っているとルカーチは指摘している (ルカーチ著作集 7, 1987 : 59-60). ここにおいて, フィッシャーの美学は社会学とつながっていると捉えることができる.

　さらにルカーチは, フィッシャーの元来の体系を分析して観察できたこととして, 芸術の主観性と客観性の問題が彼の体系の最も多く明らかにされなかった点であり, 最も折衷的にわかれた部分であったということを指摘している. フィッシャーはそこで, 客観性の原理に対しては自然美, 主観性の原理に対しては想像力という固有の標題をつくっているという. そしてフィッシャーが考えるには, これら2つの領域における必要と一面性と, またそれから生ずる相互的な補足の必要とは, まさに芸術におけるそれらの実際的統一のための弁証法的前提を生ずるのであるとルカーチはいう (ルカーチ著作集 7, 1987 : 71).

　ここにおいて主観性と客観性の2つの領域から生じる相互的な補足の必要性とは, つまり自然美と創造力の相互的な補足の必要性とは, 芸術における実際の統一のための弁証法という前提を生ずると解釈できる. ルカーチによれば, フィッシャーは自然美のあらゆる客観性を止揚するという.

　フィッシャーは次のように書いている.

　「我々が自然美と言っているものは, 空想をすでに前提する, ということがはっきりした」(フィッシャー『批判論集』第4巻 : 222, ルカーチ著作集 7, 1987 : 71).

　ルカーチは前記の文章から, フィッシャーにとっては美学の全領域が芸術的空想 (すなわち彼の場合には「純粋直観」) の所産になるという. そして, このことはフィッシャーが美学仮象の問題をも徹底的に主観主義的な意味で解決する, という重要な帰結をはじめてもつものであるとルカーチはいう. 続いて

フィッシャーは，いまや芸術におけるリアリズムか観念論かの彼のディレンマを，観念論の意味において解こうとしているかのように思われる，とルカーチは述べている（ルカーチ著作集 7, 1987：73-74）．

フィッシャーは，1887 年に『シンボル』(Das Symbol) という論文を出している．ルカーチは次のように述べている．

「哲学的にこの著作について見られる本質的なものは，フィッシャーの新カント的な不可知論から経験主義的な，けれども神秘主義的な実証論への進展である．『シンボル』は実証につながる論文とみることができる．そして，歴史を「自然美」とするフィッシャーの取り扱いは，すでに美学においては 1 つの経験主義的「社会学」であった」（ルカーチ著作集 7, 1987：80）．

フィッシャーは次のように記している．

「美学はまったく経験的に出発してもかまわない．そして美学が経験に即した美の印象に含まれるものを集めた後には，それはいっそう深く進んで，なぜ美学というような態度が必然的に人間的自然のなかにあるのかを示さなければならない．次に美学は形而上学のなかから補助定理として，宇宙の統一の理念を人類学的基礎づけと結びあわせなければならない…」（フィッシャー『批判論集』第 4 巻：406, ルカーチ著作集 7, 1987：80）．

「汎人類主義とは，自然に対する美の立場である」（フィッシャー『美学』第 1 巻 第 19 節補遺 2, ルカーチ著作集 7, 1987：81）．

ここにおいてフィッシャーの美学は経験主義を肯定していること，宇宙の統一という考え方を加え，さらに人類学的観点をもって捉える必要があると理解できる．この人類学的観点は，フィッシャーの場合，新しいシンボル論の形をとっていく．

ルカーチはシンボル論が美学の原理となって「感情移入」(Einführung) 説になっていることを述べている．ここでは感情移入説に従いながら，シンボル論を理解していきたい．

感情移入とは，ある対象のなかに感情を通して自己を埋没させるところに美的体験が生まれるというものである．自己と主観が感情移入の最も重要な要素とされている[9]．19 世紀後半に，ロバート・フィッシャー[10]らによって取り上げられ，現在に至るまで美術史上，大きな影響を与えている．ロバート・フ

ィッシャーは，テオドール・フィッシャーの息子である．

ルカーチは次のように述べている．

「この理論（感情移入説）における決定的なことは，我々がそのあるがままの現実を認識することも模写することもできないということである．我々が現実模写とみなしているもの，自然対象に対する我々の受容として現れるもの，これらのすべては，我々に対立する外界への，我々の思想，感情等々の移入以外のなにものでもない」（ルカーチ著作集7，1987：82）．

感情を構成しているのはシンボルである．シンボルそのものは，現実を認識したり模写することはできないと解釈するとわかりやすい．感情移入説とは，我々は感情を移し入れることによって現実の模写や自然対象を受けいれることができる，というものである．

ライプニッツ・ウォルフ学派のバウムガルテンは，美とは感性的認識の完全なものに他ならない，と述べている．

フィッシャーは完全性について，次のように述べている．

「言うまでもなく，それは前もって見出されるのではない．それは生み出され，つくりだされるのである．そして，このことはまさに，その最初とともに次のように統括される．すなわち，理想的直観は客体のなかをのぞきこんで，そのなかにないものを見ようとするのである」（フィッシャー『批判論集』第3巻：305以下，ルカーチ著作集1987：82）．

前記のフィッシャーの美学的立場が，彼の神話に関する解釈と，また宗教一般のそれとはなはだしく結びついているとルカーチはいう．また，フィッシャーが「感情移入」を概念的に捉えようとする場合には，神話から出ているとルカーチは述べている．

フィッシャーは言う．「神話はじつに非人格的なものへの，人間の霊魂の運びこみにもとづいている」（フィッシャー『批判論集』第3巻：305以下，ルカーチ著作集7，1987：82）．

この点についてルカーチは，この神話の心理学は，いまや実証論者フィッシャーによって人間の霊魂の永遠の特性として解明されると述べている（ルカーチ著作集7，1987：82）．

フィッシャーは続ける．

「けれども霊魂貸与の作用は，それが遠い昔に神話から発生したものであっても人類に固有な自然必然的特徴として残るが，ただ今日では，我々が保留と呼ぶものをともなっている．だから，まったくのところ非人格的自然のもとにおしこまれた自我は神性とはならないし，まさにそれゆえに，それはもはや創作されることなく神話は成立しない——それに似たものはできるけれども…」（ルカーチ著作集 7，1987：82）．

前記について，この心理学的作用をフィッシャーは，シンボル的表現であり，「感情移入」と名づけているとルカーチは述べている．

この見解について，一面ではフィッシャーの非合理主義的傾向を徹底的におし進めたものであるという点，他面では「宗教的無神論」という術語でよばれそうな立場をフィッシャーが表明している点である，とルカーチは言う．

そして，このことは幾十年ものあいだ「感情移入」論を最も影響力のある美学理論としたということ，さらにそれにおけるフィッシャーの特別のニュアンスは，彼が芸術と芸術理論とを，この「宗教的無神論」の主な担い手にまで高めているという点に存するとルカーチは述べている（ルカーチ著作集 7，1987：83）．

つまり，フィッシャーが非合理的傾向を最後まで追求して出てくる精神作用，すなわちシンボルの作用に言及している点を，ルカーチは鋭く指摘するとともに高く評価している．

フィッシャーは最初の自己批判で次のように述べている．

「もしも美がなかったならば，人間的自然の極端な両面である精神と完成がそこにおいて出会い，真にまたまったく一体となるような点はなかったろう．また宇宙の完全性，調和，ひとくちに言ってその神々しさが開明されるような点はなかったろう」（フィッシャー『批判論集』第 4 巻：239，ルカーチ著作集 7，1987：83）．

前述のことは，フィッシャーの実証論的展開と関連して考察されねばならないとルカーチは言う（ルカーチ著作集 7，1987：83）．前記のことから，フィッシャーは美というもの，美意識を宇宙の完全性，調和，言い換えると神々しさと結びつけていることが理解できる．

さらにフィッシャーは言う．「神話的なものは，教養ある自由な意識にとっ

てシンボル的である」(フィッシャー『批判論集』第4巻：431，ルカーチ著作集7：84)．前記について，神話はシンボルからつくられるとフィッシャーは述べている．

ルカーチは次のように述べている．

「フィッシャーは，すでにはやくヘーゲルから歴史を取り去ったと同じように，今度はシンボル的表現から「人間の」「永遠の」，経験的にも実証論的にも捉えうる心理学的特性を取りだす．彼はシンボル的表現のヘーゲル的歴史時代から，1つの人類学的な「永遠の真理」を取りだす．そして，これによって彼は…後続する幾十年かの決定的な美学者となっている」(ルカーチ著作集7，1987：84)．

前記のことから，フィッシャーの美学に対する考え方，シンボルについての考え方を少しでも知ることができる．フィッシャーは美について，それまで観念論的に捉えられることの多かったものを，精神と感性が一体となって生まれるという観点におし進め，実証論的に捉えている．そして彼はシンボルという用語を用いて，人間の精神から「永遠の真理」を抜き出そうとしていることを理解できる．

さらにルカーチは，フィッシャーの「感情移入」の理論が，単に美学的な理論であるということが，ほとんどできないということ，それは至るところで方法論から世界観への道を歩んでいると主張している(ルカーチ著作集7，1987：105)．

ここにおいて，フィッシャーのシンボル論が美学においてだけでなく，他の方面にも応用できる普遍的なものだということを，カッシーラーだけでなくルカーチも認めていることがわかる．

さらに，フィッシャーがシンボルと神話との効果について次のように言っていることは非常に特徴的であるとして，ルカーチはフィッシャーの以下の文章を引用している．

「それらのなかにある欺瞞は，我々がだまされる真理よりもいっそう高い意味での真理なのである．…欺瞞の背後にあり，そしてその正当さによって万有，自然および精神は根源において一つであらねばならぬ，という真理があたえられるのである．—したがってシンボル的であり，しかも次のような意味ではシ

ンボル的ではないという矛盾が成立する．すなわち，処置方法における，単にシンボル的なものについての欺瞞は理想的正当化の真理をもち，そしてこの矛盾が生きるという意味においてである」（フィッシャー『批判論集』第4巻：434，ルカーチ著作集7，1987：106）．

　前記のことから，フィッシャーは次のように考えていたと理解できる．神話のなかにある欺瞞は，より高い意味で真理である．その背後にあるのは，宇宙間にあるものすべて，自然そして精神は根本において1つであるという真理である．

　ここにおいて，ヘンダーソンが『生命と物質』のなかで自然界と人間の構成物について，主に炭素（C），水素（H），酸素（O）（後にパーソンズは窒素（N）を加えた）と同一であると述べていたことを思い出す．違うところは，ヘンダーソンはエネルギーについて言及し，フィッシャーは霊魂について述べていることといえよう．

　ルカーチはまた次のように述べている．

　「フィッシャーはこの時代の哲学者からヘーゲル学派として，ヘーゲルと等しく簡単にかたづけられてしまう．しかしながら美学の理論および実践に対するフィッシャーの本当の位置，本当の影響は，決してこの像にふさわしいものではない．1900年代以来次第に影響力を増す非合理主義的「生の哲学」の創始者ディルタイ[11]は，すでに1880年代において「間接的理想化」がフィッシャーの「真の美学的発見」であることを強調している」（ルカーチ著作集7，1987：108-109）．

　そしてルカーチは，グロックナーの次の言葉を紹介している．

　「彼は「19世紀を理解するための鍵となる人物であり，ヘーゲル学徒であり，そして非合理性の問題の先駆者」である」（グロックナー『フィッシャーと19世紀』：9，ルカーチ著作集7，1987：117）．

　フィッシャーはヘーゲル哲学から出発したが後にはかなり変化し，感覚的な完全性と宇宙調和の概念を美の基準に採用している．そして彼は，人間の精神をつきつめて考えて，シンボルという概念に至っている．フィッシャーは論文「シンボル」（Das Symbol, 1887）で次のように記している．

　「シンボル概念は新たにされた関心で広く受けいれられている．それはロマ

ン派時代の科学において確かに有効である．しかし，分別あるように扱われてはいない．そこで私たちは要望する；人は美学を鋭く認識することにおいて，しっかりした原則上の意義をもつ．フォルケルト[12]は『新しい美学におけるシンボル概念』(1876)[13]という著書のなかで，次の命題に着手している．それは"新しい美学の発展の中心はシンボル概念にある"というものである．また私は，すでに次のように述べている．シンボルの理論は，美学システムの起源にすでに始まっており，幻想からの段落に由来しているのではないと．フォルケルトはそこに描写のよこ糸と，重要な理解のたて糸を描いている．そこでは，美的文芸におけるシンボルの本質は，規則（Regel）を経験しているという．私の見解もまた，そこに築き上げられ，最初のそしてより遅い改革を評価している[14]」．

ここにおいて，フィッシャーはフォルケルトのいう美（意識）の中心点はシンボル概念にある，シンボルの本質は規則にあるという主張に賛成している．

フィッシャーは私たちが美しいと感じる精神のもとに，シンボルを見出している．彼はシンボルの本来の性質に規則，秩序をあげている．自然の秩序のなかに，精神の秩序も含まれていると考えられる．

第3節　物理学・数学からみたシンボル

次に物理学，数学から見たシンボルについて述べてみよう．カッシーラーの著者から物理学の分野において，シンボルに関して根源的な人にはヘルツ（Hertz）[15]があげられている．本節では，ヘルツの『力学原理』(1894)を中心に，ヘルツの言うシンボルについて考察してみたい．

ヘルツは1894年1月1日に37歳で，敗血症により死去した．『力学原理』はヘルツが亡くなった1894年に出版されている．そこでは，ヘルツの師であるヘルムホルツ（Helmholtz）[16]が，序言で次のように述べている．

「…それゆえ私は過剰電流の大きさについて実験を行なう課題を提出した．これから，すくなくとも運動する質量の上限が決定されるはずであった．…ハインリッヒ・ヘルツ（Heinrich Hertz）の最初の重要な研究はこの問題を解決することであった．彼はその中で提出された問題に正確な解答を与え，2重に

巻いた螺旋からの余剰電流のたかだか1/20から1/30までが電気の完成の作用によるものであることを示した．この研究は賞の栄誉を授けられた．…彼はその後の実験にはまっ直ぐな導線の2つの長方形でできた1つの導体を用い，慣性に由来する余剰電流が誘導電流のたかだか1/250であることを見出した．…これらの実験は明らかに電気の途方もない動き易さを彼に強く印象づけ，彼の最も重要な発見をする方法を見出す助けとなった」(Hertz, 1894．上川訳1974：8)．

前記のような過程を経て，マクスウェル (Maxwell)[17]の予言した電磁波[18]の存在をヘルツは1888年，31歳のときに実験によって初めて証明した．電磁波は，19世紀に明らかにされていた4つの物理法則，[1] ファラデーの電磁誘導の法則，[2] アンペールの法則，[3] 電場に関するガウスの法則，[4] 磁場に関するガウスの法則，を統合することによって，1864年にマクスウェルによって予測された．ヘルツはその電磁場を発見したのである．

ヘルムホルツは，『力学原理』の序言のなかでさらに続ける．

「ヘルツは，力学現象についてこれまで一般的に成り立つと認められているすべての法則の完全で矛盾のない導き方を与えることのできるような力学の基本概念を見出そうとつとめた．…唯一の出発点として，彼は最も古い力学理論の見地，即ちすべての力学的過程は相互に作用する部分の間のすべての連絡が固いかのように起こるという概念を選んだ．それによって相互に直接接触していない物体間の力の存在を説明するためには，多数の知覚できない質量とその見ることのできない運動が存在するという仮説を彼は勿論承認しなければならない．…そして，それによって物理力の最も簡単な場合だけでも説明するためには，明らかに尚科学的な創造力を総動員することが必要であろう．その際，彼は主に見えない運動をする循環系の導入に期待していたように思われる」(Hertz, 1894．上川訳 1974：13-14)．

ここにおいて，離れた物体間の力の存在を説明するために，すなわち自然力を解明するために，ヘルツはシンボルを想定していたと考えることができる．

『力学原理』のなかには，ヘルツによって想定されたシンボルが数学的に表現されている．ヘルツは『力学原理』の序論で次のように述べている．

「すべての物理学者は，自然現象を簡単な力学法則に還元するのが，物理学

の課題であるという点で一致する．…私の期待するように新しく，私が価値をおく唯一のものは，全体の配列と総括であり，したがって対象の論理的な，あるいはいわばその哲学的な側面である」(Hertz 1894，上川訳 1974：15-17).

　ヘルツは自然界の現象を説明するために，観察に基づいて数式で表現するという具合に数学を重視している．それと同様に哲学も重視している．ヘルツは，意識的な自然認識の最も重要な課題として，将来の経験を予見する能力を我々に与え，その結果，我々の現在の行動をこの先見に適合させうるようにすることをあげている．そして，次のように述べている．

　「認識のこうした課題を解決するための基礎として，我々はつねに偶然の観察あるいは意識的な実験によって得た以前の経験を利用する．しかし，過去の経験から未来を導き出すために，したがって求むる予見を得るために我々が常に用いる方法は，次のようなものである：我々は外界の対象の内的な幻像あるいはシンボル[19]をつくる．そして我々は実際にそれを像の思考における必然的な結果が，常に模写された対象の自然における必然的な結果の像であるというふうに行うのである．この要求は一般的にみたし得るから，自然と我々の精神の間には正確な一致が存在するはずである」(Hertz 1894，上川訳 1974：21).（下線は筆者が引く）

　ここにおいて，ヘルツは認識に課せられた問題を解決するための基礎に，シンボルを考えていたことがわかる．彼はシンボルの働きによって作られる像について考究していく．また自然と人間の精神の間に一致があることを予測している．この点については，ヘンダーソンが自然の主な構成要素と人間の物体としての主な構成要素は同じである，と指摘していることと共通している．

　ヘルツは像が事物に関する人間の表象であるとする．すなわち，像は前述の要求をみたすので事物と本質的な一致点をもつと主張している．

　さらに彼は像に対して，3つの基本要求をあげている．第1の基本要求として，我々のすべての像が論理的に許容できることをあげている．第2の基本要求として，像が正確であることを要求している．そして第3の基本要求として，像が適切さによって区別されることをあげている．そして彼は，像についての我々の特殊な精神の像にすぎず，その形成法の特質が関係しないわけにはいかないから，像には空虚な関係がすでに含まれていると述べている

(Hertz：1894，上川訳 1974：22)．

このようにして，ヘルツは像の科学的説明に課する要求に許容性，正確さ，適切さをあげ，これが物理理論の価値と物理理論の表現の価値を判断する基準となる観点であると主張している．

ヘルツの力学においては，像を描写するために3つの独立な基本概念，すなわち時間，空間，質量だけから出発する．力とエネルギーを第4の独立の基本概念としては除く．このために説明が難しい場合には，もう1つの道が開かれているとして，次のような仮説をたてる．

「我々はかくれた何者かが働いていることを認めることができるが，この何かが特別なカテゴリーに属することを否定する．この隠れたものは，再び運動と質量，しかも見えるものとそれ自体区別されず，我々と我々の普通の知覚手段との関係でのみ区別されるような運動と質量に他ならないと自由に仮定してよい．さて，この考え方が正に我々の仮説である」(Hertz 1894，上川訳 1974：42)．

ここにおいて，このかくれた何ものかが，まさにシンボルであると考えられる．ヘルツは，「我々が普通，力やエネルギーと名付けるものは，その時質量や運動に1つの作用以上の何物でもない」と述べて，かくれたもの—シンボルを仮定している．

また「マクスウェルの功績により，電気力学的な力はかくれた質量の作用であるという推測は，ほとんど確信となった」(Hertz 1894，上川訳 1974：43) と述べている．

マクスウェルは電磁波の存在を予言し，光が電磁波であることを主張した．ヘルツは電磁波の存在を証明した．

筆者は前章において，シンボルは脳波の周波数と考えられると述べている．電磁波は英語で electromagnetic wave，脳波は electroencephalogram，と表現される．電磁波，脳波ともに electro —と電気を帯びたものと関係しており，自然界（あるいは宇宙のなかの自然界）の一部とみなすことができる，という点で共通している．

ヘルツの力学の特徴に，シンボルの存在を仮定している点をあげることができる．

このように『力学原理』において，ヘルツはシンボル，像についての考え方の普遍性を示しており，認識論，科学基礎論に貢献している．また彼は力学を展開していく上で計算の基礎として数学の役割，重要性を示しているということができる．

第4節　哲学からみたシンボル

シンボルを追求していくと，最終的には哲学にいきつく．カッシーラーは『認識問題』(1907年)（第五部　第二章）のなかでライプニッツ[20]を取り上げている．ライプニッツが哲学に関心をもったきっかけは，認識についての論理学的根拠を問うことであった．ライプニッツは次のように書いている．

「人間の知の諸要素を基礎づけるためには，我々を支え我々の確実な出発点となりうる確固たる点が必要になる．しかしこの端緒は，諸真理の一般的な本性のなかに (in ipsa generali natura Veritatum) 求められなければならない」．[21]

ライプニッツの出発点は，認識に基づいてデカルトらのとった心理学的側面からのアプローチではなく，真理の一般的な本性のなかにあったといえる．

カッシーラーによると，ライプニッツの哲学のうち実は，その認識概念の形式的な特質に根ざしており，そこからしてはじめて完全に照らしだされるという[22]．

さらにライプニッツは次のように記している．

「我々が事物の本性とよぶものも，結局は精神とその「生得観念」の本性に他ならない」．[23]

「根源的な真理も派生的な真理もことごとく我々のうちにある．なぜならあらゆる派生的な観念とそこから推論されるあらゆる真理は，我々のうちにある根源的な諸観念間の関係から生ずるからである」．[24]

ライプニッツは，結局我々のうちにある精神が事物の本来の性質，概念や思想をうみ出すと述べている．また精神によってうみ出される観念と諸観念の関係から真理が見出されると主張している．

こうして彼は，論理学と結合法の間に内的な関連が成り立つという基本的な

考え方のもとに,「普遍学 (scientia generalis)」を構想していく. それは「どんな結果もたがいに規定しあう異なった諸条件の共働によって現実の出来事のなかに生じえたのだから, 個々別々に完璧に我々の手に与えられていたそれらの条件を適切に結合することによっても, そうした結果を予見しつくりだすことができただろう」という思想に立脚していた (Cassirer1907, 須田他訳『認識問題』2000：126).

　ライプニッツは, 1684年の「認識, 真理, 概念においての省察」[25]において, 認識について段階的推移をたどっている.

　まず, 表象［観念］について事象を再認識するのに十分でないときを, あいまい (obscure) であるとし, 事象の再認識を十分に可能にして, しかもその表象の内容を他のすべての表象内容から区別する手段を提供するとき, その表象は明晰 (clare) であると区分している. 明晰な表象をさらに, 判明 (distincta) である場合と, 混乱している (confusa) 場合に分析している. …最後に, ある認識が内容を, 具体的な全体として直接的に表示するのではなく, 記号によって再現することで満足するときはには, その認識は記号的 (symbolica) であるとし, ある認識がこのような補助手段を必要とせず, あらゆる契機を現実的な思惟のうちに包括し把握しているときには, その認識は直観的 (intuitive) であると区分している.

　「判明な原始的表象については直観的な認識しかありえないのに, 合成された認識の思惟は, 通常単に記号的でしかない」.[26]

　ここにおいて, 認識とシンボルが結びつく. ライプニッツの場合, シンボルを記号として捉え, 普遍記号学を展開していく.

　ライプニッツは, あらゆる思想の構成要素としての原始的観念 (『モナドロジー』第33節) が存在することを前提として, そのような観念に対応する記号 (symbol, シンボル) を設定する. それから彼は, 記号と対象との一義的関係に基づいて思想の記号的探求に向かい普遍学, 普遍記号学[27]を展開していく. 普遍記号学の成果として微積分学, 位置解析, 二進法, 力学, 論理計算などが生み出されていく. このうち二進法の着想は20世紀にアメリカの数学者ノーバート・ウィーナーに受け継がれて, サイバネティックスのなかに活用されている.

ライプニッツは，1684年の「認識，真理，観念においての省察」という論文のなかで，認識を不明と明晰，混雑と判明，不十全と十全，記号的（シンボル的）と直感的というように分析している．この分析は普遍記号学の構想をふまえたものである．そして普遍記号学は事物の数量的客観化という現代の科学的思惟法に直結するものである．

ライプニッツは深い信仰をもっていた．宇宙についても，神を背景に調和を見出そうと思考的努力を重ねた．相互に無縁でおのおの独立の世界をなす各モナド（ことに心身の両者）があたかも交互作用の関係にあるかのような状態を示す理由は，あらかじめ神によって各モナド間に調和が生ずるように定められているからであるとする予定調和を唱えた．ライプニッツは，1686年に『形而上学叙説』を，晩年1714年に『モナドロジー』を著す．モナド[28]とは，複合体をつくっている単一な実態のことである．単一とは部分がないという意味である．(Leipnitz1677, 清水他訳『モナドロジー』2005：3)

本節では，ライプニッツが記号（symbol，シンボル）をどのように見ていたか，について考察をしていきたい．

1677年ライプニッツが31歳のときに書いた論文「対話—事物とことばとの結合—」には，彼の記号に対する考え方が明確に，そして哲学的に述べられている．そこには，次のような対話が出てくる（Leipnitz 1677, 清水他訳 2005：154-155）．

A　学者の中にはこう考えている者もあります．真理の源泉は人間の気まにあり，真理は名称あるいは記号から生ずるものだと．
B　まったくおかしな考えですね．
A　しかし彼らは，この考えをこう証明しているんです．定義というものは，やはりどんな証明にも基礎となるものでしょう？
B　もちろん．しかし定義の結びつきだけからだと，いくつもの命題が証明されます．
A　すると，そういう命題の真理性は定義に依存するんですかね．
B　そうです．
A　しかし，定義は我々の気ままに依存しますか．

B　どうして？
A　そうじゃないですか．楕円ということばを一定の図形の表示に使うことは，数学者の任意にまかされているんでしょう？　さらにまた円 circulus ということばにたいして，その定義が表す意味を与えることは，ラテン学者の任意だったんでしょう？
B　すると，そのさきはどうなるんです？　思考はことばなしにも成立しうるのです．
A　しかしそれも，何かほかの符号なしでは成立しないのです．数の符号を使わないで，なんらかの算術の計算をやりうるかどうか，まあやってごらんなさい．
B　君はどうも，私の頭をすっかり混乱させる．だって，私は記号とか符号というものが，推論にとってそれほど不可欠であるとは思わなかったのものだから．
A　だから算術の真理はなんらかの記号や符号を前提としているのでしょう？
B　それは認められることです．
A　そこで算術の真理は人間の気ままに依存していることになりますよ．
B　手品のようなものでごまかされているようですね．
A　こういう考えの出所は私ではなくて，ある非常に鋭敏な著作家[29]なんです．

　前記の記述において，真理の源泉は人間の気ままにあり，真理は記号（symbol）から生ずるという考えをライプニッツは認めていることがわかる．思考はことばなしにも成立しうるとしている．しかし，思考も他の符号あるいは記号なしには成立しないという．算術の真理は記号や符号を前提にしており，その記号や符号は人間の気ままに依存している．それゆえ，算術の真理は人間の気ままに依存しているという．そのような考え方を最初に述べたのはライプニッツ自身ではなく，トマス・ホッブズであることを述べている．ホッブズが逝去した1679年に，ライプニッツは33歳であり，ライプニッツはホッブズより少し遅い時期を生きている．ホッブズは社会契約説を唱え秩序を主張し

た人物として社会学の古典に出てくるが，ライプニッツの数学から論理的思考，哲学へという流れのなかで登場している．

　さらに，ライプニッツは次のように記している．

> B　1つだけ気がかりになることがあります．心の中で，ことばとかほかの符号を助けにしなければ真理の認識，発見，証明などはけっしてなされないことが私にはわかっています．
>
> A　もちろんですよ．記号がなければ，何かを明瞭に考えたり推論することなんて，けっしてできないでしょう（Leipnitz 1677, 清水他訳 2005：156）．

　結局，考えるのは人間であり，記号（symbol）を通して思考が行なわれるとライプニッツは述べている．その後の記述において，図形は最も有用な記号であるということをも彼は述べている．

　さらに，記号が適切に選ばれている場合には記号と記号の間に一定の関係や秩序があり，それが事物における秩序に対応している，とライプニッツは主張している．

　また，ライプニッツは，記号を使用して考える場合，その事物に適合するなんらかの位置の構成や秩序が存在しなければならないと述べている．そして，秩序のあることが色々な困難の解決に希望を与えてくれるとして，その理由を次のように記している．

> B　記号が推論に用いられ得る場合にはどんな事物であろうと，その事物に適合する何らかの位置の構成や秩序が存在しなければなりません．それから，このことは，たとえ個々のことばにおいて［それが望ましいことであるが］ではないにしても，それらの結合や連結においては不可欠なものなのです．
>
> 　さまざまな仕方においてではあっても，この秩序があらゆることばのうちに，なんらかの仕方で対応的に見いだされると思います．そしてこのことが，いろいろな困難の解決に希望を与えてくれる．なぜな

ら、記号自体は任意ですが、それの適用や結合にはもはや任意でないものがあるのですから、つまり記号と事物のあいだに存在する関係、したがってまた、同一の事物を表現しているさまざまな記号すべてのあいだに存在する一定の関係というものは、任意ではない。この関連や関係が真理の基礎です。なぜなら、この関係から、たとえ我々がこの記号を使ってもあの記号を使っても、我々の見いだす結果というものはいつも同値あるいは等値であり、一定の仕方で対応しているからです。そこでおそらく、我々はものを考えるためには、いつもなんらかの記号を必要とすることになる。(Leipnitz 1677, 清水他訳 2005: 157–158)

ここにおいて、記号と事物の間にある関係、記号同士の間にある関係には秩序がある、この秩序があるということとその関係が真理の基礎である、そしてものを考える根底に記号（シンボル）を欠くことができないとライプニッツは主張している。そしてこのことは、アルファベットで表すことば、図形や数学で表すことばにおいても成り立つという。解析や計算においても確認されるという。

この「対話」という短い論考には「事物とことばの結合」という副題がつけられている。事物を記号で表す、それは思想のアルファベットであるという意味で普遍記号学につながる考え方である。この論考は、哲学から数学へ、数学から哲学へという双方向へのつながりに記号が役割を果たしている、そして記号と事物、記号と記号の関係には秩序があるということを知るうえで重要な示唆を与えていると思われる。

第5節 結び

美学からみたシンボルとしてフィッシャーの説を取り上げ、物理学・数学からみたシンボルとしてヘルツの説を、哲学からみたシンボルとしてライプニッツの説を取り上げてきた。本節では彼らのシンボルについての要点を述べて、そこから言えることについて考えてみたい。

フィッシャーの美学は経験主義を肯定している．さらに彼は美学について，形而上学のなかから補助定理として，宇宙の統一の考え方を人類学的基礎づけと結び合わせなければならないとしている．この人類学的基礎づけが，新しいシンボル論の形をとっていく．フィッシャーの場合，シンボル論が美学の原理となって「感情移入説」になっている．

　またフィッシャーは，神話はシンボルによってつくられるという．その背後にある理念として，宇宙間にあるものすべて，自然そして精神は根本において1つであるということを主張している．フィッシャーの「シンボル（Das Symbol）」(1887) という論文は実証につながる論文であり，そこではシンボルの本質は規則であるという．

　フィッシャーは，私たちが美しいと感じる精神の構成物にシンボルを見出している．そしてシンボル本来の性質に規則，秩序をあげている．

　ヘルツは，認識に課せられた問題を解決する基礎にシンボルを考えていた．彼はシンボルの働きによって作られる像について思考している．そして，ヘルツは自然の構成要素と人間の精神の構成要素間に一致があることを予測しており，この点はフィッシャーと共通している．

　ヘルツの力学は，像を描写するために時間，空間，質量という3つの独立した基本概念から出発する．力とエネルギーという第4の独立した基本概念は除いている．そのために説明が難しい場合には，かくれた何者かが働いているという仮説をたてる．このかくれた何者かがシンボルであると考えることができる．このように，ヘルツ力学の特徴にシンボルの存在を仮説としてあげている点をみることができる．

　筆者は，第24章でシンボルは脳波の周波数であると考えられるとした．ヘルツは電磁波の存在を証明した．人間の脳波も電気を帯びたものと関係しており，電磁波，脳波はともに自然界の一部と考えられる．そして，電磁波，脳波はともに実証できる．

　ヘルツはシンボル，像について普遍性を示し，それらが認識論に関係していると主張している．さらに，彼は力学を発展させていくうえで数学の重要性を示している．

　ライプニッツは哲学者であり数学者である．彼は認識について，真理の一般

的な本性のなかにあるということから出発する．そしてライプニッツは，人間のうちにある精神が事物の本性，概念や思想を生み出すと述べ，それらの関係から真理が生じるという．

　ライプニッツは認識について原始的な認識の場合には直観的であるとし，合成された認識の場合には記号的（シンボル的）としている．つまり，シンボルを記号として捉え，普遍記号学を展開していく．そして，彼は記号と事物の間に存在する関係，記号すべての間に存在する関係には秩序があるとして，この関連や関係が真理の基礎であると主張している．そして，ものを考える根本に記号（シンボル）は不可欠であることを強調している．

　美学から見たシンボル，物理学・数学からみたシンボル，哲学からみたシンボルと研究してきて「シンボルとは何か」を問われると「精神の光源」[30]であるとよぶこともできると思われる．なぜなら，物理学においては自然における光と関連づけて，記号（シンボル）が論じられているからである．そして美学においても色彩と関連づけて論じられているからである[31]．

　シンボルは，ことば，絵画・音楽・彫刻などの美術，芸術の面，図形・数学などの記号といったように，様々な面から表出される．感覚が認識になるのは，認識が意味によって支えられているからである．実在のシンボルは，実在ではない像を生みだし，それは観念をうみ出すことにつながっている．このようにシンボルは想像力に関係している．

　最後に，筆者がシンボルの根源についてフィッシャー，ヘルツ，ライプニッツの三者から学んだことを記して，結びにかえたい．

　第一に認識はシンボルに関係している．

　第二にシンボルは像に関係している．そしてシンボルは想像力に関係している．

　第三にヘルツが存在を証明した電磁波と，人間の脳波はともに電気を帯びたものと関係しており，人間は自然界の一部とみなすことができる．シンボルは電磁波から成り，また脳波の周波数と捉えることができると思われる．電磁波は物理学の分野で，脳波は医学の分野で実証化されており，シンボル自体は実証可能と考えられる．

　第四にライプニッツはシンボルを記号として捉え，数学的に表現した．この

ことからも，シンボルは実証可能と考えられる．

注

1) Ernst Cassirer, 1874～1945. ドイツ．新カント学派の哲学者．認識論，言語，神話的思考などについて，シンボルを重視した著作が多い．ハンブルク大学の学長になるが，ユダヤ系のためナチス政権の樹立とともにイギリス，スウェーデンに移り最後にはアメリカ合衆国に亡命した．主著には次のものがある．

   Das Erkenntnisproblem in der Philosophie und Wissenschaft der neueren Zeit (1907). （須田朗，宮武昭，村岡晋一共訳『認識問題—近代の哲学と科学における—』2-1, 2000 年，2-2, 2003 年，みすず書房）

   Substanzbegriff und Funktionsbegriff: *Untersuchungen über die Grundfragen der Erkenntniskritik* (1910). （山本義隆訳『実体概念と関数概念—認識批判の基本的諸問題の研究』1979 年，みすず書房）

   Zur Einsteinshen Relativit ätstheorie: *Erkenntnistheoretische Betrachtungen* (1921). （山本義隆訳『アインシュタインの相対性理論』1996 年，河出書房新社）

   Philosophie der symbolischen Formen (1923-1929). （木田元訳 (1)(2)，木田元，村岡晋一共訳 (3)(4)『シンボル形式の哲学』1989-1997 年，岩波書店）

   An Essay on man (1944). （宮城音弥訳『人間—シンボルを操るもの』1997 年，岩波書店）

2) Fridrich Theodor Vischer, 1807-1887. ドイツの作家，哲学者，芸術評論家，ヘーゲル学派．
3) Cassirer1929, 木田元訳『シンボル形式の哲学』（四）pp. 381-383, 1997 年，岩波書店
4) Lukács György, 1885-1971. ハンガリーの文学史家・哲学者．ドイツに留学，1919 年の革命に参加後，ソ連に亡命，第二次世界大戦後帰国．マルクス主義の方法で文学史・思想史・美学を研究．主著『歴史と段階意識』『若きヘーゲル』『ゲーテとその時代』『美学』など．
5) Lukács György, *Biträge zur Geschichte der Ästhetik, Karl Marx und Fridrich Engels als Literaturhistoriker*, 1948. （『ルカーチ著作集 7』男沢淳，古見日嘉，池田紘一，伊藤利男，土屋明人，高橋義孝，古田光，西田越郎訳，1987，白水社）に所収．
6) Karl Marx, ドイツの経済学者，哲学者，革命家．1818～1883. 主著『資本論』など．
7) Georg Wilhelm Friedrich Hegel. ドイツ観念論哲学の代表者．1770～1831. 主著『精神現象学』『論理学』など．
8) Immanuel Kant, ドイツの哲学者．1724～1804. 主著『純粋理性批判』『実践理性批判』『判断力批判』『道徳形而上学原論』など．
9) 感情移入はロバート・フィッシャーらによって問題化され，ヨハネス・フォルケルト，テオドア・リップスらによって 20 世紀初頭に学問的に体系化された．
10) Robert Vischer, ドイツの芸術史家，哲学者．1847～1933.
11) Wilhelm Dilthey, ドイツの哲学者，1833～1911.
12) Johannes Volkelt, ドイツの哲学者，美学者，1848～1930.
13) Johannes Volkelt, *Der symbolegriff in der neuesten Ästhetik*. 1876.
14) Friedrich Theodor Vischer, Das Symbol (1887), p. 312, Ausgewählte Werke. Teil 7-8／hrsg. von Theodor Kappstein. . …Hesse & Becker. [1919] … （Deutsche Klassiker＝Bibliothek）
15) Heinrich Rudolph Hertz, ドイツの物理学者．1857～1894. 電磁波の存在を初めて実験的にたしか

め，光がこれと同じ性質のものであるというマクスウェルの予言を実証した．
16) Hermann von Helmholtz，ドイツの生理学者・物理学者．1821～1894．聴覚についての共鳴器説・エネルギー保存の脳即を主唱し，広範な分野に業績を残した．
17) James Clerk Maxwell，イギリスの物理学者．1831～1879．変異電流を導入して電磁波の存在を予言し，光の本質が電磁波であることを唱えた．また，気体分子運動論や熱学に業績を残した．
18) 電磁波の性質は，波長，振幅（電磁波の強さは振幅の二乗），伝播方向，偏波面と位相で決められる．電磁波は波長によって分類されており，波長の長い方から電波・光・X線，ガンマ線などとよばれる．このうち，光は1mmから2mm程度のものを指し，波長域によって赤外線・可視光線・紫外線に分けられている．人間の目に見えるのは可視光線のみである．さらに，波長が1mm以下ではX線，10pm以下ではガンマ線とよんでいる．
19) 訳書（上川 1974）ではsymbolを象徴と訳しているが，本書ではシンボルと記すことにする．
20) Gottfried Wilhelm Leibniz，ドイツの哲学者，数学者，自然科学者．1646～1716．その業績は法学，歴史，神学，言語学の多方面におよび，さらに外交官，実務家，技術家としても活躍した．『形而上学叙説』(1686)，『弁神論』(1710)，『単子論』(1714，15年ころ作成，20年ドイツ訳刊)『人間悟性新論』(1703～1705) 微積分法を発見．
21) Opusc. S. 401. ―Opuscules et fragments inédits de Leibnitz. Extraits des manuscrits de la Bibliothégue royale de Hannover, par Louis Couturat. Paris 1903.
（『ライプニッツ末刊小品・断片集，ハノーファー王立図書館所蔵手稿よりの抜粋』，ルイ・クチューラ編，パリ，1903）(Cassirer 1907，須田・宮武・村岡共訳『認識問題』2000：120)
22) Cassirer 1907，須田・宮武・村岡共訳『認識問題』2000：120)
23) Nouveaux Essais sur l'Entendement humain, I, 1 Gerh. V, 76（『人間悟性新論』第1部 第1章）(Cassirer 1907，須田・宮武・村岡共訳『認識問題』2000：125)
24) Echantillon de Reflexions sur le I. Livre de l'Entendeme de l'homme (1698). Gerh. V, 21. (Cassirer 1907，須田・宮武・村岡共訳『認識問題』2000：125)
25) 『ライプツィヒ学報』に執筆している．2年後の1686年『形而上学叙説』第24章に要約を載せている．
26) Leipnitz, Meditationes de Cognitione, Veritate et Ideis, 1684, Gerh. 422ff.（＝Hauptscher，I，22ff.）（『ライプニッツ著作集』第8巻 p.28，1990年，工作舎）
27) 我々の思考は，外的には言葉によって表現され，その言葉は文字によって表現される．また，我々の思考は，内的には観念(idea)の組み合わせから成る．その観念（複合観念）は構成要素である「より単純な観念」に分解できるなら，最終的には究極の「単純観念」が発見できる．

例えば，「人間」という観念は「理性的動物」であるという定義にしたがって，「理性的」という観念と「動物」という観念に分解できる．ここで単純観念に素数を対応させると，素数の積によって，すべての複合観念を表現できる．具体的には「理性的」＝3，「動物」＝2とすると，3×2＝6という数字によって「人間」という複合観念を表現できる（Encyclopaedia Britannica 1999）．
28) モナドはギリシャ語モナスmovásからきたことばであり，モナスとは「一」または「単一のもの」の意味である（『モナドロジー』清水他訳 2005：35）．
29) トマス・ホッブズをさす，という注がついている（Leibniz 1677，清水他訳 2005：160）．
30) この表現は，カッシーラーが「ゲーテとカント哲学」という論文のなかで，「深い哲学的理念」は，

ただ単にそれ自信の圏内だけでなく,「あらゆる方向へ光線を送る精神的光源」であることを指摘したという箇所を参考にしている(エルンスト・カッシーラー著『カッシーラー ゲーテ論集』森淑仁編訳,知泉書館 p. 344).

31)「シンボルとは何か」について,シンボルの源泉以外に G. H. ミード,E. カッシーラー,S. K. ランガーについて少しふれておきたい.

　ミード(社会心理学者,哲学者,1863〜1931)は行為の行動的基礎は中枢神経系(the central nervous system)にあるとしている.中枢神経系は,行為のためのメカニズムを準備するだけでなく,我々が反応しようとしている対象の認識のメカニズムも準備すると述べている(Mead 1934：83,稲葉他訳 1973：91).ミードは相手に反応をおこし,その反応に自分も反応する,それを有意味(significant)と捉え,有意味シンボルが中枢神経系に存在していることを示している.有意味シンボルに身振り,有声身振り,言語をあげ,特に言語を重視している.

　ミードは精神とシンボルを同一のものとはみていない.ミードによれば,シンボルは神経要素(nerve elements)にあてはまる.精神(mind)は無数の神経要素をまとめたものとされる(Mead 1934：118,稲葉他訳 1973：133).ミードは精神の働き(mentality)は,生物体の情況に対する関係形成であり,それはシンボルの組み合わせによって媒介されるとしている.

　またミードは,知能的な人間行動において中枢神経の役割あるいは機能を考える場合,そのような行動が本質的にまた基本的に社会的なものだ,ということを強調している.そしてミードは,シンボルを人と人との相互作用のなかで捉えることの重要性を主張し,言語を特に重視してコミュニケーションへと展開している.

　カッシーラー(哲学者,1874〜1945)は,人間を「シンボルを繰るもの」と定義づけている.『シンボル形式の哲学』(1923〜1929)『人間』(1944)を出版している.カッシーラーは認識の問題を考えるなかで,動物と人間の違い,人間の特質を考え,数学的側面や,またカント・ゲーテなどの哲学者や作家の深い人間観を参考にシンボル論を述べている.

　カッシーラーによれば,人間世界においては人間生命の独特さを示す新しい特徴があるという.そして彼は,あらゆる動物の「種」に見出されるはずの感受系と反応系の間に,人間においてはシンボリック・システム(symbolic system)として記載されうる第三の連結を見出す.そして,この新たな機能の獲得は人間の全生命を変形させるという(Cassierer 1944：24,宮城他訳 1997：63-64).

　カッシーラーは,シンボルとは何かを一義的に定義してはいず,言語,神話,芸術,宗教の面からシンボル形式について論を展開している.

　ランガー(哲学者,1895〜1985)は,ホワイトヘッドのもとで学んだ女性の哲学者である.指導をうけたカッシーラーの影響を受け,『シンボルの哲学』(初版 1942 年)を著している.

　ランガーは,シンボルを神経あるいは神経反応と予想している.またランガーはシンボルについて精神を構成する要素と捉えている.そしてランガーは数学について,次のように記している.

「数学には科学的思考があり,有用性がある.物理学者の扱う定数や変数も,事実を算定するのに役立つであろう.数学者や物理学者の扱う「与件」(data,データ)は,シンボルという任意の音声または印なのである.これらのシンボルの背後には,純粋また冷厳な抽象作用がひそんでいる」(Langer 1957(第三版)：18,矢野他訳 1960：19).

　ランガーは神秘的なもの,実践的なもの,数学的なもの,どの分野についてもシンボル化

（symbolization）という基本的観念のなかに，哲学や言語，歴史などの問題を解決する鍵があるという．彼女はシンボル化のなかに「心性」（mentality）についての新しい考え方が横たわっており，生命と意識の問題に光をあてることができると述べている（Langer 1957：25，矢野他訳 1960：27）．

　ランガーはシンボルに書き換えることは，あらゆる知性作用の出発点であるという．そしてシンボル化は脳において行なわれるのであるが，頭脳は我々が受ける感覚や情報を単に受け取ったり，送ったり交換するところではなく，交流電流の電圧を変える変圧器のようにランガーは捉えている．頭脳は，受け取った情報を考えたり解釈したりする器官だというのである．

　つまり，ランガーによれば，頭脳は経験的データをシンボルに転換する作用を絶えず営んでおり，このために頭脳は観念を生じる真の源泉になっているという．精神に記録された経験は行動に終わる傾向があるので，人間はそこで人間特有の機能（つまりシンボル化）を働かし，観念の純粋な表現をするようになる．これは動物とはまったく違う行為である．これによって，人間は他の動物には見られない人間特有の特性，すなわち祭式，芸術，笑い，嘆き，言語，迷信，科学的精神を説明することができるとランガーは主張している．

終　章
結論と今後の課題

第1節　本書から明らかになったこと

　本書では，パーソンズの晩期に展開されている一般化されたシンボリック・メディアに焦点をあて，社会システム，一般行為システム，人間的条件システムの各段階から生み出されたシンボリック・メディアの特徴や性質，さらに生命システムの概念を論究してきた．空虚な理論と思われがちなパーソンズ理論が，実は実証化につながりうるのではないかという視点から，セン理論との関連を発見し，シンボリック・メディアを追求してきたわけである．そして，シンボルの根源にたどり着き，シンボルそのものの性質を見きわめてきた．

　最後に，これまでの第1部から第5部にわたる理論的研究から得られた知見をまとめ，あわせてパーソンズ理論における本書の貢献を考察し，今後の課題を検討したい．

　第1部では，社会システムにおける貨幣，権力，影響力，価値コミットメントについて特徴やマクロ的分析を行なっている．第1章では，社会システム，一般行為システムのシンボリック・メディアの構成要素を検討し，メディアのインフレーション，デフレーションをレベル別に検討している．

　第2章では，貨幣メディアと権力メディアをマクロ的な側面から扱っている．グールドはシンボリック・メディアに経済学の金融モデルをあてはめて，理論的深化を試みている．

　第3章では，権力メディアの特徴に関して，権力の概念，権力は強制か，合意かの問題，ゼロ–サム問題，コミットメントの一般化について述べている．

　第4章では，影響力メディアの概念として説得が重要視され，その説得には情報が信用の基礎になることを理解することができた．

第5章では，価値コミットメント・メディアを取り上げている．価値コミットメント・メディアは，L（パターン維持下位システム）に係留し，文化的および動機づけ的コミットメントに関与している．また，性質の1つとして価値の実行には道徳的責任が重要視されている．
　第2部は多方面から晩期パーソンズ理論の理解を深めようとしている．第6章では，ルーマンとパーソンズのメディア論を比較しているのであるが，メディア自体の性質の比較，すなわち制度化，循環性，信用創造について理解できた．
　第7章では，パーソンズの社会の概念には区分けがあり，社会システムにおける社会の概念は1つの統一体として捉えられ，一般行為システムにおける社会の概念は個々人の集まりとして社会が把握されていると考えられることが理解できた．
　第8章では，パーソンズがデュルケームの宗教論から受けた影響を考察している．デュルケームは，社会の統合力が何によって生じるのかを問い，それを宗教に求めてシンボルの概念を用いた．他方，パーソンズは主意的行為の理解から出発し，個人と社会の問題を考えた．パーソンズはデュルケームの宗教論から，シンボルの重要性を十分に学んでいる．
　第9章では，パーソンズは宗教を聖なるもの，シンボルとして捉え，宗教の最も重要な機能に社会統合機能を置いている．また彼は宗教がかかわる認識論，つまり知性という境界上の難しい問題について，一般行為システムのレベルで解釈しようとした．すなわち，一般行為システムのうちの文化システム，そのなかの構成的シンボルが神という言葉に代表されている領域であるとしていることを理解できた．
　第3部は，一般行為システム，人間的条件システムにおけるシンボリック・メディアを検討している．第10章では，一般行為システムである行動有機体，パーソナリティ・システム，社会システム，文化システムの相互交換過程から導き出される知性，遂行能力，感情，状況規定というシンボリック・メディアの性質について記している．
　第11章では，人間的条件システムから導かれる経験的秩序，健康，シンボリックな意味，超越的秩序のシンボリック・メディアの性質について主に記し

ている．シンボリックな意味メディアが信仰，つまり宗教に結びついていくことを理解することができた．パーソンズの場合，それはプロテスタント派キリスト教につながっている．

　第12章においてパーソンズは，行為システムが物理的 - 化学的システム，人間有機体システム，テリック・システムの3つの働きを統合する人間の心に関係し，シンボリックなものであると主張している．そして人間だけがシンボリックな意味のレベルで，言葉や文化をもっており，生命システムのなかでテリック（究極的な目的）の問題をもっていることを強調している．人間は他の動物に比べて知能が発達しており，次の世代に学習したことを伝えて，技術上の発明や発見をすることができることを私たちは再認識することができる．

　第13章では，人間的条件のメタ理論，つまり理論の理論を分析対象としている．パーソンズは，人間的条件のうち行為システムにだけシンボル性を認めており，シンボルが認識に関係していることをカントの説を用いて説明している．

　第14章では，パーソンズが物理的 - 化学的システムをウィーナーおよびヘンダーソンの説を取り入れて分析していることを跡づけている．またパーソナリティ・システムの分析がフロイトの説をもとにしていることを説明している．

　第4部は，パーソンズ理論とパレート，キャノン，ヘンダーソンのかかわりを考察している．第15章では，パーソンズがパレート社会学から学んだ点を主に述べている．まず社会システム，社会均衡，社会的効用という概念がそれである．次に方法論についてみてみよう．パレートによる社会科学の方法論は，物理学や数学など自然科学における論理－実験的な方法を経済学や社会学に論理－実証的に適用しようというものである．それゆえ社会学研究の目的に，社会的斉一性（社会の法則）および社会的事実間の相互事実関係の探究をあげている．ここでの斉一性とは，近似的なものである．理論と実証は独立しているのではなく，相互に補完しあっている．事実はデータで表され，実証可能である．このようなパレートの考え方を，パーソンズは支持している．また晩期で主に展開される"シンボリック・メディア"という用語が，『社会的行為の構造』(1937)のパレートに関する章で初めて見られる．パーソンズの行

為に関する考え方は，初期から晩期まで一貫したものがあったと考えられる．

　また，パーソンズは，行為における価値という要素を見出している．パーソンズは，パレートの論理－実証主義の考え方を受け継いで，シンボルを媒体として実証化の方法を模索しはじめていたと考えられる．

　第16章では，四機能パラダイムの軸の形成に「生命システム」の考え方が投影されていることを述べている．四機能パラダイムの縦軸は，生命システムと環境の関係を表しており，生命システムの環境に対する外的な関係の軸，生命システムの構成要素に対する内的な関係の軸が，内的－外的の軸である．横軸においては，手段－成就の軸をおいている．この内的－外的の軸に関連する内部環境，外部環境の語は，生理学者クロード・ベルナールの著書にもみられ，パーソンズは影響を受けている．

　第17章では，生命システムにおけるキャノンの影響をみようとしている．キャノンはからだの恒常性から社会の恒常性について言及している．ここでの恒常性は均衡，安定を意味している．

　キャノンは個人のからだの恒常性から社会の恒常性について述べ，社会全体の安定性から経済の仕組み，系統について言及している．そこには，自律神経のうちの交感神経（sympathetic nerve）が作用していることを指摘している．パーソンズは，社会の各系統の均衡の重要性をキャノンから学んでいる．

　第18，19章では，パーソンズ理論全体におけるヘンダーソンの影響を見ようとしている．第18章では，社会システムという社会の捉え方をヘンダーソンが強調したことを通して，パーソンズはパレートから学んでいることを記している．なお，センのいう人間の機能がヘンダーソンの残基の説明で示した例とよく似ている点も記している．

　第19章では，パレートの社会均衡，効用をヘンダーソンの記述を交えながらみている．またデュルケームについて，ヘンダーソン，パレート，パーソンズ三者の捉え方を検討している．パーソンズがパレートやヘンダーソンと大きく異なる点に，次のことがある．人間の行為からなる社会的事実を分析したパレートは，人間の行為に意味や価値をそぎ落として力学的に分析していった．ヘンダーソンもこの点について同じ意見である．それに対してパーソンズは，人間の行為における意味や価値を重要視してデュルケームを採用していく．こ

の点が大きな違いであるといえる．

　第20章では，ヘンダーソンの『環境の適合性』を中心に，生命システムにおけるヘンダーソンの影響を検討している．ヘンダーソンは，生物と環境の主な構成要素に一致がみられることから，生物と環境の相互関係を発見している．そしてパーソンズは，このことを有機体である人間にみられる行為に応用しようとしており，この点についてパーソンズがヘンダーソンに最も恩を感じている点であるという．つまり，パーソンズは人間の存在を人間と環境の相互関係のなかで捉えている．

　また，パーソンズは人間有機体のパターン維持システム（1）に，遺伝子の継承をおいている．ヘンダーソンは著書で遺伝子を扱っていないので，遺伝子に着目している点は，パーソンズとヘンダーソンの大きな違いである．すなわち，パーソンズは生命の物質的な構成要素の究極に遺伝子をおいている．パーソンズが若い時に生物学に関心をもって学んでいたことが，こういうところにも発揮されている．

　第5部は，パーソンズ理論とセン理論とシンボルを論じている．第21章では，経済学者アマルティア・センのケイパビリティ・アプローチとシンボリック・メディア理論について検討している．センは貧困の研究からケイパビリティ（潜在能力）に着目していく．パーソンズとセンの立場や方法の違い，人間の存在と行為をめぐる両者の相違点をあげている．センのケイパビリティ概念とパーソンズのシンボリック・メディア理論が非常によく類似していることを述べている．違いとしてセンは実践的であり，パーソンズは理論的であるということがあげられる．

　第22章では，生命システムの機能とケイパビリティについて検討している．パーソンズは四機能パラダイムを用いて社会システム，一般行為システム，人間的条件システムと機能分析を行なっている．そして彼は，機能分析の中枢部分として「相互行為の一般化されたシンボリック・メディア」をおいている．そして，センが1985年に発表したケイパビリティ・アプローチのケイパビリティ（capability）の用語は，パーソンズの著書『社会的行為の構造』（1937）のパレートに関する章に表れている．センのケイパビリティの考えとパーソンズのシンボリック・メディアの似ている根拠がここにある．パーソンズは

1970年に「現代社会における平等と不平等」という論文を書いて，その人のもっている能力に基づいて成層化がなされることを述べている．センが「何の平等か」という論文を書いて，「基本的ケイパビリティの平等」の概念をうち出したのは1980年である．センの著書および論文にパーソンズの名前は一度も出ていないが，『経済学季刊誌』に，パーソンズは1934年に「『経済学の本質と意義』に関する書評」という論文を載せており，センもこの雑誌に1967年に「孤立，保証，社会的割引率」という論文を書いている．センはパーソンズを知っていたのではないか，と推察される．

　第23章では，センとパーソンズの提示したケイパビリティとコミットメントの概念を検討している．センは経済学者であり，パーソンズは社会学者であるが，研究の出発点はパレート理論にある．センは経済的尺度だけで人間の幸福は測定できないとして，人間の機能という考えを出し，ケイパビリティ・アプローチを提案した．センのケイパビリティ概念は，1990年に国連開発計画の人間開発指標に一人当たりGNP（国民総生産），平均寿命，教育水準として活用されている．パーソンズは行為を研究しているのであるが，その源にパレートの非論理的行為の考えを受け継いでいる．パーソンズは残基を機能的に分析して，一般化されたシンボリック・メディアを導いている．そしてパーソンズは残基を構成している意味あるシンボルによって表現されるものを，ケイパビリティであると記している．ケイパビリティをめぐって，センは具体的に，パーソンズは理論的抽象的に研究を進めているが，両者とも人間の幸福を測る基準を求めていたと思われる．パーソンズの一般化されたシンボリック・メディアは全部でないにしても，社会指標に応用できると考えられる．

　次にコミットメントの概念についてみてみよう．パーソンズは1967年に論文集『社会学理論と現代社会』において価値コミットメントの概念を初めて提起し，1970年の論文「現代社会における平等と不平等」で価値コミットメントの概念をより現実に合わせて記述している．センは1972年にコミットメントの概念を提起している．1970年のパーソンズの論文にはアダム・スミス，道徳，連帯，ルソー等の用語がみられ，それらは1972年のセンの論文にもみられる．

　さらにセン，パーソンズともにコミットメントの概念を価値や規範，道徳や

文化に関係したものとみており，二人ともそれが自由に通じていると主張している．また，センは選考のメタランクづけを行なう際に情報が重要であり，内省とコミュニケーションが重要であると述べている．パーソンズは理論の理論をメタ理論として四機能分析のもとの形を提示している．そして彼はセンよりも先に行為の相互交換にはコミュニケーションが重要であり，シンボルとコミュニケーションの重要性を主張している．コミットメントの概念について，センとパーソンズは共通する点が多い．

第24章では，ウィーナーの唱えた「サイバネティックス」とシンボルを検討している．生物学者エマーソンは，有機体の遺伝子に相当するものに，社会文化的段階ではシンボルをあげている．パーソンズによれば，生命システムの有機体としての型と社会文化的レベルにおける型との間を比較できる広い基盤は，サイバネティックスにあるという．

ウィーナーの著書『サイバネティックス』では，次のことを学ぶことができた．脳波には周波数が存在することである．ウィーナーによれば，人間の心は人間の神経システムと捉えることができる．精神の光源と捉えることのできるシンボルは，神経生理学の立場からみると，脳波の周波数であると筆者は考えた．そして脳波の周波数は，現代において医学の面から実証可能である．それゆえ，シンボルは実証可能であると思われる．

第25章では，シンボルの根源を検討している．一般化されたシンボリック・メディアのシンボルとは何だろうかという問題意識のもとで，シンボルの根源や本質を知るために，美学からフィッシャーを，物理学・数学からヘルツを，そして哲学からライプニッツを取り上げて，シンボルの根源を尋ねている．三人とも，自分の領域でシンボルについて言及している．

パーソンズは「一般化されたシンボリック・メディア」として社会システム，一般行為システム，人間的条件システムという3つの次元から12のシンボリックな媒体を提示した．それが一体何を表しているのかは，長い間謎に包まれたままであった．本書を通して，パーソンズは理論を実証化する基準（尺度）を求めて研究していたということ，しかしそれが定量的ではなく，定性的に研究が展開されていたので，なかなか実証化への道が見つけられなかったと

いうことが理解できた．

そこで筆者は，センのケイパビリティ・アプローチ（潜在能力アプローチ）に出あった．センがケイパビリティ概念を発表したのは，1985年である．センはケイパビリティの用語の出所を明らかにしていなく，この点はあいまいなままである．センの著書や論文にパーソンズの名前は出てきていない．しかし，筆者はケイパビリティの用語を，パーソンズの最初の著書『社会的行為の構造』(1937) のなかに発見した．これでパーソンズの一般化されたシンボリック・メディアの実証化への道が非常に大きく近づいた．

シンボルの根源について研究を進めていくと，認識はシンボルと関係しており，さらにシンボルは像や想像力に関係していることが明らかになった．また物理学者ヘルツは，自然界にある電磁波の存在を証明したのであるが，人間の認識と像という観点からシンボルの存在を仮定している．筆者はシンボルが脳波の周波数であると考えられるとしたが，電磁波，脳波ともに電気を帯びたものに関係している．電磁波は物理学の分野で，脳波は医学の分野でそれぞれ実証化されている．また哲学者であり，数学者でもあるライプニッツは，記号と事物，記号と記号の関係には秩序があり，この秩序があるということとその関係が真理の基礎であると主張している．そして彼は，ものを考える根底に記号（シンボル）を欠くことができないと強調している．このようにライプニッツは，シンボルを記号として捉え，数学的に表現している．このことからも，シンボル自体は実証可能と考えられる．

以上のことから，パーソンズの一般化されたシンボリック・メディアは，部分的であれ実証化が可能であると考えられる．

第2節　パーソンズ理論における本書の貢献

パーソンズ理論における本書の貢献について考えてみると，主に2つあげることができる．

第一は，「一般化されたシンボリック・メディア」が何を意味しているかについて，1つの道筋が明らかになったことである．パーソンズは，マーシャル，パレート，デュルケーム，ウェーバー，さらにフロイト，カント，ヘンダ

ーソン，キャノン，クロード・ベルナール，ノーバート・ウィーナー，エルンスト・マイア，エマーソン，アリストテレス，ギリシャ哲学者など様々な分野の学者たちの説を援用して，社会システム，一般行為システム，人間的条件システムとシステム分析を行ない，一般化されたシンボリック・メディアを考え出していく．しかし，定性的に述べており定量的についての言及はない．数学を用いなかったので，一般化されたシンボリック・メディアは実証化になかなか結びつかなかった．

　ところが，アマルティア・センの「ケイパビリティ」概念が，パーソンズの「シンボリック・メディア」に非常によく類似している点がみられ，「ケイパビリティ」の用語がパーソンズの最初の著作『社会的行為の構造』(1937, 271頁) に記されていることがわかった．このことから，パーソンズのいう「一般化されたシンボリック・メディア」は，実証に結びつき得ると考えられる．

　また，パーソンズは『社会的行為の構造』のなかでパレートを取り上げる前に，マーシャル[1]を取り上げている．ここで，マーシャルについて少し述べておきたい．

　マーシャルは，1842年にイギリスのロンドンに生まれ，1861年にケンブリッジ大学に入学して数学を専攻した．その後，倫理学に関心をもち，人間救済の問題を考えるうちに経済学の研究に入っていった．彼は数学のもつ抽象的論理が経済の分析に不適当であると信じて，経済学に数学を広範に使用しなかった．マーシャルは，経済構造は力学的であるよりも，むしろ生物学的であると考えていた．この点について，パーソンズが社会学理論のなかに数学を用いず，生物学的に捉えている点と共通している．

　マーシャルは，貧富の不公平という社会問題に深い関心をもっていた．マーシャルによると，経済学研究は富の研究であるが，その目的は人間を幸福にすることである．そして経済学研究の最も重要なことは，経済的条件と人間の性格との関連について考察することであるという．また彼は『経済学原理』(1890) のなかで，経済学の定義について，「日常生活を営んでいる人間についての研究」と記している (Marshall 1890：1．馬場訳 第1巻 1965：3．Parsons 1937：138，稲上・厚東・溝部 1986：10-11)．『社会的行為の構造』の第4章，アルフレッド・マーシャルではこの句の引用が3カ所あり，パーソンズのマー

シャル解釈は，マーシャルが経済学を人間研究の一部として捉えていたことを軸としているといえる．

　パーソンズはマーシャルの経済思想の1つの側面である効用の概念，合理性の概念を詳しく検討している．そして，経済的活動の動機が利己主義を強調する功利主義や快楽主義にのみあるのではないと，マーシャルが述べていることを，パーソンズは検証しようとしている．

　厳密な意味で「効用」(utility) に基づく経済学は，欲望 (wants) を研究しており，こうした欲望はデータ (data, 資料) として与えられていると前提されている．マーシャルが経済活動に興味をもったのは，このような前提が正しいといえるかどうかを解明するためである，とパーソンズは言う (Parsons 1937：135，稲上他訳 1986：13)．ここでいう活動 (activities) は，活動を考慮した欲望をさしている．マーシャルは欲望について，下級動物の場合には，欲望こそ生活の規制者であるかもしれないが，人類の場合，努力と活動の形態の変化にこそ注目しなければならない，と述べている (Marshall 1890：85，馬場訳 第2巻 1966：6，Parsons 1937：136，稲上他訳 1986：14)．

　人生の真の目標は，それ自体目的として追求される活動のなかにある，とマーシャルは言う．ここで人生の目標について，マーシャルは最良の意味での仕事，つまり能力 (facalties) の健全で活発な行使をあげている (Marshall; memorials：115)．それ自体，目的として追求されている「活動」が意味しているのは，能率の水準である．特に道徳的要因が能率向上に役立つと言っているに等しい，とパーソンズはみている (Parsons 1937：149，稲上他訳 1986：33)．マーシャルは，富の増進のための必要条件に，誠実性と相互信頼，そして道徳性をあげている．

　供給－需要関係については，具体的範疇とパーソンズの関心の的である行為の構造の一般分析との関係を規定することが問題になる．その場合，経済学の問題は，供給－需要データの関係にだけ限定され，データそのものがどのようにして決定されるのか，という点にまで拡張されない．このような問題を取り上げる経済学者の代表に，パレートをパーソンズはあげている．

　経済学において，ロビンズ，ヒックスはピグーの厚生経済学の欠陥を指摘し，マーシャル効用理論の基数性[2]に異を唱えている．そしてパレートの序数

性に端を発して，パレート，ヒックス，サムエルソン，あるいはパレート，アロー，センという流れで厚生経済学が発展してきているが，パーソンズはマーシャルを検討した段階で，効用に関して基数性では問題が解決できないことに気づいていたといえる．ここにおいて，パレートが登場する．本書では，パレート，アロー，センという流れの方向にあるパレートとセンを取り上げている．

パーソンズ理論における本書の貢献の第二に，パーソンズの展開した独創的な理論が真の意味でグランド・セオリー（grand theory）といえることが明らかになった点があげられる．パーソンズの理論は，用語がわかりづらく難解である．ミルズは『社会学的想像力』（1959）のなかで，パーソンズの理論について皮肉をこめてグランド・セオリーと表し，日本では誇大理論と訳されている．筆者が一般化されたシンボリック・メディアを探求して，パーソンズの晩期の理論を読んでいくと，彼は力学や生物学や生理学などを取り入れて，最後には哲学に行き着いている．人間の行為を研究していたパーソンズは，結局，人間の存在の問題を考えるようになり宗教的思考と結びついている．パーソンズは，行為の機能分析を徹底的におし進め，人間の存在を根底から問い直している．パーソンズ理論は，壮大な理論，包括的な理論という意味で，グランド・セオリーといえるのではないかと思われる．

またパーソンズは，近代の特徴を考察していた理論家ともいわれている．1990年代から顕著になってきて，現代において大きな問題になっている「グローバル化」や環境問題，さらに2011年3月11日の東日本大震災で生じた福島第一原子力発電所の事故に関連する問題等についても，相互理解という視点，あるいは人間の存在は自然界の一部であるという視点にたてば，新しい知恵が生まれると思われる．

第3節　今後の課題

今後の課題として，次の2つの点をあげたい．

1つ目は，一般化されたシンボリック・メディアの具体化への方策である．センの「ケイパビリティ」概念は，1990年に作られた国連開発計画（UNDP）

の人間開発指標（HDI）に国民所得，平均寿命，教育水準という形で反映され，具体的に計測の指標を出している．これらを一般化されたシンボリック・メディアに照らし合わせてみると，国民所得は貨幣メディアの領域に，平均寿命は健康メディアの領域に，教育水準は知性メディアの領域に属すると思われる．他のシンボリック・メディアについてみると，権力メディアには投票率，政党支持率など，遂行能力メディアには労働力率，余暇活動参加率など，健康メディアには乳児死亡率，成人病死亡率などが該当すると思われる．この他に，社会システムでは影響力，価値コミットメント，一般行為システムでは感情，状況規定，人間的条件システムでは経験的秩序，シンボリックな意味，超越的秩序のシンボリック・メディアがあり，それぞれにおいてどのようなものが具体化できるのか，検討していく必要がある．

　2つ目は，社会進化の問題についてである．近年，ヴィクター・リッズはダーウィンの生物進化論を，そのまま社会進化論に適用することに疑問を呈している．リッズは，パーソンズのいう人間社会の制度上の組織と機能に関する分析の形と論理が，ダーウィンにおける進化の概念的な枠組みとは一致していないことを示している（Lidz 2005 : 329）．そしてリッズの批評は，社会について段階の諸概念が社会進化の諸概念を構成している，というパーソンズの主張に焦点をあてている．リッズは人間的条件のパラダイムが原則として，パーソンズの主張に伴う多数の困難を見分けることを可能にするとして，次の3つの理由をあげている．第一に，社会の程度に対する主張は，行為システムと生物学システムの間の区別を踏みつぶしているという．第二に，社会変動について力学に関するパーソンズの理論は，遺伝子の変異や自然淘汰のダーウィン理論とはいくつかの方法で異なっているという．第三に，パーソンズの社会の段階の概念は，生物学者たちが集団の種に用いたカテゴリーより，基本的に異なった経験的状態をもっているという．結論として，"社会進化"の見出しのもとでパーソンズが成した基本的に理論的な貢献は，社会についての発展的な分析である，と主張している（Lidz 2005 : 330）．

　個体における生物の進化と，個々人の集まりから成る社会の発展について，生物学，社会学，歴史，哲学などからの研究と深い洞察が必要とされている．

注

1) Alfred Marshall, 1842～1924. イギリスの経済学者. 新古典学派を代表する人物. 主著『経済学原理』(1890).
2) 自然数には物の個数を示す機能と, 物の順序を示す機能とがある. 前者の場合の自然数を基数といい, 十進法では0から9までの整数をいう. 後者の場合の自然数を序数, あるいは順序数という.

〈引用・参考文献〉

Ⅰ．タルコット・パーソンズの文献

Parsons, Talcott, 1934, Some Reflections on "The Nature and Significance of Economics." *The Quarterly Journal of Economics*, vol. 48, pp. 511–545.

―, 1937, *The Structure of Social Action: A Study in Social Theory with Special Reference to a Group of Recent European Writers*, McGraw-Hill.（稲上毅・厚東洋輔・溝部明男訳，1974-1989，『社会的行為の構造』全五巻，木鐸社）

―, 1951, *The Social System*, The Free Press.（佐藤勉訳，1974，『社会体系論』青木書店）

―, 1953, "The Theory of Symbolism in relation to action.", T. Parsons, R. F. Bales, and E. A. Shils, *Working Papers in the Theory of Action*, The Free Press. pp. 31–62.

―, 1953, The Marshall Lectures ― The Integration of Economic and Sociological Theory, *Sociological Inquiry*, volume 61, pp. 10–59. winter1991 所収

―, 1956, Boundary Relations Between Sociocultural and Personality Systems, in "*Toward a United Theory of Human Behavior*", R. Grinker edit., Basic Books, Inc., pp. 325–339.

―, 1960, *Structure and Process in Modern Societies*, The Free Press.

―, 1964, *Social Structure and Personality*, The Free Press.（武田良三監訳，1973，『社会構造とパーソナリティ』新泉社）

―, 1966, *Societies : Evolutionary and Comparative Perspectives*, PrenticeHall.（矢沢修次郎訳，1971，『社会類型―進化と比較』至誠堂）

―, 1968, "Social Systems," *International Encyclopedia of the Social Sciences*, vol. 15. Macmillan and Free Press.

―, 1969, *Politics and Social Structure*, The Free Press.（新明正道監訳，1973，1974，『政治と社会構造』上，下 誠信書房）

―, 1970, Equality and Inequality in Modern Society, or Social Stratification Revisited. （*Social Systems and the Evolution of Action Theory*［1977］pp. 321–380. 所収）

―, 1971, *The System of Modern Societies*, Prentice-Hall.（井門富二夫訳，1977，『近代社会の体系』至誠堂）

―, 1975, Social Structure and the Symbolic Media of Interchange, in*Approach to the Study of Social Structure*, ed. by Peter M. Blau, pp. 94–120.

―, 1977, *Social Systems and the Evolution of Action Theory*, The Free Press.（田野崎昭夫監訳，1992，『社会体系と行為理論の展開』誠信書房）

―, 1978, *Action Theory and Human Condition*, The Free Press.（抄訳：徳安彰・油井清光他訳，2002，『宗教の社会学―行為理論と人間の条件第三部』勁草書房；富永健一・高城和義他訳，2002，『人間の条件パラダイム―行為理論と人間の条件第四部』勁草書房）

―, 1979, The Symbolic Environment of Modern Economies. *Social Research*, 46 (3), pp. 436–453. ［Originally written for a Japanese journal whose English title is Contemporary Economics, 1977.］（パーソンズ／今田高俊訳，1977，「近代経済のシンボリックな環境」季刊現代経済26，pp. 100–113．日本経済新聞社）

Parsons, Talcott, 1979, Religious and Economic Symbolism in the Western World, *Sociological Inquiry*, volume49, pp. 1-48.
――, 1979, On the Relation of the Theory of Action to Max Weber's "Verstehende Soziologie", in Wolfgang Schluchter hrsg., *Verhalten, Handeln und System*, pp. 150-162.
パーソンズ／倉田和四生編訳, 1984, 『社会システムの構造と変化』創文社（関西学院大学社会学部大学院集中講義録［1978］）
パーソンズ／油井清光監訳, 土屋淳二・杉本昌昭訳, 2003, 『知識社会学と思想史』学文社（The Sociology of Knowledge and History of Ideas. 未公刊草稿［1970-1975］）
Parsons, Talcott, and R. E. Bales, et al., 1955, *Family, Socialization and Interaction Process*, The Free Press. (橋爪貞雄他訳, 1970, 1971, 『核家族と子供の社会化』上, 下 黎明書房：橋爪貞雄他訳, 1981, 『家族』黎明書房［1970, 1971年版を改題合本］）
Parsons, Talcott, and N. J. Smelser, 1956. *Economy and Society*, Routledge & Kegan Paul Ltd. (富永健一訳1958, 1959, 『経済と社会』Ⅰ, Ⅱ岩波書店)
Parsons, Talcott, G. M. Platt, 1973, *The American University*, Harvard University Press.
Parsons, Talcott, E. A. Shils, K. D. Naegele, J. R. Pitts, eds., 1961, *Theories of Society*, 2vols, The Free Press. (抄訳：倉田和四生訳, 1978, 『社会システム概論』晃洋書房；丸山哲央訳, 1991, 『文化システム論』ミネルヴァ書房)
Parsons, Talcott, ed., 1968, *American Sociology: Perspectives, Problems, Methods*, Basic Books. (東北社会学会訳, 1969, 『現代のアメリカ社会学』誠信書房)
Parsons, Talcott, and E. A. Shils, ed., 1951, *Toward a General Theory of Action*, Harvard University Press. (永井道雄・作田啓一・橋本真訳, 1960, 『行為の総合理論をめざして』日本評論社)

Ⅱ. タルコット・パーソンズ以外の文献

赤城国臣, 1976, 「自由主義とパレート的社会」『経済科学』ⅩⅩⅣ-Ⅰ名古屋大学経済学部, pp. 26-37.
赤坂真人, 1993, 「社会システム論の系譜（Ⅰ）―L. J. ヘンダーソン―」関西学院大学社会学部紀要第68号, pp. 107-120.
――, 1994 a, 「社会システム論の系譜（Ⅱ）―社会学者としてのL. J. ヘンダーソン―」関西学院大学社会学部紀要第69号, pp. 173-190.
――, 1994 b, 「社会システム論の系譜（Ⅲ）―ヘンダーソンとパーソンズ；科学方法論をめぐって―」関西学院大学社会学部紀要第71号, pp. 119-134.
――, 1995, 「社会システム論の系譜（Ⅳ）―ヘンダーソンとパーソンズ；パレートの方法論をめぐって―」関西学院大学社会学部紀要第72号, pp. 179-192.
――, 1996, 「パレート行為理論再考―非論理的行為の概念を手がかりとして―」関西学院大学社会学部紀要第74号, pp. 135-149.
――, 2001, 「パレート行為理論再考（Ⅱ）―残基と派生―」吉備国際大学社会学研究紀要第11号, pp. 127-136.
――, 2009, 『社会システム理論生成史』関西学院大学出版会
秋元律郎, 1980, 『権力の構造―現代を支配するもの』有斐閣　Alexander, Jeffrey C., 1983, *Theological*

Logic in Sociology, vol. 4, The Modern Reconstruction of Classical Thought: Talcott Parsons, University of California Press.

Alexander, Jeffrey C., 1985, Neofunctionalism, Sage Publications.

———, 1998, Neofunctionalism and after, Blackwell Publishers.

Alexander, Jeffrey, C. et al. edt., 1987, The Micro-macro link, Unibersity of California Press.（石井幸夫他訳，1998，『ミクロ―マクロ・リンクの社会理論』新泉社．

アレグザンダー／鈴木健之編訳，1996，『ネオ機能主義と市民社会』恒星社厚生閣．

青井和夫編，1974，『社会学講座1 理論社会学』東京大学出版会．

青井和夫監修，宮島喬編集，1986，『社会学の歴史的展開』サイエンス社．

朝日譲治，1988，「ケイパビリティ・アプローチの意義と問題点」『雲雀野』第10号，豊橋科学技術大学，pp. 1-10.

麻生誠・原田彰・宮島喬著，1978，『デュルケム道徳教育論入門』有斐閣．

新睦人・中野秀一郎，1982，『社会システムの考え方』有斐閣．

新睦人，1995，『現代社会の理論構造』恒星社厚生閣．

馬場靖雄，2001，『ルーマンの社会理論』勁草書房．

Baum, Rainer C., 1976, "On Societal Media Dynamics", J. J. Loubser, R. C. Baum, A. Effrat, V. M. Lidz eds., Explorations in General Theory Social Science: Essays in Honor of Talcott Parsons, vol. 2, pp. 579-608.

Beck, Ulrich（ウルリッヒ・ベック），鈴木宗徳，伊藤美登里編，2011，『リスク化する日本社会：ウルリッヒ・ベックとの対話』岩波書店．

Bernard, Claude, 1865, Introduction a l'etude de la medicine experimentale.（三浦岱栄訳，1938，『実験医学序説』岩波書店．

Cannon, Walter B., 1932, The Wisdom of the Body, Kegan Paul, Trench, Truber & Co., Ltd.（舘鄰，舘澄江訳，1969，『からだの知恵』世界教養全集33 平凡社）

Cassirer, Ernst, 1907, Das Erkenntnis Problem: in der Philosophie und Wissenschaft der neueren Zeit, Zweiter Band, 3rd edition 1922, Verlag Bruno Cassirer.（須田朗・宮武昭・村岡晋一訳 2001, 2003, 『認識問題―近代の哲学と科学における―』2-1, 2-2 みすず書房）

———, 1910, Substanzbegriff und Functionsbegriff, Verlag von Bruno Cassirer.（山本義隆訳，1979，『実体概念と関数概念』みすず書房）

———, 1921, Zur Einstein'schen Relativit ätsthorie; erkenntnistheorestische betrachtungen, Bruno Cassirer Verlag.（山本義隆訳，1981，『アインシュタインの相対性理論』河出書房新社）

———, 1923, 1925, 1929, Die Philosophie der symbolischen Formen, Bd. Ⅲ．Ⅰ．Sprache, Bd. Ⅱ．Das mythische Denken, Bd. Ⅲ. Phänomenologie der Erkenntnis.（木田元訳，1989-1997，『シンボル形式の哲学』一，二，三，四 岩波書店）

———, 1944, An Essay on Man, an introduction to a philosophy of human culture, Yale University.（宮城音弥訳，1997，『人間―シンボルを繰るもの―』岩波書店）

カッシーラー／森淑仁編訳，1996，『カッシーラー ゲーテ論集』知泉書館．

Chen, Hon-Fai, 2004, "Self-reference, Mutual Identification and Affect", Journal of Classical Sociology, vol. 4 (3), pp. 259-288.

Colomy. Paul, ed., 1990, *Neofunctionalist Sociology*, Edward Elgar Publishing Limited.
H. D. ダンカン／中野秀一郎, 柏岡富英訳, 1983, 『シンボルと社会』木鐸社.
Darwin, Charles, 1859, *On the origin of species: by means of natural selection or the preservation of favoured races in the struggle for life*. (ダーウィン／八杉龍一訳, 1990, 『種の起源』上, 下 岩波書店)
土場学, 1993, 「愛というメディア―社会変動のゼマンティーク」『社会学評論』175, 第44巻 第3号, pp. 314-329.
Durkheim, Émile, 1893, *De la division du travail social*, Press Universitaires de France. (井伊玄太郎訳, 1989, 『社会分業論』上, 下講談社；田原音和訳, 1971, 『社会分業論』青木書店)
―――, 1895, *Le Régles de la méthode sociologique*, Press Universitaires de France. (佐々木交賢訳, 1979, 『社会学的方法の基準』学文社)
―――, 1912, Les formes élémentaires de la vie religieuse：le système totémique en Australia, Press Universitaires de France. (古野清人訳, 1941, 1942, 『宗教生活の原初形態』上, 下 岩波書店)
デュルケーム／小関藤一郎編訳, 1983, 『デュルケーム宗教社会学論集』行路社.
Edgeworth, Francis Y., 1881, *Mathematical Psychics: an essay on the application of mathematics to the moral sciences*, C. Kegan Paul.
江川直子, 1985, 「社会的メディアの性質―パーソンズバウムの説を中心に―」中央大学大学院『研究年報』第14号, pp. 155-166.
―――, 1987, 「象徴的メディアのマクロ社会学的分析―貨幣メディア, 権力メディアについて―」中央大学大学院『研究年報』第16号, pp. 143-154.
―――, 1988a, 「権力メディアについての検討―その特徴と問題点―」中央大学大学院『論究』第20号, pp. 71-84.
―――, 1988b, 「影響力メディアについての検討―その概念とマクロ的分析―」中央大学大学院『研究年報』第17号, pp. 53-64.
―――, 1989a, 「価値―委託メディアについての検討―その性質と動態分析―」中央大学大学院『研究年報』第18号, pp. 63-72.
―――, 1989b, 「象徴的メディアと人間的状態―パーソンズの観点から―」年報社会学論集第2号, 関東社会学会. pp. 15-24.
―――, 1990, 「人間的状態のメディアに関する一考察」中央大学大学院『研究年報』第19号, pp. 129-138.
―――, 1991, 「ルーマンとパーソンズのメディア論について」中央大学大学院『研究年報』第20号, pp. 151-160.
―――, 1992, 「パーソンズのメディア論と宗教」『中央大学文学部紀要』社会学科第2号, pp. 77-97.
―――, 2003, 「シンボリック・メディア理論と Well-Being（善き生）」松本和良他編『システムとメディアの社会学』恒星社厚生閣, 第6章.
―――, 2004a, 「パーソンズとパレートにおけるシンボル論」松本和良他編『シンボルとコミュニケーションの社会学』恒星社厚生閣, 第4章.
―――, 2004b, 「パーソンズの社会の概念についての一考察」『新明社会学研究』第9号新明社会学

研究会,pp. 129-140.
――,2005a,「アマルティア・センのコミットメントの概念について」『人間関係学研究6』大妻女子大学人間関係学部紀要,pp. 21-32.
――,2005b,「新明正道著『社会学的機能主義』にみる機能」『新明社会学研究』第10号新明社会学研究会,pp. 76-81.
――,2006,「アマルティア・センのケイパビリティ概念に関する考察」『社会・経済システム』第27号社会経済システム学会,pp. 99-105.
――,2007,「パーソンズの"生命システム"に関する一考察」『人間関係学研究8』大妻女子大学人間関係学部紀要,pp. 123-133.
――,2008,「ヘンダーソンによるパレート社会学の解釈に関する一考察」『人間関係学研究9』大妻女子大学人間関係学部紀要,pp. 23-34.
――,2009,「ウィーナーの"サイバネティックス"に関する一考察」『人間関係学研究10』大妻女子大学人間関係学部紀要,pp. 171-180.
Emerson, Alfred E., 1950, *Ecology and Evolution*, W. B. Saunders Company.(伊藤嘉昭訳,1955,『生態と進化』みすず書房)
――,1956, "Homeostasis and Comparison of Systems", Grinker, Roy R. ed., *Toward a Unified Theory of Human Behavior*, Basic Books, Inc, pp. 147-163.
絵所秀紀・山崎幸治編著,2004,『アマルティア・センの世界』晃洋書房.
Evans, Mary Alice, and Evans, Howard Ensign, 1970, *William Morton Wheeler, biologist.*, Harvard University Press.
Fish, Jonathan S., 2004, "The Neglected Element of Human Emotion in Talcott Parsons's The Structure of Social Action", *Journal of Classical Sociology*, 4(1), pp. 115-133.
Fox, Renee C., V. M. Lidz, H. J. Bershady, ed., 2005, *After Parsons-a theory of social action for the twenty-first century*, Russell Sage Foundation.
船津衛,1997,『G. H. ミードの世界』恒星社厚生閣.
――,1999,『アメリカ社会学の展開』恒星社厚生閣.
Freund, Julien, 1974, *Pareto, la thèorie de l'èquilibre*, Editions Seghers.(小口信吉,板倉達文訳,1991,『パレート―均衡理論』文化書房博文社)
Gerhardt, Uta, 2002, *Talcott Parsons: An Intellectual Biography*, Cambridge University Press.
Gould, Mark, 1976, "System Analysis, Macrosociology, and the Generalized Media of Social Action", J. J. Loubser et al., *Explorations in General Theory in Social Science*, vol. 2, pp. 470-506.
Gouldner, Alvin W., 1970, *The Coming Crisis of Western Sociology*, Basic Books.(矢沢修次郎・矢沢澄子訳,1975,『社会学の再生を求めて』(2),[三分冊]新曜社)
Habermas, Jürgen, 1981, *Theorie des kommunikativen Handelns*, Suhrkamp Verlag.(河上倫逸他訳,1985-1987,『コミュニケイション的行為の理論』上,中,下 未來社)
Hamilton, Peter, 1983, *Talcott Parsons*, E. Horwood.
橋爪大三郎・志田基与師・恒星直幸,1984,「危機に立つ構造―機能理論―わが国における展開とその問題点」『社会学評論』137,第35巻第1号,pp. 2-18.
林知己夫,1977,「福祉の指標化―その有用性と限界」『季刊現代経済26』日本経済新聞社,pp. 90-

98.

Henderson, Lawrence J., 1913, *The Fitness of the Environment-An Inquiry into the Biological Significance of the Properties of Matter*, Macmillan.（梶原三郎訳，1953，『生命と物質―環境の適合性―』創元社）

―――, 1935, *Pareto's General Sociology: A Physiologist's Interpretation*, Harvard Univ. Press.（組織行動研究会訳, 1975,『組織行動論の基礎―パレートの一般社会学―』東洋書店）

Herts, Heinrich, 1894, *Die Prinzien der Mechanik in neuem Zusammenhange dargestellt*, Johann Ambrosius Barth.（上川友好訳，1974,『力学原理』東海大学出版会）

Hobbes, Thomas, 1651, Leviathan.（水田洋訳，1992,『リヴァイアサン（一）』［改訳］［全4冊］岩波書店）

―――, 1651, Leviathan.（水田洋訳，1982,『リヴァイアサン（三）』［全4冊］岩波書店）

星野勉他，1988,「"共感"の倫理―アダム・スミスの『道徳感情論』をめぐって」明治学院大学一般教育部付属研究所『紀要』第12号, pp. 58-70.

日向寺純雄，1977,「パレート社会学とイタリア財政社会学」青山経済論集 第34巻 第3号，青山学院大学経済学会, pp. 1-23.

Hume, David, 1739-1740, *A treatise of human nature*; reprinted from the original edition In three volumes and edited by L. A. Selby-Bigge, 1896. Clarendon Press.

今田高俊，1986,『自己組織性―社会理論の復活』創文社.

井上俊他編集，1997,『現代社会学の理論と方法』岩波書店.

春日淳一，1980, 研究ノート「ルーマンのメディア論における貨幣」関西大学経済論集30（2）, pp. 219-226.

―――, 1981,「ルーマンのメディア論について」関西大学経済論集31（1）, pp. 1-18.

カント／篠田英雄訳，1961，1962,『純粋理性批判』上，中，下 岩波書店.

Keynes, J. M., 1936, *The General Theory of Emplyment, Interest and Money*, Macmillan.（塩野谷九十九訳，1941,『雇用・利子および貨幣の一般理論』東洋経済新報社）

近代経済学研究会・佐藤武男編，1972,『近代経済学』富士書店.

近代経済学研究会編，1974,『世界十五大経済学』富士書店.

北川隆吉・宮島喬編，1996,『20世紀社会学理論の検証』有信堂.

小林月子，1983,「T. パーソンズにおける宗教的シンボリズム」『岐阜大学教育学部研究報告』第31巻 pp. 71-85.

厚東洋輔，1991,『社会認識と想像力』ハーベスト社.

小室直樹，1969,「機能分析の理論と方法」『社会学評論』77 第20巻 第1号, pp. 6-22.

―――, 1974,「構造―機能分析の論理と方法」青井和夫編『理論社会学』東京大学出版会, 第2章.

―――, 1974,「総合化の理論的方法論的基礎研究と予備的実証的研究」『東京都社会指標の研究開発』東京都総務局統計部, pp. 127-349.

小関藤一郎，1978,『デュルケームと近代社会』法政大学出版会.

―――, 1993,「デュルケーム研究において見過ごされた領域―道徳研究について―」『関西学院大学社会学部紀要』第67号, pp. 13-24.

熊谷一乗，2005,「パーソンズ"人間の条件パラダイム"とフロムの性格理論―生命系教育理論に向けて―」教育学部論集第56号, 創価大学教育学部. pp. 1-20.

Kunts, Paul G., 1984, *Alfred North Whitehead*, G. K. Hall & Company.（一ノ瀬正樹訳, 1991, 『ホワイトヘッド』紀伊國屋書店.

Künzler, Jan, 1983, *Medien und Gesellshaft: die Medienkonzepte von Talcott Parsons, Jürgen Habermas und Niklas Luhmann*, Stutgart：F. Enke.

Langer, Suzanne K., 1942, *Philosophy in a New Key, a Study in the Symbolism of Reason, Rite, and Art*, third edition 1957, Harvard University Press.（矢野萬里他訳, 1960, 『シンボルの哲学』岩波書店）

ライプニッツ／西谷祐作他訳, 1989, 『ライプニッツ著作集 9 後期哲学』工作舎.

―――, 1990, 『ライプニッツ著作集 8 前期哲学』工作舎.

ライプニッツ／清水富雄・竹田篤司・飯塚勝久訳, 2005, 『モナドロジー, 形而上学叙説』中央公論新社.

Lids, Victor M., 2005, "'Social evolution'in the light of the human-condition paradigm", Fox, Renee C. et al. ed., *After Parsons*, Russell Sage Foundation, pp. 308-333.

Luhmann, Niklas, 1976, "Generalized Media and the Problem of Contingency", J. J. Loubser et al. eds., *Explorations in General Theory in Social Science*, vol. 2, pp. 507-532.

ルーマン／佐藤勉訳, 1985, 『社会システム論の視座』木鐸社.

ルーマン／土方昭監修, 1983, 『システム理論のパラダイム転換』お茶の水書房.

ルーマン／土方昭監訳, 1983, 『法と社会システム：社会学的啓蒙』新泉社.

Luhmann, Niklas, 2002, *Einfuhrung in die System Theorie*, Dirk Baecker, ed., Carl-Auer-Systeme Verlag.（ディルク・ベッカー編／土方透監訳, 2007, 『システム理論入門―ニクラス・ルーマン講義録［1］』新泉社）

Lukács, George, 1948, Karl Marx und Friedrich Engels als Literaturhistoriker, 1954, Beitr äge zur Geschite der Âsthetik.（男沢淳他訳, 1987, 『ルカーチ著作集 7』白水社）

ルカーチ／男沢淳訳, 1987, 「カール・マルクスとフリードリヒ・テーオドル・フィッシャー」pp. 7-119.（男沢淳他訳, 1987, 『ルカーチ著作集 7』白水社）

マキアヴェッリ／河島英昭, 1998, 『君主論』岩波書店.

正村俊之, 1995, 「近代の自己認識としての社会学」『近代学史研究』第 17 号, いなほ書房.

松井名津, 1999, 「A. K. Sen 規範的経済学への批判的考察」『理想』第 662 号, pp. 133-151.

松本和良, 1981, 『組織体系の理論』学文社.

―――, 1989, 『パーソンズの行為システム』恒星社厚生閣.

―――, 1993, 『組織体系の社会学』学文社.

―――, 1997, 『パーソンズの社会学理論』恒星社厚生閣.

松本和良・江川直子・大黒正伸編, 2003, 『システムとメディアの社会学』恒星社厚生閣.

松本和良・田村穣生・江川直子・大黒正伸編, 2004, 『シンボルとコミュニケーションの社会学』恒星社厚生閣.

松岡雅裕, 1998, 『パーソンズの社会進化論』恒星社厚生閣.

松嶋敦茂, 1985, 『経済から社会へ―パレートの生涯と思想―』みすず書房.

松浦保, 1977, 「Welfare 概念の思想史的考察」『季刊現代経済 26』日本経済新聞社, pp. 74-89.

Mayr, Ernst, 1988, *Toward a New Philosophy of Biology-Observation of an Evolutionist*, . Harvard University Press.（八杉貞雄・新妻昭夫訳, 1994, 『進化論と生物哲学―進化学者の思索―』東京化学同人.

Mcluhan, Marshall, 1964, *Understanding Media-The Extensions of Man*, McGraw-Hill.（マクルーハン／栗原裕，河本仲聖訳，1987,『メディア論：人間の拡張の諸相』みすず書房）

Mead, George Herbert, 1934, *Mind, Self and Society: from the standpoint of a social behaviorist*, Morris, Charles W., The University of Chicago Press.（稲葉三千男他訳，1973,『精神・自我・社会』青木書店）

Merton, Robert K., 1949, *Social Thory and Social Structure-Toward the Condition of Theory and Research*, The Free Press.（森東吾他訳，1961,『社会理論と社会構造』みすず書房）

Mills, C. Wright, 1959, *The Sociology Imagination*, Oxford University Press.（鈴木広訳，1965／2005［新装版］『社会学的想像力』紀伊國屋書店）

宮島喬，1987,『デュルケム社会理論と現代』東京大学出版会．

溝部明男，2001,「パーソンズ研究における2つのスタイル―J. C. アレグザンダーとC. カミック」『金沢大学文学部論集行動科学・哲学編』(21), pp. 45-96.

森元孝，1987,「システムと生活世界―ルーマンとハーバーマス」藤原保信他編『ハーバーマスと現代』新評論，第5章．

中久郎，1979,『デュルケムの社会理論』創文社．

――，1999,『社会学原論』世界思想社．

中久郎編，1986,『機能主義の社会理論―パーソンズ理論とその展開―』世界思想社．

直井優，1984,「構造―機能主義による説明とテスト可能性」『社会学評論』137，第35巻 第1号，pp. 19-28.

内藤莞爾，1985,『フランス社会学断章』恒星社厚生閣．

中野秀一郎，1999,『タルコット・パーソンズ―最後の近代主義者』東信堂

根岸隆，2001,『経済学史入門』放送大学教育振興会．

西垣通，1999,『こころの情報学』筑摩書房．

野沢敏治，1972,「アダム・スミス『道徳感情の理論』における"共感"の構造」『経済科学』19 (3), 名古屋大学経済学部，pp. 115-131.

Nussbaum, Martha C., 2000, *Women and Human Development-The Capabilities Approach*, Cambridge University Press.

小川英司，1997,『G. H. ミードの社会学』いなほ書房．

大黒正伸，2004,「パーソンズとキリスト教シンボリズム」松本和良他編『シンボルとコミュニケーションの社会学』恒星社厚生閣，第7章．

――，2009,「パーソンズ社会理論の方法的構想力――一般理論から"媒介"の理論へ―」（博士論文，社会学）創価大学，乙第19号．

大橋照枝，2005,『「満足社会」をデザインする第3のモノサシ』ダイヤモンド社．

大野道邦・油井清光・竹中克久編，2005,『身体の社会学―フロンティアと応用』世界思想社．

Pareto, Virfredo, 1900, Un'applicazione di teorie sociologiche, in "*Rivista Italians di Sociologica*".（川崎嘉元訳，1975,『エリートの周流―社会学の理論と応用―』垣内出版）

――，1916, *Trattato di sociologia generale*, 2vols; 2ed. 3vols. 1923.（抄訳：井伊玄太郎訳，1939,『社会学大綱』白揚社；北川隆吉・廣田明・板倉達文訳，1987,『社会学大綱』青木書店）

――，1920, *Compendio di sociologia generale*; per cura di Giulio Farina, Firenze.（姫岡勤訳／板倉達

文校訂, 1996,『一般社会学提要』名古屋大学出版会)

Rappoport, Anatol, 1956, "Homeostasis Reconsidered", Grinker, Roy R. ed., *Toward a unified theory of human behavior*, Basic Books. pp. 225-246.

Robbins, Lionel, 1932, An Essay on the Nature and Significance of Economic Science, Macmillan and Co., Ltd. (中山伊知郎監修, 辻兵衛訳, 1957,『経済学の本質と意義』東洋経済新報社)

Robertson, Roland, & Turner, Bryan S., eds. 1991, Talcott Parsons : Theorist of Modernity, Sage Publications. (中久郎・清野正義・進藤雄三訳, 1995,『近代性の理論 : パーソンズの射程』恒星社厚生閣)

Rocher, Guy, 1972, *Talcott Parsons et la sociologie americaine*, Presses universitaires de France. [S. Mennell and B. Mennell, trans., 1974, *Talcott Parsons and American Sociology*, Nelson. (倉橋重史・藤山昭英訳, 1986,『タルコット・パーソンズとアメリカ社会学』晃洋書房)

坂本幹雄, 2004,「アマルティア・センのスミス経済学」『通信教育部論集』第7号, 創価大学通信教育部, pp. 103-117.

佐々木交賢, 1978,『デュルケーム社会学研究』恒星社厚生閣.

佐藤成基, 1990,「秩序問題と再生産論」『社会学評論』163 (41巻3号) pp. 45-58.

佐藤茂行, 1990,「パレートのデュルケム批判」経済学研究第39巻第4号, 北海道大学経済学部, pp. 11-22.

────, 1993,『イデオロギーと神話──パレートの社会科学論──』木鐸社.

佐藤勉, 1971,『社会学的機能主義の研究』恒星社厚生閣.

佐藤勉編, 1997,『コミュニケーションと社会システム』恒星社厚生閣.

佐藤勉・細谷昂・村中知子編, 1997,『社会学思想』東京大学出版会.

盛山和夫, 1995,『制度論の構図』創文社.

Sen, Amartya, 1970, *Collective Choice and Social Welfare*, Holden-Day. (志田基与師監訳, 2000,『集合的選択と社会的厚生』勁草書房)

────, 1978, "On the labor theory of value : some methodological issues", *Cambridge Journal of Economics*, volume 2, number 2, pp. 175-190.

────, 1981, *Poverty and Famines: An Essay on Entitlement and the Privation*, Clarendon Press. (黒崎卓・山崎幸治訳, 2000,『貧困と飢饉』岩波書店)

────, 1982, Choice, Welfare and Measurement, Basil Blackwell. (抄訳:大庭健・川本隆史訳, 1989,『合理的な愚か者──経済学=倫理学探求』勁草書房.

────, 1985, "Well-being, Agency and Freedom : The Dewey Lecture 1984", in *journal of philosophy*, voll LXXXⅡ, No. 4, pp. 169-221. (大庭健訳, 1986,「いい人生・行為主体・自由」『理想』No. 633, 理想社)

────, 1985, *Commodities and Capabilities*, North-Holland. (鈴村興太郎訳, 1988,『福祉の経済学──財と潜在能力』岩波書店)

────, 1987, *On Ethics and Economics*, Blackwell. (徳永澄憲・松本保美・青山治城訳, 2002,『経済学の再生──道徳哲学への回帰──』麗澤大学出版会)

────, 1990, "Individual Freedom as a Social Commitment", *The New York Review of Books*, June 14. pp. 49-54. (川本隆史訳, 1991,「社会的コミットメントとしての自由」『みすず』1月号, みすず

書房, pp. 68-87.）

Sen, Amartya, 1992, *Inequality Reexamined*, Oxford University Press.（池本幸生・野上裕生・佐藤仁訳, 1999, 『不平等の再検討―潜在能力と自由』岩波書店）

――, 1999, *Development as Freedom*, Alfred A. Knopf.（石塚雅彦訳, 2000, 『自由と経済開発』日本経済新聞社.

――, 1997, 1999a, 1999b, 2000, Collected Essays.（大石りら訳, 2002, 『貧困の克服』集英社）

――, 2000, 2002, 2003, 2004, Collected Essays.（東郷えりか訳, 2006, 『人間の安全保障』集英社）

平成11年版『新国民生活指標』, 1999, 経済企画庁国民生活局.

進藤雄三, 2006, 『近代性論再考―パーソンズ理論の射程』世界思想社.

新開陽一・新飯田宏・根岸隆, 1972, 『近代経済学』[新版]有斐閣.

新明正道, 1967, 『社会学的機能主義』誠信書房.

――, 1974, 『社会学における行為理論』恒星社厚生閣.

――, 1982, 『タルコット・パーソンズ』恒星社厚生閣.

新明正道編著, 2009, 『社会学辞典』〈復刻・増補版〉, 復刻版刊行会編, 時潮社.

塩野谷祐一, 1984, 『価値理念の構造』東洋経済新報社.

Smith, Adam, 1759, *The Theory of Moral Sentiment*, Printed for A. Millar in the Strand, Printed for A. Millar.（水田洋訳, 2003, 『道徳感情論』上, 下 岩波書店）

――, 1776, *An Inquiry into the Nature and Causes of the Wealth of Nations*, edited by Edwin Cannan, Methuen & Co Ltd.（水田洋監訳, 杉山忠平訳, 2000, 2001, 『国富論』一, 二, 三, 四岩波書店；山岡洋一訳, 2007, 『国富論―国の豊かさの本質と原因についての研究―』上, 下 日本経済新聞社)

スピノザ／下村寅太郎編, 1980, 『世界の名著30 スピノザ, ライプニッツ』中央公論社.

Staubmann, Helmut, 2005, "Culture as a subsystem of action: autonomous and heteronomous functions," Fox, Renee C. et at. ed., *After Parsons*, Russell Sage Foundation, pp. 169-178.

菅野盾樹, 1999, 『人間学とは何か』産業図書.

杉本栄一, 1953, 『近代経済学史』岩波書店.

鈴木健之, 1997, 『社会学者のアメリカ―機能主義からネオ機能主義へ』恒星社厚生閣.

鈴村興太郎・後藤玲子, 2001, 『アマルティア・セン―経済学と倫理学』実教出版.

高田熱美, 2004, 「アダム・スミス―共感の成立」『福岡大学人文論叢』35 (4), pp. 1-23.

高桑純夫, 1956, 『人間の自由について』岩波書店.

高城和義, 1986, 『パーソンズの理論体系』日本評論社.

――, 1988, 『現代アメリカ社会とパーソンズ』日本評論社.

――, 1992, 『パーソンズとアメリカ知識社会』岩波書店.

高島善哉, 1968, 『アダム・スミス』岩波書店.

谷口文章, 1979, 「アダム・スミスの共感について―『道徳感情論』をめぐって」『待兼山論叢』第13号哲学篇, 大坂大学文学部, pp. 5-21.

田野崎昭夫, 1981, 「晩期パーソンズの理論的展開」社会学研究40. 東北社会学研究会, pp. 93-119.

――, 1984, 「後期パーソンズの理論について」『社会学評論』137, 第35巻 第1号, pp. 29-39.

田野崎昭夫編, 1975, 『パーソンズの社会理論』誠信書房.

戸田武雄, 1958,「ブスケ教授によるパレート経済学概説」『産業と科学』第3号 静岡大学法経学会, pp. 1-26.
――, 1966,「パレート経済学の方法論」『研究論集』第8号駒沢大学商経学会, pp. 1-15.
徳川直人, 2006,『G. H. ミードの社会理論』東北大学出版会.
徳永恂編, 1979,『マックス・ウェーバー：著作と思想』有斐閣.
富永健一, 1986,『社会学原理』岩波書店.
――, 1990,『日本の近代化と社会変動—テュービンゲン講義』講談社.
――, 1995,『行為と社会システムの理論』東京大学出版会.
富永健一・徳安彰編, 2004,『パーソンズ・ルネッサンスへの招待』勁草書房.
友枝敏雄, 1998,『モダンの終焉と秩序形成』有斐閣.
E. A. ティリアキアン／高沢淳夫訳, 1978,『デュルケムの社会学』アカデミア出版.
Turner, Bryan S., 1999, *Talcott Parsons Reader*, Blackwell.
宇野重規, 2007,『トクヴィル 平等と不平等の理論家』講談社
Vischer, Friedrich Theodor, 1887, Das Symbol, *Ausgewählt Werk*. Teil 7-8/herg. von Theodor kappstein. Hesse & Becker. [1919] pp. 312-347.
若松良樹, 2003,『センの正義論』勁草書房.
若田部昌澄, 2003,『経済学者たちの闘い』東洋経済新報社.
渡辺信夫, 1968,『カルヴァン』清水書院.
ウェーバー／尾高邦雄訳, 1936,『職業としての学問』岩波書店.
ヴェーバー／清水幾太郎訳, 1972,『社会学の根本概念』岩波書店.
ヴェーバー／大塚久雄訳, 1989,『プロテスタンティズムの倫理と資本主義の精神』[改訳] 岩波書店.
ウェルナー, カプラン／柿崎祐一監訳, 1974,『シンボルの形成—言葉と表現への有機—発達論的アプローチ』ミネルヴァ書房.
Wheeler, William Morton, 1928, "The Ant Colony as an Organism,"〈／I〉Foibles of Insects and Men〈／I〉, Alfred A. Knopf, pp. 129-143.
Whitehead, Alfred North, 1925, *Science and Modern World*, Lowell Lectures. (上田泰治・村上至孝訳, 1981,『科学と近代社会』松籟社)
――, 1933, *Adventures of Ideas*, (種山恭子訳「観念の冒険」山元一郎編集『ラッセル, ウィトゲンシュタイン, ホワイトヘッド』中央公論社所収)
Wiener, Norbert, 1948, *Cybernetics, or control and communication in the animal and the Machine*, The M. I. T. Press. (池原止戈夫他訳, 1962,『サイバネティックス—動物と機械における制御と通信—』第2版 岩波書店)
――, 1956, *I am a mathematician*, Doubleday & Company, Inc., (鎮目恭夫, 1956／1983 [新装]『サイバネティックスはいかにして生まれたか』みすず書房)
Worster, Donald, 1977, *Nature's economy: the roots of ecology*, Sierra Club Books. (中山茂, 成定薫, 吉田忠訳, 1989,『ネイチャーズ・エコノミー：エコロジー思想史』リブロポート)
八杉龍一他編纂, 1996,『生物学辞典』第4版, 岩波書店.
吉田文和, 2001,「環境と価値論—アマルティア・センを手がかりとして—」『経済科学通信』No. 97.
吉田民人, 1962,「A. G. I. L 修正理論—パーソンズ教授への提言—（その1）」関西大学文学論集, vol.

11-No. 6.
――, 1990, 『情報と自己組織性の理論』東京大学出版会.
吉川英治, 2001, 「アマルティア・センにおける環境と価値」『経済科学通信』No. 97, pp. 33-36.
吉原正彦, 1996 a, 「経営思想の源流を求めて―L. J. ヘンダーソンのパレート社会学との出会い―」『青森公立大学経営経済学研究』第 1 巻 第 1 号, pp. 36-51.
――, 1996b, 「科学のもつ一般性の追及―ヘンダーソンのパレート・セミナー開設と『一般社会学概論』の英語訳版―」『青森公立大学経営経済学研究』第 1 巻第 1 号, pp. 52-66.
油井清光, 1995, 『主意主義的行為理論』恒星社厚生閣.
――, 2002, 『パーソンズと社会学理論の現在―T. P と呼ばれた知の領域について―』世界思想社.

あとがき

　私が社会学者タルコット・パーソンズと出会ったのは 1981 年であった．高等教育の研究をしたいと思い，大学院に入った私は修士論文のテーマをどのようにまとめようかと考え悩んでいたところ，ある先生からパーソンズの『アメリカの大学』(The American University, 1973) を紹介された．社会学専攻の大学院に入学するまで経済学の理論を学んでいた私は，パーソンズの経済学，生物学，社会学と入り組んだ著書を読み解くのは難しかったが，修士論文『大学の危機の性質──パーソンズ理論を中心に──』をまとめた．

　その後，大学院の博士後期課程からパーソンズの「一般化されたシンボリック・メディア」についての研究が始まった．社会システム，一般行為システム，人間的条件システムから析出される各シンボリック・メディアの性質や特徴を理解したあとで，研究ははたと止まった．1992 年の時である．当時，パーソンズ理論は誇大妄想理論とか，やっても意味がない理論という風潮が日本の社会学界全体に感じられ，世界の動向をみてもパーソンズのシンボリック・メディアについてはブラック・ボックスの状態であった．

　経済学の分野を振り返ると，1970 年代後半から 80 年代にかけて，ケインズ経済学に替わり合理的形成学派，サプライサイド経済学，マネタリズムなどが台頭して，その後 1980 年代には新古典派経済学が全盛になった。つまり，パーソンズが亡くなる前後とその後の経済学の発展過程をみると，一つのスケールの大きな理論に依拠するのではなく，いくつもの理論が乱立するという状態になり，それは社会学においても同じであった．

　時を経て，私は 1996 年頃から創価大学の松本和良先生の研究会に参加させてもらっていた．2002 年の春に研究会のメンバーの人たちと本を出そうと松本先生が提案され，その時に私は理論の面でかつて研究していたパーソンズのメディア理論を振り返ったのである．

　私がアマルティア・センの理論とパーソンズの理論につながりがあるのではないかと思ったきっかけは，ある大学院生のセンに関する論文を読んだことであった．センについて調べていくと，どうもパーソンズのシンボリック・メディアと類似性があるということがわかってきた．その時まとめた本が『システ

ムとメディアの社会学』（共編，2003年）である．

　センは経済学者で貧困を研究している．パーソンズも社会学を研究する前は経済学を学んでおり，二人の研究の共通の源はヴィルフレート・パレートであるということがわかってきた．センはケイパビリティ（capability, 潜在能力）概念を提唱しているが，ケイパビリティという用語がパーソンズの『社会的行為の構造』（1937年）のパレートの章に小さく載っているのを見出した時は，やはりつながっていたという気持が強かった．センはセンなりにオリジナリティを加えているが，ケイパビリティという用語はパーソンズから得ていると思われる．

　パーソンズの一般化されたシンボリック・メディア理論が，センの理論とつながっていることから，パーソンズ理論が実は実証にもつながっているということができる．センは数学が得意なので，1980年代後半当時，国際連合開発計画（UNDP）で一緒に仕事をしていたマブーブル・ハック（Mahbub ul Haq）と数式をたてて研究をしていた．そして，彼はハックの提唱した人間開発指数（HDI）に同意した．こうして，人間の幸福を測る尺度に国民所得（一人当たり国内総生産，GDP），平均寿命，識字能力（義務教育就学率）が使用されることになったのである．この指標は，1990年から発表されている国連の人間開発報告書に用いられている．他方，パーソンズは数学を使用せず，あくまで生物学的思考で人間のもつ潜在能力を各層別に提示しているといえる．

　2006年9月に神戸大学で開催された第3回パーソンズ・セミナー（「パーソンズとその後 Parsons and After ―諸学派との対話」）に参加した．私は「パーソンズの'生命システム'と'ケイパビリティ'」という題で，センの「ケイパビリティ」の用語がパーソンズの『社会的行為の構造』にみられることを発表した．その時，海外からヴィクター・リッズ（V. Lidz），ウタ・ゲアハルト（U. Gerhardt），ヘルムト・スタウブマン（H. Staubmann），ブライアン・ターナー（B. turner）の先生方が参加されていた．セミナーが終わって，その時の写真を送ったところヴィクター・リッズ先生からすぐにお返事をいただき，大変勇気づけられた．ヴィクター・リッズ先生はパーソンズの『社会システムと人間的条件』（1978）に出てくるパーソンズの教えを直接に受けた先生である．

その後，私はシンボルの根源についての研究を進め，この度本にすることができた．松本和良先生には原稿の段階で目を通していただき，全般にわたって貴重なご意見をいただいた．この場を借りて，お礼を申し上げたい．また田野崎昭夫先生をはじめ多くの方々，これまでの研究生活を支えてくれた家族にも感謝の意を表したい．

　社会システム，一般行為システム，人間的条件システムの相互交換過程から「一般化されたシンボリック・メディア」は導き出されている．経済，政治，社会的共同体など，それぞれの領域の問題を考える場合において，最後は人間の存在，自然との関わり，環境の問題に密接に結びついている．本書がパーソンズの晩期における理論の解明，そして自然と共生して希望のもてるより良い社会の実現を考えていく際に，少しでも役立つことを祈念している．

　最後に，本書の出版にあたり恒星社厚生閣代表取締役 片岡一成氏のご高配にあずかり，また編集部 髙田由紀子氏，その他編集部の皆様のご尽力に心からお礼を申し上げたい．

　　　2012年10月　　　　　　　　　　　　　　　　　　　　　　江川直子

事 項 索 引

● A〜Z ●

AGIL 図式（AGIL scheme） 2, 4, 17, 117, 133
DNA（デオキシリボ核酸） 381, 382
RNA（リボ核酸） 382
well-being（善き生） 367

● ア 行 ●

ア‐プリオリ（a priori） 216
ア‐ポステリオリ（a posteriori） 216
アウトプット（output） 221
アソシエーション（association） 74, 75, 81, 85
一般化されたシンボリック・メディア（generalized symbolic media） 1, 17, 38, 105, 267
一般行為システム（general action system） 2
一般不可能性定理（general impossibility theorem） 253, 390
遺伝コード（genetic code） 381
遺伝子（gene） 147, 174, 284
遺伝子要素（genetic factors） 381
イド（id） 241, 242, 248
意味（meaning） 220
意味の型（pattern of meaning） 170
インプット（input） 221
影響力（influence） 12, 17, 38, 69
オープン・システム（open system） 75, 240
オフェリミテ（ophelimité） 122, 264, 337

● カ 行 ●

カセクシス（cathexis） 22, 224
カセクシス的志向（cathectic orientation） 116
価値（value） 78, 401
価値原理（value principle） 20, 68, 92
価値コミットメント（value-commitment） 12, 17, 38, 87
　——のインフレーション（inflation of value-commitment） 93, 403
　——のデフレーション（deflation of value-commitment） 93, 403
価値絶対主義（value absolutism） 95
価値的態度（value attitude） 277, 386
価値要素（value element） 386
過程（process） 376
カテゴリー（category） 216, 225, 232
貨幣（money） 12, 17, 38
カリスマ（charisma） 95
感覚データ（sense data） 226
感情（affect, sentiment, mind, emotion） 18, 38, 173, 232, 269, 275, 300, 301, 317, 318, 326, 353
感情移入説（Einführung Theorie） 427, 442
感情性‐感情中立性（affectivity-affective neutrality） 117
観念的要因（Idealfaktoren） 192
機械的ブント（Mechanical Bund） 32
帰結主義（consequencism） 399
基数（cardinal number） 254
期待効用（expected utility） 397
機能（function） 369, 376

機能-構造主義（function-structuralism） 100, 101
機能的等価（functional equivalence） 284
機能的必要条件（functional indispenpensability） 291
機能分析（functional analysis） 2, 375
規範（norm） 78, 401
規範的残基（normative residues） 272
基本的ケイパビリティ（basic capabilities） 391
共感（sympathy） 178, 395
規律の精神（mind of discipline） 140
儀礼的行為（ritual action） 268
具体性を置き違える誤謬（fallacy of misplaced concreteness） 119, 121
グランド・セオリー（grand theory） 5, 459
経験的斉一性（empirical uniformity） 385
経験的秩序（empirical ordering） 99, 189
経済的合理性（economic rationality） 93
ケイパビリティ（capability） 2, 367
──・アプローチ（capability approach） 367, 453
ゲームの一般理論（the general theory of games） 417, 418
ゲゼルシャフト（Gesellschaft） 192
ゲマインシャフト（Gemeinschaft） 192
言語（language） 217
健康（health） 99, 190
言語コード（linguistic code） 380
現実的要因（Realfaktoren） 192
限定性-無限定性（specificity-diffuseness） 117
権力（power） 12, 17, 38, 57
行為システム（action system） 12, 182
行為主体（agency） 370
行為の準拠枠（action frame of reference） 115
交感神経（sympathetic nerve） 301
恒常性（homeostasis） 290, 413, 414
構成的シンボル化（constitutive symbolization） 24, 227, 233
構造（structure） 375
構造-機能主義（structure-functionalism） 100, 375
構造機能分析（structural functional analysis） 5
行動システム（behavior system） 14
行動有機体（behavioral organism） 12
効用（utility） 38, 122, 123, 264, 315, 336, 400
合理性（rationality） 398
コード（code） 168
個人中心的な志向-集合体中心的な志向（self-orientation-collectivity-orientation） 117
個人の自律（individual autonomy） 140
コスモス（cosmos） 357
悟性（Verstand） 216
コドン（codon） 246, 382
コミットメント（commitment） 77, 80, 95, 389, 395
コミュニケーション（communication） 221, 223, 229, 376

●サ　行●

サーモスタット（自動温度調節器）（thermostat） 237, 302
裁定（sanction） 20, 60
サイバネティック・ハイアラーキー（cybernetic hierarchy） 210
サイバネティックス（cybernetics） 13, 237, 381, 407, 409
残基（residue） 261, 262, 320, 321, 324, 332
残余範疇（residual category） 201
自我（ego） 71, 73, 103, 241, 242, 248
──の能力（ability of ego） 177
志向（orientation） 226, 231

自己利益 (self-interest) 395
自然 (nature) 231
自然淘汰 (natural selection) 362
実践理性 (praktische Vernunft) 226
シナプス (synapse) 408, 411
社会均衡 (social equilibrium) 258, 315, 335
社会システム (social system) 1, 2, 12, 257, 282, 314
社会進化論 (theory of social evolution) 5
社会的環境 (social environment) 177, 245
社会的共同体 (societal community) 17, 150
社会的行為 (social action) 193
社会的恒常性 (social homeostasis) 305
社会的効用 (social utility) 264
主意主義的行為理論 (voluntalistic theory of action) 4
集合意識 (conscience collective) 139, 344
集合感情 (sentiments collectif) 177
集合体にとっての効用 (utility for a collectivity) 337
集合体の効用 (utility of a collectivity) 337
集合表象 (représentation collective) 159, 177
集合力 (forces collectives) 157
集団への愛着 (attachment to group) 140
周波数 (frequency) 421
状況規定 (definition of the situation) 18, 38, 174
成就的 (consummatory) 194
象徴的適合性 (symbolic appropriateness) 273
序数 (ordinal number) 255
所属本位-業績本位 (ascription-achievement) 117
自律神経 (autonomic nerve) 301, 309
人格同一化 (personal identity) 164
新機能主義 (neo functionalism) 9
信託システム (fiduciary system) 17

新陳代謝 (metabolism) 204, 239, 361
シンボリック実在論 (symbolic realism) 157
シンボリックな意味 (symbolic meaning) 99, 190, 196
シンボリック・メディア (symbolic media) 1, 19, 163, 385
シンボリック・リアリズム (symbolic realism) 228
シンボル (symbol) 13, 145, 147, 221, 222, 284, 423
信用創造 (credit creation) 19, 110
遂行能力 (performance-capacity) 17, 38, 172
生産物 (product) 17
政治的合理性 (political rationality) 93
生成変形 (Generativity) 197
制度化 (institutionalization) 19, 362
――された個人主義 (institutionalized individualism) 144, 155
制度的コード (institutional code) 20
生命システム (living systems) 2, 281
生命の質 (quality of life) 372
絶対的決定論 (absolutive determinism) 294
ゼロ-サム現象 (zero-sum phenomenon) 61, 62
ゼロ-サム問題 (zero-sum problem) 61
潜在的パターンの維持 (latent pattern-maintenance) 1
相互交換 (interchange) 55, 183, 186
相互浸透 (interpenetration) 101, 234, 362
存在価値 (survival value) 339

●タ 行●

他我 (alter) 71, 73, 103
団結的ゲゼルシャフト (United Gesellshaft) 31

団結的ゲマインシャフト（United Gemeinshaft）　32
知性（intelligence）　17, 38, 171
中枢神経（central nervous system）　408
超越的（transcendental）　225
超越的秩序（transcendental ordering）　99, 193, 228, 234
超自我（super-ego）　242, 248
調整基準（coordination standard）　20, 68, 92
適応（adaptation）　1
テリック（telic）　206
──・システム（telic system）　145, 201, 204, 210, 211
電磁波（electromagnetic wave）　433
道具的（instrumental）　194
道具的活動主義（instrumental activism）　143, 195
統合（integration）　1
道徳的エリート（moral elite）　91
道徳的共同体（moral community）　143
道徳的権威（moral authority）　95, 168
道徳的正当性（moral legitimacy）　94
道徳的責任性（moral responsibility）　90
道徳的リーダーシップ（moral leadership）　90
道徳評価的シンボル化（moral-evaluative symbolization）　24, 227, 233

● ナ 行 ●

内在的合理性（intrinsic rationality）　273
内部環境（internal environment）　160, 245, 283
内面化（internalization）　193
ニュートン・モデル（Newton model）　126, 127
人間（性）の二元性（human dualism）　137
人間的条件システム（human condition system）　2, 181
人間の機能（human functionings）　332, 392
人間有機体（human organization）　234
──システム（human organic system）　12, 182, 211
認識（recognition）　8, 434
認識的合理性（cognitive rationality）　93
認識的志向（cognitive orientation）　116
認識的シンボル化（cognitive symbolization）　24, 226, 233
脳波（brain waves）　421, 443

● ハ 行 ●

パーソナリティ・システム（personality system）　12
派生（derivation）　261, 262, 320, 321, 327
パターン変数（pattern variables）　4, 116
パラダイム（paradigm）　199
パレート最適（Pareto optimum）　390
非規範的残基（non-normative residues）　272
評価的志向（evaluative orientation）　116
表現的シンボル化（expressive symbolization）　24, 227, 233
非論理的行為（non-logical action）　271, 320, 386
ファシズム（fascism）　330, 331
フィードバック（帰還，feedback）　408, 413
不確実性（uncertainty）　397
不可知論（agnosticism）　228
複雑性の縮減（Reduction von Komplextät）　99
福祉（welfare）　396
物理的 - 化学的システム（physico-chemical system）　12, 182, 211
普遍学（scientia generalis）　437
普遍記号学（universal symbolism）　437, 443

普遍主義-個別主義（universalism-particulerism） 117
プログラム（program） 381
プロテスタンティズム（Protestantism） 155
文化システム（cultural system） 12
文化的コード（cultural code） 158
ヘーゲル学派（Hegelianer） 425
ホモ・エコノミクス（経済人）（homo economics） 390

● マ 行 ●

見えざる手（invisible hand） 417
無髄性神経線維（involuntary nerve fibers） 414
メタ理論（meta theory） 215, 451
メッセージ（message） 168
メディア（medium, media） 17, 37
　——のインフレーション（inflation of media） 18, 23, 37, 195
　——のインフレーション・ギャップ（inflation gap of media） 37, 54
　——のコンフレーション（conflation of media） 18, 27
　——のデフレーション（deflation of media） 18, 23, 37, 195
　——のデフレーション・ギャップ（deflation gap of media） 37, 54
メンデル・モデル（Mendel model） 126, 127
目的システム（telic system） 12, 182
目的論（テレオノミー, Teleonomy） 190, 202, 207, 209, 210
目標達成（goal-attainment） 1

● ヤ 行 ●

有機体（organization） 204, 234
有機的アソシエーション（Organic Association） 31
有髄神経線維（voluntary nerve fibers） 414, 415
要素（factor） 17
欲望（wants） 458
四機能図式（four function system） 1, 286
四機能パラダイム（four function paradigm） 115, 281, 286

● ラ 行 ●

リーダーシップ（leadership） 77
リビドー（libido） 197, 225
連帯（性）（solidarity） 173, 331

人 名 索 引

●ア 行●

アインシュタイン（Einstein, A.）　205, 247
アリストテレス（Aristotélēs.）　202, 235, 316, 355, 373
アレグザンダー（Alexander, J. C.）　9
アロー（Arrow, K. J.）　253, 369, 390
ウィーナー（Wiener, N.）　12, 206, 237-240, 244, 407, 412, 414, 418, 420, 421, 455
ウェーバー（Weber, M.）　3, 4, 182, 191, 201, 255
エッジワース（Edgeworth, F. Y.）　395
エマーソン（Emerson, A. E.）　147, 283, 361, 380
オースター（Worster, D.）　285

●カ 行●

カッシーラー（Cassirer, E.）　222, 223, 423, 436, 446
カント（Kant, I）　147, 201, 216, 225, 226, 228, 232, 233, 424
キャノン（Cannon, W. B.）　12, 117, 285, 289, 290, 299, 301, 304, 306, 376, 451
グールド（Gould, M.）　9, 40, 44, 52, 449
グールドナー（Gouldner, A. W.）　6
クーン（Kuhn, T. S.）　199
クローチェ（Croce, B.）　348
ケインズ（Keynes, J. M.）　394
ゲルハルト（Gerhardt, U.）　10
コペルニクス（Copernicus, N.）　230
コント（Comte, A.）　259

●サ 行●

サン・シモン（Saint-Simon.）　141
シャノン（Shannon, C. E.）　410, 411
シュンペーター（Schumpeter, J. A.）　1
スペンサー（Spencer, H.）　259
スミス（Smith, A.）　178, 300, 371, 398, 400, 404, 454
セン（Sen, A.）　2, 12, 253, 255, 332, 367-369, 371, 372, 389, 392, 395, 396, 453, 456, 457

●タ 行●

ダーウィン（Darwin, C. R.）　354, 460
ターナー（Turner, B. S.）　9
タレス（Thales）　355
チョムスキー（Chomsky, N.）　106, 191
ディルタイ（Dilthey）　431
デカルト（Descartes, R.）　207, 216
デュリュイ（Duruy, V.）　350
デュルケーム（Durkheim, É.）　4, 122, 125, 134, 255, 342, 344, 346, 450
テンニース（Tönnies, F.）　192

●ナ 行●

ニュートン（Newton, I.）　119, 120, 126, 230
ヌスバウム（Nussbaum, M. C.）　394

●ハ 行●

バーシャディ（Bershady, H. J.）　9, 118
パーソンズ（Parsons, T.）　1, 125, 211, 340, 371, 372, 375, 378, 382, 389, 449

ハーバーマス（Habermas, J.） 7
パレート（Pareto, V.） 4, 12, 122, 125, 182, 253, 255, 256, 260, 263, 268, 271, 277, 335, 341, 344, 345, 348, 350, 389, 451
ピグー（Pigou, A. C.） 254, 368
ヒューム（Hume, D.） 400
フィッシャー（Vischer, F. T.） 423, 431, 442
フォルケルト（Volkelt, J.） 432
フォン・ノイマン（vonNeumann, J.） 417, 418
フロイト（Freud, S.） 197, 208, 224, 231, 233, 241-243, 451
ベーコン（Bacon, F.） 329, 330
ベラー（Bellah, R. N.） 122, 182, 197, 228
ヘルツ（Herts, H. R.） 423, 432, 434, 442
ベルナール（Bernard, C.） 281, 283, 293-295, 302, 376, 452
ヘルムホルツ（Helmholth, H.） 432, 433
ベンサム（Bentham, J.） 368
ヘンダーソン（Henderson, L. J.） 12, 115, 202, 207, 230, 237, 239, 244, 282, 283, 313, 314, 330, 335, 339, 350, 356, 358, 360, 451, 453
ホイーラー（Wheeler, W. M.） 284
ホッブズ（Hobbes, T.） 255, 401, 439
ホワイトヘッド（Whitehead, A. N.） 118, 126

● マ 行 ●

マーシャル（Marshall, A.） 4, 253, 255, 457, 458

マートン（Merton, R. K.） 126, 199, 286, 375, 376
マイア（Mayr, E. W.） 202, 206, 207, 209, 379, 380
マキアヴェリ（Machiavelli, N.） 315-318, 349
マクスウェル（Maxwell, J. C.） 433, 435
マリノフスキ（Malinowski, B. K.） 3
マルクス（Marx, K.） 424
ミード（Mead, G. H.） 200, 446
ミルズ（Mills, C. W.） 5, 57
モルゲンシュテルン（Morgenstern, O.） 417, 418

● ラ 行 ●

ライプニッツ（Leibniz, G. W.） 409, 410, 424, 436-440, 442
ランガー（Langer, S. K.） 446
リッズ（Lidz, V. M.） 9, 200, 460
ルーマン（Luhmann, N.） 7, 12, 99, 108, 450
ルカーチ（Lukács, G.） 424, 426, 427, 430
ロバートソン（Robertson, R.） 9
ロビンズ（Robbins, R.） 254, 385

● ワ 行 ●

ワルラス（Walras, M. E. L.） 257

江川直子（えがわ　なおこ）

1952 年　北海道に生まれる
1975 年　高崎経済大学経済学部卒業
1983 年　東洋大学大学院社会学研究科　博士前期課程修了
1990 年　中央大学大学院文学研究科社会学専攻　博士後期課程単位取得
現　在　共立女子大学文芸学部非常勤講師
　　　　大妻女子大学人間関係学部非常勤講師
主要著書　（共編著）『アイヌ民族とエスニシティの社会学』学文社, 2001 年.
　　　　　『システムとメディアの社会学』恒星社厚生閣, 2003 年.
　　　　　『シンボルとコミュニケーションの社会学』恒星社厚生閣, 2004 年.
　　　　　（共著）『現代都市と社会変動』恒星社厚生閣, 1989 年.
　　　　　『現代社会学のパースペクティブ』学文社, 2000 年.
　　　　　『現代社会学のアジェンダ』学文社, 2006 年.
　　　　　『現代社会学のアジェンダ』(増補改訂版) 学文社, 2009 年.

パーソンズのシンボリック・メディア──経済学者 A. センとの関連

江川直子　著

2012 年 10 月 25 日　初版 1 刷発行

（定価はカバーに表示）

発 行 者　片　岡　一　成
製本・印刷　株式会社　シ　ナ　ノ

発 行 所／株式会社　恒 星 社 厚 生 閣
〒160-0008　東京都新宿区三栄町 8
TEL：03(3359)7371/FAX：03(3359)7375
http://www.kouseisha.com/

ISBN978-4-7699-1288-0　C3036

JCOPY　＜(社)出版者著作権管理機構　委託出版物＞
本書の無断複写は著作権法上での例外を除き禁じられています。複写される場合は、そのつど事前に、(社)出版者著作権管理機構（電話 03-3513-6969, FAX 03-3513-6979, e-mail: info@jcopy.or.jp）の許諾を得てください。